21 世纪全国高等院校财经管理系列实用规划教材

成本会计学

主　　编　杨尚军
副主编　晋晓琴　郭亚辉
参　　编　刘艳丽　于耀华

北京大学出版社
PEKING UNIVERSITY PRESS

内 容 简 介

为了满足应用型本科会计学专业的教学需要，满足制造业等企业财务人员和管理人员学习、培训的需要，编者按照理论结合实践的要求，编写了这本《成本会计学》教材。本书力求反映成本会计理论的最新发展，吸收同类教材的一些长处，其特点是结构合理，体系完整，知识面宽。

本书共 11 章，具体内容包括：总论、成本核算的要求和一般程序、各项要素费用的分配、综合性费用的核算、生产费用在完工产品与在产品之间的分配、产品成本计算方法概述、产品成本计算的基本方法、产品成本计算的辅助方法、成本计算方法的行业扩展、成本计算的方法扩展、成本报表的编制和分析。

本书可作为高等院校财经类专业学生的教材，也可供相关会计实务工作者和其他财经管理人员参考阅读。

图书在版编目(CIP)数据

成本会计学/杨尚军主编. —北京：北京大学出版社，2011.8
(21 世纪全国高等院校财经管理系列实用规划教材)
ISBN 978-7-301-19400-3

Ⅰ. ①成⋯ Ⅱ. ①杨⋯ Ⅲ. ①成本会计—高等学校—教材 Ⅳ. ①F234.2

中国版本图书馆 CIP 数据核字(2011)第 170151 号

书　　　　名：	成本会计学
著作责任者：	杨尚军　主编
策 划 编 辑：	王显超　李　虎
责 任 编 辑：	王显超
标 准 书 号：	ISBN 978-7-301-19400-3/C・0693
出 版 发 行：	北京大学出版社
地　　　　址：	北京市海淀区成府路 205 号　邮编：100871
网　　　　址：	http://www.pup.cn　新浪官方微博：@北京大学出版社
电 子 信 箱：	pup_6@163.com
电　　　　话：	邮购部 62752015　发行部 62750672　编辑部 62750667　出版部 62754962
印 刷 者：	三河市博文印刷厂
经 销 者：	新华书店

787 毫米×1092 毫米　16 开本　20.25 印张　468 千字
2011 年 8 月第 1 版　2012 年 11 月第 2 次印刷

定　　　　价：38.00 元

21 世纪全国高等院校财经管理系列实用规划教材

专家编审委员会

主 任 委 员　刘诗白

副主任委员　（按拼音排序）

韩传模　　　　李全喜　　　　王宗萍

颜爱民　　　　曾　旗　　　　朱廷珺

顾　　　问　（按拼音排序）

高俊山　　　　郭复初　　　　胡运权

万后芬　　　　张　强

委　　　员　（按拼音排序）

程春梅　　　　邓德胜　　　　范　徽

冯根尧　　　　冯雷鸣　　　　黄解宇

李柏生　　　　李定珍　　　　李相合

李小红　　　　刘志超　　　　沈爱华

王富华　　　　吴宝华　　　　张淑敏

赵邦宏　　　　赵　宏　　　　赵秀玲

法 律 顾 问　杨士富

丛 书 序

我国越来越多的高等院校设置了经济管理类学科专业，这是一个包括经济学、管理科学与工程、工商管理、公共管理、农业经济管理、图书档案学 6 个二级学科门类和 22 个专业的庞大学科体系。2006 年教育部的数据表明在全国普通高校中经济类专业布点 1518 个，管理类专业布点 4328 个。其中除少量院校设置的经济管理专业偏重理论教学外，绝大部分属于应用型专业。经济管理类应用型专业主要着眼于培养社会主义国民经济发展所需要的德智体全面发展的高素质专门人才，要求既具有比较扎实的理论功底和良好的发展后劲，又具有较强的职业技能，并且又要求具有较好的创新精神和实践能力。

在当前开拓新型工业化道路，推进全面小康社会建设的新时期，进一步加强经济管理人才的培养，注重经济理论的系统化学习，特别是现代财经管理理论的学习，提高学生的专业理论素质和应用实践能力，培养出一大批高水平、高素质的经济管理人才，越来越成为提升我国经济竞争力、保证国民经济持续健康发展的重要前提。这就要求高等财经教育要更加注重依据国内外社会经济条件的变化适时变革和调整教育目标和教学内容；要求经济管理学科专业更加注重应用、注重实践、注重规范、注重国际交流；要求经济管理学科专业与其他学科专业相互交融与协调发展；要求高等财经教育培养的人才具有更加丰富的社会知识和较强的人文素质及创新精神。要完成上述任务，各所高等院校需要进行深入的教学改革和创新。特别是要搞好有较高质量的教材的编写和创新。

出版社的领导和编辑通过对国内大学经济管理学科教材实际情况的调研，在与众多专家学者讨论的基础上，决定编写和出版一套面向经济管理学科专业的应用型系列教材，这是一项有利于促进高校教学改革发展的重要措施。

本系列教材是按照高等学校经济类和管理类学科本科专业规范、培养方案，以及课程教学大纲的要求，合理定位，由长期在教学第一线从事教学工作的教师立足于 21 世纪经济管理类学科发展的需要，深入分析经济管理类专业本科学生现状及存在问题，探索经济管理类专业本科学生综合素质培养的途径，以科学性、先进性、系统性和实用性为目标，其编写的特色主要体现在以下几个方面：

(1) 关注经济管理学科发展的大背景，拓宽理论基础和专业知识，着眼于增强教学内容的联系实际和应用性，突出创造能力和创新意识。

(2) 体系完整、严密。系列涵盖经济类、管理类相关专业以及与经管相关的部分法律类课程，并把握相关课程之间的关系，整个系列丛书形成一套完整、严密的知识结构体系。

(3) 内容新颖。借鉴国外最新的教材，融会当前有关经济管理学科的最新理论和实践经验，用最新知识充实教材内容。

(4) 合作交流的成果。本系列教材是由全国上百所高校教师共同编写而成，在相互进行学术交流、经验借鉴、取长补短、集思广益的基础上，形成编写大纲。最终融合了各地特点，具有较强的适应性。

(5) 案例教学。教材具备大量案例研究分析，让学生在学习过程中理论联系实际，特别列举了我国经济管理工作中的大量实际案例，这可大大增强学生的实际操作能力。

(6) 注重能力培养。力求做到不断强化自我学习能力、思维能力、创造性解决问题的能力以及不断自我更新知识的能力，促进学生向着富有鲜明个性的方向发展。

作为高要求，财经管理类教材应在基本理论上做到以马克思主义为指导，结合我国财经工作的新实践，充分汲取中华民族优秀文化和西方科学管理思想，形成具有中国特色的创新教材。这一目标不可能一蹴而就，需要作者通过长期艰苦的学术劳动和不断地进行教材内容的更新才能达成。我希望这一系列教材的编写，将是我国拥有较高质量的高校财经管理学科应用型教材建设工程的新尝试和新起点。

我要感谢参加本系列教材编写和审稿的各位老师所付出的大量卓有成效的辛勤劳动。由于编写时间紧、相互协调难度大等原因，本系列教材肯定还存在一些不足和错漏。我相信，在各位老师的关心和帮助下，本系列教材一定能不断地改进和完善，并在我国大学经济管理类学科专业的教学改革和课程体系建设中起到应有的促进作用。

刘诗白

2007 年 8 月

刘诗白 刘诗白教授现任西南财经大学名誉校长、博士生导师，四川省社会科学联合会主席，《经济学家》杂志主编，全国高等财经院校资本论研究会会长，学术团体"新知研究院"院长。

前　言

"经济越发展，会计越重要"。目前，我国工业化发展如火如荼，制造业等企业越发展，成本会计作为管理活动也越来越重要。

为了满足应用型本科会计学专业的教学需要，满足制造业等企业财务人员和管理人员学习、培训的需要，编者按照理论结合实践的要求，编写了这本《成本会计学》教材。本书既可作为财经院校的教材，也可作为企业管理者、财务人员进行继续教育、提高水平的用书。

本书的编写力求反映成本会计理论的最新发展，在编写的时候，注意吸收同类教材的一些长处。本书的特点是：结构合理，体系完整。本书将"成本会计学"结构体系同后续的"管理会计"、"财务管理学"等课程内容结合考虑，删减了重复内容，有利于教学上的安排，同时也增加了一些供学生扩展知识、深入学习的内容。

本书共分 11 章，第 1 章为总论，介绍了成本的概念、作用，成本会计的产生和发展以及成本会计机构和人员配备等；第 2 章为成本核算的要求和一般程序，介绍成本核算的要求、费用按经济内容和经济用途的分类、成本核算的一般程序和成本核算需设置的主要会计科目；第 3 章为各项要素费用的分配，介绍材料、外购动力和职工薪酬等费用的分配方法；第 4 章为综合性费用的核算，介绍了辅助生产、制造费用和废品损失等综合费用的归集和分配方法；第 5 章为生产费用在完工产品与在产品之间的分配，介绍了约当产量、定额比例等 7 种完工产品与在产品之间费用的分配方法；第 6 章为产品成本计算方法概述，介绍了制造业的生产类型、生产类型和管理要求对成本计算方法的影响、各成本计算方法的区别标志；第 7 章为产品成本计算的基本方法，介绍了品种法、分批法和分步法 3 种基本方法；第 8 章为产品成本计算的辅助方法，介绍了分类法和定额法两种辅助方法；第 9 章为成本计算方法的行业扩展，介绍了商品流通企业、农业企业和施工企业的成本计算；第 10 章为成本计算的方法扩展，介绍了标准成本法和作业成本法两种方法；第 11 章为成本报表编制和分析，介绍了成本报表的种类、编制要求、编制方法和主要报表的分析方法。

考虑到应用型本科学生的特点和要求，本书突出了以下特点。

(1) 深入浅出，学以致用。成本会计学是一门实用性很强的学科和技术。学习成本会计学课程的目的就是要在制造业等企业越来越发展的形势下，面对经济全球化，适应企业管理对我们提出的要求。本书突出实用性、可操作性，着力培养学生的动手能力。

(2) 突出趣味，扩展知识。本书为避免阅读的枯燥，提高了编写的技巧，增加相关知识图表、有关名人名言、课后阅读材料等。对相关知识也进行了内容扩展，以扩大学生的知识水平。

"纸上得来终觉浅，心中悟出始知深"。会计是个验证的学科，光看书是学不会成本会计的。因此，学生应做好每章的练习题，这些问题由浅入深，以便能继续学习后面的课程。

应记着一位经济学家说的话："成本会计学就像花茎甘蓝一样，无论你是否喜欢它，它一定有益于利"。

本书由杨尚军担任主编，晋晓琴、郭亚辉担任副主编，刘艳丽、于耀华担任参编。全书共分 11 章，杨尚军负责提出全书的编写大纲，并编写第 1、6、9 章，刘艳丽编写第 2、11 章，晋晓琴编写第 3、4、8 章，于耀华编写第 5 章，郭亚辉编写第 7、10 章，最后由杨尚军进行了总纂。

本书在编写过程中得到有关单位、编写院校领导和教师的大力支持和帮助，在此表示感谢！由于作者水平有限，书中不当之处敬请广大读者批评指正，以便在再版的时候及时改正。

编 者

2011 年 6 月

目　　录

第 1 章 总 论

教学目标

通过本章的学习，理解成本及成本会计的概念，掌握成本的作用，了解成本会计的产生和发展过程，了解成本会计的对象、任务及职能，了解成本会计核算形式、成本会计机构和人员配备等成本会计工作的组织内容。

教学要求

知识要点	能力要求	相关知识
成本的概念	(1) 马克思的成本概念 (2) 理论成本概念 (3) 现实成本概念	(1) 马克思成本理论分析 (2) 经济学上不同的成本概念 (3) 会计学上不同的成本概念 (4) 管理学上不同的成本概念 (5) 社会学上不同的成本概念
成本的作用	(1) 商品价值的概念 (2) 商品价格的概念	(1) 成本是补偿生产耗费的价值尺度 (2) 成本是反映经济管理质量的综合性指标 (3) 成本是制定产品价格的基本依据 (4) 成本是企业决策的重要信息
成本会计的发展	(1) 成本会计的产生 (2) 成本会计的发展阶段	(1) 工业革命 (2) 原始的成本会计阶段 (3) 近代的成本会计阶段 (4) 现代的成本会计阶段
成本会计机构	(1) 成本会计机构设置 (2) 成本核算形式	(1) 成本会计机构及人员配备 (2) 集中核算形式 (3) 分散核算形式 (4) 成本会计人员的职责
成本会计的职能	(1) 会计的基本职能 (2) 会计的衍生职能	(1) 核算职能 (2) 监督职能 (3) 预测和决策、计划和控制、分析及考核职能

> 按照资本主义方式生产的每一件商品 W 的价值，用公式来表示是：$W=c+v+m$。
>
> ——马克思

基本概念

成本　成本会计　不变资本　可变资本　剩余价值　成本对象　成本会计职能　成本核算形式 集中核算方式　分散核算方式

导入案例

兴师十万，日费千金

我国史书中早有成本的事项记载，在《史记·平津侯主父列传》中就有这样一个故事，说：及至高皇帝定天下，略地于边，闻匈奴聚于代谷之外而欲击之。御史成进谏曰："不可。夫匈奴之性，兽聚而鸟散，从之如搏影。今以陛下盛德攻匈奴，臣窃危之。"高帝不听，遂北至于代谷，果有平城之围。高皇帝盖悔之甚，乃使刘敬往结和亲之约，然后天下忘干戈之事。故兵法曰"兴师十万，日费千金"。夫秦常积众暴兵数十万人，虽有覆军杀将系虏单于之功，亦适足以结怨深雠，不足以偿天下之费。

"兴师十万，日费千金"在《孙子兵法·作战篇》中的原话为："孙子曰：'凡用兵之法，驰车千驷，革车千乘，带甲十万，千里馈粮，则内外之费，宾客之用，胶漆之材，车甲之奉，日费千金，然后十万之师举矣。'"在《孙子兵法·用间篇》中，孙子曰："凡兴师十万，出征千里，百姓之费，公家之奉，日费千金。"

孙子经过计算得出出十万兵，行一千里去打仗，每天需要千金费用，这就是一次仗的成本。

点评：成本决定行动。

人的行为是受多方面因素影响的，成本效益原则是人们参与政治、经济，甚至军事活动的一个重要原则，简单说就是谁也不会做赔本的买卖。

1.1　成本会计的产生和发展

成本会计是以成本为研究对象的会计，有狭义与广义之分。狭义的成本会计主要是指成本核算，即按照一定的程序、标准和方法，对企业发生的各种费用进行归集和分配，计算出成本计算对象的总成本和单位成本的一系列程序和方法。广义的成本会计不但包括成本核算，而且包括成本预测、成本决策、成本计划、成本控制、成本分析和成本工作业绩考核与评价等方面的内容。由于成本预测、成本决策、成本控制和考核与评价等方面的内容通常在管理会计和财务管理等书中均有较为系统的介绍，因而本书将主要阐述狭义的成本会计的内容与方法。

1.1.1　成本会计的产生

成本会计是社会经济发展的产物，是由于企业管理的需要而产生并随着商品货币经济的发展逐步从传统会计中分离出来的一个会计分支。

成本会计的萌芽是在以简单协作为特征的资本主义工场手工业生产时期，大体上经历了从 16 世纪初到 19 世纪中期约 300 年间的历史。这一时期，产业资本还处于发展初期，手工业生产与纯粹的个体劳动相比，工场手工业对生产过程的管理提出了新的要求，资本家为了获取更多的剩余价值，更加注意对生产过程中的消耗和支出的核算，因此生产成本核算就被提上了议事日程。16 世纪初意大利梅迪奇(Medici)家族在其办的毛纺织厂所采用的工业簿记中，开设了纺织品账户，用于计算纺织品成本，并将设备的原始成本分期转销为费用。16 世纪中期，法国普拉廷印刷厂为所印刷的每一本书设立一个账户，记录为印刷该书而耗费的纸张、支付的工资和其他费用，待书本印刷结束，账户中所归集的全部费用就是该书的全部印刷成本。当时在工业簿记中所进行的简单成本计算是成本会计的原始形态，该时期也是成本会计的萌芽时期。

随着商品经济和机器化大工业生产的不断发展，企业生产经营规模不断扩大，商品交易活动日趋复杂，成本计算越来越受到重视，并逐步得到完善。但在很长的一段历史时期中，仍然未形成系统成熟的成本核算体系。

直到近代，随着股份公司的频频涌现，要求采用完整的会计方法进行成本核算，成本会计才逐步从传统会计中分离出来，并发展成为会计学科体系中一个与财务会计和管理会计相鼎立的独立分支。19 世纪英国工业革命的浪潮使企业数量日益增多，规模逐渐扩大，企业之间竞争加剧，股份公司这一新的企业组织形式应运而生并大量涌现。显然，对于这种由不同的股东投资兴办，且可能存在所有权与经营权相分离情况的股份公司而言，采用完整的会计方法对企业的财务与成本进行核算，并及时向股东提交会计报告就显得特别重要，这促使会计人员逐步把成本记录和计算与复式记账科目设置紧密地结合起来，实现成本记录与会计账簿的一体化，从而也就产生了成本会计。成本会计产生之后，迅速扩展到欧洲的其他国家和美国。

 知识链接

工业革命(Industrial Revolution)又称为产业革命，指资本主义工业化的早期历程，即资本主义生产完成了从工场手工业向机器大工业过渡的阶段，是以机器生产逐步取代手工劳动，以大规模工厂化生产取代个体工场手工生产的一场生产与科技革命，后来又扩充到其他行业。

工业革命是资本主义发展史上的一个重要阶段，它实现了从传统农业社会转向现代工业社会的重要变革。工业革命是生产技术的变革，同时也是一场深刻的社会关系的变革。从生产技术方面来说，它使机器代替了手工劳动；工厂代替了手工工场。从社会关系说，它使社会明显地分裂为两大对立的阶级——工业资产阶级和工业无产阶级。

1.1.2　成本会计的发展

成本会计产生后，至今为止，可以分为以下几个发展阶段。

1. 原始的成本会计阶段(1880—1920 年)

起源于英国原始成本会计，实质上是一种汇集生产成本的制度，主要用来计算和确定产品的生产成本和销售成本。在这一期间，英国会计学家设计出了定单成本计算和分步成本计算的方法(当时应用的范围只限于工业企业)，后来传往美国及其他国家。

知识链接

1887 年英国的电力工程师埃米尔·加克(Emile Garcke)和会计师约翰·费尔斯(John.M.Fells)最早主张将成本记录与财务会计账户相结合。两人撰写了《工厂会计》(Factory Account),该书最早主张按照复式簿记法记录所有成本账户,并将成本账户与财务会计相结合。成本记录与会计账户相结合可以有效地反映原材料、人工费用的归集过程和正确地计量存货价值。因此,《工厂会计》一书在会计发展史上被看成是 19 世纪最具有影响的成本会计专著。

2. 近代的成本会计阶段(1921—1950 年)

近代的成本会计以美国会计学家提出的标准成本会计制度为标志。在原有的成本积聚的基础上,成本会计增加了"管理上的成本控制与分析"的新职能。在这一阶段,成本会计不再仅仅是计算和确定产品的生产成本和销售成本,还要事先制定成本标准,并据此进行日常的成本控制与定期的成本分析。正因为成本会计扩大了管理职能,于是应用的范围也从原来的工业企业扩大到商业企业、公用事业及其他服务性行业。

特别值得指出的是,在这一阶段,作为管理科学之父的泰勒的科学管理思想,对成本会计的发展发挥了重要的促进作用。

 知识链接

弗雷德里克·泰罗(Frederick Taylor,1856—1915 年)出生于美国一个富裕的律师家庭。他本想继承父业,成为一名律师,并已考上了哈佛大学法律系,但由于眼疾而辍学。他在 1875 年进入一家小机械厂做学徒工,于 1878 年来到费城的米德维尔钢铁公司工作,直到 1890 年。他在该公司期间,开始当机械工人,后提升为车间管理员、技师、车间工长、总机械师。他坚持业余学习,于 1883 年获得斯蒂芬工艺学院的机械工程学位,次年即被提升为总工程师。泰罗于 1891 年独立创业,从事工厂管理咨询工作,直至任美国管理咨询协会主席。他的著作主要有《计件工资制》(1895 年)、《车间管理》(1903 年)、《科学管理原理》(1911 年)。这些著作是泰罗几十年试验研究的成果和长期管理实践的经验概括和总结。基于泰罗所取得的成就,他作为古典管理学家,科学管理的主要倡导者,被西方称为"科学管理之父"。这个称号被刻在了他的墓碑上。

3. 现代成本会计阶段(1951 年至今)

第二次世界大战以后经济飞速发展,企业竞争更加激烈,跨国公司不断涌现,经营环境更加复杂,企业只进行事后、事中的成本控制已远远不够,不得不在生产过程之前就开始降低成本,同时这一期间运筹学、系统工程、电子计算机等学科和技术的运用,也使会计理论和技术方法得到了进一步完善和发展,目标成本、责任成本、质量成本等成本控制技术不断出现,成本的定义已不再仅仅局限于产品成本的范畴;成本会计的外延已远远超出了成本核算的范围。

 知识链接

"成本会计这一职业是由于早期工业工程师对该问题感兴趣而发展起来的","工厂记录与财务记录的结合,在进入 20 世纪以前,是以相当缓慢的速度发展着的,直至 1920 年,才有人创立了全部具体的结合方法。"[1]我们知道会计刚产生时是生产职能的附带,那么这时也可以说成本计算是会计职能的附带!

---

① Paul Garner.Evolution of Cost Accounting to 1925.University of Alabama Press,1954.

随着成本核算的发展，成本计算方法成为会计核算的 7 个方法之一，与其他会计核算方法有机地结合形成会计的核算方法体系，会计的核算体系如图 1.1 所示。

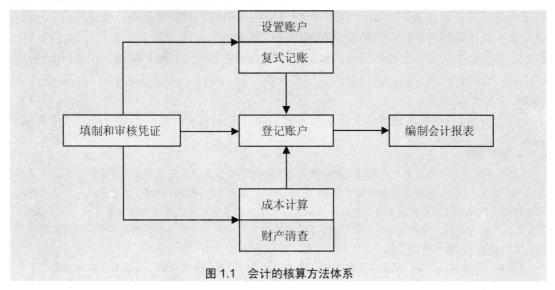

图 1.1 会计的核算方法体系

在 19 世纪，由于工业革命促成了成本计算和复式簿记的结合，形成了按照复式记账原理和程序进行成本计算的成本会计。对于成本计算方法的产生和运用，A•C•利特尔顿(A.C.Littleton)认为："实际上，可以不过分地说，成本核算程序的形成有着伟大的功绩，它可以与按复式记录原则进行的簿记相媲美。"[①]

1.2 成本的含义

1.2.1 成本的概念

成本是现代社会经济生活中人们所经常碰到并广泛使用的一个概念。对于成本的意义，应在明确其一般含义和经济实质的基础上，重点把握其在会计学上的现实含义。

1. 成本的经济实质

人们在日常生活中说到"成本"，其中的"成"指成果、成就等；其中的"本"则是指本钱或本金，两者合义，成本是"完成事之本钱"，指人们为获得某一特定的事项成果而付出的本钱或代价。但成本的经济实质是什么呢？

马克思在《资本论》一书中，首次系统阐述了成本的经济学含义："按照资本主义方式生产的每一件商品的价值 W，用公式来表示是 $W=c+v+m$。如果从这个产品价值中减去剩余价值 m，那么，在商品中剩下的只是一个在生产要素上耗费掉的资本价值 $c+v$ 的等价物或补偿价值"，"只是补偿商品是资本家自身耗费的东西，所以对资本家来说，这就是商品的成本价格"(《资本论》第 3 卷，人民出版社，1975:30)。在这里，马克思称为商品的"成本价格"的那部分价值，指的就是商品成本。

社会主义市场经济虽然与资本主义市场经济有着本质的区别，但作为商品货币经济，

---

① 文硕.西方会计史(上)[M].北京：中国商业出版社，1987.

商品、价值、成本、利润等经济范畴是其共同的客观存在。社会主义企业作为自主经营、自负盈亏的商品生产者和经营者，其基本的经营目标也是向社会提供商品，满足社会需要，并以所取得的销售收入，抵偿自己在生产经营中所支出的各种劳动耗费，取得盈利。因此，在社会主义市场经济中，产品的价值仍然由 3 个部分组成：①已耗费的生产资料转移的价值(c)；②劳动者为自己劳动所创造的价值(v)；③劳动者为社会劳动所创造的价值(m)。从理论上讲，前两部分即 $c+v$，是商品价值中的补偿部分，构成了商品的理论成本，是整个社会得以发展的基本条件。

综上所述，成本的经济实质为企业所消耗的物化劳动和活劳动中必要劳动的货币表现。

 知识链接

《资本论》是马克思用毕生心血写成的一部光辉灿烂的科学巨著，这部巨著第一次深刻地分析了资本主义的全部发展过程，以数学般的准确性证明这一发展的方向必然引导到社会主义革命的成功和无产阶级专政的确立。《资本论》武装了无产阶级，成为无产阶级进行革命斗争的强有力的理论武器。《资本论》发现了人类社会的进化规律是"无产阶级的圣经"，被誉为马克思一生最伟大的理论著作，是马克思主义理论宝库中光辉灿烂的科学巨著。

《资本论》就是论资本，而资本是带来剩余价值的价值，没有剩余价值就不存在资本，而没有资本也就不能带来剩余价值，所以说资本范畴是《资本论》的中心内容，也可以说，它的中心内容是剩余价值。《资本论》分四卷，第一卷研究资本的生产过程，中心是分析剩余价值的生产问题；第二卷研究资本的流通过程，这是在资本生产过程的基础上来研究资本的流通过程的，是资本的生产过程和流通过程的统一，中心是分析剩余价值的实现问题；第三卷研究资本主义生产总过程，研究资本的各种具体形式(如商业资本、生息资本等)和剩余价值的各种具体形式(如商业利润、利息、地租等)，这是资本的生产过程、流通过程和分配过程的统一，中心是分析剩余价值的分配问题；第四卷系统地分析了批判资产阶级的政治经济学说，中心是分析剩余价值的学说史。

《资本论》中心突出，结构严密，是一个非常完整的科学体系。用马克思自己的话说，《资本论》是"一个艺术的整体。"

2. 成本的现实含义

马克思政治经济学成本理论中的 $c+v$，就是理论成本。

现实成本也称为应用成本或制度成本，是理论成本的具体化，是基于某种成本理论，以正常生产经营条件为前提，按照现行制度规定的成本开支范围，根据生产过程中实际消耗的物化劳动的转移价值和活劳动所创造的应纳入成本范围的那部分价值的货币表现计算确定的成本。会计学意义上的各种成本概念，如单位成本和总成本、制造成本和期间成本等，一般属于现实意义上的成本。

在实际工作中，成本的开支范围是由国家通过有关法规制度来加以界定的。为了促使企业加强经济核算，减少生产损失，对于劳动者为社会劳动所创造的某些价值，如财产保险费等，以及一些不形成产品价值的损失性支出，如工业企业的废品损失、季节性和修理期间的停工损失等，也计入成本。上述废品损失、停工损失等损失性支出，从实质上看，并不是产品的生产性耗费，也不形成产品价值，按其性质并不属于成本的范围。只是考虑到经济核算的要求，才将其计入成本，使之得到必要的补偿。可见，实际工作中的成本开支范围与理论成本包括的内容是有一定差别的。

当然，对于成本实际开支范围与成本经济实质的背离，必须严格限制，否则，成本的计算就失去了理论依据。

知识图说

经济学家克拉克有句名言说："不同目的，不同成本。"[1]

从上面的分析来看，对于不同的学科成本的含义是不同的，具体如图1.2所示。

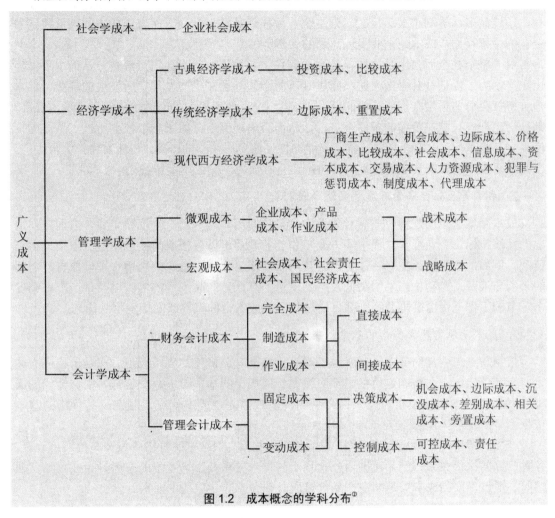

图1.2 成本概念的学科分布[2]

1.2.2 成本的作用

在经济管理工作中，成本有着重要的作用，主要表现在以下4个方面。

1. 成本是补偿生产耗费的价值尺度

从企业的角度而言，企业的首要目标是生存，成本是企业能够维持生产经营活动在原有规模之上顺利进行的资金补偿的最低尺度。企业生产产品发生的耗费，通过销售产品取得收入来补偿，才能实现生存的目标，进而实现发展壮大的目标；如果企业不能按照成本来补偿生产耗费，企业的经营就会出现亏损，或是出现经营的资金短缺。

---

[1] 美国经济学家克拉克(Clark)1923年在《制造费用的经济研究》一书中提出："不同目的，不同成本。"

[2] 林万祥. 成本会计研究[M]. 北京：机械工业出版社，2008.

企业是自负盈亏的商品生产者和经营者，追求盈利乃是其天性。企业一定时期的经营成果主要是其销售收入，它是补偿企业的生产耗费，实现盈利的基本来源，企业盈利实际上也就是其销售收入与其成本之间的差额。因此，成本是企业区分生产经营中的耗费与所获得盈利的分水岭，企业销售收入超过其经营成本(此处为全部成本)的差额，就是企业盈利，超过越多，盈利越大。反之，则是企业亏损。从这一意义上而言，成本的高低决定着企业的生死存亡，成本是企业实现盈利的天然界线。

对于整个社会而言也是这样，社会要存在、要发展，就不会停止消费，从而也不能停止生产。为了保证社会再生产的不断进行，就必须补偿在生产过程中所发生的耗费。成本是维持社会简单再生产价值补偿的标准，如果一个社会所投入生产的价值低于其成本标准，则社会生产就只能在萎缩的条件下进行，从而会出现倒退；如果一个社会所投入生产的价值高于其成本标准，则社会生产就不仅能够保证简单再生产的需要，还能实现扩大再生产。在简单再生产的基础之上进行扩大再生产，是社会再生产的本质特征之一。

2. 成本是反映经济管理质量的综合性指标

成本归集了生产过程中产品对象发生的各项费用，是一项综合反映企业各方面工作情况的经济指标，企业经营管理中各方面工作的业绩都可以直接或间接地通过成本指标得到反映。例如，产品设计的好坏，生产工艺的合理程度，固定资产的利用水平，原材料消耗的节约与浪费，劳动生产率的高低，产品质量的高低，产品产量的增减以及供、产、销各个环节的工作是否衔接协调等，都可通过相关的成本指标直接或间接地反映出来。

3. 成本是制定产品价格的基本依据

根据马克思主义的劳动价值学说，产品价格是产品价值的货币表现，产品价格应大体上符合其价值，产品在制定价格时都应遵循价值规律的基本要求。一般是，根据计算的成本，并通过成本间接、相对地掌握产品的价值。因此，成本就成了制定产品价格的基本依据。

产品的定价是一项复杂的工作，影响的因素很多，如国家的价格政策及其他经济政策、各种产品的比价关系、产品在国内外市场上的供求关系及市场竞争的态势、企业的经营战略等。所以，产品成本只是制定产品价格所必须考虑的一项基本因素。

 特别提示

在价格问题上，经济学家明确地指出：成本并不决定价格[1]。经济学家认为价格是由商品的供求关系决定的。经济学家约翰·斯图亚特·穆勒说："如果生产成本对供给没有影响，那么，它就不会影响竞争成本。"[2]

4. 成本是企业决策的重要信息

努力提高在市场上的竞争能力和经济效益是社会主义市场经济条件下对企业的客观要求。而要做到这一点，企业首先必须进行正确的生产经营决策。进行生产经营决策需要考

[1] (英)杰·白蒂(J. Batty). 高级成本会计学[M]. 陈炳权，译. 北京：轻工业出版社，1983.
[2] (美)保罗·A·萨缪尔森，威廉·D·诺德豪斯. 经济学下[M]. 12版. 北京：中国发展出版社，1992.

虑的因素很多,成本是其中应考虑的主要因素之一。这是因为在价格等因素一定的前提下,成本的高低直接影响着企业盈亏与盈利的多少。同时,较低的成本还可以使企业在市场竞争中处于有利的地位。

同时,成本是综合反映企业工作质量的指标,因而企业可以通过对成本的计划、控制、监督、考核和分析等来促使企业及其企业内部单位加强经济核算,努力改进管理,降低成本,提高经济效益。例如,通过正确确定和认真执行企业以及企业内部各单位的成本计划指标,可以事先控制成本水平和监督各项费用的日常开支,促使企业及企业内部各单位努力降低各种耗费;又如,通过成本的对比和分析,可以及时发现在物化劳动和活劳动消耗上的节约或浪费情况,总结经验,找出工作中的薄弱环节,采取措施挖掘潜力,合理地使用人力、物力和财力,从而降低成本,提高经济效益。

1.3　成本会计的对象、职能和任务

1.3.1　成本会计的对象

成本会计的对象即成本会计反映和监督的内容,一般说来,它主要是各行业企业的生产经营成本和期间费用。要更为详细、具体地了解成本会计的对象,必须结合企业的具体生产经营过程、管理要求和现行会计制度的有关规定来理解。下面以制造业企业为例加以具体说明。

1. 工业企业各不同生产经营环节中的成本会计对象

工业企业是对加工、制造企业的统称,其基本生产经营活动是进行产品的生产和销售;其生产经营过程一般包括生产经营准备、生产和销售 3 个环节。成本管理活动贯穿于企业的整个生产经营过程的各个环节之中。因此,从企业生产经营环节的角度看,工业企业成本会计的内容主要可分为以下 3 个方面。

1) 生产准备环节的成本费用

在生产的准备环节,企业要筹集必要的资金,购置固定资产和其他各种有关资产、购买各种材料用品,以满足生产的需要。因此,企业在生产准备环节,一般会发生材料采购成本、固定资产购置成本和其他购置与采购成本,还会发生筹资成本费用,同时也会发生管理费用。

对于企业,材料的供应过程是一个主要过程,材料成本的正确核算也影响着产品成本的正确性,购买各种材料用品等发生的采购成本,通过材料采购等科目进行核算;购置固定资产和其他各种有关资产,通过固定资产、在建工程等不同会计科目分别进行成本核算;筹资成本费用作为财务费用单独进行核算;管理费用则并入企业在整个生产经营过程中所发生的全部管理费用之中,统一进行核算。

2) 生产环节中所发生的各种价值耗费和产品生产成本

在生产环节,一方面是投入原材料并生产出产成品,另一方面要发生各种各样的物化劳动和活劳动的价值耗费。

物化劳动消耗由劳动手段和劳动对象的消耗所构成。其中房屋、机器设备等作为固定资产的劳动资料,在生产过程中长期发挥作用,直至报废而不改变其实物形态,但其价值

则随着固定资产的磨损，通过计提折旧的方式，逐渐地、部分地转移到所制造的产品中去，构成产品生产成本的一部分；原材料等劳动对象，在生产过程中或者被消耗掉，或者改变其实物形态，其价值也随之一次全部转移到新产品中去，也构成产品生产成本的一部分。

生产过程是劳动者借助于劳动工具对劳动对象进行加工，制造出产品，创造出新的价值的过程。在上述过程中，劳动者所付出的劳动也就是活劳动的价值消耗，与物化劳动的价值消耗一起，共同构成产品的全部(理论)价值。企业作为生产主体，必须向劳动者支付报酬，从而发生工资福利等费用。但工资福利等活劳动的费用只是活劳动价值中的一部分，是劳动者为自己劳动所创造的价值。工资也构成产品生产成本的一部分。活劳动所创造的全部价值超过企业支付给劳动者报酬的部分，即所谓的"剩余价值"，是企业利润的基本来源。

因此，企业在产品的制造过程中发生的各种生产耗费，主要包括原料及主要材料、辅助材料、燃料等的支出，生产单位(如分厂、车间)固定资产的折旧，直接生产人员及生产单位管理人员的工资以及其他一些货币支出等，这些构成了企业在产品制造过程中的全部生产费用，而为生产一定种类、一定数量的产品而发生的各种生产费用支出的总和是产品的生产成本。

上述产品制造过程中各种生产费用的支出和产品生产成本的形成过程，是成本会计反映和监督的主要内容。此外，企业在生产环节中同样会发生管理费用，同样也并入整个生产经营过程中所发生的全部管理费用进行统一核算。

3) 销售环节所发生的销售费用

在产品的销售过程中，企业为销售产品会发生各种各样的费用支出，如应由企业负担的运输费、装卸费、包装费、保险费、展览费、差旅费、广告费，以及专设销售机构的人员工资和其他经费等。所有这些费用构成企业的产品销售费用。销售费用也是成本会计反映和监督的重要内容。当然，企业在销售环节中同样会发生管理费用，并同样并入整个生产经营过程中所发生的全部管理费用进行统一核算。

从分析来看，在对工业企业的成本会计对象按照其所处的生产经营环节进行分类的基础上，还可以结合我国现行的企业会计准则等财务会计法规制度的规定，进行进一步的划分。主要可概括为以下 3 个方面。

(1) 生产的准备环节的物资采购成本、固定资产购置成本、在建工程成本。按照我国现行财务会计制度规定，它们均是分别单独进行成本核算的。但是，材料成本最终要通过产品成本体现，而固定资产、无形资产的形成不是工业企业的日常业务，其最终也要通过产品成本补偿。

(2) 生产环节中的产品生产成本或制造成本，这是工业企业成本会计反映和监督的主要对象。

(3) 企业在一定会计期间所发生的期间费用，包括财务费用、销售费用和管理费用。财务费用主要发生在生产经营准备环节，但也可能发生在其他环节；销售费用主要发生在销售环节，但也可能发生在售后环节；管理费用是企业行政管理部门为组织和管理生产经营活动而发生的各种费用，主要包括企业行政管理部门人员的工资、固定资产折旧、工会经费、业务招待费、坏账损失等，企业在整个生产经营过程各环节中所发生的全部管理费用统一进行核算。期间费用直接计入当期损益。

综上所述，工业企业的成本会计对象为工业企业生产过程中发生的产品成本和期间费用。

2. 其他行业的成本会计对象

对于其他行业企业的成本会计对象的内容，可参照工业企业成本会计对象的内容类推，一般也包括采购与购置成本、经营成本和期间费用3个组成部分。

综上所述，其他行业的成本会计对象为生产经营的业务成本和期间费用。

1.3.2 成本会计的职能

成本会计的职能是指成本会计在经济管理中所具有的内在功能。成本会计具有财务会计和管理会计两重属性，它既是财务会计的重要组成部分，也是管理会计的重要组成部分，因此成本会计的职能与会计的职能一脉相承，既具有反映和监督两个基本职能，还具有预测、决策、计划、控制、分析及考评等一系列派生职能。

1. 成本会计的基本职能

1) 成本会计的反映职能

反映是成本会计的首要和最基本的职能。成本会计反映职能的核心是成本核算。成本核算是成本会计依据经济学的价值补偿理论，按照企业的生产工艺和生产组织的特点以及对成本管理的要求，对企业在生产经营过程中所发生的成本费用进行全面、连续、系统的整理和记录，计算各种产品或劳务的总成本和单位成本，及时反映企业生产经营过程中的各种费用支出和成本状况，为经营管理提供真实的、可以验证的成本信息的固有功能。

2) 成本会计的监督职能

监督也是成本会计的一个基本职能。成本会计在对企业生产经营过程中所发生的成本费用进行全面、连续、系统的整理、记录和计算的同时，能够对所发生的各种成本费用支出的真实性、合法性、合规性、合理性和有效性进行即时监察，了解和掌握情况，督促其进行合理合法开支，有效使用。做好各项会计基础工作，在日常会计核算中对记录经济业务的各种凭证进行审查、审核和验证，是会计监督的一个基本途径，成本会计也不例外。

成本会计的监督包括事前、事中和事后监督。在事前，成本会计应从经济管理活动对降低成本、提高经济效益的要求出发，对企业未来经济活动的计划或方案进行审查，并提出合理化建议，从而发挥对经济活动的指导作用；在事中，成本会计要以国家的有关政策、制度和企业的计划、预算及规定等为依据，对有关经济活动的合理性、合法性和有效性进行审查，限制或制止违反政策、制度和计划、预算等的经济活动，支持和促进增产节约、增收节支的经济活动，以保证实现提高企业经济效益的目的；在事后，成本会计要通过成本信息的反馈，通过对所提供的成本信息资料的检查分析，控制和考核有关经济活动，及时总结经验，发现问题，提出建议，促使有关方面采取措施，调整经济活动，使其按照规定的要求和预期的目标进行。

成本会计的反映和监督两大职能是辩证统一、相辅相成的。没有正确的反映，就没有监督的基础，更不要说其他作用了；而没有监督，反映就失去了意义，同时也只有进行有效的监督，才能使成本会计为管理提供真实可靠的信息资料，使反映的职能得以充分的发挥。可见，只有把反映和监督两大职能有机地结合起来，才能更为有效地发挥成本会计在管理中的作用。

2. 成本会计的派生职能

成本会计的派生职能主要包括预测和决策、计划与控制、分析及考核等一系列职能。它们是在反映和监督两个基本职能的基础之上所派生出来的。

1) 预测与决策职能

成本会计可以根据成本会计核算所取得的历史成本资料以及其他相关资料，对企业未来一定时期内的成本水平和发展趋势进行预测，并进而做出相关决策。

成本预测是依据成本与各种技术经济因素的依存关系，结合发展前景及采取的各种措施，并利用一定的科学方法，对未来期间成本水平及其变化趋势做出科学的推测和估计。它的主要内容如下。

(1) 在编制成本计划时，应预测企业计划期目标成本，以及在产品产量、品种、质量、价格等因素发生变化的情况下的总成本水平和成本变化的趋势。

(2) 在生产过程中，根据生产预测和计划，对期中的成本进行预测，从而揭示成本计划的执行情况和完成程度。

(3) 根据日常的核算资料和经营管理的状况，预测单位产品成本水平的变化趋势。

(4) 运用各项成本指标和有关资料预测企业各项技术经济工作的经济效果。

成本决策是指用决策理论，根据成本预测及有关成本资料，运用定性与定量的方法，抉择最佳成本方案的过程。成本决策贯穿于企业的整个生产经营过程，可分为宏观成本决策和微观成本决策。宏观成本决策的主要任务是研究扩大再生产投资方向的问题。微观成本决策的主要任务是在国家计划指导下，充分研究企业内外的技术经济条件，从成本效益出发，通过对多种成本方案进行比较分析，做出最有利的选择。

预测与决策着眼未来、展望未来，对企业的生产经营前景进行估计，目的在于寻找降低产品成本的途径，挖掘降低成本的潜力，为编制最优成本计划提供科学的依据。预测与决策也是实现成本目标和提高经济效益的重要途径。

2) 成本会计的计划与控制职能

成本计划是在成本预测和决策的基础上，根据计划期的生产任务、降低成本的要求及其相关资料，通过一定的程序，运用一定的方法，以货币计量形式所编制的企业计划期产品的生产耗费和各种产品成本水平计划，是控制与考核成本的重要依据。

编制成本计划一般从预测、决策确定目标成本水平开始，经过设计过程，将目标成本落实到设计方案中，进而根据设计方案计算出产品定额成本，最后以此为据编制出成本计划或成本费用预算。如果是老产品，一般是在上年成本计划执行的基础上考虑计划年度的各种因素加以调整确定的。成本计划主要包括全部商品产品成本计划、主要产品单位成本计划和生产费用预算。企业的成本计划一般包括以下两部分内容。

(1) 按照生产要素确定的生产耗费编制生产费用预算，如变动性制造费用采用弹性预算，固定性制造费用采用固定预算。

(2) 按照生产费用的经济用途，即按照产品成本项目编制产品单位成本计划和全部商品产品成本计划。

编制成本计划对于做好成本计划工作，提高企业员工降低成本的自觉性，克服盲目性，严格控制生产费用支出，挖掘降低成本的潜力，提高产品的经济效益，有着重要的意义。

成本控制是依据成本计划或成本预算，对成本的形成过程以及各种影响成本的因素所进行的管理和控制，其目的是保证企业各项成本费用开支的真实、合法、合理和合规，并使生产经营过程所发生的各种消耗和费用被限制在成本计划和费用预算的标准范围之内。

成本控制是现代企业成本管理工作的核心，它贯穿于企业产品生产、销售的整个经营过程之中，主要包括确定目标成本，计算成本差异，对企业所实际发生的生产成本、销售成本和管理费用进行监督和控制等方面的内容。

按成本费用发生的时间先后，成本控制一般分为事前控制、事中控制和事后控制 3 种类型。

3) 成本会计的分析与考核职能

成本会计不仅要按时编制既积极又切实的成本计划，组织和监督成本计划的执行，同时还要分析和考核企业成本计划的完成情况，评价有关成本责任人成本管理方面的业绩。

成本分析主要是利用成本核算资料，结合有关计划、定额、预算和技术资料，应用一定的方法，对本期实际成本与目标成本、上期实际成本、国内外同类产品的成本进行比较，以了解成本变动情况，分析影响成本升降的各种因素，总结成本变动的规律，寻求降低成本的途径，为企业管理人员和领导进行决策提供依据。

成本考核是在成本分析的基础上，对企业的总体成本水平、各责任单位实际完成成本计划及有关指标的情况和成本控制绩效进行的考核和评价。成本考核通常定期进行，以部门、单位或个人作为责任者对象，在可控成本和责任归属的范围之内评价其工作业绩，并决定其奖惩。成本考核的指标主要有以下几个。

(1) 全部商品产品实际成本比计划成本的降低率。

(2) 可比产品成本的降低率。

(3) 各种主要商品产品单位成本的降低率。

(4) 成本差异率及有关的技术经济指标等。

 知识链接

关于职能、作用和任务，李宝震教授是这样认为的：" '职能' 是一个事物的功能，也就是客观存在的能力或者潜力。例如，一台机器每小时可以生产 100 件产品，这是它的功能，但根据生产计划或能源条件，实际上每小时它并不一定生产 100 件产品。'任务' 就是根据生产计划要求机器生产多少件产品。'作用' 是指机器实际完成了多少件产品。如果没有完成计划，就是没有发挥机器应有的作用；如果超额完成了生产计划，则可以说机器很好地发挥了作用。对于会计，也可以这样说：'职能' 是它可以做到的事情，'任务' 是它应当做到的事情，'作用' 是它实际做到的事情。"[①]

1.3.3　成本会计的任务

成本会计的任务是使会计职能具体化，主要包括以下方面的内容。

1. 进行成本核算，提供成本信息

按照国家有关法规、制度的要求和企业经营管理的需要，正确地进行成本核算，及时为企业管理提供真实、有用的成本信息，是成本会计的基本任务。这首先是由会计的本质所决定的；同时，这也是因为成本核算所提供的信息，不仅是企业正确进行存货计价、正

---

① 李宝震. 正确认识会计的职能更好地发挥会计在提高经济效益中的作用[J]. 财务与会计，1982(7).

确定利润和制定产品价格的依据，同时也是企业进行成本管理的基本依据。在成本管理中，对各项费用的监督与控制主要是在成本核算过程中利用有关核算资料来进行的；成本预测、决策、计划、考核、分析等也是以成本核算所提供的成本信息为基本依据的。

2. 监督、控制费用的发生，节约开支，降低成本

企业作为自主经营、自负盈亏的商品生产者和经营者，应贯彻增产节约的原则，加强经济核算，不断提高经济效益，这是社会主义市场经济对企业的客观要求。在此方面成本会计担负着极为重要的责任。为此，成本会计必须以国家有关成本费用开支范围和开支标准，以及企业的有关计划、预算、规定、定额等为依据，严格审核各种记录证明成本费用业务的单证，对所发生的成本费用开支业务的真实性、合法合规性和合理性进行监督，控制各项费用的开支，督促企业内部各单位严格按照计划、预算和规定办事，并积极探求节约开支、降低成本的途径和方法，以促进企业经济效益的不断提高。

3. 开展成本分析，寻求降低成本途径

成本是一个综合性的指标，其完成情况的好坏是诸多因素共同作用的结果。因此，在成本管理工作中，还必须认真、全面地开展成本分析工作。通过对成本核算资料的分析，探求成本规律，揭示影响成本升降的各种因素及其影响程度，以便正确制订企业成本计划和预算，正确评价企业及企业内部各有关单位在成本管理工作中的业绩，揭示企业成本管理工作中存在的问题，从而促进成本管理工作的改善，提高企业的经济效益。

4. 进行成本预测，编制成本计划，参与经营决策

在竞争激烈的市场经济下，企业必须在经营管理中加强预见性和计划性。企业应在分析过去的基础上，科学地预测未来，周密地对自身的各项经济活动实行计划管理。为了使企业成本管理工作有计划地进行和对费用开支进行有效的控制，成本会计工作应在企业各有关方面的配合下，根据历史成本资料、市场调查情况以及其他有关方面(如生产、技术、财务等方面)的资料，采用科学的方法来预测成本水平及其发展趋势，拟订各种降低成本的方案，进而进行成本决策，选出最优方案，确定目标成本；然后再根据目标成本编制成本计划，制定成本费用的控制标准以及降低成本应采取的主要措施，并作为对成本实行计划管理、建立成本管理责任制、开展经济核算和控制费用支出的基础。

5. 考核成本计划完成，评价经济责任业绩

在企业的经营管理中，成本是一个极为重要的经济指标，它可以综合反映企业以及企业内部有关单位的工作业绩。因此，成本会计必须按照成本计划等的要求进行成本考核，以反映企业成本计划的完成情况，通过成本考核，肯定成绩，找出差距，鼓励先进，鞭策落后。

 知识链接

钢铁大王安德鲁·卡内基说："盯住成本，利润就会随之而来。"

在市场上，企业竞争是不可避免的，企业竞争的优势说一千道一万，只有两种：一是低成本优势；二是差异化优势。从利润=收入-费用的公式看出，增加利润的大方向只有两个：一是增加收入；二是减少费用。对于扩大市场占有率，把收入放在第一位的，就是企业的差异化战略；对于减少费用、增加利润、体现效率，称为成本领先战略。成本领先战略是传统企业广泛采用的方法，人们常说的利润3大源泉都是从成本来说的。这两个战略对成本管理的影响见表1-1。

表 1-1　成本领先战略和差异化战略对成本管理的影响

战略规划	重要性	成本领先战略弱	差异化战略强
	资本支出评价标准	更多强调财务数据，如成本等	更多强调非财务数据，如市场占有率等
预算体系	预算的作用	控制工具	短期的计划工具
	预算的修改	比较难	比较容易
	成本考核中标准成本的作用	比较重要	不重要
	弹性预算对控制成本的重要性	比较大	比较小
	完成预算的重要性	比较大	比较小
	控制内容	控制结果	控制过程
	向上级非正式报告的内容及频率	对政策性事项的报告较少，对营运性事项的报告较多	对政策性事项的报告较多，对营运性事项的报告较少
激励制定	奖金在酬金中的比例	比较低	比较高
	奖金发放标准	强调财务指标	强调非财务指标
	奖金确定方式	比较客观	比较主观

(资料来源：詹姆斯雷夫．成本管理研究[M]．大连：东北财经大学出版社，1998．)

 特别提示

第一利润源泉是指在资源领域中把降低人工和材料的成本作为扩大利润的来源；第二利润源泉是指在人力领域中通过挖掘企业现有人力资源，提高工作效率，获取更多的利润的途径；第三利润源泉是指在物流领域中降低物流费用，提高利润的办法。

1.4　成本会计工作的组织

要充分发挥成本会计的职能作用，完成成本会计工作任务，必须做好成本会计的组织工作。进行成本会计的组织工作，抓好成本会计机构设置和人员配备，内部成本会计制度的建立健全，合理选择成本会计工作的组织形式等几个方面的工作。

1.4.1　成本会计机构的设置和人员配备

1. 成本会计机构的设置

成本会计机构作为企业会计机构中的一个组成部分，是组织、领导并从事企业成本会计工作的专职会计机构，应遵循以下一般原则进行设置。

1) 成本会计机构的设置要与企业的规模和管理体制相适应

在实际工作中，成本会计机构一般是根据企业规模、成本管理要求与成本核算方式，在企业会计机构内部设置专职的成本会计机构或人员。如在设置有会计处的大中型企业，可内设成本(会计)科，专门组织和从事成本会计工作，还可进一步根据成本管理的要求，在企业内部的车间、部门分设成本会计机构，或配备专职或兼职的成本会计人员，负责本车间、本部门的成本会计工作；如果企业规模较小，则可在会计机构内部设置成本(会计)组，或配备专职的成本会计人员，负责成本会计工作。

2) 成本会计机构内部的分工要明确、具体

成本会计机构内部的分工主要是其机构内部的组织或人员之间的业务与职责分工。有两种不同的分工方式：一是按成本会计的职能分工，如分设成本核算、成本分析、成本管理等不同的工作小组或专职人员；二是按成本会计的对象要素分工，分设产品成本、期间费用等不同的会计小组或专职人员。

按成本会计的对象要素分工，一般是分别设立材料组、工资组和间接费用成本组，分别负责材料成本、人工成本和间接费用成本的核算与管理工作。其材料组一般由企业厂部成本会计人员与仓库材料管理人员共同负责，主管材料物资和低值易耗品的采购、入库、领用、结存的明细分类核算，定期盘点清查，计算材料成本费用，并对全过程进行控制和监督；工资组主管应付职工的工资、奖金的计算与分配的明细分类核算，并对全过程进行严格的控制和监督；间接费用组一般由厂部成本会计人员负责直接进行核算与管理，对间接费用还可按成本习性分为变动费用和固定费用，分别采用弹性预算和固定预算的不同方式进行控制。在成本会计机构内部按照对象要素进行分工，其优点是便于成本工作的开展和及时准确地提供成本信息。

3) 成本会计机构要精简、高效，符合内部牵制原理的要求

成本会计结构设置要在满足需要的情况下，符合精简、高效的原则，避免机构重复设置，人员臃肿，核算低效。同时，成本会计机构内部的分工要符合内部控制的要求，对于账物、一些账证等要合理分工，既要防止出现营私舞弊现象，又要防止账证差错。

2. 成本会计的人员配备

成本会计人员是成本会计机构中所配备的成本会计工作人员，或不设置成本会计机构配备在会计机构中的成本会计人员，具体负责企业日常或专项的成本会计工作。如编制成本计划，进行成本费用预测、决策，进行实际的成本核算与计算，进行成本分析和考核等。

成本核算是企业会计核算工作的核心，成本指标是企业进行经营决策的重要依据，成本会计工作与产品的生产经营的流程存在直接联系，这决定了成本会计人员除了要专业基础扎实、知识面广，具有良好的职业道德和任劳任怨、爱岗敬业等基本素质外，还应符合两个方面的特殊要求：一是在成本理论和实践上具有良好的基础；二是掌握一定的与企业生产经营活动相关的知识，熟悉企业生产经营的流程及工艺过程。从这一意义上而言，对于成本会计工作人员，要求具有更高的素质。

 知识图说

在总结工作成绩时，经常讲"一是领导重视，二是机构健全，三是职责分明，四是人员得力"几个方面。是的，一点都不错，在成本会计上，首先就是会计机构的设置问题，如图1.3所示，其次就是成本核算人员的配备，然后是职责分工形成的核算方式。

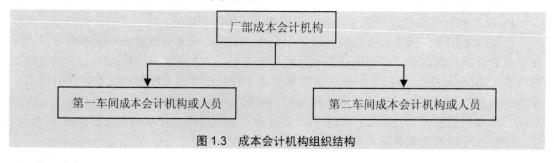

图1.3 成本会计机构组织结构

1.4.2　成本核算形式

企业的成本核算方式主要有集中核算和分散核算两种不同的形式，企业应根据自身规模的大小和管理上的要求选用。

1. 集中核算形式

集中核算形式是把企业成本会计的主要工作都集中在厂部成本会计机构进行的一种成本核算方式。在这种方式下，各车间、部门一般不单设成本会计机构，只配备专职或兼职的成本员；成本员只填制原始凭证和原始记录，在对其进行初步审核和整理后报送厂部成本会计机构，为其进行成本核算提供原始资料；成本核算的各种主要工作，包括成本会计凭证的审核和整理、各种费用的归集和分配、生产费用核算和产品成本计算等，都集中由厂部成本会计机构来完成。

集中核算方式的特点是各车间、部门的有关成本、费用的原始资料都集中在厂部成本会计机构。其优点是便于了解全厂各车间、部门的成本、费用信息，掌握全厂生产经营活动的情况；有利于监督和控制全厂的成本费用。同时，还可减少成本会计人员和工作层次，节约管理费用。这种核算方式的缺点是不便于开展责任成本核算，不利于调动广大职工群众参加成本管理的积极性。

 知识图说

集中核算形式的工作方式如图 1.4 所示。

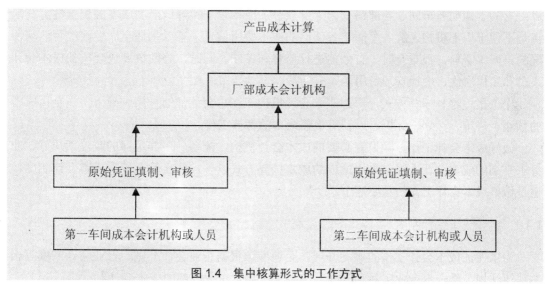

图 1.4　集中核算形式的工作方式

2. 分散核算形式

分散核算形式是把成本会计的主要工作分别下放给各车间、各部门的成本会计机构或成本会计人员的一种核算方式，也称为分级核算或非集中核算。在这种核算方式下，主要原始凭证和原始记录的审核和整理、生产费用的归集和分配、产品成本的计算等，都由各车间、各部门的成本会计机构或成本会计人员来完成。厂部会计机构只根据各车间、各部门上报的成本计算资料进行全厂成本的汇总核算，以及生产费用的总分类核算和少数费用的明细核算。

知识图说

分散核算形式的工作方式如图 1.5 所示。

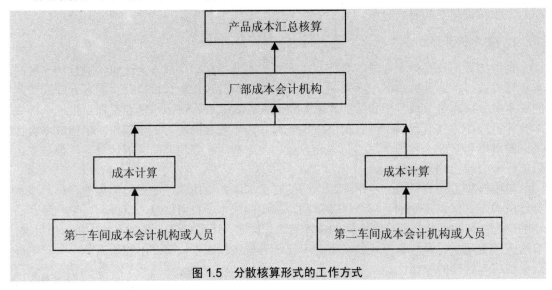

图 1.5　分散核算形式的工作方式

分散核算方式的特点和优缺点与集中核算方式的正好相反。其特点是大量的成本、费用的原始资料和核算工作都分散在各车间和部门。其优点是有利于开展和加强责任成本核算；有利于调动各车间、各部门及职工群众参加成本管理和降低产品成本的积极性。其缺点是不便于厂部机构了解各车间、各部门的成本费用信息，难以掌握全厂生产经营活动情况的第一手资料，很难及时、有效地进行监督和控制。同时，分散核算还会增加成本会计人员和工作层次，增加管理费用。

无论采用哪种核算方式，厂部成本会计机构应在总会计师的直接领导下负责全厂成本的预测、决策、计划、分析，以及对责任成本的考核工作。

做好成本会计工作，除设置必要的成本会计机构，配备、培养足够的政治素质好、业务水平高的成本会计人员，采用适应的成本核算方式以外，建立健全各项成本会计制度，也是做好成本会计工作的重要环节。

1.4.3　企业成本会计制度

为了保证成本会计工作的顺利开展，企业应该根据企业会计准则、行业会计制度等相关法律法规，结合本企业实际和管理上的要求，制定企业内部的成本会计制度。

成本会计制度是关于组织和处理成本会计工作的规范，它是企业会计制度的一个组成部分。成本会计制度既包括成本核算方面的制度，也包括成本预测、决策、计划、分析和考核方面的规范。具体而言，现代成本会计制度主要包括以下一些方面的内容。

(1) 成本会计工作的组织分工及职责权限制度。其中，成本会计岗位责任制度是一个重要组成部分。

(2) 成本核算制度。主要包括成本计算对象、成本计算方法的确定；成本账户、成本项目的设置；成本核算的流程；生产费用在完工产品和在产品之间分配的方法等。

(3) 成本管理、控制制度。主要包括费用开支标准、计算对象、成本计算方法的确定；成本账户、成本项目的设置；成本核算的流程；成本费用控制方法等。

(4) 成本预测和决策制度。

(5) 成本定额、成本计划的编制方法与制度。

(6) 成本报表制度。

(7) 成本分析制度。

(8) 责任会计制度。

(9) 企业内部价格的制定和结算方法等方面的制度。

(10) 其他有关方面的成本会计制度。

1.4.4 组织成本会计工作的原则

做好成本会计的组织工作，设置成本会计机构和配备成本会计人员，制定成本会计制度，开展成本会计工作需要注意以下原则。

1. 成本会计工作要与技术工艺相结合

成本会计工作应根据本单位生产经营活动的特点、生产规模的大小和成本管理的要求等具体情况来组织进行。成本是一项综合性的经济指标，它受多种因素的影响。其中产品的设计、加工工艺等技术是否先进、在经济上是否合理，对产品成本的高低有着决定性的影响。从某种意义上而言，产品成本的高低是在产品设计阶段就已经基本确定的。因此，在成本会计工作中，不仅要注重产品加工中的耗费，更要对产品的设计、加工工艺、质量、性能等与产品成本之间的联系进行研究。要注意克服过去所存在的成本会计人员不懂基本的工艺技术，而工程技术人员对产品技术方面的问题考虑过多但对产品的成本则考虑较少的倾向。

成本会计工作与技术工作相脱节，使得企业成本会计工作往往仅限于事后算账，只能起到提供核算成本资料的作用，而在降低产品成本方面则受到很大限制。为了在提高产品质量的同时不断地降低成本，提高企业经济效益，在成本会计工作的组织上应贯彻与技术相结合的原则。不仅要求工程技术人员懂得相关的成本知识，树立成本意识，而且成本会计人员也必须改变传统的知识结构。具备与正确进行成本预测、参与经营决策相适应的生产技术方面的知识。只有这样，才能在成本管理上实现经济与技术的结合，才能使成本会计工作真正发挥其应有的作用。

2. 成本会计工作与经济责任制相结合

实行经济责任制是降低成本的一条重要途径。成本会计作为一项综合性的价值管理工作，应摆脱传统上只注重事后成本核算的片面性，充分发挥其所具有的全面、系统进行价值管理的优势，将其与管理上的经济责任制有机地结合起来，使成本管理工作收到更好的效果。结合企业内部分口管理的经济责任制或责任会计制度的实施，将企业总成本层层分解落实到企业生产经营过程的各个坏节、各环节的各个责任人，使成本会计与经济责任制相互促进，产生联动效应。

3. 成本会计工作与全员相结合

成本会计的根本目标是不断挖掘潜力降低成本，但各种耗费是在生产经营的各个环节中发生的，成本的高低也主要取决于各科室、车间、班组和职工的工作。同时，企业的广大员工也最熟悉生产经营情况，最了解哪里有浪费现象，哪里有节约的潜力。因此，要加强成本管理，实现降低成本的目标，就不能仅靠几个成本会计专业人员，而必须充分调动员工在成本管理上的积极性和创造性，分解成本指标落实到各个责任人身上，使人人要达到一定的指标，人人工作能进行考核。因此，成本会计人员还必须做好成本管理方面的宣传工作。要经常深入实际，了解生产经营过程中的具体情况，与职工建立起经常性的联系，吸收员工参加成本管理工作，增强员工的成本意识和参与意识，以便互通信息，掌握第一手资料，从而把成本会计工作建立在广泛的群众基础之上。

 管理案例

邯钢是这样实行成本否决的

每年8月，根据公司生产经营的最高决策层的意见和要求制订下一年度的生产经营计划。公司的决策层主要是指总经理、总会计师、总工程师，还有14个处室的一把手。此项工作由计划处牵头制订，经过一个多月的科学测算，在9月末拿出方案和二级厂见面，经过反复征求意见后，在10月初正式下发到所有处室和分厂。

在制订这个计划时掌握几条原则：①所有指标每年必须上一个新台阶，不能原地不动；②在制订生产经营计划时要瞄准3个水平，第一是历史最高水平，第二是同类企业的最高水平，第三是同行业最高水平；③生产经营计划大纲制订之后，还要选择1～2个指标作为追赶同类企业的先进指标。每个分厂主要领导，每年都要亲自带队，到先进单位学习，找出自己的差距。找到了差距，就等于找到了挖掘的潜力。公司生产经营计划大纲一旦确定，除非出现不可抗拒的外部因素，一般决不改变，决不调整。生产经营计划对于分厂领导来讲，要么接受，要么提出辞职，没有讨价还价更改的余地。

1. 精心测算全年利税水平和目标成本

(1) 制定好原材料等内部计划价。从1991年开始，每年都参照当时的市场价格，估算从市场购入的原材料涨价幅度，进行一次修订。由于原材料价格变化比较频繁，从1993年开始，每半年调整一次价格，使成本价尽量贴近市场价格。

(2) 确定全年的销售收入，这要根据市场行情和要求来测算，做到心中有数。

(3) 精确测算公司的利税目标，然后确定全年的总成本。利税目标的重点是利润。

(4) 把总成本切成块，分到每个处室，以确保公司整体效益的完成。

(5) 测算出每个产品的目标成本和分厂的内部利润。由财务处负责制定，要求掌握两个原则：一是保证亏损的产品不亏损，盈利的产品多盈利；二是制定的指标必须科学、先进、合理。采用的方法是倒算成本，即从产品能够被市场认购的价格开始，从后向前推，直至推到原材料进厂，由此测算出每种产品的目标成本和分厂的内部利润。

2. 合理制订各处室和分厂的承包方案

这种承包方式暂且叫做主体承包经营机制。机制的运作、检查、考核都是依据责任制进行的。责任制的制定由企管处牵头，与计划处、财务处、劳资处、科技处组成专门班子，根据生产经营计划大纲和财务倒算成本目标的要求提出初稿。然后拿到公司党政联席会上进行讨论，会议通过后征求分厂意见，每年12月1日正式下发到各分厂、处室。各单位接到通知后，迅速分到各工段、科室、班组、岗位和个人，1个月内全部分解完毕，每年元月上旬举行隆重的签字仪式。一经签字，一切以承包责任制为准。

制订承包方案的原则如下。

(1) 生产大纲中的所有指标要 100%地分解到承包方案中去,横向到边,纵向到底,不留死角。

(2) 经营承包不仅是分厂的事,也是总厂各处室的事。要同时抓,重点抓处室,发挥各自的作用,向管理要效益。全公司每个分厂、处室都要签订承包经营方案,人人头上有指标。

(3) 坚持工效挂钩。把职工所有收入与承包指标挂钩,其中活的收入现在已占全部收入的 50%,对于完不成目标成本的,当月奖金一分也拿不到。另外,各分厂、处室职工增加的收入在各单位自身的积累中解决。

(4) 卡住两头,抓好中间。两头即公司花钱的一头——采购和公司挣钱的一头——销售,中间是各处室。为了卡住采购这一头,对原材料采购点,要求提出有 3 家供货单位可选择的方案,在原材料进厂前,要求提供样品,由钢研所化验,厂科技处裁决,决定选择哪家原材料;销售这一头,要求产品尽可能卖高价;对于各处室完成费用指标,不超支。

(5) 指标分解尽可能细化。每年元月,总厂对指标分解进行全面检查,主要查各单位是否把指标全部分解,指标是否上墙,形成网络图。检查人员随机问公司或分厂利润目标、班组、个人目标,成本指标等,如果 100 个被问者中有 3 个答不上来则停发该分厂当月奖金。

3. 严格考核建立自我约束机制

(1) 坚决贯彻"四不原则",即"不讲情、不照顾、不讲客观、不搞下不为例"。对此,员工当时也很不理解。因为作为钢铁企业,一个环节紧扣一个环节,相互之间难免产生影响。比如,过去邯钢地区每年夏天用电紧张,对工业用电拉闸限电自然影响生产。但公司不管这些,要求分厂自己把损失补回来。过去公司制定的办法也很多,也要求严格考核,但考核来考核去,总是考核不成,原因就是讲客观、讲人情的多。1991 年开始实行这个机制之后,刘汉章总经理特别强调要上管天、下管地,考核要严格,要认真,这样就没有一个人来讲情。从现在看,公司领导、群众的承受能力也强了。从 1991 年到 1997 年,一共否决了 177 个处室,60 多个分厂被延缓升级。

(2) 对领导干部从严,对处室从严,这是行之有效的好办法。从 1991 年开始,只要处室完不成指标,坚决否决。1994 年职代会上,因为职工住宅楼没如期完工,钢材库还有 8 万吨产品没售出等,刘汉章总经理提出扣罚自己两个月奖金,延缓升级半年,对职工震动很大。

(3) 拉开分配档次。邯钢各处室分厂的分配水准共分为 5 个档次,分厂每个档次差 30 元奖金,处室差 20 元,处室的一档相当于分厂的三档,分厂与处室的比例是 1∶2.5。

(4) 建立自我约束机制。就是上奖金税,无论哪个档次,都有计奖税,超过基准奖,要上税,超过得越多,交纳得越多,起到平衡的作用。这样做主要出于几个考虑:一是现阶段奖金的比例要拉开,但因为分工不同,不宜过大;二是邯钢从 1991 年开始一直在搞大量投入,上一些项目,这些项目多少年能产生效益,一时难以摸准;三是防止分厂追求高收入,结果造成拼设备;四是公司也要有积累,迄今为止,邯钢工资积累了 6.4 亿元,两年邯钢不生产了,工人还可以开工资。现在每年发的效益奖就是从这里出来的,奖励那些多盈利的单位。

4. 抓好各项基础管理工作

(1) 重点抓好全厂的计量工作。因为,班组、厂级和公司都要核算,没有准确的计量不行。公司在计量工作上舍得投入,这几年累计投入 800 多万元。

(2) 整顿供货渠道。公司规定所有品种的 85%要用名牌厂家和大厂家的,15%可用地区专业公司的,杜绝从个体或门市进货。由供应处成立审计组,每年审核计划,然后排出大表,采购员、计划员、管理员、库管员按计划行动。

(3) 建立健全基本制度。一是物料平衡制度,由计划处牵头,组织负责物料的处室每个月查一次库,按照"上月库存+本月进料-本月消耗=本月库存"的公式进行物料平衡。二是财务物资集中管理,这是邯钢不同于好多企业，特别是不同于大钢厂的一个特点。所谓集中管理，即统一计划、统一采购、统一销售、统一信贷，银行只有一个账号。三是制定了以质论价制度，旨在促进二级厂生产优质产品。四是原材料把关，每月进行一次评比，对于不合格的原材料，将取消合同。

(4) 抓工段、班组成本核算的规范化和制度化。这几年重点培养了几个好的典型，如二炼钢厂的一个班组，核算非常规范，于是组织全厂的班组分批分期参观，要求班组做到 5 个 100%，即 100%要推行模拟市场核算，100%要有成本和费用的考核指标，100%单位奖金考核要有制度，100%奖金分配要拉开差距，100%要有设备安全管理制度。

(5) 开展主要经济技术指标上台阶、创一流活动。这几年不间断地抓了指标上台阶工作，指标能上台阶，就能创效益。如轧钢的成材率提高 0.1%，全年的效益就能增加 150 万元。

(6) 抓了一些短、平、快的项目。如 1995 年下半年建了一座 300 高炉，大家议论纷纷，认为再建 300 高炉是"不识实务"，应该建大的，刘总经理说，就公司的现状，不允许建大高炉，况且我们操作 300 高炉的水平是全国第一，并且周期短，见效快。1996 年元月建成投产后，当年增产 16 万吨钢，收回投资 33%，结果 3 年收回全部投资，1996 年又建了一台高炉，不断为公司增长了后劲。

(7) 减人增效。1992 年公司抽了 150 名干部对公司的岗位跟踪测查，合并科室 114 个，减员 6 400 人，1990 年公司是 28 000 人，现在还是 28 000 人。我们的目标是，到 2000 年，钢产量达到 400 万吨，还是 28 000 人。

(8) 公司内部不断扩大模拟市场机制的实施范围。公司开始主要放在二级厂，现在逐步把这个机制拓宽到后勤部门。如印刷厂、技改部、生活部、医院、培训部、小车班等。1990 年搞了一个焦炉，原来预计投资 8 000 万元，最后花了 1.4 亿元，还未完成。后来把模拟市场机制引到技改工程，从工程承包、工程进度、形象规划一直到现在控制每一天干多少活、花多少钱都有人来负责，节约了大量资金，从 1991 年开始，技改节约资金累计 2.6 亿元。

(9) 抓全公司的标准化操作。做法是把公司所有职工的岗位标准重新进行规范，并且人手一册，上标准岗、干标准活。

石忠民. 中国电力企业管理. 1998, 9:11-12.

本 章 小 结

成本是一个发展中的经济范畴。管理学和会计学中的成本是指按照管理要求确定的，可以用货币计量，与特定的成本对象相对应的价值耗费。成本是补偿生产耗费的价值尺度、产品定价的基本依据，还是反映经济管理质量的综合指标和经营决策的必要信息。现实生活中有着一系列不同的成本概念。

成本会计是随着商品货币经济，特别是股份制经济的发展而逐步从传统会计中分离出来的一个会计分支，现代成本会计具有财务会计和管理会计的双重属性，现代管理科学得到越来越广泛的运用。成本会计的对象体现在企业的各个不同生产经营环节之中，产品生产成本是工业企业成本会计的主要对象。成本会计的职能是成本会计在经济管理中所具有的内在功能，包括成本反映和监督的基本职能，和成本预测、决策、计划、控制、分析与考评等派生职能。正确进行成本核算，及时为企业经营管理提供有用的成本信息是其首要任务。

充分发挥成本会计的职能作用，必须在做好会计基础工作的前提下，做好成本会计的组织工作，合理设置机构和配备人员，建立健全内部成本会计制度，科学确定成本会计工作组织形式，并处理好成本会计工作与各有关方面的关系，将企业员工纳入成本工作之中。

名人名言

成本会计学就像花茎甘蓝一样，无论你是否喜欢它，它一定有益于你。

——佚名

如果一班学生能在经济学课程中真正理解成本以及成本的所有方面，那么，这门课便算取得了真正的成功。

——J·M·克拉克

成本会计就是应用普通会计的原理、原则，系统地记录某一工厂生产和销售产品时所发生的一切费用，并确定各种产品或服务的单位成本和总成本，以供工厂管理当局做出经济的、有效的和有利的产销政策时参考。

——劳伦斯

中英文对照专业名词

成本(cost) 成本会计(cost accounting)
费用(expenses) 成本会计学(cost accountancy)
成本价格(cost price) 生产成本(production cost)
成本核算(cost calculation) 制造成本(manufacturing cost)
完全成本(full cost) 单位成本(unit cost)
总成本(gross cost) 产品成本(product cost)
社会平均成本(cost of average socially necessary) 成本信息(cost information)
成本会计部门(cost counting departments) 成本会计人员(cost accountant)
成本制度(cost system) 成本会计制度(cost accounting system)
成本分类(cost classification)

练 习 题

一、简答题

1．成本的经济实质是什么？会计学意义上成本的概念是什么？
2．如何理解成本在经济管理中的作用？
3．如何理解"成本是生产耗费的补偿尺度"？
4．工业企业的成本会计对象主要包括哪些内容？
5．成本会计的基本职能是什么？有哪些派生职能？
6．成本会计的任务主要有哪些？
7．什么是集中核算?什么是分散核算？两者各有何优缺点？
8．成本会计的基础工作主要包括哪些内容？
9．成本会计制度主要包括哪些内容？
10．从成本会计的产生与发展过程中，你受到哪些启示？

二、单项选择题

1．成本的经济实质是(　　　)。
A．劳动者为自己劳动所创造价值的货币表现
B．劳动者为社会劳动所创造价值的货币表现

C. 企业在生产经营过程中所耗费的资金的总和

D. 生产经营过程中所消耗的生产资料转移价值的货币体现

2. (   )构成商品的理论成本。

A. 已耗费的生产资料转移的价值

B. 劳动者为自己劳动所创造的价值

C. 劳动者为社会劳动所创造的价值

D. 已耗费的生产资料转移的价值和劳动者为自己劳动所创造的价值

3. 一般来说，实际工作中的成本开支范围与理论成本包括的内容(   )。

A. 是具有一定差别的　　　　　　B. 是相互一致的

C. 是不相关的　　　　　　　　　D. 是可以互相替代的

4. 从现行行业企业会计制度的有关规定出发，成本会计的对象是(   )。

A. 各项期间费用的支出及归集过程

B. 产品生产成本的形成过程

C. 企业全部费用的支出

D. 企业生产经营过程中发生的生产经营业务成本和期间费用

5. 成本会计的首要职能是(   )。

A. 反映的职能　　　　　　　　　B. 反映和监督的职能

C. 监督的职能　　　　　　　　　D. 计划和考核的职能

6. 成本会计的监督(   )。

A. 包括事前、事中和事后监督　　B. 包括事前和事后的监督

C. 是事后的监督　　　　　　　　D. 是事前的监督

7. 成本会计最基本的任务和中心环节是(   )。

A. 进行成本预测、编制成本计划

B. 审核和控制各项费用的支出

C. 参与企业的生产经营决策

D. 进行成本核算，提供实际成本的核算资料

三、多项选择题

1. 成本的经济实质内容包括(   )。

A. *c*　　　　　　B. *v*　　　　　　C. *m*　　　　　　D. 以上都对

2. 成本的作用包括(   )。

A. 生产耗费补偿尺度　　　　　　B. 产品定价的基本依据

C. 反映企业工作的综合性指标　　D. 为经营决策提供重要信息

3. 成本会计的基本职能包括(   )。

A. 反映　　　　B. 监督　　　　C. 预测　　　　D. 决策

4. 成本会计的监督包括(   )。

A. 事前监督　　B. 事后监督　　C. 事中监督　　D. 以上都对

5. 成本核算方式主要有(   )。

A. 集中核算方式　　　　　　　　B. 分散核算方式

C. 科目汇总表核算方式　　　　　D. 记账凭证核算方式

6. 企业在一定会计期间所发生的期间费用包括(   )。

A. 财务费用　　B. 销售费用　　C. 管理费用　　D. 制造费用

7. 成本会计的组织工作主要包括(　　)等几个方面的工作。
　　A．设置成本会计机构　　　　　B．建立、健全内部成本会计制度
　　C．确定成本会计工作的组织形式　D．配备成本会计人员

四、案例分析题

芮成钢：独家专访丰田章男

芮成钢：探讨一下这次召回危机的原因究竟何在。我概括起来大概有这么几点：第一点是质量本身的问题；第二点可能是日本大公司文化的问题，像丰田这样大的日本企业，公司员工非常多，底层员工不一定能把信息及时汇报到最高领导，所以导致危机处理不及时；第三点原因是公司因为扩张速度太快，对质量控制不够严格；等等。在造成危机的诸多原因当中，你觉得哪一个原因最大？

丰田章男：到底什么是最主要的原因？其实是由很多原因纠结到一起才导致现在的情况发生的。如果说最主要原因是什么，第一点，由于急速的扩张，我们一直非常秉承的一点是造车先育人，这样一个理念没有得到很好的落实，换句话说我们成长的速度超过了我们人才培养的速度，由此导致一些问题的发生。同时，在我们造车的环节当中，生产出高品质的车辆，对于制造有长久以来的优先顺序，正像刚才所说的，第一位是产品的安全，第二位是产品的质量，第三位是数量，第四位是成本，最近一些年，在优先顺序上出了一些问题，公司内部可能有一些人过高地评价了自己取得的业绩，也有外部公司对我们提出了相关的质疑，这些情况也是导致问题发生的原因。对于丰田汽车公司来讲，我们除了多开展相关事业以外，同时也在追求能够成为扎根于各个地区，对各个地区的发展作出贡献的企业，在任何一个我们参与事业的市场里，比如在中国，对中国社会能不能作出贡献，能不能成为受中国消费者认可的优秀的企业公民，为社会的可持续发展作出贡献。对于这些方面，我们需要进行进一步的调整，朝着这个方向进一步转变。我想这些事情是处理刚才这些问题的关键所在，就像刚才所说的那样，我是非常喜欢汽车的人，除了我自身的努力以外，希望能够跟所有相关人员一起齐心合力改善现在的情况。

(资料来源：http://blog.sina.com.cn/s/blog_4adabe270100hixa.html.)

阅读上述材料，回答下列问题：

(1) 你同意丰田章男的观点吗？

(2) 假如你是丰田章男，你如何回答记者提出的问题？

(3) 如何看待制造汽车的优先顺序，第一位是产品的安全，第二位是产品的质量，第三位是数量，第四位是成本。

第 2 章　成本核算的要求和一般程序

教学目标

通过本章的学习，理解成本核算的要求；掌握费用按各种标准的分类及这些分类之间的区别联系；掌握企业成本核算的一般程序、需要设置的主要会计科目账户及账户的用途、结构及登记方法。

教学要求

知识要点	能力要求	相关知识
产品成本核算的要求	(1) 成本核算的要求 (2) 各项费用的界限	(1) 划分各种费用的界限 (2) 财产物资的计价和价值结转的方法 (3) 成本核算的基础工作
费用的分类	(1) 掌握各种费用所包含的内容 (2) 掌握费用的各种分类方法	(1) 费用的经济内容 (2) 费用的经济用途 (3) 各项费用分类之间的关系
产品成本核算的一般程序及成本核算的主要会计科目	(1) 明晰产品核算的流程 (2) 正确运用产品成本核算的账户	(1) 成本核算的一般程序 (2) 费用的横向分配步骤 (3) 费用的纵向分配步骤 (4) 成本核算的账户设置

> 实际上，可以不过分地说，成本核算程序的形成，有着伟大的功绩，它可以与创造按复式记录原则进行的簿记相媲美。
>
> ——A·C·利特尔顿

基本概念

生产成本　费用要素　外购材料　外购燃料　外购动力　职工薪酬　折旧费　成本项目　直接材料　燃料和动力　直接人工　制造费用　期间费用　原始记录　基本生产成本　辅助生产成本

导入案例

3个儿子的故事

从前有个老商人，他有3个儿子。在他年老的时候，决定将他的生意和财产交给其中的一个儿子管理。交给谁呢？他决定考验他们，谁最聪明就交给他。一天，他把3个儿子都叫到身边，对他们说："这儿有3枚金币，你们每人用一枚金币去买一样可以填满这个房间的东西。谁能做到且花钱最少，我就把所有的生意和财产给谁！"于是，老大买回来了很多稻草，把房间塞得满满的。老二买回了很多沙子，但是把所有的沙子铺开也只能填满半间房子。老三却买回了一根蜡烛，他点上蜡烛，顿时，整个房间从一面墙到另一面墙，从房顶到地面，上上下下都被装满了温暖的光明！这其实是一个如何花钱的成本控制的故事。如何花小钱办大事、办好事，像故事中的老三一样，却是一个非常有趣而又有一定难度的问题。

点评：成本控制是一门艺术。

"在企业内部，只有成本。"加强成本控制与管理，树立全方位的成本意识，提高企业竞争力是企业最紧迫、最核心的问题之一。同时，成本控制又是一门艺术，它需要智慧的头脑和坚持不懈的努力。

2.1　企业成本核算的要求

2.1.1　成本核算应与管理相结合

企业成本核算应当与加强管理相结合，所提供的成本信息应当满足经营管理和决策的需要。企业管理的主要目的就是降低成本费用，提高经济效益。因此，成本核算与管理相结合，就是要根据企业管理的要求组织成本核算，核算要服务于管理，服从于管理。具体应做到以下两点。

(1) 成本核算不仅要对各项费用支出进行事后的核算，提供事后的成本信息，而且必须以国家有关的法规、制度和企业成本计划和相应的消耗定额为依据，加强对各项费用支出的事前审核和事中控制，并及时进行信息反馈。对于合法、合理、有利于发展生产提高经济效益的开支，要积极予以支持，否则就要坚决加以抵制，确实已经无法制止的要追究责任，采取措施，防止以后再发生；对于各项费用的发生情况，以及费用脱离定额(或计划)的差异进行日常的计算和分析，及时进行反馈；对于定额或计划不符合实际情况的，要按规定程序予以修订。

(2) 成本计算必须正确、及时。只有成本资料的正确，才能据以考核和分析成本计划的完成情况，才能保证国家的财政收入和企业再生产资金得到合理的补偿。同时，成本计算的正确与否，衡量的标准首先要看提供的核算资料能否满足管理的需要。在成本计算中，既要防止片面的简单化，不能满足成本管理要求的做法，也要防止脱离成本管理要求，为算而算，搞烦琐哲学的倾向。必须从管理要求出发，在满足管理需要的前提下，按照重要性原则分清主次，区别对待，主要从细，次要从简，细而有用，简而有理，为企业的经营管理和经营决策提供必要的成本信息。因此，企业应选用既简便又合理的成本计算方法，正确计算产品成本。

2.1.2 正确划分各种费用界限

企业发生的各项支出，有的可以计入产品成本，有的不能计入产品成本，有的可以计入当期的产品成本，有的不能计入当期的产品成本。因此，为了正确地核算生产费用和经营管理费用，正确地计算产品实际成本和企业损益，必须正确划分以下 5 个方面的费用界限。

1. 正确划分生产经营管理费用与非生产经营管理费用的界限

生产经营管理费用指的是企业在日常的经营管理过程中所发生的各项生产经营活动直接相关的各项支出，包括应计入产品成本的各项支出以及应计入期间费用的支出。企业的经济活动是多方面的，除了生产经营活动以外，还有其他方面的经济活动，因而费用的用途也是多方面的，并非都应计入生产经营管理费用。例如，企业购置和建造固定资产，购买无形资产以及进行对外投资，这些经济活动都不是企业日常的生产经营活动，其支出都属于资本性支出，不应计入生产经营管理费用。又如企业的固定资产盘亏损失、固定资产报废清理损失、由于自然灾害等原因而发生的非常损失，以及出于非正常原因发生的停工损失等，都不是由于日常的生产经营活动而发生的，也不应计入生产经营管理费用，而应该计入营业外支出。乱挤和少计生产经营管理费用，都会使成本费用不实，不利于企业成本管理。乱挤生产经营管理费会减少企业利润和国家财政收入；少计生产经营管理费用则会虚增利润，超额分配，使企业生产经营管理费用得不到应有的补偿，影响企业再生产的顺利进行。因此，每一个企业都应正确划分生产经营管理费用和非生产经营管理费用的界限，遵守国家成本费用开支范围的规定，防止乱挤和少计生产经营管理费用的错误做法。

2. 正确划分生产成本与期间费用的界限

企业的生产经营管理费用不仅包括应计入产品生产成本的各项支出，如生产产品所发生的直接材料、直接人工和制造费用等，还包括和产品没有直接对应关系的期间费用，如企业管理部门的办公费用、企业的业务招待费用、各种广告费用等。在分清楚企业生产经营管理费用与非生产经营管理费用界限的基础上，企业还必须进一步将计入生产经营性的各项支出划分为生产成本与期间费用。因为产品成本要在产品生产完成并销售以后才计入企业的损益，而当月投入生产的产品不一定当月产成、销售，当月产成、销售的产品不一定是当月投入生产的，因而本月发生的生产费用往往不是计入当月损益，从当月利润中扣除的产品销售成本。但是，工业企业发生的经营管理费用则作为期间费用处理，不计入产品成本，而直接计入当月损益，从当月利润中扣除。因此，为了正确计算产品成本和期间费用，正确计算企业各月份的损益，必须正确地划分产品生产费用和各项期间费用的界限。应当防止混淆产品生产费用与期间费用的界限，借以调节各月产品成本和各月损益的错误做法。

3. 正确划分各个月份的费用界限

为了按月分析和考核产品成本和经营管理费用，正确计算各月损益，还应将应计入产品成本的生产费用和作为期间费用处理的经营管理费用，在各个月份之间进行划分。本月发生的费用都应在本月全部入账，不能将其一部分延至下月入账；也不应在月末以前提前结账，将本月成本、费用的一部分作为下月成本、费用处理。更重要的是，应该贯彻权责发生制基础，正确地核算分摊费用和计提费用。本月份支付，但属于以前及以后各月份受益的费用，应记在各月之间合理分摊计入成本。本月虽未支付，但本月已经受益，应由本月负担的费用，应计提计入本月的成本。正确划分各期的费用界限，实质上是从时间上确定各个成本计算期的费用和产品成本，是保证成本核算正确性的重要环节。值得注意的是，应该坚决防止利用费用分摊和计提的办法人为调节各个月份的产品成本和经营管理费用，从而人为调节各月损益的错误做法。产品成本是保证成本核算正确性的重要环节。

4. 正确划分各种产品的费用界限

无论企业的生产类型、生产规模、管理要求如何，为了正确计算生产经营损益及加强成本管理，为了分析和考核各种产品或劳务的成本计划或成本定额的执行情况，必须计算出各种产品的实际成本。因此，对本期的生产费用还应在各种产品之间划分清楚。属于某种产品单独发生，能够直接计入该种产品成本的费用，应直接计入该种产品的成本。属于几种产品共同发生，不能直接计入某种产品成本的，则应采用适当的分配方法，分配计入这几种产品的成本。既要防止随意分配费用，又要特别注意防止在盈利产品与亏损产品、可比产品与不可比产品之间任意增减生产成本，以盈补亏、掩盖超支，虚报产品成本降低业绩的错误做法。

5. 正确划分完工产品与在产品的费用界限

通过以上 4 种费用界限的划分，已将应计入产品成本的生产费用全部计入各种产品的生产成本。月末在计算产品成本时，如果某种产品都已完工，这种产品的各项费用之和，就是这种产品的完工产品成本。如果某种产品都未完工，这种产品的各项费用之和，就是这种产品的月末在产品成本。但是如果某种产品一部分已经完工，另一部分尚未完工，这种产品的各项生产费用，还应采用适当的分配方法在完工产品与月末在产品之间进行分配，分别计算完工产品成本和月末在产品成本，以准确计算完工产品成本。

以上 5 个方面费用界限的划分过程，也就是产品成本的计算和各项期间费用的归集过程。在这一过程中，应贯彻受益原则，以保证某种产品成本的核算的正确无误。收益分配原则是指成本核算在分配费用时，按照"谁受益，谁负担，不受益，不负担；受益大，负担多，受益小，负担少"的原则分配费用，使费用分配合理、准确。

 特别提示

成本核算的受益分配原则在一般情况下是合理的，但在特殊情况下的分配也不尽合理，如应为企业多个部门提供服务的辅助部门发生的费用，但本月却没有部门接受服务，那费用分配给谁呢？或者就一个部

门接受了服务，把费用都分配给这一个部门吗？这就非常的不合理了！这时要采用二次分配法等方法进行分配了。

2.1.3　正确确定财产物资的计价和价值结转的方法

工业企业的财产物资是生产资料，它包括了固定资产和生产经营过程中所要耗费的各种存货，其价值要随着生产经营过程的耗费，转移到产品成本、费用中去。这些财产物资可以认为是尚未转移为成本、费用的价值储存。因此，财产物资的计价和价值结转的方法也是影响成本费用正确性的重要因素。如固定资产的正确计价和价值结转，应包括其原值的计算方法、折旧方法、折旧率的高低以及固定资产与低值易耗品的划分标准。低值易耗品和包装物在按其取得时实际成本计价的同时，还要合理制定其摊销方法。各种原材料应按实际采购成本计价，其价值的结转，在材料按实际成本进行日常核算时，企业可以根据情况，对发出材料选用个别计价法、先进先出法、加权平均法、移动加权平均法等确定其实际成本；在材料按计划成本进行日常核算时，应当按期结转其成本差异，将计划成本调整为实际成本。这些物资的计价及结转方法在产品成本计算的过程中都十分重要。为了正确计算成本和费用，对于各种财产物资的计价和价值的结转，以及各种费用的分配，都应制定比较合理、简便的方法。同时，为了使各企业和各期的产品成本可比，有的要在全国范围内规定统一的方法，有的应在同行业同类型企业范围内规定统一的方法。而方法一经确定，必须保持相对稳定，不应任意改变，要防止任意改变财产物资计价和价值结转的方法，如任意改变固定资产折旧率及不按规定方法和期限计算、调整材料成本差异等，其结果势必造成人为调节成本和费用的错误做法。

2.1.4　做好各项基础工作

要保证成本会计所提供的成本信息的质量，必须加强产品成本核算的各项基础工作。如果基础工作做得不好，就会影响成本计算的准确性。要做好成本核算的各项基础工作，需要会计部门和其他各部门密切配合，共同做好这项工作。为了保证企业生产费用数据的真实、可靠，正确计算产品成本和经营管理费用必须做好以下各项基础工作。

1.　制定和修订各项定额

定额是企业在正常生产条件(指设备条件和技术条件等)及相对稳定的经济环境下，对生产的数量、质量，以及人力、物力和财力等方面所规定的应达到的数量标准。定额是编制成本计划、分析和考核成本水平的依据，也是审核和控制成本的标准。应该根据企业当前设备条件和技术水平，充分考虑职工群众的积极因素，制定和修订先进而又可行的原材料、燃料、动力和工时等消耗定额，并据以审核各项耗费是否合理，是否节约，借以控制耗费，降低成本、费用；制定和修订产量、质量定额，是搞好生产管理、成本管理和成本核算的前提。企业的定额主要有产量定额、材料消耗定额、动力消耗定额、设施利用定额、劳动(工时)定额、各项费用定额等。这些定额的制定都应该先进、合理、切实可行，并随着生产的发展、技术的进步、劳动生产率的提高，不断修订，以充分发挥其应有的作用。

2.　建立健全材料的物资计量、收发、领退和盘点制度

为了进行成本管理和成本核算，还必须对材料物资收发、领退和结存进行计量，建立和健全材料物资的计量、收发、领退和盘点制度。材料物资的收发、领退，在产品、半成品的内部转移和产成品的入库等，均应填制相应的凭证，经过一定的审批手续，并经过计量、验收与交接，防止任意领发和转移。库存的材料、半成品和产成品，以及车间的在产品和半成品，均应按照规定进行盘点、清查，防止丢失、积压、损坏、变质和被贪污盗窃。只有这样，才能保证账物相符，保证计算的正确性。

3. 建立和健全原始记录工作

原始记录是反映生产经营活动的原始资料，是进行成本预测、编制成本计划、执行成本核算、分析消耗定额和成本计划执行情况的依据。只有计量没有记录，核算就没有书面的凭证依据。因此，为了进行成本的核算和管理，对于生产经营过程中工时和动力的耗费，在产品和半成品的内部转移，以及产品质量的检验结果等，均应做出真实的记录。原始记录对于劳动工资、设备动力、生产技术等方面的管理，以及有关的计划统计工作，也有重要意义。应该制定既符合各方面管理需要，又符合成本核算要求，既科学易行，又讲求实效的原始记录制度，并组织有关职工认真做好各种原始记录的登记、传递、审核和保管工作，以便正确、及时地为成本核算和其他有关方面提供所需原始资料。

4. 做好厂内计划价格的制定和修订工作

在计划管理基础较好的企业中，为了分清企业内部各单位的经济责任，便于分析和考核内部各单位成本计划的完成情况，还应对材料、半成品和厂内各车间相互提供的劳务(如修理、运输等)制定厂内计划价格，作为内部结算和考核的依据。厂内计划价格应该尽可能接近实际并相对稳定，年度内一般不做变动。在制定了厂内计划价格的企业中，对于材料领用、半成品转移以及各车间、部门之间相互提供的劳务，都应按计划价格结算，月末再采用一定的方法计算和调整价格差异，据以计算实际的成本、费用。按计划价格进行企业内部的往来结算，还可以简化、加速成本和费用的核算工作。

2.1.5 采取适当的方法计算产品成本

产品成本是在生产过程中形成的，产品生产组织和生产工艺特点及管理要求的不同是影响产品成本计算方法选择的重要因素。企业生产的特点按其组织方式，有大量生产、成批生产和单件生产；按工艺过程的特点，有连续式生产和装配式生产。企业采用何种成本计算方法，在很大程度上取决于产品生产的特点。计算产品成本是为了管理成本，管理要求不同的产品，也应该采用不同的成本计算方法。同一企业可以采用一种成本计算方法，也可以采用多种成本计算方法，即多种成本计算方法同时使用或多种成本计算方法结合使用，但是对于企业来说成本计算方法一经选定，就不应经常变动。

2.2 费用的分类

工业企业生产经营过程中的耗费是多种多样的，为了科学地进行成本管理，正确计算产品成本和期间费用，需要对种类繁多的费用进行合理分类。费用可以按不同的标准分类，工业企业在生产经营过程中发生的费用，最基本的分类是按生产费用的经济内容和经济用途的分类。

成本管理故事

美国航空公司总是想尽一切办法降低成本，节约一切可能节约的费用，这已经成了他们的一种习惯。在美航的飞机上，除了代表美航标志的红、白、蓝条纹外，一概不涂其他油漆，这不仅降低了油漆的消耗而且还因为不上油漆，飞机大约轻了 400 磅，使每架飞机每年可以节省大约 1.2 万美元的燃油费用。有一次，美航老板柯南道尔在美航班机上用餐。他发现送餐的量很大，于是把没吃完的生菜倒入一个塑料袋，交给负责机上餐食的主管，下令"缩减晚餐沙拉的分量"！之后，他还觉得不过瘾，又下令拿掉给旅客沙拉中的一粒黑橄榄。如此一来，既减少了浪费，又使美航每年减少了 7 万美元的开支。

2.2.1 费用按经济内容的分类

一个企业为进行正常的生产经营活动，会发生很多费用。例如，首先企业为了生产产品，需要领用材料用于加工产品并构成产品实体，因此，要发生材料费用；要生产产品就必须有一定数量的生产工人来加工产品，为此要支付给工人工资，发生人工费用；为生产产品还必须有一定的设备，用于加工产品，因使用设备将会发生折旧费用；此外，生产车间为了组织产品生产，还将发生各种料费、工费和其他费用；其次，除了生产产品之外，企业在正常经营过程中，还将发生公司经费、企业房屋建筑物的折旧费、修理费、保险费、管理人员的工资费用、借款利息、研究开发费等；再次，企业在正常生产经营活动中会发生购建固定资产、无形资产的支出，以及对外投资支出。这些在一定时期发生的费用均是用货币表现的，其具体内容按照费用经济内容可以划分为：劳动对象消耗的费用、劳动手段消耗的费用和活劳动中必要劳动消耗的费用。前两方面为物化劳动耗费，即物质消耗；后一方面为活劳动耗费，即非物质消耗。这 3 类可以称为制造业企业费用的 3 个要素。为了具体反映制造业企业各种费用的构成和水平，这 3 类还可进一步分为以下几种费用要素。

(1) 外购材料。指企业为进行生产经营管理而耗用的从外部购入的原料及主要材料、半成品、辅助材料、修理用备件、包装物和低值易耗品等。

(2) 外购燃料。指企业为进行生产经营管理而耗用的从外部购入的各种燃料，包括固体燃料、液体燃料、气体燃料。

 知识链接

一些管理学家称存货为"必要的罪恶"，说其"必要"，是因为从供应到生产的计划不可能无缝对接，必须有储备；说其"罪恶"，是其要占用生产性资金。国外有学者认为，"三空企业"是经营得最好的企业，所谓"三空"是指原材料仓库是空的，产品仓库是空的，银行存款是空的。日本提出的适时生产系统(Just-In-Time，JIT，其含义为：只在需要的时候，按需要的量生产所需的产品。)的理想化管理目标之一就是经营过程得"零存货"(另一个是生产过程的"零缺陷")。

(3) 外购动力。指企业为生产耗用而从外部购进的各种动力，如外购的电力、蒸汽动力等。

(4) 职工薪酬。指企业为获得职工提供的服务而给予各种形式的报酬以及其他相关支出，包括职工工资、奖金、津贴和补贴；职工福利费；医疗保险费、养老保险费、失业保险费、工伤保险费和生育保险费等社会保险费；住房公积金；工会经费和职工教育经费；非货币性福利；因解除与职工的劳动关系给予的补偿；其他与获得职工提供的服务相关的支出等。

(5) 折旧费。指企业按照规定方法，对生产经营用固定资产计提的折旧费用。

(6) 利息支出。指企业按规定计入生产费用的借款利息支出减去利息收入后的金额。

(7) 税费。指企业按照规定计入管理费用的各种税金，如房产税、车船使用税、土地使用税、印花税等。

(8) 其他费用。指不属于以上各要素的费用但应计入产品成本或期间费用的费用支出，如差旅费、办公费、租赁费、外部加工费、保险费和诉讼费等。

费用要素是一种反映费用原始形态的分类。将费用划分为若干要素进行反映，对于企业的生产经营管理有以下作用。

(1) 有助于企业了解在一定时期内发生了哪些费用，各要素的比重是多少，借以分析各个时期各种要素费用的结构和水平。

(2) 这种分类反映了企业外购材料、燃料费用及职工工资的实际数额，可以为编制材料采购资金计划、劳动工资计划以及核定储备资金定额、考核储备资金周转速度提供资料。

(3) 这种费用的划分能将物化劳动的耗费明显地从劳动耗费中划分出来，进行单独反映，有利于企业计算工业净产值，并为计算国民收入提供资料。这种分类核算不足之处是不能反映各种费用的经济用途，因而不便于分析各种费用的支出是否节约、合理。因此，对于工业企业的这些费用还必须按经济用途进行分类。

2.2.2 费用按经济用途的分类

企业的各种生产费用按照不同的经济用途可以做如下分类：①企业的全部费用可以划分为用于日常生产经营的生产经营管理费用(即收益性支出)和用于其他有关方面的非生产经营管理费用(即资本性支出)；②生产经营管理费用按照是否用于产品生产还可以分为用于产品生产、可以计入产品成本的生产费用和用于组织、管理产品生产及销售的日常经营管理活动的经营管理费用；③计入产品成本的生产费用在生产过程中的用途也各不相同。为了具体反映用于生产产品的生产费用的各种用途，首先可以将生产经营费用分为计入产品成本的生产费用和直接计入当期损益的期间费用两大类。下面分别讲述这两类费用按照经济用途的分类。

1. 计入产品成本的生产费用按经济用途的分类

计入产品成本的生产费用按经济用途可以进一步划分为若干项目，即产品成本项目，具体有如下内容。

(1) 直接材料。指直接用于产品生产、构成产品实体的原材料、主要材料以及有助于产品形成的辅助材料。

 特别提示

据统计，一般制造业产品成本构成中，材料成本所占比重通常在70%～90%，有的制造业，如装备制造业，其比重甚至超过90%。

(2) 直接人工。指直接参加产品生产的工人薪酬。

(3) 制造费用。指间接用于产品生产的各项费用，以及虽直接用于产品生产，但不便于直接计入产品成本，因而没有专设成本项目的费用(如机器设备的折旧费用)。制造费用包括为组织和管理生产所发生的生产单位管理人员工资、职工福利费、生产单位房屋、建筑物、机器设备等的折旧费，设备租赁费、机物料消耗、低值易耗品摊销、取暖费、水电费、办公费、差旅费、运输费、保险费、设计制图费、试验检验费、劳动保险费、季节性、修理期间的停工损失及其他制造费用。

 特别提示

据统计，1970 年以前的间接费用仅为直接人工成本的 50%～60%，而今天大多数公司的间接费用为直接人工成本的 4～5 倍；以往直接人工成本占产品成本的 40%～50%，而今天还不到 10%，甚至仅占产品成本的 3%～5%。

企业可根据生产的特点和管理要求对上述成本项目做适当调整。对于管理上需要单独反映、控制和考核的费用，以及成本中比重较大的费用，应专设成本项目；否则，为了简化核算，不必专设成本项目。例如，如果工艺上耗用的燃料和动力较多，应设置"燃料及动力"项目，如果工艺上耗用的燃料和动力不多，为了简化核算，可将其中的工艺用燃料费用并入"直接材料"成本项目，将其中的工艺用动力费用并入"制造费用"成本项目。又如，如果废品损失在产品成本中所占比重较大，在管理上需要对其进行重点控制和考核，则应单设"废品损失"成本项目。

2. 期间费用按经济用途的分类

工业企业的期间费用按经济用途的分类可分为管理费用、销售费用和财务费用 3 项，各自所核算的内容如下。

(1) 管理费用。指企业为组织和管理生产经营活动所发生的各种管理费用，包括企业在筹建期间发生的开办费、公司经费、工会经费、劳动保险费、待业保险费、董事会费、咨询费(含顾问费)、聘请中介机构费、审计费、诉讼费、排污费、绿化费、税金、土地使用费、土地损失补偿费、技术转让费、技术开发费、矿产资源补偿费、无形资产摊销、业务招待费、研究费用、存货盘亏或盘盈，以及企业生产车间(部门)和行政管理部门发生的固定资产修理费等。

(2) 财务费用。指企业为筹集生产经营所需资金而发生的筹资费用，包括利息支出(减利息收入)、汇兑损益、调剂外汇手续费、金融机构等手续费，以及企业发生的现金折扣或收到的现金折扣等。

(3) 销售费用。指企业在销售产品和材料、提供劳务过程中发生的各项费用，以及为销售本企业产品而专设的销售机构的各项经费，包括运输费、装卸费、包装费、保险费、委托代销手续费、广告费、展览费、租赁费(不包括融资租赁费)和为销售本企业产品而专设的销售机构(含销售网点、售货服务网点等)的销售部门人员工资、职工福利费、办公费、差旅费及其他经费等。

 特别提示

费用按照经济内容分类和按照经济用途的分类之间的联系和区别：费用按经济内容分类是费用按经济用途分类的基础，两者的区别是费用按经济内容讲的是投入内容，而费用按经济用途说的是产出成果的内容。

除了上述两种基本的分类外，企业的费用或成本还可以按照不同的标准进行分类，常用的几种分类如下。

(1) 按照生产费用与产品生产工艺的关系分为基本生产费用和一般生产费用。所谓工艺就是产品加工的方法和技术等。所以，基本生产费用也称基本费用是指与生产工艺有关的直接用于产品生产的生产费用，如生产工艺过程中耗用的原料及主要材料、燃料及动力、产品生产工人薪酬、生产用机器设备折旧费等。这些费用有时是用于两种以上产品的生产，因而还需按一定比例分配后计入各种产品成本。这一类费用一般是直接计入按产品种类等成本计算对象分别设置的"基本生产成本"账户中。一般生产费用也称一般费用是指与生产工艺没有关系，间接用于产品生产的费用，如生产管理部门人员的工资、办公费、差旅费、机物料消耗、车间厂房的折旧费等。这类费用一般计入车间或其他生产部门的"制造费用"账户中。

这种分类便于了解企业产品成本构成情况，分析企业不同时期的管理水平。管理水平越高，产品成本中一般费用的比重越低。因此，这种分类有利于促使企业提高管理水平，降低一般费用的开支，提高经济效益。

(2) 按照生产费用按计入产品成本的方法分为直接计入费用和间接计入费用。直接计入费用简称直接费用，是指可以分清哪种产品所耗用、能直接计入某种产品成本的生产费用。如直接用于某种产品生产的专用原材料费用，就可以根据有关的领料单直接计入该种产品成本。间接计入费用简称间接费用，是指不能分清哪种产品所耗用、不能直接计入某种产品成本，而必须按照一定标准分配后才能计入有关的各种产品成本的生产费用。如生产部门管理人员的薪酬，加工的几种产品共同耗用零件的生产设备折旧费等。

这种费用的划分方法有利于企业正确计算产品成本，对于直接计入费用必须根据有关费用的原始凭证直接计入该产品成本，对于间接计入费用则要选择合理的分配标准将其分配计入有关各种产品的成本。

(3) 按照生产费用与产品产量的关系分为变动费用、固定费用和混合费用 3 种。变动费用又称变动成本，是指费用总额随着产品产量的变动而成正比例变动的费用。如直接材料、直接人工中的计件工资都是和单位产品的产量直接相联系的，其总额会随着产量的增减成正比例增减；但从产品的单位成本看，则恰恰相反，产品单位成本中的直接材料、直接人工将保持不变，不受产量变动的影响。固定费用也叫固定成本，是指费用总额不直接受产量变动的影响的生产费用，如车间厂房的折旧，机器的修理费用及生产工人薪酬中的计时工资等。这类费用总额在相关产量范围内保持不变，但从产品的单位成本看，则恰恰相反，随着产量的增加，每单位产品分摊的份额将相应地减少。混合费用指其总额虽然受业务量变动的影响，但与业务量不成正比例变动的费用。在产品成本项目的构成中，制造费用的较大部分都是混合费用。这类费用既有固定费用的特性，又有变动费用的特性。

成本管理故事

洛克菲勒与一滴焊料的故事：约翰·D·洛克菲勒(John D. Rockefeller)是美国的"石油大王"，说其家财万贯一点都不为过，一滴焊料实在太不起眼了，但洛克菲勒却看上了。一次，洛克菲勒视察美孚石油公司一个包装出口火油的工厂，发现封装每只油罐用 40 滴焊料。他注意良久，他伸出两指，你想到了什么？V，不是 V，他对工人说："能不能减两滴，你有没有试用过 38 滴焊料？"经过当场试验，用 38 滴不行，偶有漏油，但用 39 滴焊料却没有一滴漏油。于是，洛克菲勒当场决定，39 滴焊料是美孚石油公司各工厂的统一用料标准。

这里的焊料就是变动成本，一滴焊料的成本降低会使企业总成本有巨大的下降。

（4）按照成本可控与否分为可控成本和不可控成本。可控成本是指责任单位可以调节和控制的成本；不可控成本是超出责任单位的职责范围因而不能控制的成本。可控成本是一种责任成本。可控成本必须与责任主体相联系。就整个企业而言，一切成本都应是可控成本。

（5）按照成本与决策方案的相关性分为相关成本和不相关成本。相关成本是与特定决策方案有关的、因决策方案的采用而必须发生的成本。非相关成本是指与决策方案无关的成本。如过去已发生的各项费用，未来方案已无法改变，因而在进行未来方案的选择时可以不予考虑。这种分类主要是为了更好地预测和决策，以及规划未来成本。

除了以上几种分类之外，还有其他成本费用分类方法，其分类标准也不尽相同。不同的目的会出现不同的分类。如历史成本、未来成本、实际成本、计划成本、标准成本、定额成本、沉没成本等。

上面分析了费用的几种分类方法，对于各种分类之间的关系，可用下式表示。

基本费用=直接计入费用=变动费用=不可控费用

一般费用=间接计入费用=固定费用=可控费用

特别地，企业只生产一种产品时，基本费用、一般费用都是直接计入费用；一种原材料生产几种产品时，基本费用、一般费用都要分配计入产品成本，都属于间接计入费用。工人工资在计时工资时，是固定费用；在计件工资时，是变动费用。

2.3　成本核算的一般程序及主要会计科目

2.3.1　产品成本核算的一般程序

成本核算是对生产费用的发生和产品成本的形成进行的核算。因此，成本核算的过程就是按一定的程序，对发生的生产费用进行汇总、分配，将应计入产品成本的生产费用归集于各种产品，计算出各种产品实际总成本和单位成本的过程。产品成本核算程序就是指从生产费用的发生、归集开始，直到计算出完工产品成本为止的整个核算顺序和步骤。前面对费用五个界限的划分过程就是成本核算的基本程序，其中第一到第四界限的划分称为横向分配过程，即费用在不同的对象或项目下分配，第五个界限的划分称为纵向分配，即费用在同一对象下的分配。具体来讲成本核算一般包括以下几个具体步骤。

1. 确定成本计算对象，设置生产成本明细账

成本计算对象是生产费用的承担者，即归集和分配生产费用的对象。确定成本计算对象，就是要解决生产费用由谁来承担的问题。成本计算对象的确立是设置产品成本明细账，正确计算产品成本的前提，也是区别各种成本计算方法的主要标志。不同性质的企业，成本计算对象的确定是不相同的，可以是某种产品、某一生产步骤、产品的某一批别，也可以是同类产品。至于选用什么作为成本计算对象，则取决于企业的生产特点和管理要求。不论成本计算对象如何确立，最后都要达到计算各种产品生产成本的基本要求，即能够分成本项目确定某种产品的总成本和单位成本。由于企业的生产特点、管理要求、规模大小、

管理水平的不同，企业成本计算对象也不同。企业应根据自身的生产特点和管理的要求，选择合适的产品成本计算对象设置生产成本明细账。

2. 对本期发生的生产费用，进行归集与分配

将生产经营过程中发生的各项要素费用按照成本项目进行分配，企业应该将应计入本月产品成本的原材料、燃料、动力、职工薪酬、折旧费等费用要素在各种产品之间，按照成本对象进行归集和分配。对于为生产某种产品直接发生的生产费用，能分清成本核算对象的，直接计入该产品成本；对于由几种产品共同负担的，或为产品生产服务发生的间接费用，可先按发生地点和用途进行归集汇总，然后分配计入各受益产品。在进行费用的归集与分配时，应按照国家的相关规定，对于企业发生的生产费用进行审核和控制，确定各项费用是否应该开支，已开支的费用是否应该计入产品成本。凡是不符费用开支规定的，不予入账，并追究相应的违规责任，凡应计入资本性支出、营业外支出或期间费用的，均应计入相应的账户，不得计入产品生产成本。

此外，根据权责发生制基础和配比原则的要求，要分清各项费用的归属期，特别是跨期摊提费用的归属期。本月支付应由本月负担的生产费用，计入本月产品成本。以前月份支付应由本月负担的生产费用，分配摊入本月产品成本。应由本月负担而在以后月份支付的生产费用，预先计入本月产品成本。对于本月开支应由以后月份负担的生产费用，做跨期分摊的费用处理。对于已由以前月份负担而在本月支付的生产费用，做跨期预提的费用处理。

3. 归集与分配辅助生产费用

辅助生产费用的归集与分配根据生产的类型进行。在单品种辅助生产车间，其生产费用都是直接费用，直接归集计入所生产的产品或劳务成本；在多品种辅助生产车间，其生产费用需直接或分配归集各种产品或劳务的费用。所归集的辅助生产费用，要采用科学合理的方法在各受益对象，主要是基本生产车间和管理部门之间进行分配。如果企业的辅助生产车间不止一个，且辅助生产车间相互之间也提供劳务，在分配辅助生产费用时，还应该考虑相互之间费用的分配问题，以保证费用分配的准确性。辅助费用分配方法有直接分配法、交互分配法、顺序分配法、代数分配法和计划分配法等。

4. 归集与分配制造费用

在一个生产车间或部门生产多种产品或提供多种劳务的情况下，归集的制造费用应采用适当的方法分配转入该车间或部门的各种产品或劳务的成本。对于制造费用的分配，应特别注意其分配标准的恰当选择。制造费用的分配标准既可以是实际的，如产品的体积、重量、容积、产品生产所耗用的生产工时、生产工人的工资等，也可以是计划标准或定额标准，如定额工时等。

5. 将废品损失计入产品成本

对单独核算废品损失的企业，计算可修复废品的修复费用和不可修复废品损失，期末将归集的本期废品净损失转入该产品"基本生产成本"，根据计算结果做会计分录并登账。

在发生停工损失单独核算的企业，也要设专户归集费用，期末将停工损失转入"基本生产成本"科目。

6. 计算完工产品成本和月末在产品成本

将生产费用计入各成本核算对象后,对于既有完工产品又有月末在产品的企业,应采用适当的方法,把生产费用在其完工产品和月末在产品之间进行分配,求出按成本项目反映的完工产品和月末在产品的成本。

2.3.2 成本核算的主要会计科目

为了进行成本核算,企业一般应设置"基本生产成本"、"辅助生产成本"、"制造费用"、"管理费用"、"财务费用"、"销售费用"等科目,如果需要单独核算废品损失和停工损失,还应设置 "废品损失"和"停工损失"科目。

(1)"基本生产成本"科目。"基本生产成本"科目属于成本类科目,该科目用于核算企业进行工业生产,包括生产各种产品(包括产成品、自制半成品、提供劳务等)、自制工具、自制设备等所发生的各项生产费用。该科目的借方登记生产过程中发生的直接材料、直接人工等直接费用以及分配转入的制造费用。该科目的贷方登记完工入库的产成品、自制半成品的实际成本。该科目的期末余额在借方,为尚未完工的各项在产品成本。"基本生产成本"科目按成本计算对象设置明细,进行明细核算。在发生各项生产费用时,应按成本核算对象和成本项目分别归集。属于直接材料、直接人工等直接费用的,直接记入"基本生产成本"明细账中,属于制造费用等间接费用的,分配记入"基本生产成本"明细账。

(2)"辅助生产成本"科目。"辅助生产成本"科目属于成本类科目,该科目用于核算为基本生产等部门提供辅助产品和服务发生的费用。其账户结构同"基本生产成本"科目。该科目的借方登记辅助生产过程中发生的直接材料、直接人工等直接费用以及分配转入的制造费用。该科目的贷方登记分配转出的辅助生产产品和劳务成本。该科目的期末余额在借方,为在产品成本。

(3)"制造费用"科目。"制造费用"科目属于成本类科目,该科目用来核算各生产单位(分厂、车间)为组织和管理生产所发生的各项费用,以及所发生的固定资产使用和维修费,包括工资和福利费、修理费、办公费,水电费、机物料消耗、劳动保护费、季节性和修理期间的停工损失等。企业行政管理部门为组织和管理生产经营活动而发生的管理费用应作为期间费用,记入"管理费用"科目,不在本科目中核算。企业在发生制造费用时,应记入该科目的借方;制造费用应按企业成本核算办法的规定,分配记入有关的成本核算对象,记入该科目的贷方。制造费用应按不同的车间、部门设置明细账进行明细核算。除季节性生产或采用累计分配率法分配制造费用的企业外,本科目月末应无余额。

对于属于辅助生产车间的制造费用,可以专设"制造费用—辅助生产车间"科目核算,期末再转入"辅助生产成本"科目的借方。也可不设"制造费用"科目,发生的间接费用直接记入"辅助生产成本"科目的借方。

必须指出的是,在大中型企业中,根据管理需要,"基本生产成本"和"辅助生产成本"可以设为总账科目,也可设为"生产成本"科目下的明细科目。而在中小型企业中,如果业务比较简单,也可以将"生产成本"和"制造费用"两个科目合并为"生产费用"科目。

特别提示

工业企业的大中小微企业在统计上有具体的划分标准，以法人企业作为划分对象，其标准见表2-1。

表2-1 大中小微型企业划分标准

行业名称	指标名称	大 型	中 型	小 型	微 型
工业企业	从业人员数	1 000 及以上	300～1 000 以下	20～300 以下	20 以下
	销售额	40 000 及以上	2 000～40 000 以下	300～3 000 以下	300 以下

(4)"管理费用"科目。"管理费用"属于费用类科目，该科目核算企业为组织和管理生产经营活动所发生的各种费用。包括企业的董事会和行政管理部门在企业的经营管理中发生的，或者应当由企业统一负担的各项费用。具体包括公司经费、工会经费、董事会费、聘请中介机构费、咨询费、诉讼费、业务招待费、房产税、车船使用税、土地使用税、印花税、技术转让费、矿产资源补偿费、研究费用、排污费以及企业生产车间(部门)和行政管理部门等发生的固定资产修理费用等。企业发生管理费用时，借记"管理费用"账户，贷记"银行存款"、"累计折旧"、"原材料"、"应交税费"等有关账户。期末将该账户余额结转入"本年利润"账户，结转后无余额。

(5)"财务费用"科目。"财务费用"科目属于费用类科目，核算企业为筹集生产经营所需资金等而发生的费用。包括利息支出(减利息收入)、汇兑损益以及相关的手续费、企业发生的现金折扣或收到的现金折扣等。企业发生财务费用时，借记"财务费用"账户，贷记"银行存款"、"长期借款"、"应付利息"等有关账户。期末将该账户余额结转入"本年利润"账户，结转后无余额。

(6)"销售费用"科目。"销售费用"科目属于费用类科目，核算企业在销售商品和材料、提供劳务过程中发生的各项费用。包括保险费、包装费、展览费和广告费、商品维修费、预计产品质量保证损失、运输费、装卸费等费用，以及为销售本企业商品而专设的销售机构(含销售网点、售后服务网点等)的职工薪酬、业务费、折旧费、固定资产修理费等费用。企业发生销售费用时，借记"销售费用"账户，贷记"银行存款"、"累计折旧"、"应付职工薪酬"等有关账户。期末将该账户余额结转入"本年利润"账户，结转后无余额。

(7)"废品损失"科目。"废品损失"科目应按车间设置明细账，账内按产品品种和成本项目登记废品损失的详细资料。该科目的借方归集不可修复废品的生产成本和可修复废品的修复费用。不可修复废品的生产成本应根据不可修复废品损失表，借记"废品损失"科目，贷记"基本生产成本"科目。可修复废品的修复费用应根据各种费用分配表所列废品损失数额，借记"废品损失"科目，贷记"原材料"、"应付职工薪酬"、"辅助生产成本"和"制造费用"等科目。该科目的贷方登记废品残料回收的价值、应收赔款和应由本月生产的同种合格产品负担的废品损失，及从"废品损失"科目的贷方转出，分别借记"原材料"、"其他应收款"、"基本生产成本"等科目。经过上述归集和分配，"废品损失"科目月末无余额。

(8)"停工损失"科目。该科目由单独组织停工损失核算的企业设置，用以核算企业基本生产车间因管理组织不当造成停工而发生的各种损失。包括各种意外停工期间应支付的职工工资和福利费、材料损失、应负担的制造费用等。该账户按成本计算对象或费用发生地点设置明细账，按成本项目分设专栏组织核算。账户的借方归集停工期间的各种损失；贷方结转过失者赔偿款、按规定转由其他账户负担的部分和计入基本生产成本计算对象的净损失。除跨月停工外，本账户月末应无余额。

本 章 小 结

　　本章主要介绍了成本核算的一些基础性问题，主要包括以下内容。

　　(1) 产品成本核算的要求：①算为管用，算管结合；②各种费用的界限；③财产物资的计价和价值结转的方法；④各项基础工作。

　　(2) 费用的分类：①费用按经济内容的分类；②费用按经济用途的分类。

　　(3) 产品成本核算的一般程序：①确定成本计算对象；②对本期发生的生产费用，进行归集与分配；③归集与分配辅助生产费用；④归集与分配制造费用；⑤将废品损失计入产品成本；⑥计算完工产品成本和月末在产品成本。

　　(4) 设置成本核算的主要会计科目有：①"基本生产成本"科目；②"辅助生产成本"科目；③"制造费用"科目；④"管理费用"科目；⑤"财务费用"科目；⑥"销售费用"科目；⑦"废品损失"账户；⑧"停工损失"账户等。

 名人名言

英国人只是把成本会计科目引入复式会计系统就费了许多年。

——Gittleton

由于成本会计运用于多种目的，它一般很难与管理会计区别开来。

——查尔斯·T·霍恩格论

权责发生制是财务会计的核心组成内容，是会计走向成熟、科学的标志之一。

——A·C·利特尔顿

多挣钱的方法只有两个：不是多卖，就是降低管理费。

——克莱斯勒汽车公司总裁李·艾柯卡

省钱就是挣钱。

——美国石油大王约翰·洛克菲勒

在企业内部，只有成本。

——美国管理大师彼得·杜拉克

 中英文对照专业名词

费用(expenses)	成本核算程序(cost accounting procedures)
费用要素(elements of expenses)	职工薪酬(employee compensation)
成本项目(cost element)	税金(taxation expense)
直接材料(direct material)	生产成本(cost of production)
直接人工(direct Labor)	基本生产成本(base cost of manufacture)
制造费用(manufacturing Overhead)	辅助生产成本(auxiliary cost of manufacture)

练 习 题

一、简答题

1. 成本核算必须满足哪些要求？如何满足？
2. 简述各种费用界限的划分。
3. 成本核算的基础工作有哪些？
4. 成本核算的一般程序有哪些步骤？
5. 费用按经济内容分哪几类？
6. 费用按经济用途分为哪几类？这种分类有何作用？
7. 成本核算需要设置哪些账户？这些账户有什么特征、如何登记？

二、单项选择题

1. 下列属于产品成本项目的是(　　)。
   A. 工资费用　　　　　　　　B. 外购动力费用
   C. 税费　　　　　　　　　　D. 制造费用

2. 下列各项中，不属于产品成本项目的是(　　)。
   A. 燃料及动力　　　　　　　B. 外购材料
   C. 废品损失　　　　　　　　D. 生产工资及福利费

3. 下列费用中，属于制造费用的是(　　)。
   A. 日常修理费　　B. 设备折旧费　　C. 广告费　　D. 工会经费

4. 生产费用按其计入产品成本的方法分类，可分为(　　)两类。
   A. 费用要素与成本项目　　　B. 基本生产费用与一般生产费用
   C. 产品成本与期间费用　　　D. 直接计入费用与间接计入费用

5. 为了进行成本审核、控制，正确计算产品成本，应该做好的基础工作是(　　)。
   A. 确定成本计算对象　　　　B. 正确划分各种费用界限
   C. 正确确定各种费用的分配方法　　D. 材料物资的计量、收发、领退和盘点

三、多项选择题

1. 企业基本生产所发生的各项费用，在记入该科目的借方时，对应的贷方科目可能有(　　)。
   A. 原材料　　　B. 应付职工薪酬
   C. 银行存款　　D. 制造费用　　E. 财务费用

2. 下列属于工业企业费用要素的是(　　)。
   A. 原材料　　　B. 外购材料　　C. 生产工人工资
   D. 折旧费用　　E. 利息费用

3. 下列各项中，属于产品生产成本项目的是(　　)。
   A. 折旧费　　　B. 直接材料
   C. 外购动力　　D. 制造费用　　E. 直接人工

4. 下列不应计入生产经营管理费用的是(　　)。
   A. 购买债券支出　　　　　　B. 购置固定资产的费用
   C. 车间机器折旧费　　　　　D. 购买无形资产支出
   E. 固定资产报废清理损失

5. 下列费用中，应计入产品成本的有(　　)。

　　A. 生产工人工资费用　　　　B. 用于产品生产的原材料费用

　　C. 购建固定资产费用　　　　D. 制造费用

　　E. 财务人员的工资

四、案例分析题

费用界限的划分就是"对象化"成本的形成

为了正确地核算生产费用和期间费用，正确地计算产品的实际成本，必须严格划清以下5个方面的费用界限。

(1) 正确划分生产经营管理费用与非生产经营管理费用的界限。企业发生的经营活动是多方面的，其支出的用途不尽相同。而不同用途的支出，其列支的项目也不同。一般情况下，企业的支出可分为资本性支出、营业外支出、利润分配性支出和收益性支出4大类。

① 资本性支出。如企业购置和建造固定资产、购买无形资产以及对外投资等，就不应该计入生产经营管理费用，而要计入资产。

② 营业外支出。如企业的固定资产盘亏损失，固定资产的报废损失，由于自然灾害造成的非常损失等，都不是由于日常的生产经营活动而发生的，也不应计入生产经营管理费用。

③ 利润分配性支出。也不是由于日常的生产经营活动而发生的，同样也不应计入生产经营管理费用。

④ 收益性支出。即用于产品的生产和销售、用于组织和管理生产经营活动，以及用于筹集生产经营资金所发生的各种费用，则应计入生产经营管理费用。

企业应该按照国家有关成本开支范围的规定，正确计算各期的产品成本和期间费用。因此，应正确区分不同的支出，弄清楚哪些支出属于生产经营管理费用，哪些支出属于非生产经营管理费用。①如果把资本性支出列作收益性支出，则会少计资产的价值，多计当期的费用，导致利润虚减，并减少国家的税收收入；②如果把收益性支出列作资本性支出，则会多计资产的价值，少计了当期的费用，导致利润虚增，使企业成本得不到应有的补偿。

2001年美国"世通事件"就是一个很好的例子。2001年开始，世通公司用于扩建电信系统工程有关的38.52亿美元费用没有被作为正常成本入账，在当年冲抵收益，而是作为资本支出处理，列为"固定资产"或"长期待摊费用"等，以折旧或摊销的方式逐步冲抵收益，这一会计"技巧"为世通公司带来了38亿美元的巨额"利润"——这成为整个事件的导火索，世通公司会计舞弊丑闻从此昭然于天下。这个教训是深刻的，有美国人认为，这是经济上的"9.11"，甚至更严重。这是因为"9.11"恐怖袭击只是来自外部的冲击，它没有对美国经济体系带来实质性的破坏。

(2) 正确划分生产费用与期间费用的界限。对生产经营管理费用，还要区分出是生产费用，还是销售费用、管理费用、财务费用等期间费用。

(3) 正确划分各个会计期间的费用的界限。对于各项费用，要按照权责发生制的基础，确定归属的会计期间。

(4) 正确划分各种产品的费用的界限。对于生产费用，要按照因果配比，确定归属各产品的费用；按照成本计算对象，确定各对象的费用。

(5) 正确划分同一产品完工产品与在产品之间的费用界限。对于各产品中的费用，确定完工产品和在产品的费用。

1. 范围不同

费用是企业的全部费用，包括生产经营管理费用与非生产经营管理费用，例如"职工薪酬"既有用于产品生产的职工的，又有基本建设职工的；既有进行产品生产工人的和车间管理人员的，又有企业管理和销售人员的。

产品成本只指生产费用中用于产品生产的部分。例如"直接人工"中只有进行产品生产工人的职工薪酬。

2. 基础不同

费用指"时间"的概念，一定时间发生的费用。产品成本指"对象"的概念，某种产品发生的费用。费用经过 5 个界限的划分，就可以计算出成本了，具体如图 2.1 所示。

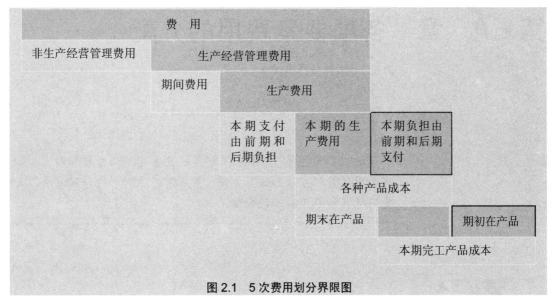

图 2.1　5 次费用划分界限图

费用是按时间发生的，是以"时间"为基础的，成本是"对象化"的费用，因此，对象不同，成本也不同，产生的名词也不同，如犯罪成本、行政成本、税收成本等；还有一些相对于某一对象而产生的成本，如沉落成本(sinking cost)、边际成本(marginal cost)、机会成本(opportunity cost)，以及产品成本与作业成本、变动成本与固定成本、可控成本与不可控成本、直接成本与间接成本、制造成本与完全成本等。在章首讲了保罗·A·萨缪尔森在其著作《经济学》中引 J·M·克拉克的名言："如果一班学生能在经济学课程中真正理解成本及成本的所有的各个方面，那么，这门课便算取得了真正的成功。"[①]你现在是不是有点感觉了？对《成本会计学》有点兴趣了？

这 5 个方面的界限划分清楚了产品成本也就算出来了，这也就是成本计算程序，当然，如果要详细地说，还要正确划分基本生产费用和辅助生产费用的界限；正确划分直接费用和间接费用的界限；在企业产品规格很多时，正确划分不同规格产品或联产品间成本的界限；在企业计划成本核算时，正确划分各种材料物资和产品成本差异的界限等。对于此，著名会计学家 A·C·利特尔顿(A. C. Littleton)评价道："实际上，可以不过分地说，成本核算程序的形成，有着伟大的功绩，它可以与创造按复式记录原则进行的簿记相媲美。"因为直到 19 世纪，才由于工业革命促使了成本计算和复式簿记的结合，形成了按照复式记账原理和程序进行成本计算的成本会计。

(资料来源：杨尚军. 会计物语[M]. 成都：西南交通大学出版社，2008.)

阅读上述材料，回答下列问题：

(1) 成本和费用的异同点？

(2) 本例中，世通公司正常的会计处理应如何做分录？

(3) 如何理解"成本就是对象化的费用"？

① (美)保罗·A·萨缪尔森，威·D·诺德豪斯. 经济学[M]. 12 版. 高鸿业，译. 北京：中国发展出版社，1992.

第3章 各项要素费用的分配

教学目标

通过本章的学习，要求了解各项要素费用的性质和内容，掌握费用的分配方法和核算方法，重点掌握原材料的分配方法、工资的计算和职工薪酬的分配。

教学要求

知识要点	能力要求	相关知识
要素费用分配概述	(1) 理解要素费用的核算程序 (2) 熟练运用要素费用的分配步骤	(1) 要素费用的核算程序 (2) 要素费用的分配步骤
材料费用的分配	(1) 掌握原材料的分配 (2) 掌握周转材料的摊销	(1) 原材料费用的分配方法 (2) 燃料费用的分配 (3) 周转材料的摊销方法
外购动力费用的分配	理解外购动力分配的两个步骤	(1) 外购动力费用归集的核算 (2) 外购动力费用分配的核算
职工薪酬的分配	(1) 了解职工薪酬的组成内容 (2) 掌握月薪制下计时工资的计算 (3) 了解其他职工薪酬的分配	(1) 职工薪酬的组成 (2) 工资费用的原始记录 (3) 计时工资和计件工资的计算 (4) 理解6种方法计算工资产生差异的原因 (5) 工资费用的分配 (6) 其他职工薪酬的分配
折旧费用和固定资产修理费的核算	(1) 掌握折旧费用的分配去向 (2) 固定资产修理费的核算	(1) 折旧的概念及计算方法 (2) 折旧费用分配的核算 (3) 日常修理费、大修理、改良支出的核算区别
利息费用、税金和其他费用	利息费用、税金和其他费用的核算及会计分录	(1) 利息费用的核算 (2) 计入管理费用账户的税种核算 (3) 其他费用的核算

在这个账目的时代，懂得一些会计学的重要概念是有必要的。

——保罗·A·萨缪尔森

基本概念

要素费用　成本项目　定额消耗量　计划价格　定额成本　定额工时　一次摊销法　五五摊销法　职工薪酬　计时工资　计件工资　日工资率　折旧　年限平均法　工作量法　双倍余额递减法　年数总和法

导入案例

高速公路与成本

2010 年年底，我国公路网总里程达到 398.4 万千米，其中，高速公路 7.4 万千米，居世界第二位。修建高速公路首先要把好材料关，合格优质的材料加上成熟的工艺和熟练的技能，才能确保公路工程质量。公路建设常使用的材料有钢材、水泥、粉煤灰、砂、碎石、混凝土外加剂、石油沥青、回填土等，材料费用一般占工程造价的 60%～70%，降低材料费用是提高工程经济效益的一个重要方面。

这例子中列出的材料费用，其实就是将在本章学习的要素费用。

点评：要素费用的归集和分配是计算产品成本的第一步骤。

要素费用是产品生产成本的重要组成部分，也是生产费用按经济内容进行的分类，本章主要介绍各项要素费用的归集和分配的核算。

3.1　生产费用要素概述

前已述及，工业企业在生产经营过程中发生的各项费用按经济内容可分为外购材料、外购燃料、外购动力、职工薪酬、折旧费、利息支出、税费和其他费用 8 个费用要素。这 8 个要素费用按用途又可细分为 5 种费用，其核算程序不同。

3.1.1　要素费用的核算程序

上述 8 个要素费用按用途又可细分为 5 种费用：非生产性费用、直接生产费用、制造费用、辅助生产费用和期间费用，其核算程序用丁字账户表现如下。

(1) 非生产性费用，主要包括用于购建固定资产、无形资产和营业外支出等的支出。

固定资产、无形资产　　　　制造费用(管理费用、销售费用、其他业务成本)

发生　　　　　折旧或摊销

非生产性费用周期　分配　营业外支出　月末转入　本年利润

(2) 专设成本项目的直接生产费用，主要包括直接材料、直接人工、燃料及动力。

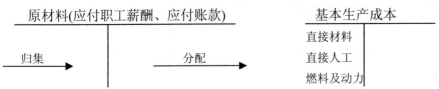

(3) 用于产品生产但未专设成本项目的生产费用，即制造费用。

要素费用 ——分配——→ 制造费用 ——分配——→ 基本生产成本—制造费用

(4) 直接用于辅助生产的生产费用。

要素费用 ——分配——→ 辅助生产成本 ——分配——→ 基本生产成本

(5) 期间费用，包括管理费用、财务费用和销售费用。

要素费用 ——分配——→ 管理费用(财务费用和销售费用) ——月末转入——→ 本年利润

3.1.2　要素费用的分配步骤

费用的核算可以概括为一句话：能直接计入者直接计入，不能直接计入者分配计入。对不能直接计入的要素费用的分配要选用适当的分配方法。适当的分配方法是指分配依据的标准与分配对象有比较密切的联系，因而分配结果较合理，而且分配标准的资料比较容易取得，计算比较简便。费用分配一般包括以下 5 个步骤。

(1) 确定分配对象。分配对象是要素费用承担的客体。将要素费用分配给谁，谁就是分配对象。工业企业要素费用的分配对象一般有某种产品、基本生产车间、辅助生产车间、行政管理部门、专设销售机构和工程部门。

(2) 选择分配标准。分配标准是分配对象应分配多少要素费用的依据。分配标准的选择是决定分配结果是否合理准确的关键步骤，最终会影响成本计算对象的成本，所以企业在确定分配标准时要慎重，一般要遵循合理和简便的原则。所谓合理是指分配标准与分配对象之间有因果关系，受益多的多分配，受益少的少分配；所谓简便是指分配标准的资料易取得，计算简单。实际生活中分配标准主要有以下 3 类：①成果类，也即产出的成果，如产品的重量、体积、产量、产值等；②消耗类，也即投入的内容，如生产工时、生产工资、机器工时、原材料消耗量或原材料费用等；③定额类，如定额消耗量、定额费用等。

(3) 计算分配率。计算公式如下。

$$费用分配率 = \frac{待分配费用}{各种分配对象的分配标准之和}$$

(4) 计算分配额。计算公式如下。

$$某分配对象的分配额 = 分配率 × 某分配对象的分配标准$$

(5) 进行账务处理，即根据以上步骤或编制的费用分配表，编制会计分录，然后记入各种成本、费用相应的总账与明细账。

借：成本、费用有关账户

　　贷：原材料等要素费用账户

特别提示

费用分配率切记不能用百分数表示,用百分数表示时,含义不清、容易混淆。如有 3 个车间,本月共用电 30 000 度,费用共 16 500 元,分配率为 0.55 元/度。如果用百分数表示为 55%,这就不知道是什么意思了。

3.2　材料费用的分配

材料是生产过程中的劳动对象。材料费用包括企业在生产经营过程中实际消耗的各种原料及主要材料、辅助材料、外购半成品、修理用备件配件、燃料、包装物和低值易耗品等费用。企业在生产经营过程中领用的各种材料,无论是外购的或是自制的,都应根据审核后的领、退料凭证,按照材料的具体用途归集,然后再采用适当的分配方法进行分配。所以材料费用的核算包括材料费用的归集和分配两个方面。

3.2.1　原材料费用分配

1. 原材料的分配方法

当两种或两种以上成本计算对象共同耗用同一种原材料时,需要采用适当的分配方法在各成本计算对象之间进行分配。原材料的分配标准很多,可以按照产品的重量、体积、定额消耗量、定额费用等进行分配,本书主要介绍定额消耗量比例法和定额费用比例法。

(1) 定额消耗量比例法。定额消耗量比例法是以原材料定额消耗量为分配标准进行分配的一种方法,适用于各项材料消耗定额制定得比较准确的企业。

【例 3-1】 奔成企业 201×年 6 月生产甲、乙两种产品,产量分别为甲产品 500 件、乙产品 400 件,共同耗用原材料 8 000 千克,每千克 5.4 元,共计 43 200 元,单件产品原材料消耗定额为:其中甲产品消耗定额为 6 千克,乙产品消耗定额为 5 千克。材料计划价格为 5 元,材料成本差异率为 8%。原材料的分配计算过程如下。

① 计算分配标准,即计算原材料定额消耗量。

甲产品原材料定额消耗量=500×6=3 000(千克)

乙产品原材料定额消耗量=400×5=2 000(千克)

② 计算原材料分配率。

原材料分配率=待分配的原材料费用÷∑各种产品原材料定额消耗量

=43 200÷(3 000+2 000)=8.64

③ 计算各产品应分配的原材料费用。

某产品应分配的原材料费用=该产品原材料定额消耗量×原材料分配率

甲产品应分配的材料费用=3 000×8.64=25 920(元)

乙产品应分配的材料费用=2 000×8.64=17 280(元)

 特别提示

消耗定额是针对单位产品而言的,定额消耗量一般是针对产品的实际产量而言的,定额消耗量=产品实际产量×消耗定额。

(2) 定额费用比例法。又称定额成本比例法,它是以原材料的定额费用(或定额成本)为分配标准进行原材料费用分配的方法。

【例3-2】以【例3-1】为例，采用定额费用比例法分配原材料费用，计算如下。

① 计算各种产品原材料定额费用。

某产品原材料定额费用=该种产品实际产量×该原材料费用定额

某产品原材料费用定额=该产品原材料消耗定额×原材料计划单价

甲产品原材料费用定额=5×6=30(元/千克)

甲产品原材料定额费用=500×30=15 000(元)

乙产品原材料费用定额=5×5=25(元/千克)

乙产品原材料定额费用=400×25=10 000(元)

② 计算原材料费用分配率。

$$原材料费用分配率=\frac{待分配的原材料费用}{\sum 各种产品原材料定额费用}=\frac{43\,200}{15\,000+10\,000}=1.728$$

③ 计算各种产品应分配的原材料费用。

某产品应分配的原材料费用=该产品原材料定额费用×原材料分配率

甲产品应分配的材料费用=15 000×1.728=25 920(元)

乙产品应分配的材料费用=10 000×1.728=17 280(元)

特别提示

分配方法一般是以分配标准来命名的，说明了分配标准在分配方法乃至整个成本计算中的重要性。

2. 原材料的分配去向

原材料的分配去向是按照"谁受益，谁分配"的原则来分配的。具体分配去向如下。

车间一般耗用原材料 ——计入→ 制造费用

辅助车间领用原材料 ——计入→ 辅助生产成本

专设销售机构领用原材料 ——计入→ 销售费用

管理部门领用原材料 ——计入→ 管理费用

建造固定资产领用原材料 ——计入→ 在建工程

生产产品领用原材料 { 生产一种产品：——直接计入→ 基本生产成本的"直接材料"项目

生产多种产品：——分配计入→ 基本生产成本的"直接材料"项目

在实际工作中，材料费用的分配是通过编制原材料费用分配表进行的。现列示奔成企业201×年6月的原材料费用分配表，见表3-1。

表3-1　原材料费用分配表

奔成企业　　　　　　　　　　　　　201×年6月　　　　　　　　　　　　　单位：元

应借账户		成本项目	直接计入	分配计入	合　计
基本生产成本	甲产品	直接材料	4 080	25 920	30 000
	乙产品	直接材料	4 720	17 280	22 000
	小计		8 800	43 200	52 000

应借账户		成本项目	直接计入	分配计入	合　计
辅助生产成本	供电车间	机物料消耗	450		450
	供水车间	机物料消耗	650		650
	小计		1 100		1 100
制造费用	基本生产车间	机物料消耗	200		200
销售费用		材料费	300		300
管理费用		材料费	100		100
合　　计			10 500	43 200	53 700

根据原材料费用分配表，编制会计分录如下。

借：基本生产成本——甲产品　　　　　　　　　　　　　　30 000
　　　　　　　　——乙产品　　　　　　　　　　　　　　22 000
　　辅助生产成本——供水车间　　　　　　　　　　　　　　650
　　　　　　　　——供电车间　　　　　　　　　　　　　　450
　　制造费用　　　　　　　　　　　　　　　　　　　　　　200
　　销售费用　　　　　　　　　　　　　　　　　　　　　　300
　　管理费用　　　　　　　　　　　　　　　　　　　　　　100
　　贷：原材料　　　　　　　　　　　　　　　　　　　　53 700

上列原材料费用是按实际成本进行核算分配的，如果原材料费用是按计划成本进行核算分配的，计入产品成本和期间费用等的原材料费用是计划成本，还应该分配材料成本差异额。

3. 辅助材料的分配方法

1) 辅助材料的概念和内容

辅助材料指直接用于生产，有助于产品形成或便于生产进行，但不构成产品主要实体的各种材料。有的是加入产品实体同原材料及主要材料相结合，或使主要材料发生变化或使产品具有某种性能的辅助材料，如催化剂、染料、油漆等；有的是用于创造正常劳动条件而消耗的辅助材料，如工作地点清洁用的各种用具及管理、维护用的各种材料等；有的是被劳动工具所消耗的辅助材料，如维护机器用的润滑油和防锈剂等。

2) 辅助材料的分配方法

直接用于产品生产、有助于产品形成的辅助材料，一般属于间接计入费用，应采用适当的分配方法进行分配以后，记入各种产品成本明细账的"直接材料"成本项目，具体如下：①耗用在原料及主要材料上的辅助材料(如油漆、染料等)，按原材料耗用量的比例分配；②消耗定额比较准确的辅助材料，采用产品定额消耗量比例法或定额费用比例法分配；③对于与产品产量直接有联系的辅助材料(如包装材料)，按产品产量比例分配。

3.2.2　燃料费用的归集和分配

燃料是只在生产过程中用来燃烧、发热，或为创造正常劳动条件耗用的各种燃料。包括固体燃料(如煤炭)、气体燃料(煤气、天然气)和液体燃料(各种油料)。

燃料实际上也是材料，因此其分配方法和账务处理与原材料费用相同。在工业企业里，如果燃料费用在产品成本中比重较大时，可以与动力费用一起专设"燃料和动力"成本项目，还应增设"燃料"账户，以便单独核算和分配。

1. 燃料费用的分配

直接用于产品生产的燃料，在只生产一种产品或者是按照产品品种(或成本计算对象)分别领用的，属于直接计入费用，可以直接记入各种产品成本明细账的"燃料和动力"成本项目；几种产品共同耗用的燃料，属于间接计入费用，则应采用适当的分配方法，在各种产品之间进行分配，记入各种产品成本明细账的"燃料和动力"成本项目。分配标准可以是产品的重量、体积、所耗燃料的数量或费用，也可以是燃料的定额消耗量或定额费用比例等。

2. 燃料费用的分配去向

直接用于产品生产、专设成本项目的燃料费用，应记入"基本生产成本"账户借方的"燃料和动力"成本项目；直接用于辅助生产、专设成本项目的燃料费用，应记入"辅助生产成本"账户；用于基本生产和辅助生产但没有专设成本项目的燃料费用，应记入"制造费用"、"辅助生产成本"(设"制造费用"账户的要先在"制造费用"账户归集后再转入)账户的借方及其所属明细账有关项目；用于专设销售机构的燃料费用记入"销售费用"；用于行政管理部门的燃料费用记入"管理费用"账户的借方。已领燃料总额，应记入"燃料"账户的贷方。不设"燃料"账户的，则记入"原材料"账户的贷方。

综上所述，燃料费用的分配去向用会计分录表示如下。

借：基本生产成本——燃料和动力 (直接用于产品生产、专设成本项目)

  辅助生产成本(直接用于辅助生产、专设成本项目)

  辅助生产成本(没有专设成本项目和单独设"制造费用"账户)

  制造费用(用于基本生产和辅助生产但没有专设成本项目而单独设"制造费用")

  管理费用(用于行政管理部门)

  销售费用(用于专设销售机构)

 贷：燃料(单设"燃料"账户)

  或原材料——燃料(不单设"燃料"账户)

3.2.3 周转材料的摊销

周转材料是指企业能够多次使用、逐渐转移其价值但仍保持原有形态、不确认为固定资产的材料，包括包装物、低值易耗品，以及企业(建造承包商)的钢模板、木模板、脚手架等。周转材料种类繁多，具体用途不同，会计处理也不同。企业的包装物、低值易耗品，也可以单独设置"包装物"、"低值易耗品"科目。

1. 周转材料的摊销去向

具体包括如下情况：①生产部门领用的周转材料，构成产品实体一部分的，其账面价值直接计入"基本生产成本"；②属于车间一般消耗的，其账面价值计入"制造费用"；③行政管理部门领用的周转材料，其账面价值计入"管理费用"；④销售部门领用的周转材料(随同商品出售而不单独计价)和出借的周转材料，其账面价值计入"销售费用"；

⑤销售部门领用的周转材料(随同商品出售而单独计价)和出租的周转材料,取得的收入计入"其他业务收入",其账面价值计入"其他业务成本",并计算缴纳增值税;⑥建筑承包商使用的钢模板、木模板等,其账面价值计入"工程施工"。

2. 周转材料的摊销方法

周转材料的日常核算一般按照实际成本进行,在按计划成本进行时,还应在"材料成本差异"总账科目下设置"周转材料"二级账户。

周转材料的摊销方法通常有一次摊销法、五五摊销法和分次摊销法。

(1) 一次摊销法。即一次转销法或一次计入法,它是指在领用周转材料时,将其账面价值一次计入当月(领用月份)的成本费用中的一种方法。

如果周转材料采用按计划成本进行日常核算时,领用时应按计划成本编制会计分录;月末,还要调整领用周转材料的成本差异。

【例 3-3】奔成企业 201×年 6 月基本生产车间领用的低值易耗品采用一次摊销法。该车间领用一批生产工具,计划成本为 800 元;以前月份领用的另一批生产工具在本月报废,计划成本为 600 元,残料验收入库计价 20 元。低值易耗品的成本差异率为节约 5%。编制会计分录如下。

领用生产工具时。

借:制造费用   800
    贷:周转材料——低值易耗品   800

报废生产工具残料入库时。

借:原材料   20
    贷:制造费用   20

月末,调整分配本月所领生产工具的成本差异 800×(-5%)=-40(元)。

借:制造费用   40
    贷:材料成本差异——周转材料   40

一次摊销法核算简便,但由于低值易耗品的使用期一般不止一个月,采用这种方法会使各月成本、费用负担不太合理,还会产生账外资产,不便实行价值监督。这种方法一般适用于单位价值较低、使用期限较短、一次领用量不多以及容易破损的低值易耗品。

(2) 五五摊销法。五五摊销法也称"五成法",是指在领用周转材料时先摊销其价值的一半,报废时再摊销其价值的另一半。五五摊销法下,需要增设 3 个明细账户:"周转材料——在库"、"周转材料——在用"及"周转材料——摊销"。

【例 3-4】奔成企业 201×年 5 月行政管理部门领用一批新的包装物,账面价值 28 000元;6 月报废时材料估价 2 000 元作为原材料入库,采用五五摊销法进行摊销。

201×年 5 月领用包装物并摊销账面价值的 50%。

借:周转材料——包装物——在用   28 000
    贷:周转材料——包装物——在库   28 000

借:管理费用   14 000
    贷:周转材料——包装物——摊销   14 000

201×年 6 月包装物报废,摊销其余的 50%并转销摊销额。

借：管理费用	14 000	
贷：周转材料——包装物——摊销		14 000
借：周转材料——包装物——摊销	28 000	
贷：周转材料——包装物——在用		28 000
借：原材料	2 000	
贷：管理费用		2 000

五五摊销法能够对周转材料实行价值监督；各月成本、费用负担的摊销额比较合理，但核算工作量比较大。因此，该种方法适用于各月领用和报废周转材料的数量比较均衡、各月摊销额相差不多的周转材料。

(3) 分次摊销法。分次摊销法是指根据周转材料预计可以使用的次数，将其成本分期计入有关成本费用的一种摊销方法。各月周转材料摊销额的计算公式如下。

$$某月周转材料摊销额 = \frac{周转材料账面价值}{预计可使用次数} \times 该月实际使用次数$$

分次摊销法的原理与五五摊销法相同，也需增设 3 个明细账户："周转材料——在库"、"周转材料——在用"及"周转材料——摊销"，只是周转材料的价值是分期计算摊销的。

【例 3-5】某建筑承包商本月领用一批钢模板，账面价值 10 000 元，预计可使用次数 10 次，采用分次摊销法摊销。领用当月实际使用 4 次，领用第 2 个月，实际使用 5 次；领用第 3 个月，钢模板报废，将残料出售获得现金 500 元。

领用钢模板。

借：周转材料——在用	10 000	
贷：周转材料——在库		10 000

领用当月摊销。

$$本月摊销额 = \frac{10\,000}{10} \times 4 = 4\,000(元)$$

借：工程施工	4 000	
贷：周转材料——摊销		4 000

领用第 2 个月摊销。

$$本月摊销额 = \frac{10\,000}{10} \times 5 = 5\,000(元)$$

借：工程施工	5 000	
贷：周转材料——摊销		5 000

领用第 3 个月，钢模板报废，将账面摊余价值一次摊销并转销全部摊销额。

$$账面摊余价值 = 10\,000 - 4\,000 - 5\,000 = 1\,000(元)$$

借：工程施工	1 000	
贷：周转材料——摊销		1 000
借：周转材料——摊销	10 000	
贷：周转材料——在用		10 000

报废的钢模板残料出售。

借：现金	500	
贷：工程施工		500

3.3 外购动力费用的归集和分配

动力主要包括电力、热力、风力、蒸汽等，企业的动力包括自制动力和外购动力。自制动力是由企业辅助生产车间提供的，外购动力费用是指企业向外单位购买各种动力所支付的费用。外购动力费用的核算包括动力费用的归集核算和动力费用的分配核算。

3.3.1 外购动力费用归集的核算

外购动力应按仪器仪表上记录的耗用数量、规定的价格向供应单位支付款项。在实际工作中，外购动力费用支出的核算一般分为两种情况。

(1) 不通过"应付账款"账户核算。当企业每月支付动力费用的日期基本固定，而且每月付款日到月末的应付动力费相差不多，可采用此方法。此方法下，每月支付的动力费用等于应付动力费用，在付款时直接借记各成本、费用账户，贷记"银行存款"账户。

(2) 一般情况下要通过"应付账款"账户核算。其核算主要分以下两个步骤。

① 付款时，会计分录为：

借：应付账款(实际支付的动力费)

　　贷：银行存款

② 月末分配时，会计分录为：

借：成本费用有关账户

　　贷：应付账款(应付动力费)

它主要适用于下列情况：外购动力费不是在月末支付，是在每月下旬的某日支付。在此方法下，每月支付的动力费用和应付动力费用往往不相等，因此"应付账款"账户会经常出现余额。如果是借方余额，为本月支付款大于应付款的多付动力费用，可以抵冲下月应付费用；如果是贷方余额，为本月应付款大于支付款的应付未付动力费用，可以在下月支付。

3.3.2 外购动力费用分配的核算

外购动力费分配可分为两个步骤进行。

(1) 外购动力费在各车间、部门之间进行分配。各车间、部门的动力一般都分别装有仪表，外购动力费用在各车间、部门可按照实际耗用量进行分配，计算公式如下。

$$分配率=\frac{待分配的动力费}{\sum 各车间、部门实际耗用量}$$

某车间应分配动力费=该车间实际耗用量×分配率

(2) 基本生产车间分配的动力费在各产品之间分配。车间中的动力一般不按产品分别安装仪表，因而车间动力费用在各种产品之间一般按产品的生产工时比例、机器工时比例来分配，计算公式如下。

$$该车间内部动力分配率=\frac{基本生产车间分配的动力费}{\sum 该车间内各种产品工时}$$

某产品应分配动力费=某产品工时×该车间内部动力分配率

外购动力费用的分配去向：直接用于产品生产，设有"燃料及动力"成本项目的动力费用，应记入"基本生产成本"账户的借方；用于基本生产但未专设成本项目的动力费用和用于车间管理发生的动力费用，记入"制造费用"账户的借方；直接用于辅助生产的动力费用，记入"辅助生产成本"账户的借方；行政管理部门耗用的动力费用，则应记入"管理费用"账户借方。外购动力费用总额应根据有关转账凭证或付款凭证记入"应付账款"或"银行存款"账户的贷方。

【例3-6】奔成企业201×年6月共支付外购电费40 000元，根据各车间的电表所记录的耗电度数为80 000度。各车间、部门耗电度数具体为：基本生产车间直接用于产品生产耗电65 120度，没有分产品安装电表，按生产工时分配电费，甲产品生产工时为5 600小时，乙产品生产工时为3 200小时。车间照明用电4 000度，辅助生产车间耗电6 000度(其中供电车间4 000度，供水车间2 000度)，企业行政管理部门耗电3 000度，专设销售机构耗电1 880度。该企业设有"燃料及动力"成本项目，甲、乙产品动力费用分配计算如下。

(1) 各车间之间分配。

分配率=40 000÷80 000=0.5(元/度)

基本生产车间分配电费=65 120×0.5=32 560(元)

车间照明分配电费=4 000×0.5=2 000(元)

供电车间分配电费=4 000×0.5=2 000(元)

供水车间分配电费=2 000×0.5=1 000(元)

行政管理部门分配电费=3 000×0.5=1 500(元)

专设销售机构分配电费=1 880×0.5=940(元)

(2) 基本生产车间内部分配。

$$电费分配率 = \frac{32\,560}{(5\,600 + 3\,200)} = 3.7(元/小时)$$

甲产品应分配电费=3.7×5 600=20 720(元)

乙产品应分配电费=3.7×3 200=11 840(元)

根据计算资料编制"外购动力费用分配表"，见表3-2。

表3-2　外购动力费用分配表

奔成企业　　　　　　　　　　　201×年6月　　　　　　　　　　　单位：元

应借账户		成本项目	基本生产车间内部分配		各车间之间分配	
			生产工时	分配额	度数	分配额
基本生产成本	甲产品	燃料和动力	5 600	20 720		20 720
	乙产品	燃料和动力	3 200	11 840		11 840
	小计		8 800	32 560	65 120	32 560
辅助生产成本	供水车间	水电费			2 000	1 000
	供电车间	水电费			4 000	2 000
	小计				6 000	3 000
制造费用	基本生产车间	水电费			4 000	2 000
销售费用		水电费			1 880	940
管理费用		水电费			3 000	1 500
合　　计					80 000	40 000

根据"外购动力费用分配表",编制会计分录如下。

借:基本生产成本——甲产品　　　　　　　　　　　　　20 720

　　　　　　——乙产品　　　　　　　　　　　　　11 840

　　辅助生产成本——供水车间　　　　　　　　　　　　1 000

　　　　　　——供电车间　　　　　　　　　　　　2 000

　　制造费用　　　　　　　　　　　　　　　　　　　　2 000

　　销售费用　　　　　　　　　　　　　　　　　　　　940

　　管理费用　　　　　　　　　　　　　　　　　　　　1 500

　　贷:应付账款(或银行存款)　　　　　　　　　　　　40 000

3.4　职工薪酬的分配

3.4.1　职工薪酬的组成

职工薪酬是指企业为获取职工提供的服务而给予各种形式的报酬及其他相关的支出。包括职工在职期间和离职后提供给职工的全部货币性薪酬和非货币性福利。企业提供给职工配偶、子女或其他被赡养人的福利等,也属于职工薪酬。职工薪酬包括以下内容。

(1) 职工工资、奖金、津贴和补贴。

(2) 职工福利费。

(3) 医疗保险费、养老保险费(包括基本养老保险费和补充失业保险费)、工伤保险费和生育保险费等社会保险费。

(4) 住房公积金。

(5) 工会经费和职工教育经费。

(6) 非货币性福利。

(7) 因解除与职工的劳动关系给予的补偿(辞退福利)。

(8) 其他与获得职工提供的服务相关的支出。

企业以商业保险形式提供给职工的各种保险待遇、以现金结算的股份支付也属于职工薪酬(以权益工具结算的股份支付也属于职工薪酬,但本章不涉及此部分内容)。

以上所指"职工"包括与企业订立劳动合同的所有人员,含全职、兼职和临时职工;也包括未与企业订立劳动合同但由企业正式任命的人员,如董事会成员、监事会成员等。在企业的计划和控制下,虽与企业未订立劳动合同,或企业未正式任命的人员,但为企业提供了类似服务,也视同企业职工处理。

知识链接

《关于工资总额组成的规定》(1990 年 1 月 1 日国家统计局令第 1 号)

工资:包括计时工资和计件工资。计时工资是指按计时工资标准(包括地区生活费补贴)和工作时间支付给个人的劳动报酬。计件工资是指根据产量和规定的计件单价支付的劳动报酬。

奖金：企业根据规定支付给职工的超额劳动报酬和增收节支的劳动报酬(包括生产奖、节约奖、劳动竞赛奖、机关和事业单位的奖励工资)。

津贴：企业根据规定，为补偿职工特殊的劳动消耗和因其他特殊原因支付给职工的津贴，如职工在高空、井下、野外等岗位工作的劳动报酬。

补贴：为了保证职工工资水平不受物价影响而支付给职工的工资性报酬，如粮价补贴、冬季职工取暖补贴。

加班加点工资：根据职工延长的劳动时间而支付给职工的加班加点工资(包括节假日加班)。

特殊情况下支付的工资：主要指根据国家法律、法规和政策规定，对因病、工伤、产假、计划生育假、婚丧假、探亲假、执行国家或社会义务等原因按计时工资标准或计时工资标准的一定比例支付的工资；以及附加工资、保留工资，在职工休假或缺勤时，不能从工资总额中扣除。

工资总额不包括以下项目：由国务院发布的有关规定颁发的创造发明奖、自然科学奖、科学技术进步奖和支付合理化建议和技术改进奖以及支付给运动员、教练员的奖金；有关劳动保险和职工福利方面的各项费用；有关离休、退休、退职人员待遇的各项支出；劳动保护的各项支出；实行租赁经营单位的承租人的风险性补偿收入；对购买本企业股票和债券的职工所支付的股利和利息；稿费、讲课费及其他专门工作报酬；计划生育独生子女补贴；出差伙食补助费、误餐补助、调动工作的旅费和安家费；支付给参加企业劳动的在校学生的补贴等。

3.4.2 工资费用的原始记录

核算工资费用必须以真实的原始记录为依据。企业的原始记录主要包括考勤记录、产量和工时记录。

1. 考勤记录

考勤记录是反映每个职工出勤和缺勤的记录，是计算职工工资的原始记录。一般分车间、班组、科室分别进行，考勤记录应逐日登记，月终汇总交工资核算部门(人事部门或财会部门等)经审核后，作为计算计时工资的依据：根据出勤或缺勤天数，计算应发的计时工资；根据夜班次数和加班加点时数，计算夜班津贴和加班加点工资；根据病假天数计算病假工资等。考勤记录一般采用考勤簿的格式，也可以采用考勤卡、考勤钟和考勤号牌的方式。

2. 产量和工时记录

产量记录是登记工人或生产小组在出勤时间内完成产品的数量、质量和生产产品所用工时多少的原始记录。它是统计产量和工时的依据，也是计算计件工资的依据，还可以作为在各种产品之间分配费用的分配标准。产量记录的格式由于不同行业以及企业内部不同生产车间的工艺过程、生产组织特点、产品性质的不同而各不相同，如单件小批生产企业一般采用"工作通知单"；在成批生产类型的企业里，一般采用"工序进程单"和"工作班产量记录"等。"工作通知单"的格式见表3-3。

表3-3　工作通知单

201×年6月

工作号令	车间	工段	小组	姓名	工号	等级
9708	一车间	一工段	一小组	张成	97008	3级

产品或订单号	零件编号	工序	机床号	工作等级	计量单位	数量	工时定额 单位工时	工时定额 总工时	开工时间	完工时间	实用工时	交验数量	合格数量	返修数量	工废数量	料废数量	缺额	检查员号	废品通知单号	工资/元 计件单件	工资/元 合格品工资	工资/元 废品工资	工资/元 合计
16	C2	1	34	3	件	15	5	75	1	12	80	15	14	1				12		80	1 120	0	1 120

3.4.3 工资的计算方法

工资的计算包括计时工资、计件工资、奖金、津贴和补贴、加班工资和特殊情况下支付的工资等。

1. 计时工资的计算

计时工资是根据考勤记录登记的每一职工出勤和缺勤的日数，按照企业规定的工资标准计算的。计时工资有月薪制、周薪制和日薪制等多种形式，以月薪制最为普遍。周薪制是指每周标准工资相同，只要出满一周，可得周标准工资；日薪制下，职工工资是根据出勤天数和日工资率计算出来的。下面主要介绍一下月薪制下计时工资的计算。

月薪制是指不论各月日历天数多少，也不论各月双休日节假日多少，只要全勤，职工可得相同的月标准工资。由于职工每月出勤和缺勤的情况不同，每月应得计时工资也会不同。在缺勤的情况下，计算应得计时工资的方法有以下两种。

(1) 扣缺勤法。其具体公式如下。

$$\text{应得工资} = \text{月标准工资} - \text{事假、旷工天数} \times \text{日工资率} - \text{病假天数} \times \text{日工资率} \times \text{病假扣款率} + \text{奖金、津贴、补贴加班加点工资}$$

(2) 出勤法。其具体公式如下。

$$\text{应得工资} = \text{实际出勤天数} \times \text{日工资率} + \text{病假天数} \times \text{日工资率} \times (1 - \text{病假扣款率}) + \text{奖金、津贴、补贴加班加点工资}$$

 知识链接

《中华人民共和国劳动保险条例》第13条对病假工资的规定：工人与职员疾病或非因工负伤停止工作医疗时，其医疗期间连续在3个月以内者，按其本企业工龄的长短，由该企业行政方面或资方每月发给其本人工资50%～100%；连续医疗期间在3个月以上时，改由劳动保险基金项下按月付给疾病或非因工负伤救济费，其数额为本人工资30%～50%，至能工作或确定为残废，或死亡时止。但连续停工医疗期间以6个月为限，超过6个月者按丙款残废退职待遇办理。

《中华人民共和国劳动保险条例实施细则》中的有关规定如下。

第16条　工人职员疾病或非因工负伤停止工作连续医疗期间在6个月以内者，根据劳动保险条例第13条乙款的规定，应由该企业行政方面或资方按下列标准支付病伤假期工资：本企业工龄不满2年者，为本人工资60%；已满2年不满4年者，为本人工资70%；已满4年不满6年者，为本人工资80%；已满6年不满8年者，为本人工资90%；已满8年及8年以上者，为本人工资100%。

第17条　工人职员疾病或非因工负伤停止工作连续医疗期间超过6个月时，根据劳动保险条例第13条乙款的规定，病伤假期工资停发，改由劳动保险基金项下，按月付给疾病或非因工负伤救济费，其标准如下：本企业工龄不满1年者，为本人工资40%；已满1年未满3年者，为本人工资50%；3年及3年以上者，为本人工资60%。此项救济费付至能工作或确定为残废或死亡时止。

从上述公式可以发现，无论是扣缺勤法，还是出勤法，都用到了日工资率。日工资率也叫日工资标准，是根据职工的月标准工资除以各月天数得到的。职工的月标准工资在一定时期内保持不变，而各月天数的计算方法不同，导致日工资率在实际生活中有3种计算方法。

(1) 按全年平均每月日历数计算。

$$\text{全年平均每月日历数} = \frac{\text{全年天数}}{\text{全年月份}} = \frac{365}{12} \approx 30(\text{天})$$

$$\text{日工资率} = \frac{\text{月标准工资}}{\text{全年平均每月日历数}}$$

在这种方法下，只要月标准工资不变，各月日工资率也是相同的；但日工资率中包括双休日和节假日的工资，即双休日节假日算工资，出勤期间的节假日按出勤计算工资；当缺勤期间有双休日和节假日时，照扣工资。

其优点有：计算简单，不需要每月计算一次日工资率。缺点是由于缺勤期间有双休日和节假日时，照扣工资，不好解释，所以在实际生活中用得较少。

(2) 按全年平均工作日数计算。

$$日工资率=\frac{月标准工资}{全年平均每月工作数}$$

$$全年平均工作日数=\frac{全年工作日数}{全年月数}=\frac{(365-104-11)}{12}=20.83(天)$$

在这种方法下，只要月标准工资不变，各月日工资率都相同，不需要每月计算一次日工资率，所以计算简单；双休日和节假日不算工资，体现了按劳分配的原则；而且缺勤期间的双休日和节假日不扣工资，易理解，在实际工作中广泛应用。

 知识链接

法定节假日制度是指根据各国、各民族的风俗习惯或纪念要求，由国家法律统一规定的用以进行庆祝及度假的休息时间。各国的风俗习惯、宗教信仰不同，因此节假日也不同。例如加拿大规定每年有 8 天节假日，美国绝大多数工人每年享受全薪公共假日 7~8 天，巴林的法定假日则有 12 天。

我国在建国之初，1949 年 12 月 23 日政务院第十二次政务会议通过并公布了《全国年节及纪念日度假办法》，后根据形势的发展，国务院又颁布了《全国年节及纪念日放假办法》(国务院令第 270 号)。当前，我国的 3 类法定节假日如下。

(1) 属于全体人民的节假日有：元旦(1 月 1 日)，放假一天；春节(农历正月初一、初二、初三)，放假三天；清明节(4 月 5 日)，放假一天；国际劳动节(5 月 1 日)，放假一天；端午节(农历五月初五)，放假一天；国庆节(10 月 1 日、2 日、3 日)，放假三天；中秋节(农历八月十五)，放假一天。因此属于全体人民的节假日共计有 11 天。这些节日适逢公休假日，顺延补假。

(2) 属于部分人民的节假日有：妇女节(3 月 8 日)，青年节(5 月 4 日)，建军节(8 月 1 日)等，为了便于开展纪念活动，有关的公民可以放假半天。具体说来，妇女节(3 月 8 日)，妇女放假半天；青年节(5 月 4 日)，14 周岁以上的青年放假半天；儿童节(6 月 1 日)，13 周岁以下的少年儿童放假 1 天；中国人民解放军建军纪念日(8 月 1 日)，现役军人放假半天。

(3) 属于少数民族的节日，由少数民族自治区的人民政府，根据各民族习惯，自行决定。

(3) 按当月满勤天数计算。

$$当月满勤天数=当月日历天数-当月双休日天数-当月节假日天数$$

$$日工资率=\frac{月标准工资}{当月满勤天数}$$

这种方法最大的优点是可以准确计算每位职工的应付工资金额。但由于每月双休日和节假日不同，导致每月满勤天数不同，从而每月的日工资率不同，所以需要每月计算一次日工资率，工作量大，实际用得也少。

综上所述，应付工资有 6 种计算方法：①按 30 天计算日工资率，采用扣缺勤法；②按 30 天计算日工资率，采用出勤法；③按 20.83 天计算日工资率，采用扣缺勤法；④按 20.83 天计算日工资率，采用出勤法；⑤按当月满勤天数计算日工资率，采用扣缺勤法；⑥按当月满勤天数计算日工资率，采用出勤法。现举例说明具体计算方法。

【例 3-7】职工周云月标准工资为 2 100 元，3 月份 31 天，病假 3 天，事假 2 天，8 个双休日，出勤 18 天。根据其工龄，其病假工资按工资标准的 90%计算，病假和事假期间没有节假日，现按上述 6 种方法分别该职工 3 月份应发工资如下。

(1) 按 30 天计算日工资率，采用扣缺勤法。

日工资率=2 100÷30=70(元)

应扣病假工资=70×3×(1-90%)=21(元)

应扣事假工资=70×2=140(元)

应发工资=2 100-21-140=1 939(元)

(2) 按 30 天计算日工资率，采用出勤法。

出勤工资=(18+8)×70=1 820(元)

病假工资=70×3×90%=189(元)

应发工资=1 820+189=2 009(元)

 答案解析

按 30 天计算日工资率时，采用出勤法比缺勤法多 70(2 009－1 939)元工资，原因在于当月日历天数是 31 天，比日工资率计算的天数(30 天)多一天，因此按出勤天数计算会多出一天的工资。

(3) 按 20.83 天计算日工资率，采用扣缺勤法。

日工资率=2 100÷20.83=100.80(元)

应扣病假工资=100.8×3×(1-90%)=30.24(元)

应扣事假工资=100.8×2=201.6(元)

应发工资=2 100-30.24-201.6=1 868.16(元)

(4) 按 20.83 天计算日工资率，采用出勤法。

出勤工资=18×100.8=1 814.4(元)

病假工资=100.8×3×90%=272.16(元)

应发工资=1 814.4+272.16=2 086.56(元)

 答案解析

按 20.83 天计算日工资率，采用出勤法比缺勤法多 470(2 288.16-1 818.16)元工资，原因在于应出勤天数为 25 天，比日工资率计算天数多 4.17(25－20.83)天，因此按出勤法计算就会多 4.17 天的工资 420 元(4.17×100.80)。

(5) 按当月满勤天数计算日工资率，采用扣缺勤法。

当月满勤天数=18+2+3=23(天)

日工资率=2 100÷23=91.3(元)

应扣病假工资=91.3×3×(1-90%)=27.39(元)

应扣事假工资=91.3×2=182.6(元)

应发工资=2 100-27.39-182.6=1 890(元)

(6) 按当月满勤天数计算日工资率，采用出勤法。

出勤工资=18×91.3=1 643.4(元)

病假工资=91.3×3×90%=246.51(元)

应发工资=1 643.4+246.51=1 890(元)

答案解析

按当月满勤天数计算日工资率，采用出勤法和扣缺勤法计算的计时工资金额相同，因为应出勤天数和计算日工资率的天数都是 23 天。

2. 计件工资的计算

 特别提示

2005 年，商务部财务司与美国管理会计师协会(IMA)联合开展了中国企业成本计算课题研究，2008 年发布了课题研究报告《中国的成本计算方法和成本管理实践研究》。报告指出"受访的大部分企业采用了计件工资制。"

计件工资包括个人计件工资和集体计件工资，分别介绍如下。

(1) 个人计件工资的计算。当职工所从事的工作能分清每个人的经济责任时，可采取个人计件工资的方式。

个人计件工资的计算公式如下。

$$应付计件工资=\sum(月份内某产品产量×该产品计件单价)$$
其中：计件单价=某级工人小时工资率×该产品工时定额
$$某产品产量=合格品数量+料废品数量$$

 特别提示

料废照付工资，工废不付工资。料废是指由于原材料方面的原因(如材料质量、性能不符合工艺要求)而形成的废品，工废是指由于生产工人操作不当等本人过失形成的废品。

【例 3-8】奔成企业生产车间某工人本月完工甲产品 80 件，其中合格品 75 件，料废 2 件，工废 3 件，其计件单件为 10 元；完成乙产品 66 件，其中合格品 60 件，工废 6 件，其计件单价 12 元，则该工人的计件工资计算如下。

$$应付计件工资=(75+2)×10+60×12=1\ 490(元)$$

(2) 集体计件工资的计算。当工人集体从事某项工作且不易分清每个职工的经济责任时，可采取集体计件工资的方式。首先，按集体完成的产品数量乘以计件单价，计算出集体计件工资总额，然后再采用一定的方法，将集体计件工资总额在集体成员内部进行分配。分配的标准主要有两种。

① 以计时工资作为分配标准。它主要适用于集体从事的工作对技术条件要求高，且集体内职工工资等级差别较大的情况。其计算公式如下。

$$计件工资分配率=\frac{集体计件工资总额}{\sum 集体应付计时工资}$$

某职工应付计件工资=该职工应付计时工资×计件工资分配率

【例 3-9】由 4 名等级不同的工人组成的小组，本月完成合格品数量 200 件，计件单价为 18 元，其余资料见表 3-4。

$$集体应付计件工资=200×18=3\ 600(元)$$

4 名工人应付计件工资的计算见表 3-4。

表3-4 计件工资分配表

201×年6月

姓名	日工资率	本月出勤天数/天	计时工资/元	分配率	应付计件工资/元
张成	25	24	600	2	1 200
李本	20	20	400	2	800
王会	20	22	440	2	880
赵计	15	24	360	2	720
合计	—	—	1 800	2	3 600

② 以实际工作日数为标准。它主要适用集体从事的工作对技术条件要求不高，且集体内职工工资等级差别不大的情况。具体计算公式如下。

$$计件工资分配率=\frac{集体计件工资总额}{\sum 实际工作天数}$$

$$职工计件工资=实际工作天数×分配率$$

3. 其他工资的计算

奖金、津贴和补贴根据国家规定以及企业相关规定进行计算。

加班加点工资应按照日工资率(或小时工资率)乘以加班加点天数(或小时)及国家规定的支付标准计算。其计算公式如下。

$$应付加班加点工资=加班加点天数×日工资率×规定的支付标准$$

 知识链接

《中华人民共和国劳动法》第44条规定：安排劳动者延长工作时间的，支付不低于工资的150%的工资报酬；休息日安排劳动者工作又不能安排补休的，支付不低于工资的200%的工资报酬；法定休假日安排劳动者工作的，支付不低于工资的300%的工资报酬。

4. 工资的结算

上述各项目计算出来后，就是应付每位职工的工资，再加上代发款项，然后扣除企业为职工代扣代缴的各种款项，其余额为实发工资。计算公式如下。

$$应付职工工资=应付计时工资+应付计件工资+奖金+津贴和补贴+加班加点工资+特殊情况下支付的工资$$

$$实发工资=应付职工工资+代发款项-代扣款项$$

代发款项是指向职工发放的但不应计入工资总额的款项，如上下班交通补贴。

代扣款项是指企业从职工工资中扣除代为缴纳的各种款项，如房租费、个人所得税、个人应承担的住房公积金等。

在实际工作中，应付职工工资、代发款项、代扣款项和实发工资等，是通过编制职工结算凭证进行的。职工结算凭证的形式有以下两种。

(1) 职工工资单。"职工工资单"也称"工资结算单"，一般按车间、部门分别填列，每月一张，单内按职工分行填列，它是企业和职工进行工资结算和支付的凭证，也是编制"工资结算汇总表"的依据。"职工工资单"的格式和内容见表3-5。

表3-5　职工工资单

车间：第一车间　　　　　　　　　　　　　　　201×年6月　　　　　　　　　　　　　　单位：元

| 姓名 | 级别 | 月标准工资 | 日工资率 | 计件工资 | 奖金 | 津贴、补贴 | | 扣缺勤工资 | | 应付工资总额 | 代发款项 | 代扣款项 | | | 实发工资 | 领款人签字 |
						津贴	补贴	病假	事假			住房公积金	房租	合计		
合计																

(2) 工资结算汇总表。"工资结算汇总表"是根据"职工工资单"汇总编制的，反映了整个企业工资结算的总括情况，也是进行工资费用分配的依据。"工资结算汇总表"的格式和内容见表3-6。

表3-6　工资结算汇总表

201×年6月　　　　　　　　　　　　　　单位：元

| 部门 | | 月标准工资 | 计件工资 | 奖金 | 津贴、补贴 | | 扣缺勤工资 | | 应付工资总额 | 代发款项 | 代扣款项 | | | 实发工资 |
					津贴	补贴	事假	病假			住房公积金	房租	合计	
一车间	生产工人													
	管理人员													
二车间	生产工人													
	管理人员													
辅助生产车间														
行政管理部门														
专设销售机构														
合　计														

3.4.4　职工薪酬的分配

1. 工资费用的分配

职工薪酬费用日常核算均通过"应付职工薪酬"账户，"应付职工薪酬"账户核算企业根据有关规定应付给职工的各种薪酬，可按"工资"、"职工福利"、"社会保险费"、"住房公积金"、"工会经费"、"职工教育经费"、"非货币性福利"、"辞退福利"、"股份支付"等进行明细核算。

工资费用的分配要区分哪些工资能计入产品成本，哪些工资不能计入产品成本，总结如下。

(1) 不计入产品成本的工资包括以下项目。

① 行政管理人员工资以及医务、福利人员的工资(计入"管理费用")。

② 专设销售机构人员的工资(计入"销售费用")。

③ 固定资产改扩建工程人员的工资(计入"在建工程")。

④ 从事其他销售、技术转让、固定资产出租、运输人员的工资(计入"其他业务成本")。

⑤ 应资本化的研发无形资产人员的工资(计入"研发支出")。

(2) 应记入产品成本的工资包括以下项目。

① 基本生产车间生产人员的工资(计入"基本生产成本")。

② 辅助车间工人的工资(计入"辅助生产成本")。

③ 生产车间管理人员的工资(计入"制造费用")。

(3) 基本生产车间生产人员工资的分配如下。

① 计件工资。由于生产工人的计件工资属于直接计入费用,所以生产人员的计件工资发生时,根据工资结算凭证(产量记录)直接记入产品成本的"直接人工"成本项目。

② 计时工资。在计时工资制度下,所发生的计时工资同计件工资一样,都直接计入产品成本;如果企业生产多种产品,计时工资一般采用产品的生产工时比例等分配标准进行分配,从而计入产品成本的"直接人工"成本项目。按生产工时(实际或定额)比例法分配的计算公式如下。

某产品应分配计时工资=该种产品生产工时×工资费用分配率

【例3-10】奔成企业201×年6月基本生产车间生产甲、乙两种产品,生产工人计件工资分别为:甲产品1 800元,乙产品1 600元;甲、乙产品计时工资共计17 600元。甲、乙产品生产工时分别为5 600小时和3 200小时。按生产工时比例分配计算如下。

工资费用分配率=17 600÷(5 600+3 200)=2(元/小时)

甲产品分配工资费用=5 600×2=11 200(元)

乙产品分配工资费用=3 200×2=6 400(元)

工资费用分配是通过编制"工资费用分配表"进行的,"工资费用分配表"是编制记账凭证和登记有关总账与明细账的依据。奔成企业201×年6月"工资费用分配表"的编制见表3-7。

表3-7 工资费用分配表

奔成企业 201×年6月 单位:元

应借账户		成本项目	计件工资	津贴和补贴	计时工资分配计入			合 计
					生产工时	分配率	分配额	
基本生产成本	甲产品	直接人工	1 800	2 000	5 600	2	11 200	15 000
	乙产品	直接人工	1 600	1 000	3 200	2	6 400	9 000
辅助生产成本	供水车间	工资	200	100				300
	供电车间	工资	400	200				600
制造费用	基本生产车间	工资	800	400				1 200
销售费用		工资	500	150				650
管理费用		工资	1 200	600				1 800
合 计			6 500	4 450			17 600	28 550

根据"工资费用分配表",编制会计分录如下。

借：基本生产成本——甲产品   15 000

     ——乙产品   9 000

  辅助生产成本——供水车间   300

     ——供电车间   600

  制造费用   1 200

  管理费用   1 800

  销售费用   650

  贷：应付职工薪酬——工资   28 550

发放工资时,编制会计分录如下。

借：应付职工薪酬——工资   28 550

  贷：银行存款(或库存现金)   28 550

2. 其他职工薪酬的分配

(1) 职工福利费。职工福利费是企业准备用于企业职工福利方面的资金。这是企业使用了职工的劳动技能、知识等以后除了有义务承担必要的劳动报酬外,还必须负担的对职工福利方面的义务。我国企业中按规定用于职工福利方面的资金来源,包括从费用中提取和从税后利润中提取两个方面。企业每期应当按照工资总额的一定比例计算职工福利费,并按职工提供服务的收益对象,计入相关资产的成本或确认当期费用。

(2) 社会保险费和住房公积金。具体包括基本养老保险费、医疗保险费、失业保险费、工伤保险费、生育保险费等险种。是按国家规定提取、筹集和使用的专项基金,专款专用任何单位和个人都无权自行决定该基金的其他用途。企业为职工缴纳的医疗保险费、养老保险费、失业保险费、工伤保险费、生育保险费等社会保险费,应当在职工为其提供服务的会计期间,根据工资总额的一定比例计算,计入相应的成本费用中。

住房公积金是指在职工工作年限内,由职工及其所在单位,按月交存一定数额的资金。住房公积金全部归职工个人所有,长期储蓄,专项用于住房支出。住房公积金规定缴存比例仍为 8%,有条件的企业住房公积金缴存比例可以为 12%。企业为职工缴纳的住房公积金应当在职工为其提供服务的会计期间,根据工资总额的一定比例计算,计入相应的成本费用中。

(3) 工会经费、职工教育经费。凡建立工会组织的全民所有制和集体所有制企事业单位和机关,应于每月 15 日以前按照上月份全部职工工资总额的 2%,向工会拨缴当月份的工会经费。为适应经济建设的需要,加强职工培训,提高企业职工队伍素质,企业可按列入成本的职工工资总额的 2.5%列支职工教育经费。

【例 3-11】奔成企业福利费、住房公积金、工会经费、职工教育经费以工资总额为基数,计提比例分别为 14%,8%,2%和 2.5%,社会保险费中养老保险费、医疗保险费、失业保险费、工伤保险费、生育保险费计提比例分别为 20%、8%、2%、1%和 1%。该企业201×年的工资总额为 28 550 元。相关计算见表 3-8 和表 3-9。

表 3-8　社会保险费分配表

奔成企业　　　　　　　　　　　　　　　　201×年6月　　　　　　　　　　　　　　　　单位：元

应借账户		成本项目	工资总额	医疗保险费8%	养老保险费20%	失业保险费2%	工伤保险费1%	生育保险费1%	社保合计
基本生产成本	甲产品	直接人工	15 000	1 200	3 000	300	150	150	4 800
	乙产品	直接人工	9 000	720	1 800	180	90	90	2 880
辅助生产成本	供水车间	工资	300	24	60	6	3	3	96
	供电车间	工资	600	48	120	12	6	6	192
制造费用	基本车间	工资	1 200	96	240	24	12	12	384
销售费用		工资	650	52	130	13	6.5	6.5	208
管理费用		工资	1 800	144	360	36	18	18	576
合　　计			28 550	2 284	5 710	571	285.5	285.5	9136

表 3-9　其他职工薪酬分配表

奔成企业　　　　　　　　　　　　　　　　201×年6月　　　　　　　　　　　　　　　　单位：元

应借账户		成本项目	工资总额	福利费14%	住房公积金8%	工会经费2%	社会保险费	职工教育经费2.5%	合　　计
基本生产成本	甲产品	直接人工	15 000	2 100	1 200	300	4 800	375	8 775
	乙产品	直接人工	9 000	1 260	720	180	2 880	225	5 265
辅助生产成本	供水	工资	300	42	24	6	96	7.5	175.5
	供电	工资	600	84	48	12	192	15	351
制造费用	基本生产	工资	1 200	168	96	24	384	30	702
销售费用		工资	650	91	52	13	208	16.25	380.25
管理费用		工资	1 800	252	144	36	576	45	1 053
合　　计			28 550	3 997	2 284	571	9 136	713.75	16 701.75

根据"社会保险费分配表"和"其他职工薪酬分配表"，编制会计分录如下。

借：基本生产成本——甲产品　　　　　　　　　　　　　　　8 775

　　　　　　　　——乙产品　　　　　　　　　　　　　　　5 265

　　辅助生产成本——供水车间　　　　　　　　　　　　　　175.5

　　　　　　　　——供电车间　　　　　　　　　　　　　　351

　　制造费用　　　　　　　　　　　　　　　　　　　　　　702

　　管理费用　　　　　　　　　　　　　　　　　　　　　　1 053

　　销售费用　　　　　　　　　　　　　　　　　　　　　　380.25

　　贷：应付职工薪酬——职工福利费　　　　　　　　　　　3 997

　　　　　　　　　　——住房公积金　　　　　　　　　　　2 284

　　　　　　　　　　——社会保险费　　　　　　　　　　　9 136

　　　　　　　　　　——工会经费　　　　　　　　　　　　571

　　　　　　　　　　——职工教育经费　　　　　　　　　　713.75

按国家有关规定缴纳社会保险费和住房公积金，会计分录如下。

借：应付职工薪酬——住房公积金　　　　　　　　　　　　2 284

　　　　　　——社会保险费　　　　　　　　　　　　　9 136

　　贷：银行存款　　　　　　　　　　　　　　　　　　　　11 420

支付工会经费和职工教育经费用于工会活动和职工培训，会计分录如下。

借：应付职工薪酬——工会经费　　　　　　　　　　　　　571

　　　　　　——职工教育经费　　　　　　　　　　　　713.75

　　贷：银行存款　　　　　　　　　　　　　　　　　　　1284.75

(4) 其他。企业以其自产产品发放给职工作为职工薪酬的，分配时，借记"管理费用"、"基本生产成本"、"制造费用"等账户，贷记"应付职工薪酬"账户；发放时，借记"应付职工薪酬"账户，贷记"主营业务收入"账户；同时，还应结转产成品的成本。涉及增值税销项税额的，还应进行相应的处理。

无偿向职工提供住房等固定资产使用的，按应计提的折旧额，借记"管理费用"、"基本生产成本"、"制造费用"等账户，贷记"应付职工薪酬"账户，同时，借记"应付职工薪酬"账户，贷记"累计折旧"账户。

租赁住房等资产供职工无偿使用的，按每期应支付的租金，借记"管理费用"、"基本生产成本"、"制造费用"等账户，贷记"应付职工薪酬"账户。支付租赁住房等资产供职工无偿使用所发生的租金，借记"应付职工薪酬"账户，贷记"银行存款"等账户。

因解除与职工的劳动关系给予的补偿，借记"管理费用"账户，贷记"应付职工薪酬"账户。企业因解除与职工的劳动关系而给予职工的补偿在支付时，借记"应付职工薪酬"账户，贷记"银行存款"、"库存现金"等账户。

3.5　折旧费用和固定资产修理费的核算

3.5.1　折旧的计算

固定资产在长期使用过程中保持实物形态不变，但其价值随着固定资产的损耗而逐渐减少，这部分由于损耗而减少的价值就是固定资产折旧。

企业根据确定的折旧计算方法和计算折旧的范围提取折旧。固定资产准则规定，企业应对所有的固定资产计提折旧，但是已提足折旧仍继续使用的固定资产和单独计价入账的土地除外。

企业固定资产是多种多样的，不同的固定资产可以采用不同的方法，如年限平均法、工作量法、双倍余额递减法、年数总和法。

1. 年限平均法

年限平均法也称直线法，是实务中运用最为广泛的一种折旧方法。它是将固定资产原值减去净残值(残值扣除清理费用的净额)后的余额，按照预计使用年限均衡地分摊到各期的方法。其计算公式如下。

$$固定资产年折旧率 = \frac{1-预计净残值率}{预计使用年限}$$

$$固定资产月折旧率 = \frac{年折旧率}{12}$$

固定资产月折旧额=固定资产原价×月折旧率

年折旧额=(原价-预计净残值)÷预计使用年限

=原价×(1-预计净残值率)÷预计使用年限

=原价×年折旧率

【例3-12】 某公司一栋办公楼原值为 1 400 000 元，预计使用年限为 40 年，预计残值 64 000 元，预计清理费用 8 000 元，则：

年折旧额=1 400 000×2.4%=33 600(元)

$$固定资产年折旧率 = \frac{1-4\%}{40} \times 100\% = 2.4\%$$

$$预计净残值率 = \frac{64\,000 - 8\,000}{1\,400\,000} \times 100\% = 4\%$$

2. 工作量法

工作量法是将固定资产原值减去净残值后的余额均衡地分摊至固定资产预计使用年限内完成的工作总量上，并根据当期固定资产在生产过程中实际完成的工作总量(总产量、总里程、总工时数、总工作台班等)计算折旧额的一种方法。

$$单位工作量折旧额 = \frac{原价 - 预计净残值}{预计工作量总额}$$

年折旧额=单位工作量折旧额×年完成工作量

【例3-13】 某企业的一辆运货卡车的原价为 60 000 元，预计总行驶里程为 50 万千米，其报废时的残值率为 5%，本月行驶 4 000 千米，该辆汽车的月折旧额计算过程如下。

单位工作量折旧额=60 000×(1-5%)÷500 000=0.114(元/千米)

本月折旧额=4 000×0.114=456(元)

3. 双倍余额递减法

双倍余额递减法是指在不考虑固定资产残值的情况下，根据双倍的直线法折旧率和逐年递减的固定资产账面折余价值计算各年折旧额的方法。其计算公式如下。

$$年折旧率 = \frac{2}{固定资产预计使用年限} \times 100\%$$

年折旧额=期初固定资产账面净值×年折旧率

在双倍余额递减法下，在计算折旧率时不考虑固定资产残值；每年折旧率保持不变；在固定资产使用年限到期前两年内，将固定资产折余价值(净值)扣除预计净残值后的净额平均计提折旧。

【例3-14】 某公司一项固定资产原值为 50 000 元，预计净残值为 200 元，估计使用年限为 5 年。

$$年折旧率 = \frac{2}{5} \times 100\% = 40\%$$

每年计提的折旧额具体见表 3-10。

表 3-10　双倍余额递减法各年折旧额计算表

年次	固定资产原值	固定资产净值	折旧计算基数	年折旧率	年折旧额
1	50 000	50 000	50 000	40%	20 000
2	50 000	30 000	30 000	40%	12 000
3	50 000	18 000	18 000	40%	7 200
4	50 000	10 800	10 600	——	5 300
5	50 000	5 500	5 300	——	5 300
合计	50 000	200	——	——	49 800

4. 年数总和法

年数总和法又称合计年限法，是将固定资产的原值减去净残值后的净额乘以一个逐年递减的分数计算每年的折旧额，这个分数的分子代表固定资产尚可使用的年数，分母代表使用年数的逐年数字总和。其计算公式如下。

$$年折旧率=\frac{尚可使用年数}{预计使用年限的年数总和}=\frac{预计使用年限-已使用年限}{预计使用年限\times(预计使用年限+1)\div 2}\times 100\%$$

$$年折旧额=(原价-预计净残值)\times 年折旧率$$

【例 3-15】仍以【例 3-14】为例，则各年折旧率依次为 5/15、4/15、3/15、2/15、1/15，各年折旧额计算见表 3-11。

表 3-11　年数总和法各年折旧额计算表

年次	固定资产原值	净残值	应计折旧总额	年折旧率	年折旧额
1	50 000	200	49 800	5/15	16 600
2	50 000	200	49 800	4/15	13 280
3	50 000	200	49 800	3/15	9 960
4	50 000	200	49 800	2/15	6 640
5	50 000	200	49 800	1/15	3 320
合计	50 000	200	49 800	15/15	49 800

在年数总和法下，每年的折旧率是不同的；年折旧额呈递减趋势。

在会计实务中，企业一般是按月计提固定资产折旧的。为了简化核算，当月增加的固定资产，当月不计提折旧，从下月起计提折旧；当月减少的固定资产，当月仍计提折旧，从下月起不计提折旧。因此，企业各月计提折旧时，可在上月折旧额的基础上，对上月固定资产的增减情况进行调整后计算当月应提折旧额。用公式表示如下。

$$本月固定资产应计提的折旧额=上月计提的折旧额+上月增加固定资产应计提的折旧额-上月减少固定资产应计提的折旧额$$

3.5.2　折旧费用分配的核算

固定资产折旧应该以折旧费用计入产品成本和期间费用等。折旧费用也是产品成本的组成部分，按照固定资产的使用车间、部门进行汇总，然后与生产单位(车间或分厂)、部门的其他费用一起分配计入产品成本和期间费用。对于按规定计提的折旧费，应根据固定资产使用的地点和用途进行分配，分别计入不同的账户。生产车间计提的折旧费用应记入

"制造费用"账户的借方；企业行政管理部门和未使用的固定资产计提的折旧费应记入"管理费用"账户的借方；专设销售机构计提的折旧费应记入"销售费用"账户的借方；出租的固定资产折旧费用应计入"其他业务成本"账户的借方；企业研发无形资产时使用固定资产计提的折旧费用计入"研发支出"账户的借方；固定资产折旧总额，计入"累计折旧"账户的贷方。

折旧费用的分配是通过编制"折旧费用分配表"进行的，并据此编制会计分录，登记有关总账及所属明细账。

【例 3-16】奔成企业 201×年 6 月的"折旧费用分配表"见表 3-12。

表 3-12　折旧费用分配表

奔成企业　　　　　　　　　　　　　　201×年 6 月　　　　　　　　　　　　单位：元

应借账户		上月折旧额	上月增加固定资产应提折旧额	上月减少固定资产应提折旧额	本月折旧额
制造费用	基本生产车间	9 000	1 200	200	10 000
辅助生产成本	供电车间	2 400	500	100	2 800
	供水车间	400	90	70	420
销售费用		6 300		300	6 000
管理费用		800	100		900
合计		18 900	1 890	670	20 120

根据"折旧费用分配表"，编制会计分录如下。

借：辅助生产成本——供水车间　　　　　　　　　　　　　　　　　420
　　　　　　　　　——供电车间　　　　　　　　　　　　　　　2 800
　　制造费用　　　　　　　　　　　　　　　　　　　　　　　10 000
　　销售费用　　　　　　　　　　　　　　　　　　　　　　　 6 000
　　管理费用　　　　　　　　　　　　　　　　　　　　　　　　 900
　　贷：累计折旧　　　　　　　　　　　　　　　　　　　　　20 120

3.5.3　固定资产修理费的核算

一般情况下，固定资产投入使用后，由于固定资产磨损、各组成部分耐用程度不同，可能会导致固定资产的局部损坏，为了维持固定资产的正常运转和使用，充分发挥其使用效能，企业会对固定资产进行必要的维护。固定资产的修理按其修理范围大小、费用支出多少、修理间隔长短等，分为日常修理和大修理。日常修理的特点是修理范围小、费用支出少、修理间隔时间短；大修理的特点是修理范围大、费用支出多、修理间隔时间长、修理次数少。

(1) 固定资产的日常修理。其修理费用在发生的当期按照固定资产的用途和部门的不同分别计入有关的成本费用中，不再进行待摊或预提。企业生产车间和行政管理部门发生的固定资产修理费用计入管理费用；专设销售机构固定资产修理费用计入销售费用。固定资产更新改造支出不符合固定资产确认条件的，在发生时直接计入当期损益。

【例 3-17】奔成企业 201×年 6 月对基本生产车间的生产设备进行日常维修，领用修理配件 800 元，应付维修人员薪酬 1 000 元。其会计分录为：

借：管理费用	1 800
贷：原材料	800
应付职工薪酬	1 000

(2) 固定资产的大修理费用。有确凿证据表明其符合固定资产的确认条件，可以计入固定资产的成本，即可以将支出资本化；如果不符合固定资产的确认条件，应当费用化，直接计入当期损益。

(3) 经营租入固定资产发生的改良支出。应通过"长期待摊费用"科目核算，并在剩余租赁期与租赁资产尚可使用年限两者中较短的期间内，采用合理的方法进行摊销。

【例 3-18】奔成企业行政管理部门 201×年 1 月发生租入固定资产的改良支出 48 000 元，用银行存款支付，分两年平均摊销，其会计分录如下。

发生费用支出时，会计分录为：

| 借：在建工程 | 48 000 |
| 贷：银行存款 | 48 000 |

改良工程达到预定可使用状态时，会计分录为：

| 借：长期待摊费用 | 48 000 |
| 贷：在建工程 | 48 000 |

两年内每月(包括 201×年 6 月)应摊销 2 000 元，会计分录为：

| 借：管理费用 | 2 000 |
| 贷：长期待摊费用 | 2 000 |

3.6 利息费用、税金和其他费用的核算

3.6.1 利息费用

要素费用中的利息费用不是产品成本的组成部分，而是期间费用中的"财务费用"的组成部分。利息费用包括短期借款利息、长期借款利息、应付票据利息、票据贴现利息、应付债券利息、现金折扣等。择其主要内容分别简单介绍如下。

(1) 短期借款的利息一般是按季结算支付的，按照权责发生制原则，企业应当在每月月末计提借款利息。计提利息时，应借记"财务费用"科目，贷记"应付利息"科目；实际付息时，借记"财务费用"、"应付利息"等科目，贷记"银行存款"科目。如果利息数额较小，也可采用简化的办法，在季末将实际支付的利息全部计入当期的财务费用，不通过"应付利息"科目，即借记"财务费用"科目，贷记"银行存款"科目。

【例 3-19】奔成企业 201×年 4 月 1 日从银行取得期限 3 个月、年利率为 6%的短期借款 100 000 元，用于生产经营周转；对利息支出采用按月预提的方式，有关会计分录为。

取得借款时。

| 借：银行存款 | 100 000 |
| 贷：短期借款 | 100 000 |

各月末(4 月、5 月、6 月末)计提利息时。月末应提利息费用=100 000×6%×1/12=500(元)。

借：财务费用　　　　　　　　　　　　　　　　　　　　500
　　贷：应付利息　　　　　　　　　　　　　　　　　　　　500

借款到期，按期归还本息。本息=100 000+500×3=101 500(元)。

借：短期借款　　　　　　　　　　　　　　　　　　100 000
　　应付利息　　　　　　　　　　　　　　　　　　　1 500
　　贷：银行存款　　　　　　　　　　　　　　　　　101 500

(2) 长期借款利息一般是每年计算一次应付利息，到期一次还本付息。对于按照长期借款摊余成本和实际利率计算确定的实际利息，每年年末时，对于符合资本化条件的部分借记"在建工程"等科目，不符合资本化条件的借记"财务费用"等科目。按照借款本金和合同利率计算确定的金额，贷记"应付利息"科目，实际利息和应付利息之间的差额作为其调整额，贷记"长期借款—利息调整"科目。企业在付息日实际支付利息时，按本期应支付的利息额，借记"应付利息"科目，贷记"银行存款"科目。

(3) 对于企业发行的分期付息，到期一次还本的债券的利息，其账务处理如下：资产负债表日，按照债券期初账面摊余成本和实际利率计算确定的实际利息的金额，借记"财务费用"、"在建工程"等科目，按照债券的面值和票面利率计算确定的金额，贷记"应付利息"科目，实际利息和应付利息之间的差额作为其调整额，借或贷记"应付债券——利息调整"科目。企业在付息日实际支付利息时，按本期应支付的利息额，借记"应付利息"科目，贷记"银行存款"科目。

3.6.2　税金

要素费用中的税金主要指印花税、房产税、车船税和土地使用税 4 种，它们不是产品成本的组成部分，而是期间费用中管理费用的组成部分。其核算具体如下。

(1) 房产税、车船税和土地使用税的核算。应通过"应交税费"进行核算，计算应缴纳的税金，借记"管理费用"科目，贷记"应交税费"科目；实际缴纳时，借记"应交税费"科目，贷记"银行存款"科目。

【例 3-20】奔成企业 201×年 6 月计算应交房产税 500 元，车船税 360 元，土地使用税 200 元，共计 1 060 元。会计分录为：

借：管理费用　　　　　　　　　　　　　　　　　　1 060
　　贷：应交税费——应交房产税　　　　　　　　　　　500
　　　　　　　　——应交车船税　　　　　　　　　　　360
　　　　　　　　——应交土地使用税　　　　　　　　　200

 知识链接

车船税的历史

车船税从开始出台到目前为止，经历了 3 个阶段。

(1) 1951 年的《车船使用牌照税暂行条例》和 1986 年发布《车船使用税暂行条例》。《车船使用牌照税暂行条例》适用于外商投资企业、外国企业和外国个人，内资企业和个人适用《车船使用税暂行条例》，内外税制不统一。

(2) 2007年1月1日正式实施《中华人民共和国车船税暂行条例》。它将原适用于外资企业的《车船使用牌照税暂行条例》和适用于内资企业的《车船使用税暂行条例》合并为一种车船税，内外统一适用；规定单位和个人在投保交强险时缴纳车船税；按车辆的座位数和车型大小征税，9座以下小型客车每辆车(含私家车)每年需交360元，20座及以上的大型客车每辆车每年交480元。不管是1.0的QQ车，还是4.0的宝马和奔驰，每年车船税都是360元。

(3) 2011年2月25日，第十一届全国人民代表大会常务委员会第十九次会议通过了《中华人民共和国车船税法》。同日，国家主席胡锦涛签署第43号主席令予以公布，自2012年1月1日起施行。由暂行条例上升为法律；将排气量作为乘用车计税依据。车船税税目税额见表3-13。

表3-13　车船税税目税额表

项　目	税　目	计税单位	年基准税额	备　注
乘用车(按排气量分档)	1.0升(含)以下的	每辆	60元至360元	9座(含)以下
	1.0升以上至1.6升(含)的		360元至660元	
	1.6升以上至2.0升(含)的		660元至960元	
	2.0升以上至2.5升(含)的		960元至1 620元	
	2.5升以上至3.0升(含)的		1 620元至2 460元	
	3.0升以上至4.0升(含)的		2 460元至3 600元	
	4.0以上的		5 400元	

(2) 印花税的核算。不通过"应交税费"进行核算，购买印花税时，借记"管理费用"科目，贷记"银行存款"科目。

【例3-21】奔成企业201×年6月开出转账支票，购买印花税税票，共300元。会计分录为：

借：管理费用　　　　　　　　　　　　　　　　　　　　　　　　　　　300
　　贷：银行存款　　　　　　　　　　　　　　　　　　　　　　　　　　　　　300

3.6.3　其他费用的核算

其他费用支出是指除了前面所述各要素以外的其他费用支出，包括差旅费、邮电费、劳动保护费、运输费、办公费、水电费、技术转让费、业务招待费等。这些费用有的是产品成本的组成部分，有的则是期间费用等的组成部分，即使能直接计入产品成本的其他各项费用，也没有专设成本项目，因此，这些费用发生时，根据有关的付款凭证，按照费用的用途，分别记入"制造费用"、"辅助生产成本"、"管理费用"、"销售费用"等科目的借方，同时，记入"银行存款"等科目的贷方。

【例3-22】奔成企业201×年6月以银行存款支付本月发生的办公费共计5 550.9元，其中，基本生产车间3 674.8元，辅助生产供电车间807.4元，辅助生产供水车间368.7元，行政管理部门300元，专设销售机构400元。会计分录为：

借：制造费用　　　　　　　　　　　　　　　　　　　　　　　　　　3 674.80
　　辅助生产成本——供电车间　　　　　　　　　　　　　　　　　　　　807.40
　　　　　　　　　——供水车间　　　　　　　　　　　　　　　　　　　368.70
　　管理费用　　　　　　　　　　　　　　　　　　　　　　　　　　　300.00
　　销售费用　　　　　　　　　　　　　　　　　　　　　　　　　　　400.00
　　　贷：银行存款　　　　　　　　　　　　　　　　　　　　　　　　5 550.90

本 章 小 结

本章详细地介绍了成本计算的第一步骤——归集和分配各项要素费用。通过本章的学习，要重点掌握以下内容。

(1) 要素费用分配的基本原则：用于特定产品耗用的费用，直接计入该种产品成本；凡是用于多种产品共同耗用的费用，分配计入各种产品成本；用于辅助生产部门的费用，记入"辅助生产成本"；用于基本生产车间管理的费用，先在"制造费用"账户进行归集，期末全部分配计入该车间生产的产品成本；用于行政管理部门的费用，在"管理费用"账户进行归集；为销售产品而发生的费用，在"销售费用"账户进行归集；为筹集资金而发生的费用，在"财务费用"账户进行归集。

(2) 要素费用分配的 5 个步骤：确定分配对象、选择分配标准、计算分配率、计算分配额、进行相应的账务处理。

(3) 原材料分配的基本方法：定额消耗量比例法和定额费用比例法。

(4) 会运用月薪制下计时工资的计算方法，理解结果不同的原因。

经过本章的归集和分配，要素费用都已经分配到"基本生产成本"、"辅助生产成本""制造费用"、"管理费用"、"销售费用"等成本和费用类账户的借方；而"辅助生产成本""制造费用"还需要进一步进行分配，分配到产品成本中去。

 名人名言

一切节约归根到底都是时间的节约。

——马克思

管理工作是使利用资源的收益最优。

——P·德鲁克

 中英文对照专业名词

原材料(raw material)　　　　　　　五五摊销法(fifty percent method)

燃料(fuel)　　　　　　　　　　　　固定资产(fixed assets)

产品成本(product costs)　　　　　　年限平均法(straight line method)

外购动力(purchased power)　　　　　双倍余额递减法(double-declining-balance)

计时工资(hour-rate wage)　　　　　　工作量法(unit of production method)

计件工资(price-rate wage)　　　　　　年数总和法(sum of the years digits method)

应付利息(interest payable)　　　　　折旧费用(depreciation expenses)

包装物(containers)　　　　　　　　累计折旧(accumulated depreciation)

低值易耗品(low-value and perishable articles)　　办公费(office expenses)

练 习 题

一、单项选择题

1. 以定额材料消耗量为标准分配原材料费用的方法是(　　)。

　　A．产品重量比例法　　　　　　B．顺序分配法

C. 定额消耗量比例法　　　　　D. 定额费用比例法

2. 周转材料采用五五摊销法时，行政管理部门摊销所领用品的价值，应借记"管理费用"科目，贷记以下哪个科目?(　　)

A. 周转材料——在用　　　　　B. 周转材料——在库

C. 周转材料——摊销　　　　　D. 周转材料——已领

3. 销售过程中随同产品出售并单独计价的包装物，应借记的科目是(　　)。

A. 销售费用　　　　　　　　　B. 其他业务成本

C. 管理费用　　　　　　　　　D. 制造费用

4. 出租包装物时收取的租金应计入(　　)。

A. 主营业务收入　　　　　　　B. 其他业务收入

C. 其他业务成本　　　　　　　D. 营业外收入

5. 领用周转材料时，将其价值一次全部计入有关费用的方法是(　　)。

A. 五五摊销法　　　　　　　　B. 一次摊销法

C. 分次摊销费　　　　　　　　D. 净值法

6. 以下不属于工资总额范畴的有(　　)。

A. 计时工资　　B. 奖金　　C. 退休金　　D. 计件工资

7. 在按 30 日计算日工资率的情况下，如果某月日历天数为 30 天，采用扣缺勤法和出勤法计算应付工资，两者计算结果(　　)。

A. 相同　　　　　　　　　　　B. 前者大于后者

C. 后者大于前者　　　　　　　D. 无法比较

8. 在按 30 日计算日工资率的情况下，如果某月日历天数为 31 天，采用扣缺勤法和出勤法计算应付工资，两者计算结果(　　)。

A. 相同　　　　　　　　　　　B. 前者大于后者

C. 后者大于前者　　　　　　　D. 无法比较

9. 用于生产产品构成产品实体的原材料费用，应计入(　　)科目。

A. 生产成本　　B. 制造费用　　C. 废品损失　　D. 销售费用

10. 产量工时记录是统计产量和工时及计算(　　)的原始依据。

A. 计时工资　　B. 应付工资　　C. 加点工资　　D. 计件工资

11. 某职工 5 月份生产合格品 25 件，料废品 5 件，加工失误产生废品 2 件，计件单价为 4 元，应付计件工资为(　　)元。

A. 100　　　　B. 120　　　　C. 128　　　　D. 108

二、多项选择题

1. 生产费用要素中的税金包括(　　)。

A. 房产税　　B. 车船税

C. 印花税　　D. 土地使用税　　E. 增值税

2. 低值易耗品的摊销方法有(　　)。

A. 比例摊销法　　B. 计划成本摊销法

C. 一次摊销法　　D. 分次摊销法　　E. 五五摊销法

3. 下列项目中应当计入财务费用的有(　　)。

A. 利息支出　　B. 汇兑损失

C. 增值税　　D. 借款手续费　　E. 待业保险费

4. 计入产品成本的各种材料费用按其用途分配，应计入(　　)科目的借方。

A. 销售费用　　B. 财务费用

C．制造费用　　D．生产成本　　E．管理费用

5．我国目前采用的固定资产折旧方法有(　　)。

A．双倍余额递减法　　　　　　　B．工作量法

C．年数总和法　　　　　　　　　D．年限平均法

E．顺序分配法

三、计算题

1．练习定额消耗量比例法。某工业企业生产中、乙两种产品，共同耗用 A 材料 1 200 千克，A 材料单价为每千克 4 元。甲产品的实际产量为 140 件，单件产品材料消耗定额为 4 千克；乙产品的实际产量为 80 件，单件产品材料消耗定额为 5.5 千克。要求：按定额消耗量比例法分配甲、乙两种产品的原材料费用，编制会计分录。

2．练习外购动力费用的分配。某企业 8 月应支付外购电费 21 000 元，根据各车间的电表所记录的耗电度数为 70 000 度。各车间、部门耗电度数具体为：基本生产车间直接用于产品生产耗电 50 000 度，没有分产品安装电表，按生产工时分配电费，甲产品生产工时为 5 000 小时，乙产品生产工时为 2 500 小时；车间照明用电 8 000 度；辅助生产车间耗电 4 000 度；企业行政管理部门耗电 3 000 度；专设销售机构耗电 5 000 度。要求：分配本月的外购动力费用，并编制相应的会计分录。

3．练习月薪制下计时工资的计算方法。职工张三月标准工资为 1 200 元，8 月份 31 天，病假 3 天，事假 2 天，8 个休息日，出勤 18 天，双休日加班 3 天，根据其工龄，其病假工资按工资标准的 90% 计算，病假和事假期间没有节假日，按本章的 6 种方法分别该职工 8 月份应发工资额。

第 *4* 章　综合性费用的核算

教学目标

通过本章的学习，掌握各项综合性费用归集和分配的核算，理解辅助生产费用和制造费用的分配方法的原理，掌握各种分配方法的计算、适用范围和优缺点。

教学要求

知识要点	能力要求	相关知识
辅助生产费用的核算	(1) 理解辅助生产费用的归集 (2) 掌握辅助生产费用的分配方法	(1) 辅助生产及辅助生产费用的概念 (2) 辅助生产费用核算的特点 (3) 辅助生产费用的分配方法及优缺点
制造费用的核算	(1) 理解制造费用的概念和核算特点 (2) 掌握制造费用的分配方法	(1) 制造费用的概念和性质 (2) 制造费用核算的特点 (3) 制造费用归集的核算 (4) 制造费用的分配方法及适用范围
废品损失和停工损失的核算	(1) 理解废品的概念和分类 (2) 掌握废品损失的核算 (3) 了解停工损失的概念和核算方法	(1) 废品与废品损失的概念 (2) 不可修复废品损失的核算 (3) 可修复废品损失的核算 (4) 停工损失的概念和核算方法
期间费用的核算	了解期间费用的归集和结转去向	(1) 销售费用的归集和结转 (2) 管理费用的归集和结转 (3) 财务费用的归集和结转

> 成本计算是按一定的对象，连续地归集和分配费用的过程。
>
> ——娄尔行

基本概念

辅助生产成本　直接分配法　顺序分配法　交互分配法　代数分配法　计划分配法　实际分配率法　计划分配率法　当月分配法　累计分配法　废品损失　可修复废品　不可修复废品　期间费用　管理费用　销售费用　财务费用

导入案例

供排水车间的费用

抚顺石油化工公司石化三厂是中国石油天然气集团公司抚顺石油化工公司下属生产厂，企业资产总额4.671 2亿元，企业各类生产装置合计生产能力40 000吨/年。主要产品有白油、铝箔油及溶剂油系列产品、脱附剂、偏三甲苯、洗涤剂等，主要有加氢车间、芳烃车间等基本生产车间，也有供排水等车间。供排水车间主要负责全厂新鲜水和循环水的供应，新鲜水全部从社会水厂购买，循环水为自产产品，成本按供排水车间发生的全部实际成本进行分配。2005年3月，供排水车间总共发生费用3 271 639元，其中原材料601 324元，辅助材料929 454元，动力855 243元，工资181 543元，折旧301 734元等。

这个例子中的供排水车间是辅助生产车间，其费用直接反映了辅助部门消耗的材料、燃料、动力、折旧费、维修费以及为管理和组织生产所发生的其他费用等，供排水车间的产品由本企业内部的相关组织所消耗，所以应该由企业内部各单位分配，势必会影响到各车间、部门的成本。

点评：辅助生产费用是综合性费用，要分配到内部各部门去，会影响产品成本。

综合性费用除了包括上述案例中的辅助生产费用外，还包括制造费用、废品损失、停工损失和期间费用，它们把前面的要素费用按用途归集后又分配到各受益单位中去，是计算产品成本的第二个步骤。

4.1　辅助生产费用的核算

4.1.1　辅助生产费用的概念和核算特点

1. 辅助生产及辅助生产费用的概念

辅助生产是指主要为企业基本生产车间、企业行政管理部门等单位提供服务而进行的产品生产和劳务供应，是企业生产的重要组成部分。在实践中，工业企业生产车间通常是按生产环节设置的，因此，基本生产由基本生产车间提供，辅助生产由辅助生产车间提供。辅助生产根据提供产品或劳务品种的多少分为单品种辅助生产和多品种辅助生产，等同于辅助生产车间有单品种辅助生产车间和多品种辅助生产车间。单品种辅助生产车间是指只生产一种产品或只提供一种劳务的辅助生产车间，如供电车间、供水车间、供汽车间等；多品种辅助生产车间是指生产多种产品或提供多种劳务，如从事工具、模具、修理用备件的制造及机器设备修理等的辅助生产车间。

辅助生产费用是指辅助生产车间为生产产品或提供劳务而发生的各种费用，包括原材料费用、动力费用、职工薪酬费用以及辅助生产车间的发生的其他费用。

2. 辅助生产费用核算的特点

由于辅助生产车间主要为企业内部的基本生产车间、行政管理部门等提供产品或服务，一般很少对外销售，所以辅助生产费用应由受益的各车间、部门承担，意味着辅助生产费用最终会分配到企业产品成本或期间费用中，因此，正确地进行辅助生产费用的归集和分配有着十分重要的意义。

3. 辅助生产账户的设置

1)"辅助生产成本"总账户设置

为了归集和分配辅助生产费用，需设置"辅助生产成本"账户，它属于成本类账户，期末余额在借方，表示辅助生产车间在产品成本。

2)"辅助生产成本"明细账设置

不同类型的辅助生产车间应设置的总账及明细账不同。

(1) 单品种辅助生产车间。对此类车间，只需按车间设置"辅助生产成本明细账"，账内按照成本项目设置专栏，车间所有发生的费用都登记在"辅助生产成本明细账"上。

(2) 多品种辅助生产车间。对此类车间，既要按车间分别设置"辅助生产成本明细账"，还要按产品或劳务的种类开设"成本计算单"，分别计算各种产品或劳务的成本。

4.1.2 辅助生产费用归集的核算

所谓辅助生产费用归集实质是汇总辅助生产车间本期发生的费用，计入"辅助生产成本"账户的借方。对不同的辅助费用的归集用会计分录表示如下。

(1) 对于直接用于辅助生产的原材料、职工薪酬、动力费。

借：辅助生产成本——××辅助车间

贷：原材料(应付账款、应付职工薪酬、银行存款等)

(2) 对于从其他辅助生产车间转入的费用。

借：辅助生产成本——××辅助车间

贷：辅助生产成本——××辅助车间

(3) 对于辅助生产车间发生的制造费用。对于辅助生产车间发生的制造费用的核算，有以下两种处理方式。

① 如果辅助生产车间规模较小，发生的制造费用较少，辅助生产也不对外销售，可以不单独设置"制造费用——辅助生产车间"明细账，而是直接记入"辅助生产成本"账户的借方。除特别提出外，本书采用此种处理方式。

发生辅助生产车间的制造费用时，其会计分录如下。

借：辅助生产成本——××车间

贷：累计折旧等账户

在这种处理方式下，"辅助生产成本"账户明细账是按照成本项目与费用项目相结合的方式设立专栏，进行明细核算的。

② 单独设置"制造费用——辅助生产车间"明细账。先在"制造费用——辅助生产车间"账户借方进行归集，然后分配转入"辅助生产成本"账户。

平时发生辅助生产车间的制造费用时，其会计分录如下。

借：制造费用——××辅助车间
　　贷：累计折旧等账户

月末分配"制造费用——辅助生产车间"，其会计分录如下。

借：辅助生产成本——××车间
　　贷：制造费用——××辅助车间

在这种处理方式下，"辅助生产成本"账户与"基本生产成本"账户一样，一般按车间以及产品和劳务设置明细账，账内按成本项目设立专栏或专行进行明细核算。

【例 4-1】奔成企业 201×年 6 月辅助生产成本明细账的格式和归集情况见表 4-1 和表 4-2。

表 4-1　辅助生产成本明细账

辅助车间：供电　　　　　　　　　　　　　201×年 6 月　　　　　　　　　　　　单位：元

摘　要	原材料	燃料及动力	职工薪酬	折旧费	其他费用	合　计	转　出
原材料费用分配表	450					450	
动力费用分配表		2 000				2 000	
工资费用分配表			600			600	
其他职工薪酬分配表			342.6			342.6	
折旧费分配表				2 800		2 800	
其他费用支出凭证					807.4	807.4	
辅助生产成本分配表							7 000
合　计	450	2 000	942.6	2 800	807.4	7 000	7 000

表 4-2　辅助生产成本明细账

辅助车间：供水　　　　　　　　　　　　　201×年 6 月　　　　　　　　　　　　单位：元

摘　要	原材料	燃料及动力	职工薪酬	折旧费	其他费用	合　计	转　出
原材料费用分配表	650					650	
动力费用分配表		1 000				1 000	
工资费用分配表			300			300	
其他职工薪酬分配表			171.3			171.3	
折旧费分配表				420		420	
其他费用支出凭证					368.7	368.7	
辅助生产成本分配表							2 100
合　计	650	1 000	471.3	420	368.7	2 100	2 100

4.1.3　辅助生产费用分配的核算

辅助生产费用的分配就是按照一定的标准和方法，将"辅助生产成本"账户借方归集的辅助生产费用分配到各受益单位或产品的过程。

1. 辅助生产费用分配的核算程序

根据辅助生产车间提供产品或劳务的不同，其核算程序或会计分录大致分为以下两类。

(1) 辅助生产车间生产的是有形产品。如果辅助生产车间生产的是有形产品，辅助产品的提供也就是辅助产品的制造过程，其核算程序和基本生产车间产品的核算程序基本相同。

当辅助产品完工入库时，其会计分录如下。

借：原材料、低值易耗品等
　　贷：辅助生产成本——××产品

当各车间、部门领用有形产品时，其会计分录如下。

借：成本类、费用类账户(如制造费用等)
　　贷：原材料、低值易耗品等

(2) 辅助生产车间提供的是无形产品(水、电、气)或劳务。如果辅助生产车间提供的是无形产品(水、电、气)或劳务，则归集的辅助费用通常于月末在各受益单位之间按耗用量进行分配，一般是通过编制"辅助生产费用分配表"进行的，分配的会计分录如下。

借：成本、费用类账户(如基本生产成本、管理费用等)
　　贷：辅助生产成本——××辅助车间

辅助生产提供的产品和劳务主要是为基本生产车间等服务的，但在某些辅助生产车间之间，也有相互提供产品和劳务的情况，如供电车间为修理车间提供电力，修理车间为供电车间修理设备，为了计算电的成本，首先要计算修理成本；而要计算修理车间的成本，又要以先计算出电的成本为先决条件。由于它们之间相互制约，互为条件，使辅助生产费用的分配产生了困难，为此需采用一些专门的分配方法，主要有代数分配法、直接分配法、顺序分配法、交互分配法和按计划成本分配法。

2. 辅助生产分配的方法

1) 代数分配法

代数分配法是运用代数中多元一次联立方程的原理，计算出各辅助生产车间劳务的分配率(单位成本)，然后根据各受益单位(包括辅助生产车间内部)耗用量计算出其应分配的辅助生产费用的一种分配方法。

在这种方法下，计算步骤和计算公式如下。

第一步，设各辅助生产车间产品或劳务的分配率(或单位成本)为未知数。

第二步，根据下列公式列联立方程的表达式。

$$\begin{matrix}某辅助车间\\提供劳务数量\end{matrix} \times \begin{matrix}该车间\\单位成本\end{matrix} = \begin{matrix}该辅助车间\\原始费用\end{matrix} + \begin{matrix}该辅助车间耗用\\其他辅助车间数量\end{matrix} \times \begin{matrix}其他辅助车间\\劳务单位成本\end{matrix}$$

所谓原始费用也称为待分配费用，为"辅助生产成本"账户开始分配前借方归集的费用。

第三步，解联立方程，求出各辅助车间产品或劳务的单位成本(或分配率)。

第四步，根据下列公式计算各受益单位分配的辅助生产费用。

某受益单位应分配辅助生产费用=该受益单位耗用数量×辅助车间费用分配率

【例4-2】奔成企业有供水和供电两个辅助生产车间，主要为企业基本生产车间和行政管理服务，根据【例4-1】的"辅助生产成本明细账"，201×年6月供水车间发生费用

2 100 元，供电车间发生费用 7 000 元。各辅助生产车间提供劳务数量见表4-3。

表4-3　辅助生产车间提供劳务数量

201×年6月　　　　　　　　　　　　　　　　　　　　　　单位：元

受益单位		本月供水/立方米	本月供电/度
基本生产车间	甲产品	600	12 000
	乙产品	300	8 000
辅助生产车间	供水车间		1 000
	供电车间	100	
制造费用	基本生产车间	200	2 000
销售机构		100	2 000
行政管理部门		200	1 000
合　计		1 500	26 000

采用代数分配法的计算过程如下。

假设水的单位成本为 x，电的单位成本为 y，联立二元一次方程组如下。

$$\begin{cases} 1\,500x=2\,100+1\,000y\text{（供水车间）} \\ 26\,000y=7\,000+100x\text{（供电车间）} \end{cases}$$

解方程组，得：$\begin{cases} x=1.5835 \\ y=0.2753 \end{cases}$

根据计算出来的分配率，编制"辅助生产费用分配表"，见表4-4。

表4-4　辅助生产费用分配表(代数分配法)

201×年6月　　　　　　　　　　　　　　　　　　　　　　单位：元

应借科目		供水车间			供电车间			合　计
		数量	分配率	分配额	数量	分配率	分配额	
基本生产	甲产品	600	1.583 5	950.1	12 000	0.275 3	3 303.6	4 253.7
成本	乙产品	300	1.583 5	475.05	8 000	0.275 3	2 202.4	2 677.45
辅助生产	供水车间				1 000	0.275 3	275.3	275.3
成本	供电车间	100	1.583 5	158.35				158.35
制造费用	基本生产车间	200	1.583 5	316.7	2 000	0.275 3	550.6	867.3
销售费用		100	1.583 5	158.35	2 000	0.275 3	550.6	708.95
管理费用		200		316.75*	1 000		275.85*	592.60
合　计		1 500		2 375.3	26 000		7 158.35	9 533.65

注：因 $x=1.583\,5$，$y=0.275\,3$ 为约值，表中 2 375.3=2 100+275.3，7 158.35=7 000+158.35，316.75* 和 275.85* 为倒挤。

根据"辅助生产费用分配表"，编制会计分录如下。

借：基本生产成本——甲产品　　　　　　　　　　　　　4 253.70
　　　　　　　　　——乙产品　　　　　　　　　　　　　2 677.45
　　辅助生产成本——供水车间　　　　　　　　　　　　　275.30
　　　　　　　　　——供电车间　　　　　　　　　　　　　158.35

制造费用	867.30
销售费用	708.95
管理费用	592.60
贷：辅助生产成本——供水车间	2 375.30
——供电车间	7 158.35

 特别提示

在代数分配法下，分配分录中"辅助生产成本"账户的贷方金额=原始费用+分配转入费用。

代数分配法的特点是，只要是受益单位(不管是基本生产车间，还是辅助生产车间)都分配辅助生产费用，所以分配结果最正确、最公平合理。但代数分配法的费用分配率需通过建立联立方程获得，如果辅助生产车间较多，计算工作会比较复杂，因而这种分配方法适宜在辅助生产车间较少的企业使用。

2) 直接分配法

直接分配法是指各辅助生产车间的原始费用，直接分配给除辅助生产车间以外的各受益产品和单位，而不考虑各辅助生产车间之间相互提供产品或劳务的情况。其计算程序和公式如下。

$$某辅助生产车间费用分配率 = \frac{该辅助生产车间的原始费用}{辅助生产车间以外的各受益单位耗用量}$$

$$\begin{array}{c}某受益单位(不含辅助车间) \\ 应分配辅助生产费用\end{array} = \begin{array}{c}该受益单位 \\ 耗用数量\end{array} \times \begin{array}{c}辅助车间 \\ 费用分配率\end{array}$$

【例4-3】以【例4-2】的资料为例，采用直接分配法进行辅助生产费用分配。

$$供水车间分配率 = \frac{2\,100}{1\,500 - 100} = 1.5(元/立方米)$$

$$供电车间分配率 = \frac{7\,000}{26\,000 - 1\,000} = 0.28(元/度)$$

根据计算出来的分配率，计算各受益单位分配的辅助生产费用，并编制"辅助生产费用分配表"，见表4-5。

表4-5　辅助生产费用分配表(直接分配法)

201×年6月　　　　　　　　　　　　　　　　　　　　　单位：元

应借科目		供水车间			供电车间			合计
		数量	分配率	分配额	数量	分配率	分配额	
基本生产车间	甲产品	600	1.5	900	12 000	0.28	3 360	4 260
	乙产品	300	1.5	450	8 000	0.28	2 240	2 690
制造费用	基本生产车间	200	1.5	300	2 000	0.28	560	860
销售费用		100	1.5	150	2 000	0.28	560	710
管理费用		200	1.5	300	1 000	0.28	280	580
合计		1 400	1.5	2 100	25 000	0.28	7 000	9 100

根据"辅助生产费用分配表"，编制会计分录如下。

借：基本生产成本——甲产品   4 260
            ——乙产品   2 690
    制造费用   860
    销售费用   710
    管理费用   580
    贷：辅助生产成本——供水车间   2 100
              ——供电车间   7 000

 特别提示

在直接分配法下，分配分录中"辅助生产成本"账户的贷方金额=原始费用。

直接分配法的最大特点是辅助生产车间内部之间不交互分配费用，有一大优点和两大缺点。一大优点是只计算一次分配率，只对外分配，计算工作简便。两大缺点是：①分配结果不公平，辅助车间之间相互耗用费用却没有分配，而是直接对辅助车间以外的部门分配；②由于辅助车间内部不进行分配，当辅助生产车间相互提供产品或劳务量差异较大时，计算结果会不准确。因此，它只适宜在辅助生产车间内部相互提供产品劳务少的企业。

3) 顺序分配法

顺序分配法的核算要点可概括为：一是要排序，受益少的辅助车间排在前面，受益多的辅助车间排在后面；二是按顺序分配费用，排在前面先将费用分配出去，排在后面按顺序将费用分配出去；三是分配顺序单向，不逆序，排在前面的辅助车间不负担后面的辅助费用，排在后面的辅助车间要负担前面的辅助费用。例如某企业有供电和供水两个辅助生产车间，若供电车间耗用供水车间少，而供水车间耗用供电车间费用多，则排序为先供电车间，后供水车间，供电车间不分配水费，但供水车间要分配电费。

采用顺序分配法时其计算公式如下。(仅限两个辅助车间)

$$排在最前面的辅助车间分配率 = \frac{该辅助车间原始费用}{所有受益车间(含辅助车间)的耗用数量}$$

$$排在后面的辅助车间分配率 = \frac{该辅助车间原始费用+分配转入的费用}{受益车间(不含排在前面的辅助车间)的耗用数量}$$

某辅助车间应分配辅助费用=该受益单位耗用数量×辅助车间费用分配率

【例 4-4】以【例 4-2】的资料为例，采用顺序分配法进行辅助生产费用分配，供水车间发生费用 2 100 元，供电车间发生费用 7 000 元，详见表 4-6。

表 4-6 辅助生产费用分配表(顺序分配法)

201×年6月   单位：元

应借科目		供电车间(排在前)			供水车间(排在后)			合 计
		数量	分配率	分配额	数量	分配率	分配额	
基本生产成本	甲产品	12 000	0.269	3 228	600	1.69	1 014	4 242
	乙产品	8 000	0.269	2 152	300	1.69	507	2 609
辅助生产成本	供水车间	1 000	0.269	269				269
	供电车间							

续表

应借科目		供电车间(排在前)			供水车间(排在后)			合　计
		数量	分配率	分配额	数量	分配率	分配额	
制造费用	基本生产车间	2 000	0.269	538	200	1.69	338	876
销售费用		2 000	0.269	538	100	1.69	169	707
管理费用		1 000		275*	200		341*	616
合　计		26 000		7 000	1 400		2 369	9 369

注：尾差倒挤入"管理费用"，表中275=7 000-3 228-2 152-269-538-538，341=2 369-1 014-507-338-169，是倒挤出的，供水车间待分配的费用既包括原始费用 2 100 元，又包括转入的 1 000×0.269=269(元)，总计 2 369 元。

$$供电车间分配率=\frac{7\ 000}{26\ 000}=0.269(元/度)$$

$$供水车间分配率=\frac{2\ 100+1\ 000\times0.269}{1\ 500-100}=1.69(元/立方米)$$

根据"辅助生产费用分配表"，编制会计分录如下。

对外分配电费。

借：基本生产成本——甲产品	3 228
——乙产品	2 152
辅助生产成本——供水车间	269
制造费用	538
销售费用	538
管理费用	275
贷：辅助生产成本——供电车间	7 000

对外分配水费。

借：基本生产成本——甲产品	1 014
——乙产品	507
制造费用	338
销售费用	169
管理费用	341
贷：辅助生产成本——供水车间	2 369

特别提示

　　在顺序分配法下，排在最前面的辅助车间的分配分录中"辅助生产成本"账户的贷方金额=原始费用，排在后面的辅助车间的分配分录中"辅助生产成本"账户的贷方金额=原始费用+分配转入费用。

　　顺序分配法在一定程度上弥补了直接分配法的缺点，它承认辅助生产车间之间相互提供劳务的现实，但只是单向分配，而且各辅助车间的排序会存在一定困难，有一定的主观性。它适宜在各辅助生产车间之间相互受益程度有明显顺序的情况下使用。为了弥补顺序分配法的缺陷，可以采用交互分配法。

4) 一次交互分配法

一次交互分配法是要对各辅助生产车间的成本费用进行两次分配,首先是各辅助生产车间之间进行交互分配,然后各辅助生产车间加上其他辅助生产车间分来的费用减去分给其他各辅助生产车间的费用再对外进行直接分配。

【例4-5】以【例4-2】的资料为例,采用交互分配法进行辅助生产费用分配,详见表4-7。

表4-7 辅助生产费用分配表(交互分配法)

201×年6月   单位:元

应借科目		供水车间			供电车间			合　计
		数量	分配率	分配额	数量	分配率	分配额	
待分配费用		1 500	1.4	2 100	26 000	0.269	7 000	9 100
交互分配	辅助生产(供水)			+269	-1 000		-269	
	辅助生产(供电)	-100		-140			+140	
对外分配辅助生产费用		1 400	1.592 14	2 229	25 000	0.274 84	6 871	
基本生产成本	甲产品	600		955.28	12 000		3 298.08	4 253.36
	乙产品	300		477.64	8 000		2 198.72	2 676.36
制造费用	基本生产车间	200		318.42	2 000		549.68	868.1
销售费用		100		159.21	2 000		549.68	708.89
管理费用		200		318.45	1 000		274.84	593.29
合　计		1 500		2 229	26 000		6 871	9 100

注:尾差计入管理费用。

第一步,交互分配(即辅助车间内部分配),具体包括以下3步。

(1) 计算交互分配率。

$$交互分配率=\frac{某辅助车间原始费用}{该辅助车间全部耗用量(含辅助车间)}$$

$$供电车间分配率=\frac{7\,000}{26\,000}=0.269(元/度)$$

$$供水车间分配率=\frac{2\,100}{1\,500}=1.4(元/立方米)$$

(2) 计算交互分配额。

交互分配额=某辅助车间耗用量×交互分配率

供电车间分配水费=100×1.4=140(元)

供水车间分配电费=1 000×0.269=269(元)

(3) 做交互分配的分录。

供电车间分配水费。

借:辅助生产成本——供电车间　　　　　　　　　　　　　　140

　　贷:辅助生产成本——供水车间　　　　　　　　　　　　　　140

供水车间分配电费。

借:辅助生产成本——供水车间　　　　　　　　　　　　　　269

　　贷:辅助生产成本——供电车间　　　　　　　　　　　　　　269

第二步，对外分配(对辅助车间以外的部门分配)。

(1) 计算各辅助车间实际费用。

某辅助车间实际费用=该辅助车间原始费用+分配转入费用－分配转出费用

供电车间实际费用=7 000+140-269=6 871(元)

供水车间实际费用=2 100+269-140=2 229(元)

(2) 计算对外分配率。

$$某辅助车间对外分配率=\frac{某辅助车间实际费用}{全部耗用量-辅助车间耗用量}$$

$$供电车间对外分配率=\frac{6\ 871}{26\ 000-1\ 000}=0.274\ 84(元/度)$$

$$供水车间对外分配率=\frac{2\ 229}{1\ 500-100}=1.592\ 14(元/立方米)$$

(3) 计算对外分配额。

对外分配额=各受益单位耗用量×对外分配率

基本生产成本甲产品分配电费=12 000×0.27484=3 298.08(元)

基本生产成本乙产品分配电费=8 000×0.27484=2 198.72(元)

制造费用分配电费=2 000×0.27484=549.68(元)

销售费用分配电费=2 000×0.27484=549.68(元)

管理费用分配电费=1 000×0.27484=274.84(元)

基本生产成本甲产品分配水费=600×1.59214=955.28(元)

基本生产成本乙产品分配水费=300×1.59214=477.64(元)

制造费用分配水费=200×1.59214=318.42(元)

销售费用分配水费=100×1.59214=159.21(元)

管理费用分配水费=200×1.59214=318.45(元)

注意：尾差挤入管理费用。

(4) 做对外分配的分录。

对外分配电费。

借：基本生产成本——甲产品	3 298.08
——乙产品	2 198.72
制造费用	549.68
销售费用	549.68
管理费用	274.84
贷：辅助生产成本——供电车间	6 871.00

对外分配水费。

借：基本生产成本——甲产品	955.28
——乙产品	477.64
制造费用	318.42
销售费用	159.21
管理费用	318.45
贷：辅助生产成本——供水车间	2 229.00

特别提示

在交互分配法下,对外分配的分录中"辅助生产成本"账户贷方金额=实际费用=该辅助车间原始费用+分配转入费用-分配转出费用。

交互分配法弥补了顺序分配法的缺陷,辅助生产内部进行双向的交互分配,提高了分配结果的正确性,但要计算两次费用分配率,进行两次分配,计算工作量较大。

5) 按计划成本分配法

按计划成本分配法或称内部结算价格分配法,是指按辅助生产产品或劳务的计划单位成本和各受益单位(包括辅助生产车间)的实际耗用量进行分配,然后再调整为实际成本的方法。其计算要点(或计算步骤)如下。

【例 4-6】仍以【例 4-2】的资料为例,假定该企业的计划单位成本分别为:供电车间 0.3 元/立方米,供水车间 1.5 元/度,实际费用与计划费用的差额计入管理费用,根据资料按计划成本分配,计算过程如下,"辅助生产费用分配表"见表 4-8。

表 4-8 辅助生产费用分配表(按计划成本分配法)

201×年6月 单位:元

应借科目		供水车间			供电车间			合 计
		数量	计划分配率	分配额	数量	计划分配率	分配额	
基本生产成本	甲产品	600	1.5	900	12 000	0.3	3 600	4 500
	乙产品	300	1.5	450	8 000	0.3	2 400	2 850
辅助生产成本	供水车间				1 000	0.3	300	300
	供电车间	100	1.5	150				150
制造费用	基本生产	200	1.5	300	2 000	0.3	600	900
销售费用		100	1.5	150	2 000	0.3	600	750
管理费用		200	1.5	300	1 000	0.3	300	600
计划费用合计		1 500	1.5	2 250	26 000	0.3	7 800	10 050
辅助生产实际费用				2 400			7 150	9 550
差额				150			-650	-500

(1) 计算各受益单位(包括辅助生产车间)分配的计划辅助费用。

各受益单位分配的计划辅助费用=计划单价×某受益单位实际耗用量

分配电费的计算如下。

供电车间计划费用=26 000×0.3=7 800(元),具体分配金额如下。

供水车间用电=1 000×0.3=300(元)

基本生产成本甲产品分配电费=12 000×0.3=3 600(元)

基本生产成本乙产品分配电费=8 000×0.3=2 400(元)

制造费用分配电费=2 000×0.3=600(元)

销售费用分配电费=2 000×0.3=600(元)

管理费用分配电费=1 000×0.3=300(元)

分配水费的计算如下。

供水车间计划费用=1 500×1.5=2 250(元)，具体分配金额如下。

供电车间用水=100×1.5=150(元)

基本生产成本甲产品分配水费=600×1.5=900(元)

基本生产成本乙产品分配水费=300×1.5=450(元)

制造费用分配水费=200×1.5=300(元)

销售费用分配水费=100×1.5=150(元)

管理费用分配水费=200×1.5=300(元)

(2) 计算辅助车间的实际费用。

某辅助车间的实际费用=该辅助车间原始费用+分配转入费用

特别提示

该实际费用并非真正的实际费用，其中"分配转入费用"是按计划单价计算出来的。

供电车间实际费用=7 000+150=7 150(元)

供水车间实际费用=2 100+300=2 400(元)

(3) 计算实际费用和计划费用之间的差额。

差额=实际费用−计划费用

供电车间的差额=7 150−7 800=−650(元)

供水车间的差额=2 400−2 250=150(元)

(4) 差额的处理有两种方法可供选择：一是由辅助车间以外的各受益单位按照实际耗用量进行分配；二是将全部差额分配给行政管理部门，即记入"管理费用"账户。

(5) 根据"辅助生产费用分配表"，编制会计分录如下。

分配计划费用的分录。

借：基本生产成本——甲产品		4 500
——乙产品		2 850
辅助生产成本——供水车间		300
——供电车间		150
制造费用		900
销售费用		750
管理费用		600
贷：辅助生产成本——供水车间		2 250 (1 500×1.5)
——供电车间		7 800 (26 000×0.3)

分配差异的分录。

借：管理费用		500
贷：辅助生产成本——供水车间		150
——供电车间		650

特别提示

在按计划成本分配法下，对外分配的分录中"辅助生产成本"账户贷方金额=实际费用=原始费用+分配转入费用(按计划单价计算)。

按计划成本分配法的优点主要有 3 点：①辅助生产费用只分配一次，计算简单；②按照计划单位成本分配，排除了辅助生产实际费用的高低对各受益单位成本的影响，便于考核和分析各受益单位的经济责任；③能够反映辅助生产车间的实际费用脱离计划费用的差额。这种分配方法适用于辅助生产产品或劳务的计划单价比较准确的企业。

 特别提示

辅助生产费用分配核算正确性检验方法：在数量上，辅助生产费用待分配费用=辅助生产部门以外各部门接受的辅助生产费用之和。不管方法如何选择，费用分配后辅助生产待分配的费用一定等于辅助生产部门以外各部门接受的辅助生产费用之和，也即不管费用如何分，不会因分配方法使费用多一分钱，少一分钱，只是辅助生产部门以外各部门接受的辅助生产费用是否合理罢了。在账户上，做完分配会计分录，登记"辅助生产成本"账户后，该账户无余额，计算肯定是正确的。

3. 辅助生产费用分配方法分类

(1) 按分配率来分，可分为实际分配率法和计划分配率法两大类。实际分配率法包括直接分配法、交互分配法、代数分配法和顺序分配法；计划分配率法为按计划成本分配法。采用实际分配率法必须每月计算分配率，结果较准确，但计算复杂；而采用计划分配率法时，一般在每个会计年度开始时确定分配率，每月只需按计划分配率分配辅助费用，大大简化了工作量。

(2) 按辅助车间之间是否分配辅助费用，分为辅助车间之间不分配辅助费用的方法和分配辅助费用的方法两大类。辅助车间之间不分配辅助费用的方法有直接分配法；辅助车间之间分配辅助费用的方法包括交互分配法、按计划成本分配法、代数分配法和顺序分配法。前一类方法计算简单，易理解，在实际中应用较广泛，但分配结果有失公平；而采用后一类方法中的 4 种方法时辅助车间之间都需分配辅助费用，但在具体分配时又不尽相同：①在交互分配法下，实际费用=原始费用+分配转入费用-分配转出费用，是双向分配；②在计划分配法下，实际费用=原始费用+分配转入费用(辅助车间耗用量×计划分配率)，按计划分配率在辅助车间之间分配；③在代数分配法下，也是双向分配，计算结果最精确；④在顺序分配法下，是单向分配，即排在前面的车间不分配后面车间的辅助费用，但排在后面的车间必须分配前面车间的辅助费用，后面车间的实际费用=原始费用+分配转入费用(辅助车间耗用量×前面车间的辅助费用的分配率)。

(3) 按分录的个数，分为一个分录的分配方法和两个分录的分配方法两大类。一个分录的分配方法包括直接分配法、代数分配法和顺序分配法；两个分录的分配方法包括交互分配法和按计划成本分配法。一个分录的分配方法的分录基本格式如下。

借：成本费用类账户
　　贷：辅助生产成本
两个分录的分配方法的分录的格式有以下两种。
交互分配法的两个分录如下。
交互分配分录如下。

借：辅助生产成本——××辅助车间　　　　　　　　　　(交互分配额)
　　贷：辅助生产成本——××辅助车间　　　　　　　　(交互分配额)

对外分配分录如下。

借：成本费用类账户(不包括"辅助生产成本"账户)

　　贷：辅助生产成本——××辅助车间 　　　　　　　　　　(实际费用)

按计划成本分配法的两个分录如下。

按计划分配额分配的分录如下。

借：成本费用类账户(包括"辅助生产成本"账户)

　　贷：辅助生产成本——某车间 　　　　　　　　　　　　(计划费用)

处理差异的分录如下。

借：管理费用 　　　　　　　　　　　　　　　(实际费用和计划费用的差异)

　　贷：辅助生产成本——××辅助车间

 知识链接

一些国家在辅助生产费用分配方法上的应用见表4-9。

表4-9　辅助费用的分配方法的应用情况

辅助费用分配方法	Australia	Japan	England
直接法	43%	58%	64%
顺序法	3%	27%	6%
交互法	5%	10%	14%
其他	15%	1%	8%
不分配	34%	4%	8%

4.2　制造费用的核算

4.2.1　制造费用核算的特点

1. 制造费用的概念和性质

制造费用是指工业企业制造部门为生产产品(或提供劳务)而发生的、不能直接计入产品成本的各项生产费用。制造费用内容很多，基本可以分为3类：①直接用于产品生产的费用，如机器设备的折旧费以及生产工艺用燃料和动力(不专设成本项目)；②间接用于产品生产的费用，这部分在制造费用中占很大比重，如机物料消耗、车间辅助人员的职工薪酬费，以及车间厂房的折旧费；③和基本生产车间管理有关的费用，如车间管理人员职工薪酬费，车间管理用房屋和设备的折旧费、车间照明费、水费、取暖费、差旅费和办公费。可见，制造费用具有两个特点：一是制造费用从发生范围来看非常明确，它一定是在生产部门发生的，与产品生产有关，其最终归属一定是产品成本；二是制造费用是特定会计期间发生的生产费用，一般与具体的产品及产品数量无直接关联。具体来说，就是无论生产较多数量产品还是较少数量产品，甚至是停产，在生产车间中总有一些固定要发生的费用，如车间厂房折旧、机器日常维修护理等费用。

2. 制造费用核算的特点

制造费用的内容比较复杂，应该按照管理要求分别设立若干费用项目进行计划和核算，主要项目包括机物料消耗、职工薪酬、折旧费、修理费、动力费、办公费、水电费、租赁费、保险费、周转材料摊销、劳动保护费、取暖费、实验检验费、季节性和修理期间的停工损失等。制造费用项目一经确定，不应随意变更。

4.2.2 制造费用归集的核算

制造费用的核算是通过"制造费用"账户进行归集和分配的。该账户应按车间设置明细账，账内按照费用项目设专栏或专行，分别反映各车间各项制造费用的支出情况。借方登记制造费用的归集，贷方登记月末转出数，除季节性生产的车间和以计划分配率法分配制造费用的情况以外，"制造费用"科目月末应无余额。

【例 4-7】根据第 3 章的各种要素费用分配表、第 4 章辅助生产费用分配表和有关付款凭证，登记奔成企业 201×年 6 月的制造费用明细账，其格式见表 4-10。

表 4-10　制造费用明细账

车间：基本生产车间　　　　　　　　　201×年 6 月　　　　　　　　　单位：元

摘　要	原材料	周转材料摊销	燃料及动力	职工薪酬	折旧费	其他费用	水电费	合　计
原材料费用分配表	200							200
低值易耗品摊销转账凭证		740						740
动力费用分配表			2 000					2 000
工资费用分配表				1 200				1 200
其他职工薪酬分配表				685.2				685.2
折旧费分配表					10 000			10 000
其他费用支出凭证						3 674.8		3 654.8
辅助生产费用分配表							860	860
合计	200	740	2 000	1 885.2	10 000	3 674.8	860	1 9360
分配转出	200	740	2 000	1 885.2	10 000	3 674.8	860	1 9360

4.2.3 制造费用分配的核算

所谓制造费用的分配就是在期末按照一定的标准，从"制造费用"的贷方转出，记入"基本生产成本"等账户的借方，即将制造费用分配计入各种产品的成本。

在只生产一种产品的车间，制造费用可以直接计入该种产品的生产成本；在生产多种产品的车间，制造费用则应该采用既合理又较简便的分配方法，分配计入各种产品的生产成本，即记入"基本生产成本"账户及其明细账的"制造费用"成本项目。

由于各车间制造费用水平不同，所以制造费用应该按照各车间分别进行分配，而不得将各车间的制造费用统一起来在整个企业范围内分配。制造费用的分配方法很多，根据制造费用分配率的不同，可以分为以下两大类。

1. 实际分配率法

实际分配率法是指计算制造费用分配率时，分配率的分子和分母（即待分配的制造费用和分配标准)均为实际发生数。实际分配率法又可分为当月分配法和累计分配法。

1) 当月分配法

当月分配法的要点有 5 个：①制造费用分配率的公式为，制造费用分配率=当月车间实际发生的制造费用÷Σ当月车间各种产品分配标准，分配率的分子和分母均为当月实际发生数，每月都需要计算一次分配率；②某种产品应分配的制造费用=该种产品实际分配标准×制造费用分配率；③不管完工产品还是在产品，均分配制造费用；④适用范围广，一般企业均常使用；⑤产品成本的几个成本项目均可以采用当月分配法进行分配。

在当月分配法下，由于采用的分配标准不同，具体又分为生产工时比例法、机器工时比例法和生产工人工资比例法等。

(1) 生产工时比例法。生产工时比例法是以生产工人工时为分配标准来分配制造费用的一种方法。其计算公式就是将当月分配法下分配率的分母换为生产工时。现举例说明其分配方法。

【例 4-8】奔成企业第一基本生产车间同时生产甲、乙两种产品。根据例 4-7 的资料，201×年 6 月奔成企业共发生制造费用 19 360 元。生产产品耗用工时 8 800 小时，其中甲产品生产工时为 5 600 小时，乙产品生产工时为 3 200 小时，采用生产工时比例法的计算过程如下。

制造费用分配率=19 360÷8 800=2.2(元/小时)

甲产品负担的制造费用=5 600×2.2=12 320(元)

乙产品负担的制造费用=3 200×2.2=7 040(元)

编制会计分录如下。

借：基本生产成本——甲产品　　　　　　　　　　　　　　　　12 320

　　　　　　　　——乙产品　　　　　　　　　　　　　　　　7 040

　　贷：制造费用　　　　　　　　　　　　　　　　　　　　　19 360

生产工时比例法是一种常用的分配方法。一方面它能将劳动生产率的高低与产品负担费用的多少联系起来，分配结果比较合理；另一方面，作为分配标准的生产工时的资料可以直接从产量记录获得。

(2) 机器工时比例法。机器工时比例法是以各种产品所用机器设备运转时间为分配标准来分配制造费用的一种方法，它适用于机械化程度较高的车间。

(3) 生产工人工资比例法。生产工人工资比例法是以各种(批、类)产品所耗用的生产工人工资为分配标准来分配制造费用的一种方法。该种分配方法核算工作也很简便，分配标准(生产工人工资)资料易于取得。它适用于各种产品生产机械化程度大致相同的情况，否则会影响费用分配的公平性。例如，机械化程度低的产品，所用工资费用多，分配制造费用也多；反之，机械化程度高的产品，所用工资费用少，分配的制造费用也少。该种分配方法与生产工时比例法原理基本相同。

 特别提示

《中国的成本计算方法和成本管理实践研究》报告指出"几乎所有的企业均采用实际法分配制造费用"。

2) 累计分配法

累计分配法的要点可从以下 5 个方面掌握：①制造费用分配率的公式为，分配率=累计制造费用÷Σ累计工时，分配率的分子、分母均为当月累计数，每月都需要计算一次分配率；②某批产品应分配的制造费用=某批完工产品累计工时×分配率；③在累计分配法下，只有完工产品才分配制造费用，在产品不分配；④使用范围有限，只有在简化分批法时才使用；⑤主要在分配直接人工和制造费用成本项目时使用。

【例4-9】奔成企业201×年3月有3批产品，具体资料见表4-11。

表4-11 完工批次资料表

产品批次	上月累计工时	本月实际工时	上月累计制造费用/元	本月制造费用/元
101 批完工	1 800 小时	1 100 小时		
102 批未完工	400 小时	300 小时		
103 批未完工	800 小时	600 小时		
合　计	3 000 小时	2 000 小时	12 000	6 000

采用累计分配法的计算过程如下。

$$制造费用分配率=\frac{12\,000+6\,000}{3\,000+2\,000}=3.6(元/小时)$$

101 批应分配制造费用=(1800+1100)×3.6=10 440(元)

102 批、103 批未完工，故不分配制造费用，两批总计制造费用为 7 560 元，即 12 000+6 000-10 440。

 知识链接

西方国家制造费用分配改革

制造费用在西方历史上经历了两个重要阶段。第一个阶段表现为不考虑制造费用的存在，而将发生的制造费用视同产品生产成本进行处理；第二个阶段则表现为开始重视制造费用的存在，将发生的制造费用逐步列入产品的生产成本，在这一阶段首先经历了按实际分配率分配制造费用，最后演变为按预算分配率分配制造费用。

但是，随着生产自动化和电脑化的发展，制造费用的比重日益提高，其构成内容也逐渐复杂化。传统的用单一标准进行制造费用分配的方法，使产品成本信息失真。所以，西方把完善成本核算方法的重点放在制造费用分配改革上。制造费用分配的改革措施有以下 3 种类型。

(1) 较多企业采用小改措施，即以机器小时代替人工小时作为间接费用分配标准。

(2) 部分企业采用中改措施，即由以往采用单一标准改为采用多种分配标准分配各种相关的制造费用。我国称为联合法，西方称为复合数量基础分配法。复合数量基础分配法有两种方式，一种为直接法，另一种为间接法。以德国西门子公司制造费用分配为例，其制造费用类别及分摊基础见表4-12。

表4-12 制造费用分摊基础表

制造费用类别		分摊基础
(1) 与材料有关的制造费用		以直接材料成本为基础
(2) 与生产有关的制造费用	较多人工操作	以生产工人小时为基础
	较少人工操作	以生产机器小时为基础
(3) 间接制造费用		以直接材料和直接人工以及 (1)、(2) 项制造费用的合计为基础

(3) 极少数企业采用大改措施，实行作业成本法。它将制造费用以作业类别归集到不同的成本库中，然后由不同的成本库采用各自的分配标准，将制造费用分配给各种产品。

2. 计划分配率法

计划分配率法也称为按年度计划分配率分配法或预算分配率法，是指计算制造费用分配率时，分配率的分子和分母(即待分配的制造费用和分配标准)均为计划数。在计划分配率法下，分配过程主要分以下 3 步进行。

第一步，年初确定年度计划分配率。其计算公式如下。

$$年度计划分配率=\frac{年度计划制造费用}{\sum(各产品计划产量×工时定额)}$$

第二步，每月(1～12 月)按计划分配率分配制造费用。计算公式如下。

某产品某月应分制造费用=该产品当月实际产量×工时定额×计划分配率

=该产品当月定额工时×计划分配率

并进行账务处理，借记"基本生产成本"账户，贷记"制造费用"账户。

第三步，年末将制造费用实际费用和计划分配额之间的差异在各种产品之间进行分配。下面举例说明其计算和分配过程。

【例 4-10】奔成企业基本生产车间全年制造费用计划发生额为 400 000 元，全年各种产品的计划产量为：甲产品 2 500 件，乙产品 1 000 件。单件产品工时定额为：甲产品 6 小时，乙产品 5 小时。2010 年 5 月实际产量为：甲产品 200 件，乙产品 80 件；本月实际发生制造费用为 33 000 元，"制造费用"余额为借方 1 000 元。本年度实际发生制造费用 408 360 元，至年末累计已分配制造费用 415 000 元(其中甲产品已分配 315 000 元，乙产品已分配 100 000 元)，采用计划分配率进行分配。

(1) 计算计划分配率。

甲产品年度计划产量的定额工时=2 500×6=15 000(小时)

乙产品年度计划产量的定额工时=1 000×5=5 000(小时)

年度计划分配率=400 000÷(15 000+5 000)=20

(2) 按计划分配率分配制造费用。

本月甲产品定额工时=200×6=1 200(小时)

本月甲产品应分配的制造费用=1 200×20=24 000(元)

本月乙产品定额工时=80×5=400(小时)

本月乙产品应分配的制造费用=400×20=8 000(元)

(3) 根据上述计算结果，进行账务处理。

借：基本生产成本——甲产品		24 000
——乙产品		8 000
贷：制造费用		32 000

5 月末"制造费用"登账后，有余额 2 000 元，即期初 1 000 元，本月发生 33 000 元，月末分配 32 000 元。

 特别提示

在计划分配率法下，制造费用账户一般月末有余额，可能在借方，也可能在贷方。

(4) 年末分配差额。

① 计算差额。差额=全年实际制造费用-全年按计划分配率分配的制造费用总额。在本

例中，制造费用差额=408 360-415 000=-6 640(元)。

② 计算差异分配率。

$$差异分配率=\frac{差额}{全年按照计划分配率分配的制造费用总额}$$

$$=\frac{-6\ 640}{415\ 000}\times100\%=-1.6\%$$

③ 计算某产品应分配差异额。

某产品应分配差异额=差异分配率×该产品全年按计划分配率分配的制造费用

甲产品应分配差异额=315 000×(-1.6%)=-5 040(元)

乙产品应分配差异额=100 000×(-1.6%)=-1 600(元)

④ 根据上述结果，进行相应账务处理。

借：制造费用　　　　　　　　　　　　　　　　　　　　　　　6 640

　　贷：基本生产成本——甲产品　　　　　　　　　　　　　　　　5 040

　　　　　　　　　　——乙产品　　　　　　　　　　　　　　　　1 600

与实际分配率法相比，计划分配率分配法的特点如下：①每年只需在年初计算一次制造费用分配率；②不论各月实际发生的制造费用为多少，每月都按年初确定的计划分配率分配制造费用；③对制造费用账户月末余额不需要处理；④年末的差额一般要分配到12月份产品成本中去，不留到下一年度。

这种分配方法的优势为：①由于只计算一次分配率，所以可以简化制造费用平时的核算工作；②均衡每月的制造费用水平。缺点是：①对企业计划工作水平要求较高，否则会影响产品成本计算的正确性；②年末要对全年的实际制造费用总额和按计划分配率分配的制造费用总额的差额在产品之间进行分配，加大了年末的核算工作量。此方法适用于季节性生产的车间使用。

 知识链接

制造费用预定分配率法

西方国家(包括美国)一般采用预定分配率法对制造费用进行分配。制造费用预定分配法(predetermined overhead apply method)的具体做法如下：企业在年度开始前预计好预定制造费用分配率，分配率的分子是本年制造费用的估计额，分母最普遍的是本年直接人工工时或成本的估计额；年度中根据该分配率分配制造费用，某产品实际分配额=实际直接人工工时或成本×预定分配率，计入"已分配制造费用"(applied overhead)；预定额和实际发生额之间的差异平时通过"制造费用调整"(overhead adjustment)归集，年末再按照一定比例分配给在产品存货、产成品存货和销货成本，"制造费用"仅记录制造费用的实际发生额。

据调查，美国对间接费用的分配，采用直接人工工时的占31%，采用直接人工成本的占31%，采用机器小时的占12%，采用产品数量的占5%，采用直接材料成本的占4%，采用其他方法的占17%。

4.3　废品损失和停工损失的核算

4.3.1　废品损失的核算

1. 废品与废品损失的概念及其对产品成本的影响

废品是指生产过程中产生的质量上不符合规定的技术标准，不能按照原定用途使用，或者需要加工修理才能使用的在产品、半成品或产成品。不论是在生产过程中，还是在入库后发现的废品都应包括在内。

废品按其废损程度和经济上是否有修复价值可分为可修复废品和不可修复废品。可修复废品指技术上可以修理而且所花费的修复费用在经济上合算的废品。不可修复废品指技术上不可修复或技术上可修但所花费的修复费用在经济上不合算的废品。

可修复废品必须同时满足两个条件：技术上可修复，经济上合算；如果上述两个条件其中之一不满足，则为不可修复废品，表现为两种情况：一是技术上不可修复；二是技术上可修复但经济上不合算。

废品的产生实际上增加了企业完工产品的成本，从而降低了企业的营业利润。因此针对废品产生的原因采取相应的措施，降低企业废品率，同时正确核算企业废品损失，对企业意义重大。

由于生产原因而造成的废品所形成的损失称为废品损失。废品损失一般包括可修复废品的修复费用和不可修复废品生产成本扣除回收残料价值和赔款后的净损失。

下列情况不应作为废品损失处理：①经过质量检验部门鉴定不需要返修、可以降价出售的不合格品，其损失应在计算销售损益中体现；②产成品入库后由于保管不善等原因而损坏变质的损失，计入管理费用；③实行包退、包修、包换"三包"的企业，在产品出售后发现废品所发生的一切损失，要预计产品质量保证负债，计入销售费用。

 知识链接

海恩法则

海恩法则是德国飞机涡轮机的发明者德国人帕布斯·海恩提出的一个在航空界关于飞行安全的法则，海恩法则指出：每一起严重事故的背后，必然有29次轻微事故和300起未遂先兆以及1 000起事故隐患。法则的精髓强调两点：一是事故的发生是量的积累的结果；二是再好的技术，再完美的规章，在实际操作层面，也无法取代人自身的素质和责任心。

2. 废品损失的核算方法

单独核算废品损失的企业，废品损失的归集和分配应根据废品损失计算表和分配表等有关凭证，通过"废品损失"账户进行。

1) 设置账户

单独核算废品损失的企业，应设置"废品损失"账户，在成本项目中增设"废品损失"成本项目。"废品损失"账户应按车间设置明细账，账内按产品品种和成本项目登记。其账户借方登记可修复废品的修复费用和不可修复废品的生产成本，贷方登记不可修复废品残料回收价值，过失人赔款和期末转入"基本生产成本"的废品净损失。

在通常情况下，期末在产品不负担废品损失，废品损失全部由本月完工产品负担。

2) 可修复废品损失的归集与分配

可修复废品损失是指废品在修复过程中所发生的各项修复费用，主要包括耗用的原材料、职工薪酬、应分配的辅助生产费用、制造费用等。而可修复废品返修以前发生的生产费用，留在"基本生产成本"账户及有关的成本明细账中不必转出。

【例4-11】奔成企业基本生产车间201×年6月在生产乙产品时发现可修复废品3件，当即进行修复。耗用材料费200元，直接人工费100元，应分配制造费用150元，应向过失人索赔70元。

(1) 可修复废品损失的计算如下。

修复费用=200+100+150=450(元)

废品损失=450-70=380(元)

(2) 编制会计分录如下。

① 核算修复费用。

借：废品损失——乙产品　　　　　　　　　　　　　　　　　450
　　贷：原材料　　　　　　　　　　　　　　　　　　　　　　　　200
　　　　应付职工薪酬　　　　　　　　　　　　　　　　　　　　　100
　　　　制造费用　　　　　　　　　　　　　　　　　　　　　　　150

② 核算过失人赔款。

借：其他应收款　　　　　　　　　　　　　　　　　　　　　　70
　　贷：废品损失——乙产品　　　　　　　　　　　　　　　　　　70

③ 核算废品净损失。

借：基本生产成本——乙产品　　　　　　　　　　　　　　　　380
　　贷：废品损失——乙产品　　　　　　　　　　　　　　　　　380

不单独核算废品损失的企业，不设"废品损失"账户和"废品损失"成本项目，在回收废品残料时，记入"原材料"科目的借方和"基本生产成本"账户的贷方，并从所属有关产品成本明细账的"直接材料"成本项目中扣除残料价值。辅助生产一般不单独核算废品损失。

3) 不可修复废品损失的归集与分配

根据不可修复废品损失的概念，其计算公式如下。

　　不可修复废品损失=不可修复废品的生产成本-残料回收价值-过失人赔款

可见，计算不可修复废品损失的关键是计算不可修复废品的生产成本。而不可修复废品的生产成本与合格产品的成本是归集在一起同时发生的，因此需要采取一定的方法将两者进行分离。一般有两种方法：一是按废品所耗实际成本计算；二是按废品所耗定额费用计算。

(1) 按废品实际成本计算。采用这种方法，就是在废品报废时根据废品和合格品发生的全部实际费用，采用一定的分配方法，在合格品与废品之间进行分配，计算出废品的实际成本，从"基本生产成本"账户贷方转入"废品损失"账户的借方。

【例4-12】奔成企业基本生产车间201×年6月生产甲产品500件，验收入库时发现不可修复废品8件。合格品生产工时为5 480小时，废品生产工时为120小时，全部生产工时为5 600小时。甲产品成本明细账所记录的合格品和废品共同发生的生产费用为：直接材料30 000元，燃料及动力24 980元，直接人工23 565元，制造费用12 320元，合计90 865元。废品残料入库作价150元，过失人应赔款200元。原材料是生产开始时一次投入的。直接材料费用按合格品数量和废品数量的比例分配；其他费用按生产工时比例分配。编制"不可修复废品损失计算单"，具体见表4-13。

表4-13　不可修复废品成本计算单

奔成企业　　　　　　　　　　　　　　201×年6月　　　　　　　　　　　单位：元

项　　目	直接材料	燃料及动力	直接人工	制造费用	合　计
生产费用总额	30 000	24 980	23 565	12 320	90 865
分配标准	500(件)	5 600(工时)	5 600(工时)	5 600(工时)	
分配率	60	4.46	4.21	2.2	
废品生产成本	480	535.2	505.2	264	1784.4
减：残值	150				150
赔款	200				200
废品损失	130	535.2	505.2	264	1434.4

根据"不可修复废品损失计算单"做如下会计分录。

① 结转不可修复废品成本。

　　借：废品损失——甲产品　　　　　　　　　　　　　　　1 784.4

　　　　贷：基本生产成本——甲产品　　　　　　　　　　　　　　　1 784.4

② 核算过失人赔款。

　　借：其他应收款　　　　　　　　　　　　　　　　　　　200

　　　　贷：废品损失——甲产品　　　　　　　　　　　　　　　　　200

③ 核算残料回收。

　　借：原材料　　　　　　　　　　　　　　　　　　　　　150

　　　　贷：废品损失——甲产品　　　　　　　　　　　　　　　　　150

④ 核算废品净损失。

　　借：基本生产成本——甲产品　　　　　　　　　　　　　1 434.4

　　　　贷：废品损失——甲产品　　　　　　　　　　　　　　　　　1 434.4

 特别提示

在废品损失中不可修复废品的发生是"减量不减值"，投产一定数量的产品，如果出现了不可修复废品，其完工产品的产量就要减少，但不可修复废品发生的费用终归要被补偿，那么，只能转嫁到完工的合格品上。

在完工以后发现废品，其单位废品负担的各项生产费用应与该单位合格品完全相同，可按合格品产量和废品的数量比例分配各项生产费用，计算废品的实际成本。按废品的实际成本计算和分配废品损失，符合实际，但核算工作量较大。

(2) 按废品所耗定额费用计算。这种方法也称为按定额成本计算方法，它是根据各项费用定额和不可修复废品的数量计算废品定额成本，再从废品的定额成本中扣除废品残料回收价值，计算出废品损失，而不考虑废品实际发生的费用的一种方法。

【例 4-13】奔成企业基本生产车间 201×年 6 月生产甲产品 500 件，验收入库时发现不可修复废品 8 件。原材料在生产开始时一次投入，单件原材料费用定额为 65 元，完成的定额工时共计 120 小时，每小时的费用定额为：直接人工费 4 元、燃料及动力 4.2 元、制造费用 2 元。废品残料入库作价 150 元，过失人应赔款 200 元。

① 计算废品定额成本。

废品的直接材料费用=8×65=520(元)

废品的直接人工费用=120×4=480(元)

废品的燃料及动力=120×4.2=504(元)

废品的制造费用=120×2=240(元)

废品的定额成本=520+480+504+240=1 744(元)

② 计算废品损失。

废品损失=1 744-150-200=1 394(元)

按废品所耗定额费用计算废品成本和废品损失，核算简便，计算及时，有利于考核和分析废品损失和产品成本，在实际中应用广泛。但必须具备比较准确的定额成本资料，否则会影响成本计算的正确性。

 知识链接

西方国家废品损失的核算

1. 废品分类

西方会计按照废品产生的正常与否对其进行分类，分为正常废品和非正常废品。所谓正常废品是指企业为生产一定量的合格产品而产生的不可避免的、在短期内不可控制的废品；非正常废品则是指在现有技术条件下不应产生的、非生产工序所固有的、会给企业带来额外成本的废品，非正常废品在实践中一般是可控的。

2. 废品损失的核算方法

西方国家对废品损失的核算要视其正常与否而定。对于正常废品损失有两种处理方法。一种是正品承担法，即不设置专门账户，产生的正常废损由完工正品负担，直接增加完工正品的单位成本，采用这种方法核算废品损失不存在账务处理问题。另一种是分配核算法，即在生产成本科目下设置正常废品损失明细科目，归集正常废品损，期末再按照一定标准(如正品数量)，将其分配到库存商品和主营业务成本账户。

对于非正常废品损失要设置一个专门的账户，比如非正常废品损失，产生非正常废品损失时借记该科目，期末将其余额转入相应的期间费用账户或特定责任人赔款账户，并不转入产品成本。

4.3.2 停工损失的核算

1. 停工损失的概念及其对产品成本的影响

停工损失是指生产车间或车间内某个班组在停工期内发生的各项费用，包括停工期内支付的生产工人的职工薪酬费用、所耗燃料和动力费用，以及应负担的制造费用等。

企业发生停工的原因很多，如原材料供应不足、机器设备发生故障，以及计划减产、停电、对设备进行维修或季节性停工。季节性和修理造成的停工是生产经营过程中的正常现象，停工期间发生的各项费用不属于停工损失，不作为停工损失进行核算，其损失直接计入制造费用，由生产期间的产品负担。

计算停工损失的时间界限由主管企业部门规定，或由主管企业部门授权企业自行规定。为了简化核算工作，停工不满一个工作日的，可以不计算停工损失。

2. 停工损失的核算方法

停工时车间应填列停工报告单，单内要详细列明停工的车间、范围、原因、起止时间、过失人和损失的金额。经有关部门审核后的停工报告单，作为停工损失核算的原始凭证。

单独核算停工损失的企业，应增设"停工损失"账户和"停工损失"成本项目。停工损失的归集和分配是通过设置"停工损失"账户进行的，该账户应按车间和成本项目进行明细核算，"停工损失"账户月末一般无余额。

1) 停工损失的归集

即根据停工报告单和各种费用分配表、分配汇总表等有关凭证，将停工期内发生、应列为停工损失的费用记入"停工损失"账户的借方进行归集，会计分录如下。

借：停工损失
　　贷：原材料(耗用的燃料)
　　　　应付账款(耗用的外购动力)
　　　　应付职工薪酬(工人工资)
　　　　制造费用(应分配的制造费用)

2) 停工损失的分配

即将"停工损失"账户借方归集的损失从贷方转入到各成本、费用类账户，具体分配去向用会计分录表示如下。

借：其他应收款(应由过失单位及过失人员或保险公司支付的赔款)
　　营业外支出(自然灾害等造成非正常停工损失)
　　基本生产成本(其他的非季节性、非修理期间的停工损失)
　　　　贷：停工损失

 成本故事

日本汽车企业的停工损失

2011 年 3 月 11 日，北京时间下午 13:46 分，日本东海岸发生 8.9 级强烈地震，震中位于宫城县以东的太平洋海域，震源深度为 20 千米。此次地震对日本汽车业影响重大，日本三大汽车厂商丰田、本田、日产共有 22 家工厂关闭停产。高盛称，日本汽车产业停产一天将导致丰田每日损失 60 亿日元(1 日元=0.083 2 元人民币)，本田和日产的损失则各为 20 亿日元。此次日本汽车企业的停工损失是由于地震(自然灾害)造成的，应计入"营业外支出。"

为了简化核算工作，辅助生产车间一般不单独核算停工损失。不单独核算停工损失的企业，不设"停工损失"账户和"停工损失"成本项目。停工期间发生的属于停工损失的各项费用，分别记入"制造费用"和"营业外支出"等账户。

4.4 期间费用的核算

4.4.1 期间费用及其核算内容

期间费用是指企业在生产经营过程中发生的，与产品生产活动没有直接联系，属于某一时期发生的直接计入当期损益的费用。在现行会计准则下，期间费用包括销售费用、管理费用和财务费用。期间费用的核算是指销售费用、管理费用和财务费用的核算。

4.4.2 销售费用的归集和结转

销售费用主要包括两部分费用：一是企业在销售商品和材料、提供劳务的过程中发生的各项费用，如广告费、运输费、装卸费、保险费、包装费、展览费、商品维修费、预计产品质量保证损失等；二是为销售本企业商品而专设的销售机构(含销售网点、售后服务网点等)发生的各项费用，如销售人员的职工薪酬、销售机构固定资产的折旧费、无形资产的摊销费等经营费用。它不计入产品的生产成本，不参与产品成本计算，也不存在分配问题，而是作为期间费用直接计入当期损益的。

销售费用的归集与结转是通过"销售费用"账户和所属明细科目进行归集和结转的，"销售费用"账户的借方登记发生和支付各项产品销售费用，期末，将"销售费用"账户借方归集的各项费用全部从贷方转出，结转到"本年利润"账户借方。结转以后，"销售费用"账户和所属明细账户应无余额。销售费用应按费用项目设置明细账，进行明细核算，用于反映和考核各项费用的支出情况。

【例4-14】根据第3章的各种要素费用分配表、第4章辅助生产费用分配表和有关付款凭证，登记奔成企业201×年6月销售费用明细账，其格式见表4-14。

表4-14 销售费用明细账

201×年6月　　　　　　　　　　　　　　　　　　　单位：元

摘　要	原材料	燃料及动力	职工薪酬	折旧费	其他费用	水电费	合　计
原材料费用分配表	300						300
动力费用分配表		940					940
工资费用分配表			650				650
其他职工薪酬分配表			371.15				371.15
折旧费分配表				6 000			6 000
其他费用支出凭证					400		400
辅助生产费用分配表						710	710
合计	300	940	1 021.15	6 000	400	710	9 371.15
期末转出	300	940	1 021.15	6 000	400	710	9 371.15

期末将上述销售费用结转到本年利润，会计分录如下。

借：本年利润　　　　　　　　　　　　　　　　　　　　　　9 371.15

　　贷：销售费用　　　　　　　　　　　　　　　　　　　　　9 371.15

特别提示

期间费用的期末结转有表结法和账结法。表结法是指在 1～11 月份月末，只在利润表上反映期间费用的本月发生额的减项即可，不用做结转的会计分录，也不登账，到年终 12 月月末时，再做结转会计分录，进行登账；账结法是每月月末都做结转会计分录，并登账。本章期间费用的核算采用账结法。

4.4.3　管理费用的归集和结转

管理费用是指企业行政管理部门为组织和管理生产经营活动而发生的各项费用。它不计入产品的生产成本，不参与产品成本计算，也不存在分配问题，而是作为期间费用直接计入当期损益的。这种费用应该按年、季、月和费用项目编制费用计划，进行核算和考核。

管理费用的归集和结转是通过"管理费用"账户和所属明细科目进行的。"管理费用"账户借方登记发生或支付各项管理费用，期末，将"管理费用"账户借方归集的各项费用全部从贷方转出，结转到"本年利润"账户的借方，结转以后，"管理费用"账户及所属明细账户期末无余额。管理费用应按费用项目设置明细账，用来反映和考核各项费用的支出情况。

【例 4-15】根据第 3 章的各种要素费用分配表、第 4 章辅助生产费用分配表和有关付款凭证，登记奔成企业 201×年 6 月管理费用明细账，其格式见表 4-15。

期末将上述管理费用结转到本年利润，会计分录如下。

借：本年利润　　　　　　　　　　　　　　　　　　　　　　　　　11 367.8
　　贷：管理费用　　　　　　　　　　　　　　　　　　　　　　　　　11 367.8

表 4-15　奔成企业管理费用明细账

201×年 6 月　　　　　　　　　　　　　　　　　　　　　　　　单位：元

摘　要	原材料	燃料及动力	职工薪酬	折旧费	修理费	固定资产改良支出	其他费用	税金	水电费	合　计
原材料费用分配表	100									100
动力费用分配表		1 500								1 500
工资费用分配表			1 800							1 800
其他职工薪酬分配表			1 027.8							1 027.8
折旧费分配表				900						900
修理费的转账凭证					1 800					1 800
长期待摊费用转账凭证						2 000				2 000
其他费用支出凭证							300			300
税金								1 360		1 360
辅助生产费用分配表									580	580
合计	100	1 500	2 827.8	900	1 800	2 000	300	1 360	580	11 367.8
期末转出	100	1 500	2 827.8	900	1 800	2 000	300	1 360	580	11 367.8

4.4.4　财务费用的归集和结转

财务费用是指企业为筹集生产经营所需资金等而发生的筹资费用，主要包括以下内容。

(1) 企业生产经营期间发生的应当作为期间费用的利息支出(减利息收入)。

(2) 企业生产经营期间发生的应当作为期间费用的汇兑净损失。

(3) 企业生产经营期间发生的应当作为期间费用的金融机构手续费。

(4) 企业发生的现金折扣或收到的现金折扣等。

不包括为构建固定资产的专门借款所发生的借款费用,在固定资产达到预定可使用状态前按规定应予资本化的部分。

财务费用不计入产品的制造成本,不参与产品成本计算,也不存在分配问题,而是直接计入当期损益。财务费用也应该按年、季、月和费用项目编制费用计划,进行核算和考核。

财务费用的归集和结转是通过"财务费用"账户和所属明细账进行的,财务费用应按费用项目设置明细账,用于反映和考核各项费用的支出情况。期末结转财务费用时记入"财务费用"账户的贷方和"本年利润"账户的借方,结转以后,"财务费用"账户及所属明细账期末无余额。

本 章 小 结

本章详细地介绍了产品成本计算的第二个步骤——按用途归集和分配各项费用。通过本章的学习,要重点掌握以下内容。

(1) 辅助生产费用的分配方法是成本会计学中的重点和难点之一。主要包括 5 种分配方法:代数分配法、直接分配法、顺序分配法、交互分配法和计划分配法,注意 5 种方法的异同和适用范围。

(2) 采用对比的方法掌握制造费用的两大分配方法(实际分配率法和计划分配率法)。

(3) 废品损失包括不可修复废品的净损失和可修复废品的修复费用。废品损失通过"废品损失"账户归集,期末分配计入产品成本。

(4) 生产经营过程中发生的各项期间费用不计入产品成本,而应分别记入"销售费用"、"管理费用"、"财务费用",冲减当期损益。经过两个步骤的归集和分配,所有费用最终都归集到了"基本生产成本"账户的借方中,下一步就要将费用在完工产品与在月末在产品之间进行分配,计算完工产品成本了。

名人名言

把一项成本或者一组成本分配和再分配给一个或几个成本目标。

——查尔斯·T·霍恩格论

价值是生产费用对效用的关系。价值首先用来解决某种物品是否应该生产的问题,即这种物品的效用是否能抵偿生产费用的问题。

——恩格斯

企业家就是做两件事,一是营销,二是削减成本,其他都可以不做。成本控制不仅仅是一个单纯的不花钱或缩减花钱的问题,而更应该是一门如何花钱的艺术。

——美国管理大师彼得·德鲁克

 ## 中英文对照专业名词

辅助生产成本(subsidiary production cost)

废品损失(spoilage and defective losses)

交互分配法(reciprocal apportionment method)

停工损失(loss on work stoppage)

顺序分配法(sequential apportionment method) 期间费用(period costs)

管理费用(administration and general expenses) 财务费用(financial expenses)

销售费用(selling and distribution expenses) 销售人员工资(sales salaries)

制造费用(factory overhead，manufacturing overhead)

制造费用计划分配率法(overhead apportionment method: projected rate)

制造费用生产工时比例法(overhead apportionment method: productive working hour ratio)

制造费用生产工人工资比例法(overhead apportionment method: productive workmen's wage ratio)

练 习 题

一、单项选择题

1. 可修复废品返修前发生的生产费用(   )。

 A．应借记废品损失科目

 B．与修复费用一起转入基本生产成本科目借方

 C．应从基本生产成本科目贷方转出

 D．不是废品损失，不必计算其生产成本

2. 适用于季节性生产车间分配制造费用的方法是(   )。

 A．生产工时比例法 B．生产工资比例法

 C．机器工时比例法 D．年度计划分配率分配法

3. 采用顺序分配法分配辅助生产费用时(   )。

 A．施惠最多，受益最少的生产部门排在第一位

 B．施惠最少，受益最多的生产部门排在第一位

 C．施惠最多，受益最多的生产部门排在第一位

 D．施惠最少，受益最少的生产部门排在第一位

4. 辅助生产费用分配结果最准确，但分配计算过程较复杂的分配方法是(   )。

 A．计划成本分配法 B．顺序分配法

 C．代数分配法 D．交互分配法

5. 可以计入"直接材料"成本项目的材料费用是(   )。

 A．为组织管理生产用的机物料 B．为组织管理生产用的低值易耗品

 C．生产过程中间接耗用的材料 D．直接用于生产过程中的原材料

6. 辅助生产费用直接分配法的特点是辅助生产费用(   )。

 A．直接计入"生产成本——辅助生产成本"科目

 B．直接分配给所有受益的车间、部门

 C．直接分配给辅助生产以外的各受益单位

 D．直接计入辅助生产提供的劳务成本

7. 采用计划成本分配法分配辅助生产费用时，实际成本与计划成本的差额列入(   )。

 A．制造费用 B．管理费用 C．财务费用 D．生产成本

8. 下列费用不属于期间费用的是(   )。

 A．制造费用 B．管理费用 C．财务费用 D．销售费用

9. 废品净损失分配转出时，应借记(   )科目。

 A．废品损失 B．基本生产成本

 C．管理费用 D．制造费用

10. 产成品入库后，由于保管不善等原因，使产品不符合规定的技术标准，这种损失在财务上应作为( )处理。

    A. 废品损失   B. 制造费用   C. 管理费用   D. 基本生产成本

11. 下列属于销售费用的是( )。

    A. 印花税   B. 产品广告费

    C. 融资租赁手续费   D. 营业税金及附加

12. 季节性停工期间的停工损失应计入( )科目。

    A. 营业外支出   B. 基本生产成本

    C. 制造费用   D. 其他应收款

13. 企业的分厂用于组织和管理生产的费用应记入( )。

    A. 管理费用科目   B. 制造费用科目

    C. 基本生产成本科目   D. 辅助生产成本科目

14. 对于季节性生产的车间，其制造费用被分配后，"制造费用"科目一般( )。

    A. 有借方余额   B. 有贷方余额

    C. 无余额   D. 有借方或贷方余额

15. 经过质量检验部门鉴定不需要返修，可以降价出售的不合格品，其降低价格的损失应计入( )。

    A. 废品损失   B. 销售费用

    C. 管理费用   D. 在计算销售损益时体现

16. 期间费用月末转入( )科目的借方。

    A. 本年利润   B. 利润   C. 利润分配   D. 主营业务收入

二、多项选择题

1. "废品损失"由以下( )部分构成。

    A. 不可修复废品的生产费用   B. 可修复废品的修理费用

    C. 扣除回收的废品残料价值   D. 降价损失

    E. 可修复废品返修以前的生产费用

2. 制造费用( )。

    A. 可能是间接计入费用   B. 可能是直接计入费用

    C. 一定是间接计入费用   D. 一定是直接计入费用

3. 属于工业企业制造费用核算范围的有( )。

    A. 机器设备的折旧费   B. 融资租赁费

    C. 车间机物料消耗   D. 分厂的试验检验费

    E. 分厂的管理用具摊销

4. 辅助生产费用的分配方法有( )。

    A. 直接分配法   B. 交互分配法

    C. 顺序分配法   D. 代数分配法

    E. 按计划成本分配法

5. 分配辅助生产费用时编制会计分录所涉及的账户有( )。

    A. 基本生产成本   B. 辅助生产成本

    C. 制造费用   D. 管理费用

    E. 销售费用

三、简答题

1. 简述交互分配法的基本步骤和内容。

2．简述计划分配法的基本内容。

3．简述废品损失核算的内容。

四、计算题

1．某企业有机修、供电两个辅助生产车间。机修车间本月发生费用 3 000 元，供电车间本月发生费用 5 000 元。辅助车间发生的制造费用不通过制造费用科目。各辅助车间提供产品或劳务的数量见表 4-16。

表 4-16　资料表

受益单位 \ 数量	机修/小时	供电/度数
甲产品	300	10 000
乙产品	200	6 000
基本生产车间一般耗用	70	800
机修车间		5 000
供电车间	80	
行政管理部门	40	2 500
专设销售机构	30	700
合　计	720	25 000

要求：

(1) 采用直接分配法分配辅助费用，并写出有关的会计分录。

(2) 采用顺序分配法分配辅助费用，并写出有关的会计分录。

(3) 采用代数分配法分配辅助费用，并写出有关的会计分录。

(4) 采用交互分配法分配辅助费用，并写出有关的会计分录。

2．资料同第 1 题，假设机修车间计划单位成本为 5.67 元，供电车间计划单位成本为 0.21 元，采用计划成本法分配辅助费用，并写出有关的会计分录。

3．某企业基本生产车间全年制造费用计划为 234 000 元，全年各种产品的计划产量为甲产品 19 000 件，乙产品 6 000 件，丙产品 8 000 件。单件产品工时定额：甲产品 5 小时，乙产品 7 小时，丙产品 7.25 小时。本月份实际产量：甲产品 1 800 件，乙产品 700 件，丙产品 500 件，本月实际发生的制造费用为 20 600 元。

要求：

(1) 按年度计划分配率分配制造费用。

(2) 根据计算结果编制会计分录。

4．某工业企业生产甲产品 1 000 件，在生产过程中，产生不可修复废品 100 件，该企业的不可修复废品成本按定额成本计价。每件废品原材料费用定额为 80 元，假定每件废品的定额工时为 2 小时，每小时的费用定额为：直接人工费用 5 元，制造费用 10 元。100 件废品回收的残料作为辅助材料入库，计价 500 元。不可修复废品净损失由当月产品成本负担。

要求：

(1) 计算不可修复废品损失。

(2) 编制废品损失的相关会计分录。

5．辅助生产部门提供的产品或劳务量见表 4-17，其他资料：供水车间发生费用 2 065 元，供电车间发生费用 4 740 元，运输车间发生费用 2 000 元。

表4-17　资料表

受益单位		耗水/m³	耗电/度	运输/(吨/千米)
基本生产——丙产品			10 300	
基本生产车间		20 500	8 000	1 000
辅助生产车间	供电车间	10 000		1 000
	供水车间		3 000	500
	运输车间	800	200	
行政管理部门		8 000	1 000	500
专设销售机构		2 000	500	2 000
合　计		41 300	23 000	5 000

要求：按顺序分配法编制分配表，并做会计分录。

6．企业辅助生产部门等有关资料见表4-18。

表4-18　交互分配表

项　目		供水车间		供电车间		供气车间		合　计
		数量	金额	数量	金额	数量	金额	
待分配费用		41 300	2 065	23 000	4 740	5 000	2 000	6 805
交互分配率								
交互分配	辅助生产——供水			3 000		1 000		
	辅助生产——供电	10 000				500		
	辅助生产——供气	800		200				
对外分配辅助生产费用								
对外分配率								
对外分配	基本生产——丙产品			10 300				
	基本生产车间	20 500		8 000		1 000		
	行政管理部门	8 000		1 000		500		
	专设销售机构	2 000		500		2 000		
合　计		30 500		19 800		3 500		

要求：按交互分配法填制上表，并做会计分录。

五、拓展练习题

企业辅助生产部门等有关资料见表4-19。

表4-19　交互分配表

项　目		供水车间			供电车间			合　计
		数量	分配率	金额	数量	分配率	金额	
待分配及一次交互分配		41 300		2 065	23 000		4 740	6 805
一次交互分配	辅助生产——供水				3 000			
	辅助生产——供电	10 000						
二次待分配辅助生产费用								

续表

项 目		供水车间			供电车间			合 计
		数量	分配率	金额	数量	分配率	金额	
二次交互分配	辅助生产——供水							
	辅助生产——供电							
三次待分配辅助生产费用								
三次交互分配	辅助生产——供水							
	辅助生产——供电							
对外分配辅助生产费用								
对外分配	基本生产——丙产品				10 300			
	基本生产车间	20 500			8 000			
	行政管理部门	8 000			1 200			
	专设销售机构	2 800			500			
合 计		31 300			20 000			6 805

要求：

(1) 按交互分配法填制上表，并做有关会计分录。

(2) 按代数分配法分配辅助生产费用，并对照 3 次交互的分配率同代数分配法的分配率，分析 3 次交互分配率有何趋势。

六、案例分析题

邯钢的制造费用分配

河北钢铁集团邯郸钢铁集团有限责任公司(简称邯钢)是我国重要的优质板材生产基地，是河北钢铁集团的核心企业。20 世纪 90 年代，邯钢主动走向市场，通过推行并不断深化"模拟市场核算、实行成本否决"经营机制，创造了闻名全国的"邯钢经验"。邯钢只生产一种产品钢水，由 6 座高炉同时生产，每座高炉的制造成本均不相同，因此制造费用在各高炉之间归集和分配。该厂下设 11 个工段，6 个基本工段，即 1~6 号高炉工段；辅助工段 5 个，分别为铸铁工段、维修工段、机电、煤粉工段、生产设备工段。有些辅助工段下设班组，如铸铁工段下有大修罐班组、吹管、沟头班组，生产设备工段下设炮泥班组、取涯班组。各工段或班组以计划价格来结转成本，把制造费用分为以下 3 部分。

(1) 基本生产工段制费用，即 6 个高炉工段发生的费用，汇集后直接计入各高炉成本。

(2) 辅助生产工段制造费用，即 5 个辅助工段发生的费用，各辅助工段或班组制造费用汇总归集后，工段或班组根据各自的生产特点，以不同标准的计划分配率将费用分配到各个高炉中。以铸铁工段下大修理罐班组为例，计算公式如下。

各高炉应分配的大修罐班组制造费用=该高炉耗用的铁罐次数×每罐次计划单位成本

铸铁工段内部利润=各班组分配到各高炉的制造费用－铸铁工段实际发生的制造费用

(3) (组织部门)厂部制造费用分配如下。

厂部制造费用计划分配率=厂部计划制造费用总额÷各高炉计划产量之和

各高炉应分配的厂部制造费用=该高炉实际产量×厂部制造费用计划分配率

分厂厂部制造费用差异=厂部实际制造费用－按计划分配率分配的厂部制造费用

将厂部制造费用差异与各个辅助工段内部利润合并起来，按照各高炉产量比率分配到 6 个高炉工段中。

(资料来源：欧阳清，宁燕. 邯钢的制造费用分配[J]. 中国财经报，1999.)

问题:

(1) 邯钢制造费用的分配采用什么分配方法?

(2) 邯钢制造费用的分配方法有什么特点和优点?

废品损失的降低

废品损失经常是制约产品成本的主要原因之一。济南市某大型国有企业生产球墨铸铁,某年9月、10月、11月的产品成本分别竟高达7 215.4元、6 825.3元、6 500.9元,同月综合废品率分别是20.34%、18.29%、15.45%,而该类产品销售价格仅为每吨6 200元左右,这样算来是生产地越多,销售地越多,亏损就越大。该企业12月份通过各方努力终于将废品率降至12%以内,而该类产品成本该月降到5 845.4元。可见对于这种类型的传统工业企业有效地降低废品损失,以达到提高经济效益的目的是非常明显的。

问题:

(1) 造成废品损失的原因可能有哪些?

(2) 应从哪些方面降低企业的废品损失?

第 5 章 生产费用在完工产品与在产品之间的分配

教学目标

通过本章的学习，了解在产品的概念及其日常核算，理解选择完工产品与在产品之间费用的分配方法时应考虑的具体条件，重点掌握生产费用在完工产品与在产品之间的各种分配方法以及各种分配方法的特点、适用范围和具体的计算方法。

教学要求

知识要点	能力要求	相关知识
在产品的核算	(1) 在产品数量的核算 (2) 在产品清查的核算	(1) 广义在产品 (2) 狭义在产品 (3) 半成品
完工产品和在产品之间分配费用的方法	(1) 分配方法选择的具体条件 (2) 分配的各种方法	(1) 不计算在产品成本法 (2) 按年初数固定计算在产品成本法 (3) 在产品按所耗原材料费用计价法 (4) 约当产量比例法 (5) 在产品按完工产品成本计算法 (6) 在产品按定额成本计价法 (7) 定额比例法 (8) 完工产品成本的结转

> 我们必须时刻记住，会计系统无非是一个进行统计分类的模式，初始分类和再分类数据的真实性完全取决于账户类目的定义和记账规则的合理性。因此，账户类目定义和记账规则的每一个明显改进，都有可能提高会计信息的真实性。
>
> ——A·C·利特尔顿

 基本概念

在产品 广义在产品 狭义在产品 完工产品 产成品 半成品 约当产量 约当产量比例法
在产品按定额成本计价法 定额比例法 投料率 完工率 投料方式 一次投料

 导入案例

汽油成本

在加油站 A，每升汽油卖 5.60 元，但如果以现金的方式付款可以得到每升 0.60 元的折扣；在加油站 B，每升汽油卖 5.00 元，但如果以信用卡的方式付款则每升要多付 0.60 元。显然，从任何一个加油站购买汽油的经济成本是一样的。但大多数人认为：加油站 A 要比加油站 B 更吸引人。因为，与从加油站 A 购买汽油相联系的心理上的不舒服比与从加油站 B 购买汽油相联系的心理上的不舒服要少一些。因为，加油站 A 是与某种"收益"(有折扣)联系在一起的，而加油站 B 则是与某种"损失"(要加价)联系在一起的。

点评："收益"比"损失"重要。

研究发现：上述差异的原因是当衡量一个交易时，人们对于"损失"的重视要比同等的"收益"大得多。因此，企业在进行价格定价或促销时，应该将其与"收益"而不是"损失"联系在一起。

5.1 在产品的概念及其数量的确定

企业在生产过程中发生的各种生产费用，经过在各种产品之间进行分配和归集以后，只要是应该计入本月各种产品成本的生产费用，都应集中反映在"基本生产成本"账户及其所属各种产品明细账中。月末，企业产品生产有 3 种情况：第一种情况是产品全部完工；第二种情况是产品全部没有完工；第三种情况是产品部分完工，部分没有完工。如果产品已经全部完工，产品明细账中所归集的生产费用(如果有月初在产品，还应包括月初在产品生产费用)之和，就是该种完工产品的总成本；如果产品全部没有完工，产品成本明细账中所归集的生产费用之和，则全部为月末在产品成本。但是，更为常见的是第三种情况，一部分已经完工，而另一部分尚处于继续生产过程中，即完工产品与在产品并存。那么，就需要采用适当的分配方法，在完工产品与月末在产品之间进行分配，分别计算出完工产品与月末在产品的成本。

月初在产品成本、本月完工产品成本、本月生产费用与月末在产品成本之间的关系可以通过下列等式表达。

月初在产品成本+本月生产费用=本月完工产品成本+月末在产品成本

等式前两项是已知数，等式后两项是未知数。等式前两项之和需要采用一定的分配方法在完工产品与月末在产品之间进行分配。要正确地进行完工产品与月末在产品的费用分配，就必须正确地组织在产品的数量核算，取得在产品收发与结存的数量资料。

5.1.1 在产品的含义

企业的在产品是指没有完成全部生产过程，不能作为商品销售的未完工产品。在产品有广义和狭义之分。广义在产品是指正在企业各车间加工中的在制品(含返修中的废品)和已经完成一个或几个生产步骤，但还需继续加工的自制半成品(含未经验收入库的产品和等待返修的废品)等。已验收入库准备对外销售的自制半成品属于商品产品，不应列入在产品范围之内。广义在产品是从整个企业角度来说的在产品，而狭义在产品是就某一车间或某一生产步骤而言的。狭义在产品是指某车间或某一生产步骤正在加工中的在制品(含返修中的废品)，该车间或生产步骤完工的半成品不包括在内。本章所讲述的生产费用在完工产品和在产品之间的分配，是指完工产品与狭义在产品之间的费用分配。

5.1.2 在产品数量的日常核算

在产品盘存的数量同其他财产物资盘存的数量一样，应该具备账面核算资料和实际盘存资料。也就是说，企业一方面做好在产品收发存的日常核算工作，另一方面要做好在产品的清查工作。

在产品收发存的日常核算通常是通过设置"在产品收发结存账"(也称"在产品台账")进行的。在产品台账应分生产单位(分厂、车间)，按产品的品种和零部件的名称来设置，以反映各生产单位各种在产品收入、发出和结存情况。在产品台账还可以结合企业生产工艺特点和内部管理的需要，进一步按照加工工序(生产步骤)来组织在产品数量核算。在产品台账的一般格式见表 5-1。

表 5-1 在产品台账(收发结存账)

在产品名称：　　　　　　　　　车间名称：　　　　　　　　　单位：

日 期		摘 要	收 入		转 出			结 存			备 注
月	日		凭证号	数量	凭证号	合格品	废品	完工	未完工	废品	

5.1.3 在产品清查的核算

为了核实在产品的数量，保护在产品的安全、完整，企业必须做好在产品的清查工作。在产品应定期或不定期进行清查，以取得在产品的实际盘存资料。清查后，应根据清查盘存结果与在产品台账账面资料核对，编制"在产品盘存表"和"账存实存对比表"(两表也可合一)，表中应该填列在产品的账面数、实存数和盘盈盘亏数，以及盈亏的原因和处理意见等。对于报废和毁损的在产品，还要登记残值。如果车间不设置在产品台账对在产品进行收发存日常核算，则应按月在月末对在产品进行清查，实际盘存资料作为编制在产品盘存表和计算在产品成本的依据。

成本核算人员应对在产品盘存表进行认真审查，分析原因，采取措施，改善在产品管理，并报经有关部门审批，根据审核结果对在产品的盘盈、盘亏进行账务处理。

1. 在产品发生盘盈的核算

(1) 盘盈在产品的计划成本或定额成本。

借：基本生产成本——××车间(××产品)
　　贷：待处理财产损溢——待处理流动资产损溢

(2) 经批准核销时。

借：待处理财产损溢——待处理流动资产损溢
　　贷：管理费用

2. 在产品发生盘亏和毁损的核算

(1) 按在产品盘亏损失计算成本。

借：待处理财产损溢——待处理流动资产损溢
　　贷：基本生产成本——××车间(××产品)

(2) 经批准转销，根据不同原因做不同处理。

① 应收过失人员(单位)和保险公司赔偿款时。

借：其他应收款/银行存款
　　贷：待处理财产损溢——待处理流动资产损溢

② 未经保险的意外灾害造成的非常损失时。

借：营业外支出
　　贷：待处理财产损溢——待处理流动资产损溢

③ 作为一般经营损失处理时。

借：管理费用/制造费用(车间管理不善)
　　贷：待处理财产损溢——待处理流动资产损溢

④ 收回残值时。

借：原材料
　　贷：待处理财产损溢——待处理流动资产损溢

库存半成品增减变动及清查的核算可参照库存材料的核算进行，只是在"自制半成品"账户进行。辅助生产车间的在产品数量核算与基本生产车间相似，只是在"辅助生产成本"账户进行。

【例 5-1】奔成企业基本生产车间在产品清查结果：A 在产品盘亏 25 件，单位计划成本 15 元，过失人赔偿 150 元；B 在产品盘盈 10 件，单位计划成本 30 元；C 产品的在产品毁损 250 件，单位计划成本 35 元，残料入库作价 400 元。由于自然灾害造成损失 3 200 元，应由保险公司赔偿 3 600 元，其余损失计入管理费用。已报经主管部门批准予以转账。

(1) A 在产品发生盘亏的核算。

① 按在产品单位计划成本计算盘亏损失。

借：待处理财产损溢——待处理流动资产损溢　　　　　　　　　　　375
　　贷：基本生产成本——A 产品　　　　　　　　　　　　　　　　　375

② 经批准转销，收过失人员赔偿款时。

借：其他应收款——××　　　　　　　　　　　　　　　　　　　　150

　　　　管理费用　　　　　　　　　　　　　　　　　　225
　　　　　贷：待处理财产损溢——待处理流动资产损溢　　375

(2) B 在产品发生盘盈核算。

① 按盘盈在产品的计划成本计算。

借：基本生产成本——B 产品　　　　　　　　　　　300
　　贷：待处理财产损溢——待处理流动资产损溢　　300

② 经批准核销时。

借：待处理财产损溢——待处理流动资产损溢　　　300
　　贷：管理费用　　　　　　　　　　　　　　　　300

(3) C 在产品发生毁损核算。

① 毁损转账时。

借：待处理财产损溢——待处理流动资产损溢　　　8 750
　　贷：基本生产成本——C 产品　　　　　　　　　8 750

② 残料作价入库时。

借：原材料　　　　　　　　　　　　　　　　　　400
　　贷：待处理财产损溢——待处理流动资产损溢　　400

③ 经批准转账时。

借：其他应收款/银行存款　　　　　　　　　　　　3 600
　　营业外支出　　　　　　　　　　　　　　　　　3 200
　　管理费用　　　　　　　　　　　　　　　　　　1 550
　　贷：待处理财产损溢——待处理流动资产损溢　　8 350

5.2　生产费用在完工产品与月末在产品之间分配的方法

　　采用合理而又简便的方法在完工产品与月末在产品之间分配生产费用，是成本核算工作的一项重要任务。企业应根据月末在产品数量的多少，各月之间在产品数量变化的大小，各项费用在产品成本中所占比例的大小，定额管理基础的好坏等具体条件，来选择适当的分配方法。

　　在"基本生产成本"账户中关系式为：月初在产品成本+本月生产费用=本月完工产品成本+月末在产品成本。在上式中有"本月完工产品成本"和"月末在产品成本"两个未知数，那么，在一个有两个未知数的等式中，要求出未知数，只有两个方法，也即确定完工产品成本的方法有两大类：第一类是先确定月末在产品成本，然后倒挤出来完工产品成本，称为扣除法；第二类是将前两项之和按照一定的比例在完工产品与月末在产品之间进行分配，同时计算出来完工产品成本与月末在产品成本，称为比例法。为了便于对问题的理解，可以用公式将两类分配方法表述如下。

　　扣除法：本月完工产品成本=月初在产品成本+本月生产费用-月末在产品成本

　　比例法：本月完工产品成本+月末在产品成本=月初在产品成本+本月生产费用

　　这两类方法包括以下几种具体方法：不计算在产品成本法、按年初数固定计算在产品成本法、在产品按所耗原材料费用计价法、约当产量比例法、在产品按完工产品成本计算法、在产品按定额成本计价法、定额比例法等 7 种方法。

5.2.1 不计算在产品成本法

这种方法的基本特点是：基本生产成本明细账中归集的产品成本，全部由本月完工产品负担，月末在产品不分担。该方法适用于各月在产品数量很少的企业。这种方法算不算在产品成本对完工产品成本影响不大，为了简化核算工作，可以不计算在产品成本。本月发生的产品生产费用，全部由完工产品负担。

5.2.2 按年初数固定计算在产品成本法

这种方法是年内各月在产品成本都按年初在产品成本计算，固定不变。该方法适用于月末在产品数量很小，或者在产品数量虽然很大但各月之间在产品数量变动不大，月初、月末在产品成本的差额对完工产品成本影响不大的企业。为了简化核算工作，各月在产品成本可以固定按照年初数计算。采用这种方法，某种产品本月发生的生产费用就是本月完工产品的成本。年终时，根据实地盘点的在产品数量，重新调整计算在产品成本，以避免在产品成本与实际出入过大，影响成本计算的正确性。

5.2.3 在产品按所耗原材料费用计价法

这种方法是月末在产品成本只按所耗的原材料费用计算确认，直接人工和制造费用等加工费用则全部由完工产品成本承担。该方法适用于各月末在产品数量较大，数量变化也较大，同时原材料费用在产品成本中占的比重较大的企业。为了简化核算工作，月末在产品可以只计算原材料费用，其他费用全部由完工产品负担。纺织、造纸和酿酒等工业企业，原材料费用比重较大，可以采用这种分配方法。

【例 5-2】某工业企业生产 A 产品，该产品原材料费用在产品成本中所占比重较大，在产品只计算原材料费用，采用在产品按所耗原材料费用计价法分配完工产品与月末在产品成本。A 产品月初在产品原材料费用（即月初在产品成本）2 000 元；本月发生的原材料费用为 28 000 元，直接人工费用为 6 000 元，制造费用为 7 000 元；本月完工产品 220 件，月末在产品 80 件。该产品的原材料费用是生产开始时一次投入的，原材料费用按完工产品与月末在产品的数量直接分配。分配计算过程如下。

(1) 原材料费用分配率 $=\dfrac{(2\,000+28\,000)}{(220+80)}=100$（元/件）

(2) 完工产品分配原材料费用 $=220\times100=22\,000$（元）

(3) 月末在产品分配原材料费用（即月末在产品成本）$=80\times100=8\,000$（元）

(4) 完工产品成本 $=22\,000+6\,000+7\,000=35\,000$（元）

或 $=2\,000+(28\,000+6\,000+7\,000)-8\,000=35\,000$（元）

5.2.4 约当产量比例法

这种方法将月初在产品成本与本月发生的生产费用之和，按完工产品数量与月末在产品约当产量的比例进行分配，来计算完工产品成本和月末在产品成本。分配时按成本项目进行。所谓约当产量就是月末在产品数量按其完工程度折算为相当于完工产品的数量。该方法适用于月末在产品数量较大，各月末在产品数量变化也较大，产品成本中原材料费用与直接人工费用等加工费用的比重相差不大的企业。为了提高成本计算的正确性，在产品应该既计算原材料费用，又计算直接人工等其他加工费用。

约当产量比例法的有关计算公式如下。

$$在产品约当产量=在产品数量×完工程度$$

$$某项费用分配率=\frac{该项费用总额}{完工产品数量+月末在产品约当产量}$$

$$完工产品该项费用=完工产品数量×该项费用分配率$$

$$月末在产品该项费用=月末在产品约当产量×该项费用分配率$$

【例 5-3】某企业生产 A 产品，本月完工 400 件，月末在产品 200 件，在产品完工程度 40%；月初在产品与本月发生的直接材料费用合计为 36 000 元，直接人工费用为 9 600，制造费用为 14 400。直接材料费用在生产开始时一次投入，直接人工及制造费用等加工费用按照完工产品数量和月末在产品约当产量的比例分配。完工产品与月末在产品费用分配计算过程如下。

(1) 计算月末在产品约当产量。

月末在产品约当产量=200×40%=80(件)

(2) 直接材料费用分配。

$$直接材料费用分配率=\frac{36\,000}{400+200}=60(元/件)$$

完工产品应负担的直接材料费用=400×60=24 000(元)

月末在产品应负担的直接材料费用=200×60=12 000(元)

(3) 直接人工费用分配。

$$直接人工费用分配率=\frac{9\,600}{400+80}=20(元/件)$$

完工产品负担的直接人工费用=400×20=8 000(元)

月末在产品负担的直接人工费用=80×20=1 600(元)

(4) 制造费用分配。

$$制造费用分配率=\frac{14\,400}{400+80}=30(元/件)$$

完工产品应负担的制造费用=400×30=12 000(元)

月末在产品应负担的制造费用=80×30=2 400(元)

从上面的计算可以看出，这种方法的关键是计算在产品的完工程度，由于材料和费用的完工程度往往不同，下面分别叙述。

1. 直接材料费用的分配

约当产量法下直接材料费用的分配首先要计算在产品的完工程度。材料的完工程度也称投料率，即在产品已投材料量占完工产品总材料量之比。投料率的计算和投料方式密切相关，材料的投料方式有一次投料法、逐步投料法和分次投料法。

1) 一次投料方式

在产品生产开工时一次投入产品生产所需的全部直接材料，不管产品生产是单工序还是多工序，月末在产品的单位原材料费用与完工产品单位原材料费用都是相同的，月末在产品的投料程度为 100%。所以，月末在产品不需要折算约当产量，相当于完工率为 100%，在产品的约当产量即在产品的实际数量，直接材料费用可直接按完工产品产量与在产品实际数量比例分配。

 知识图说

一次投料方式如图 5.1 所示。

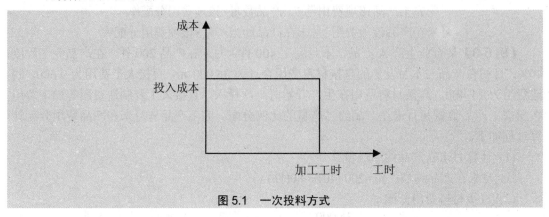

图 5.1　一次投料方式

在一次投料方式下，其投料率为 100%，产品一投入，其成本就和完工产品成本金额一样，无需折合了。

2) 分次投料方式

直接材料随加工程度分工序投入，但在每道工序开始时一次投入。这种情况下，也应按工序分别计算各工序在产品的投料率。不过在计算各工序在产品的投料率时，应以各工序的直接材料消耗定额为依据，投料程度按完成本工序投料的 100%计算。计算公式如下。

$$某道工序在产品投料率 = \frac{前面各道工序累计直接材料消耗定额之和 + 本工序直接材料消耗定额}{完工产品直接材料消耗定额} \times 100\%$$

 知识图说

分次投料方式如图 5.2 所示。

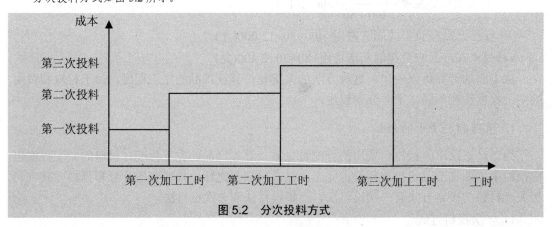

图 5.2　分次投料方式

在分次投料方式下，由于分次的投料量不一样，就需根据其投料的量，计算各次的投料率，按各次的投料率和各次上的在产品量相乘折合成完工成品的约当量。

$$投料率 = (上次投料累计量 + 本次投料量) \div 总投料量 \times 100\%$$

在逐步投料方式下，由于投料量是逐步投入的，投料率的计算公式如下。

$$投料率=在产品已投料累计量÷总投料量×100\%$$

一批在产品数量乘投料率即为在产品相当于完工产品的约当产量。

【例 5-4】某企业的甲产品经两道工序加工完成，直接材料是分两道工序在每道工序开始时一次投入，原材料消耗定额为 500 千克，其中，第一道工序原材料消耗定额为 300 千克，第二道工序原材料消耗定额为 200 千克。月末在产品数量：第一道工序为 100 件，第二道工序为 50 件。完工产品 330 件，月初在产品与本月发生的直接材料费用合计 88 000 元。计算过程见表 5-2。

表 5-2　直接材料费用的分配计算

工序	本工序直接材料消耗定额	完工程度(投料率)	在产品约当产量
1	300 千克	(300×100%)÷500×100%=60%	100×60%=60 件
2	200 千克	(300+200×100%)÷500×100%=100%	50×100%=50 件
合计	500 千克	——	110 件

直接材料是在每道工序开始时投入的，在同一工序中各件在产品直接材料的消耗定额，就是该工序的消耗定额，应按 100%折算，而不是按 50%折算，最后一道工序在产品的消耗定额就是完工产品的消耗定额，所以投料率为 100%。

$$直接材料费用分配率=\frac{88\,000}{330+110}=200(元/件)$$

完工产品分配直接材料费用=330×200=66 000(元)

月末在产品分配直接材料费用=110×200=22 000(元)

3) 逐步投料方式

逐步投料就是直接材料随着生产进度陆续投入或在每道工序开始时投入，具体可分为以下两种情况。

(1) 直接材料随加工进度陆续投入，而且投料程度与加工程度一致或基本一致。这时，用于分配直接材料费用所依据的月末在产品约当产量，与用于分配直接人工、制造费用等加工费用所采用的月末在产品约当产量一致，即月末在产品的投料率与分配加工费用时的完工率一致。

(2) 直接材料随加工进度陆续投入，其投料程度与加工程度不一致。这种情况下，应按工序分别计算各工序在产品的投料率。在计算各工序在产品的投料率时，一般以各工序的直接材料消耗定额为依据，投料程度按完成本工序投料的 50%计算。计算公式如下。

$$某道工序在产品投料率=\frac{前面各道工序累计直接材料消耗定额之和+本工序直接材料消耗定额×50\%}{完工产品直接材料消耗定额}×100\%$$

知识图说

逐步投料方式如图 5.3 所示。

如果是大量生产方式下，由于在产品也是逐步投入的，假设在全部加工时间内在产品连续存在，如图 5.4 所示，那么后面在产品多投料的量可以抵补前面少投料的量，即其总投料量只有一次投料方式下的一半，故其总投料率为 50%。从图 5.4 可以看出，逐步投料法所形成的三角形面积为一次投料方式下的一半，因此，在产品量按 50%折合即为约当产量。

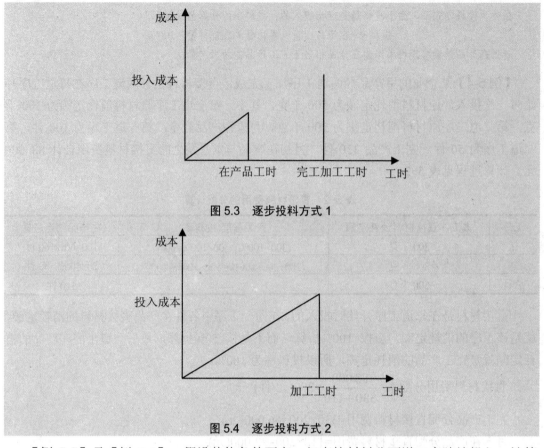

图 5.3 逐步投料方式 1

图 5.4 逐步投料方式 2

【例 5-5】承【例 5-4】，假设其他条件不变，但直接材料分两道工序陆续投入，计算过程见表 5-3。

表 5-3 直接材料费用的分配计算

工序	本工序直接材料消耗定额	完工程度(投料率)	在产品约当产量
1	300 千克	(300×50%)÷500×100%=30%	100×30%=30 件
2	200 千克	(300+200×50%)÷500×100%=80%	50×80%=40 件
合计	500 千克	——	70 件

直接材料是在每道工序随加工进度陆续分次投入的,因此每道工序投料率按 50%折算。

直接材料费用分配率=$\dfrac{88000}{330+70}$=220(元/件)

完工产品分配直接材料费用=330×220=72 600(元)

月末在产品分配直接材料费用=70×220=15 400(元)

2. 直接人工及制造费用等加工费用的分配

在约当产量法下直接人工及制造费用等加工费用的分配首先要计算完工程度。完工程度也称完工率,即在产品已加工工时与完工产品总工时之比。直接人工和制造费用都是随工时发生而发生的费用,这些费用的分配必须先计算完工率。对于完工率的计算,根据在产品的实际加工工时计算出完工率最好,但在企业在产品量很大的情况下,没法——算出每个在产品的完工率，实际工作中，一般都采用估算法，具体方法如下。

1) 平均计算法

平均计算就是一律按 50%作为各工序在产品的完工程度。这适合在各工序在产品数量和单位产品在各工序的加工量都相差不多的情况下采用，后面各工序在产品多加工的程度可以抵补前面各工序少加工的程度。这样，全部在产品的完工程度均可按 50%计算。

2) 分工序计算完工率．

分工序计算完工率是根据截止到某一工序为止在产品工时定额占完工产品工时定额的百分比，来确定各工序在产品完工率的一种方法。计算公式如下。

$$某道工序在产品完工率=\frac{前面各工序累计工时定额之和+本工序工时定额×50\%}{完工产品工时定额}×100\%$$

 知识图说

对于在产品成本项目中以时间发生形成的费用，由于时间的发生是累积连续的，其在产品完工率的计算公式如下。

$$完工率=在产品已加工工时÷总加工工时×100\%$$

在产品的数量乘完工率即为约当产量。如果是大量生产方式下，由于产品是逐步投入的，假设在全部加工时间内在产品连续存在，后面在产品多加工的程度可以抵补前面少加工的程度，那么其总工时量只有该批产品完工时工时的一半，故其完工率为 50%，从图 5.5 可以看出，在产品加工工时所形成的三角形面积为完工产品工时的一半，因此，在产品量按 50%折合即为约当产量。

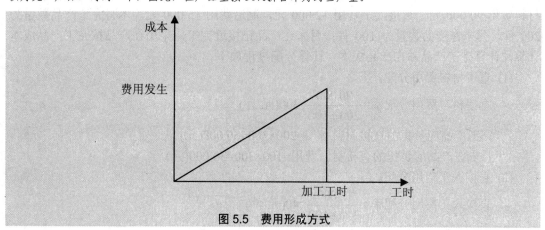

图 5.5 费用形成方式

【例 5-6】某企业生产某产品经 3 道工序制成，该产品的工时定额为 25 小时。其中，第一道工序 10 小时，第二道工序 9 小时，第三道工序 6 小时。该产品完工产品 100 件，月末在产品 50 件，其中，第一道工序 20 件，第二道工序 20 件，第三道工序 10 件。月初在产品与本月发生费用合计为：直接人工费用 24 880 元，制造费用 12 440 元。计算过程如下。

(1) 约当产量计算。

$$第一道工序完工率=\frac{0+10×50\%}{25}×100\%=20\%$$

$$第二道工序完工率=\frac{10+9×50\%}{25}×100\%=58\%$$

$$第三道工序完工率=\frac{10+9+6×50\%}{25}×100\%=88\%$$

月末在产品约当产量=20%×20+58%×20+88%×10=24.4(件)

(2) 直接人工费用分配。

直接人工费用分配率=$\dfrac{24\,880}{100+24.4}$=200(元/件)

完工产品应负担的直接人工费用=100×200=20 000(元)

月末在产品应负担的直接人工费用=24.4×200=4 880(元)

(3) 制造费用分配。

制造费用分配率=$\dfrac{12\,440}{100+24.4}$=100(元/件)

完工产品应负担的制造费用=100×100=10 000(元)

月末在产品应负担的制造费用=24.4×100=2 440(元)

5.2.5　在产品按完工产品成本计算法

这种方法的特点是：在产品视同完工产品分配生产费用。它适用于在产品已接近完工，或者是产品已经加工完毕，只是尚未包装或尚未验收入库的产品。因为这种情况下的在产品成本已经接近完工产品成本，为了简化产品成本计算工作，在产品可以视同完工产品，按两者的数量比例分配直接材料费用和直接人工费用等各项加工费用。

【例 5-7】某企业所生产的 A 产品月初在产品成本和本月发生费用合计数分别为：直接材料费 90 000 元，直接人工费用 12 000 元，制造费用 15 000 元。本月完工产品数量为 200 件，月末在产品数量为 100 件；月末在产品已接近完工，采用在产品按完工产品成本计算法计算完工产品和在产品成本。计算分配过程如下。

(1) 直接材料费用分配。

直接材料费用分配率=$\dfrac{90\,000}{200+100}$=300(元/件)

完工产品应负担的直接材料费用=200×300=60 000(元)

月末在产品应负担的直接材料费用=100×300=30 000(元)

(2) 直接人工费用分配。

直接人工费用分配率=$\dfrac{12\,000}{200+100}$=40(元/件)

完工产品应负担的直接人工费用=200×40=8 000(元)

月末在产品应负担的直接人工费用=100×40=4 000(元)

(3) 制造费用分配。

制造费用分配率=$\dfrac{15\,000}{200+100}$=50(元/件)

完工产品应负担的制造费用=200×50=10 000(元)

月末在产品应负担的制造费用=100×50=5 000(元)

通过上述计算过程可以看出，在产品按完工产品成本计算法，实际上是约当产量的一种变形，在这种方法下，在产品的约当产量就是实际产量。在约当产量比例法中，直接材料费用在生产开始时一次投入的情况下，分配直接材料费用，就是按完工产品与在产品的实际产量比例分配的。

5.2.6 在产品按定额成本计价法

该方法是月末在产品成本按照事先制定的定额成本计算,然后从某种产品的全部生产费用中(月初在产品费用与本月生产费用之和)减去按定额成本计算的月末在产品成本,计算出来完工产品成本。这种方法适用于各项消耗定额或费用定额比较准确、稳定,各月末在产品数量变化不大的产品。因为,月末在产品按定额成本确定后,全部生产费用减去月末在产品定额成本就是完工产品成本,即将实际生产费用脱离定额的差异全部由完工产品成本负担,如果定额不够准确,实际费用脱离定额的差异就较大,就会影响成本计算的准确性。如果各项定额不够稳定,亦会影响成本的核算和分析。因为,在修改定额的月份,不仅将实际费用与新定额之间的差异计入了完工产品成本,而且将月末在产品的新定额与旧定额之间的差异也计入了完工产品成本。如果定额较客观、准确、稳定,则单位在产品成本脱离定额的差异就很小,而且各月末在产品数量变动不大,月初在产品成本脱离定额的差异总额与月末在产品脱离定额的差异总额的差额也不会太,对完工产品成本计算的准确性影响就很小。因此,为了简化产品成本计算工作,月末在产品可按定额成本计算。

在产品按定额成本计价法的计算公式如下。

某产品月末在产品定额成本=月末在产品数量×在产品单位定额成本

某产品完工产品总成本=该产品本月全部生产费用-该产品月末在产品定额成本

【例 5-8】某企业生产 D 产品,某月生产费用合计:直接材料费用 25 000 元,直接人工 4 000 元,制造费用 5 000 元。月末在产品 20 件,其定额工时 300 小时,每工时费用定额为:直接人工 2.00 元,制造费用 3.00 元。完工产品 100 件,直接材料是生产开始时一次投入的,产品直接材料费用定额为 50 元。

根据以上资料编制产品成本计算单,见表 5-4。

表 5-4　产品成本计算单

产品名称:D 产品　　　　　　　201×年×月　　　　　　　产量:100 件

成本项目	直接材料	定额工时	直接人工	制造费用	合　计
生产费用合计	25 000		4 000	5 000	34 000
在产品费用定额	50		2.00	3.00	—
在产品定额成本	1 000	300	600	900	2 500
完工产品成本	24 000		3 400	4 100	31 500
完工产品单位成本	240		34	41	315

【例 5-8】表明,采用在产品按定额成本计价法,要先按定额成本计算出月末在产品成本,然后用倒挤的方法计算出完工产品的成本。

采用这种方法计算在产品成本时,还可视情况进一步简化成本计算工作,即可根据各项费用在产品成本中占的比重,月末在产品或只计算直接材料定额成本,或只计算直接材料与直接人工定额成本,或只计算直接人工等加工费用的定额成本,其他未计入在产品成本的费用,全部由完工产品负担。

5.2.7　定额比例法

这种方法是完工产品和月末在产品的成本计算按照生产费用占完工产品和月末在产品的定额消耗量或定额费用的比例来分配计算，而且是分成本项目进行的。其中，直接材料费用按原材料定额消耗量或原材料定额费用比例分配，直接人工及制造费用等其他加工费用按定额工时或定额费用比例分配。

该方法适用于各项消耗定额或费用定额比较准确、稳定，但各月末在产品数量变动较大的产品。因为月初和月末在产品成本之间脱离差异的差异在完工产品与月末在产品之间按比例分配，从而提高了产品成本计算的正确性。

采用定额比例法时，如果原材料费用按定额原材料费用比例分配，各项加工费用均按定额工时比例分配，那么，其分配计算公式为：

$$原材料费用分配率=\frac{月初在产品原材料费用+本月投入的原材料费用}{完工产品定额原材料费用+月末在产品定额原材料费用}$$

$$或=\frac{月初在产品原材料费用+本月投入的原材料费用}{月初在产品定额原材料费用+本月投入的定额原材料费用}$$

上述第一个公式与第二个公式的分子相同，分母不同，但两个公式可以通用。因为月初在产品定额原材料费用与本月投入的定额原材料费用之和，等于本月完工产品定额原材料费用与月末在产品定额原材料费用之和。

完工产品应分配原材料费用=完工产品定额原材料费用×原材料费用分配率

月末在产品应分配原材料费用=月末在产品定额原材料费用×原材料费用分配率

直接人工及制造费用等加工费用的分配计算公式为：

$$某项加工费用分配率=\frac{月初在产品某项加工费用+本月投入的某项加工费用}{完工产品定额工时+月末在产品定额工时}$$

$$或=\frac{月初在产品某项加工费用+本月投入的某项加工费用}{月初在产品定额工时+本月投入的定额工时}$$

如同原材料的分配，这两个公式也是可以通用的。因为月初在产品定额工时与本月投入的定额工时之和等于本月完工产品定额工时与月末在产品定额工时之和。

完工产品应分配某项加工费用=完工产品定额工时×该项加工费用分配率

月末在产品应分配某项加工费用=月末在产品定额工时×该项加工费用分配率

这样，运用定额比例法在完工产品与月末在产品之间分配费用，由于计算定额的方法不同，在产品成本可以采用两种不同的方法计算。

第一种方法是通过核算月末在产品定额来计算产品成本。这种方法首先要盘点月末在产品，通过盘点计算出来月末在产品定额，然后与完工产品定额相加得出消耗定额的合计数，再运用上述公式，计算出完工产品成本和月末在产品成本。采用这种核算方法，月末各基本生产车间需要进行在产品盘点，并编制在产品盘存表，报财会部门，财会部门根据在产品盘点资料核算产品成本。

【例5-9】甲产品月初在产品成本：直接材料1 200元，直接人工费用400元，制造费用300元。本月生产费用：直接材料18 800元，直接人工费用1 400元，制造费用600元；完工产品200件，直接材料定额费用16 000，定额工时3 000小时；月末在产品50件，直接材料定额费用4 000，定额工时600小时。完工产品与月末在产品之间，直接材料费用按直接材料定额费用比例分配，其他加工费用按定额工时比例分配。各项费用分配过程见表 5-5。

表 5-5　产品成本明细账

产品名称：甲产品　　　　　　　　　　　　201×年×月　　　　　　　　　　　　产量：200 件

成本项目	月初在产品费用	本月费用	生产费用合计	费用分配率	完工产品费用		月末在产品费用	
					定额	实际费用	定额	实际费用
①	②	③	④=②+③	⑤=④÷(⑥+⑧)	⑥	⑦=⑥×⑤	⑧	⑨=⑧×⑤
直接材料	1 200	18 800	20 000	1	16 000	16 000	4 000	4 000
直接人工	400	1 400	1 800	0.5	3 000 小时	1 500	600 小时	300
制造费用	300	600	900	0.25	3 000 小时	750	600 小时	150
合　计	2 000	20 800	22 700	—	—	18 250	—	4 450

第二种方法是通过计算本期投入定额，然后与期初在产品定额相加作为分配率的分母，运用上述公式，将生产费用在完工产品与月末在产品之间进行分配。运用这种方法进行产品成本核算，关键在于本期投入的定额的计算。本期投入的定额材料成本，在机械制造行业，通常根据每道工序投入的零部件数量乘以零部件定额成本，求得零部件材料定额成本，然后相加即为本期投入的材料定额成本。本期投入的工时定额根据在产品台账的定额工时统计计算。

【例 5-10】甲产品月初在产品定额直接材料费用 1 500，定额工时 800 小时；本月投入定额直接材料费用 18 500，定额工时 2 800 小时；月初在产品成本直接材料 1 200 元，直接人工费用 400 元，制造费用 300 元；本月投入的直接材料费用 18 800 元，直接人工费用 1 400 元，制造费用 600 元；完工产品直接材料定额费用 16 000，定额工时 3 000 小时；完工产品与月末在产品之间，直接材料费用按直接材料定额费用比例分配，其他加工费用按定额工时比例分配。各项费用分配过程见表 5-6。

表 5-6　产品成本明细账

产品名称：甲产品　　　　　　　　　　　　201×年×月　　　　　　　　　　　　产量：200 件

成本项目	月初在产品		本月投入		合　计		费用分配率	完工产品费用		月末在产品费用	
	定额	实际	定额	实际	定额	实际		定额	实际	定额	实际费用
①	②	③	④	⑤	⑥=②+④	⑦=③+⑤	⑧=⑦÷⑥	⑨	⑩=⑨×⑧	⑪=⑥-⑨	⑫=⑪×⑧
直接材料	1 500	1 200	18500	18 800	20 000	20 000	1	16 000	16 000	4 000	4 000
直接人工	800	400	2800	1 400	3 600	1 800	0.5	3 000	1 500	600	300
制造费用	800	300	2800	600	3600	900	0.25	3 000	750	600	150
合计	3 100	1 900	25100	20 800	27 200	22 700	—	22 000	18 250	5 200	4 450

这种核算方法减少了大量的月末产品成本核算，加速了成本计算。但由于没有通过倒挤计算月末在产品成本，就可能出现月末在产品成本账实不符的情况。因此，应加强对在

产品的日常管理，并定期对在产品进行盘点，及时调整账实不符的情况。

综上所述，采用定额比例法分配完工产品与月末在产品成本，分配结果比较准确，并且还有利于实际费用与定额费用的比较，考核和分析定额的执行情况。

通过以上几种分配方法，生产费用在完工产品与月末在产品之间分配以后，就能够分别计算出来各种完工产品的总成本和单位成本，为考核和分析产品成本计划的执行情况提供成本资料。

 知识图说

完工产品和在产品之间的关系，见下列公式。

完工产品成本+期末在产品成本=本期发生的费用+期初在产品成本

从公式中可看出，在一个等式中有两个未知数的情况下，只有两个方法求解：一是先假设一个未知数为一常数，求另一未知数，称为扣除法；二是求出两未知数的公比，按比例求出两未知数，称为比例法。具体是采用扣除法还是比例法，还要考虑以下因素：在产品数量的多少，在产品数量变化的大小，各项费用比重的大小，定额管理的好坏，定额差异负担情况。在考虑这些因素下，完工产品和在产品之间分配费用的方法如图5.6所示。

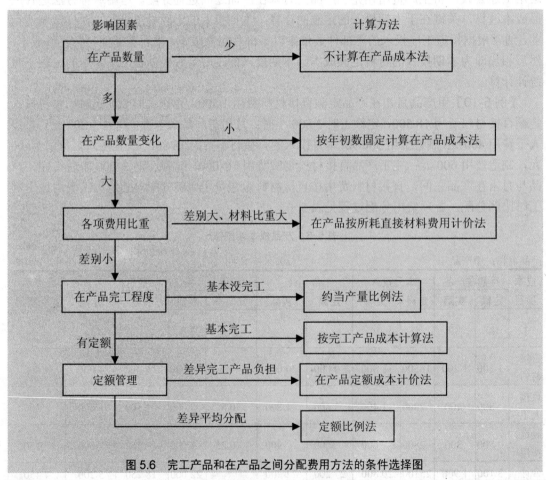

图5.6 完工产品和在产品之间分配费用方法的条件选择图

5.3　完工产品成本的结转

工业企业生产产品发生的各项生产费用，已在各种产品之间进行了分配，并且也进行了同种产品的完工产品与月末在产品之间的分配。完工产品经产成品库验收入库以后，其成本应从"基本生产成本"科目及其明细账的贷方，转入"库存商品"借方。完工的自制材料、模具、工具等的成本，应分别计入"原材料"、"低值易耗品"等科目的借方。"基本生产成本"科目月末借方余额，为月末在产品成本。"基本生产成本"总账账户余额应与所属各种产品成本明细账中月末在产品成本之和核对相符。

对于完工产品，应根据产品成本明细账所登记完工产品也就是产成品的成本资料(见表5-4 和表5-5)，编制产成品成本汇总表，其格式见表5-7。

表5-7　产成品成本汇总表

黄河工厂　　　　　　　　　　　201×年×月　　　　　　　　　　单位：元

产成品名称	产量	成本	直接材料	直接人工	制造费用	成本合计
D产品	100	总成本	24 000	3 400	4 100	31 500
		单位成本	240	340	410	315
甲产品	200	总成本	16 000	1 500	750	18 250
		单位成本	800	7.5	3.75	91.25
总成本合计			40 000	4 900	4 850	302 400

根据上述产成品成本汇总表，编制下述会计分录。

借：库存商品——D产品　　　　　　　　　　　　　　　　　31 500
　　　　　　——甲产品　　　　　　　　　　　　　　　　　18 250
　　贷：基本生产成本——D产品　　　　　　　　　　　　　　　31 500
　　　　　　　　　　——甲产品　　　　　　　　　　　　　　　18 250

本　章　小　结

企业的在产品是指没有完成全部生产过程，不能作为商品销售的未完工产品。在产品有广义和狭义之分。本章所讲述的生产费用在完工产品和在产品之间的分配，是指完工产品与狭义在产品之间的费用分配。狭义在产品是就某一车间或某一生产步骤而言的，是指某车间或某一生产步骤正在加工中的在制品(含返修中的废品)，该车间或生产步骤完工的半成品不包括在内。

把生产过程中发生的各种要素费用，采用适当的标准，分配给各个成本对象以后，本期产品生产所发生的费用就全部归集在基本生产成本账户的借方，并按成本计算对象归集在成本计算单的各成本项目中。如果月末有在产品，费用还需在完工产品和在产品之间进行分配，可供采用的分配方法主要有以下7种：不计算在产品成本法、按年初数固定计算在产品成本法、在产品按所耗原材料费用计价法、约当产量比例法、在产品按完工产品成本计算法、在产品按定额成本计价法、定额比例法。

对于约当产量法，在产品的完工程度的计算是一个关键点，要根据在产品的不同情况，分别计算投料率和完工率，乘上在产品的数量即是在产品的约当产量。

名人名言

成本会计研究的重点应当放在成本控制上，运用预计成本的方法已被提到议事日程。

——杰·白蒂

会计历史就是文明的历史，会计总是同文明的进步携手前进的。

——沃尔夫

再高的忠诚度也敌不过价格上的一分钱。

——现代营销学之父菲利普·科特勒

一件商品，成本8角，如果标价1元，销售数量就是标价1.2元的3倍，我在一件商品上所赚不多，但卖多了，我就有利可图。

——泰罗·沃尔顿

中英文对照专业名词

完工产品(finished product)　　　　　在产品(work in process)

不计算在产品成本法(non-calculating work-in-process cost method)

按年初数固定计算在产品成本法(calculating work-in-process cost by beginning fixed method)

约当产量比例法(proportion of equivalent unit method)

在产品按完工产品成本计算法(calculating work-in-process cost by finished good cost)

在产品按定额成本计算法(calculating work-in-process cost by norm cost)

定额比例法(norm proportion method)

练 习 题

一、单项选择题

1. 在计算完工产品成本时，如果不计算在产品成本，必须具备下列条件(　　)。

　　A．各月末在产品数量比较稳定　　B．各月末在产品数量很少

　　C．各月末在产品数量较大　　　　D．定额管理基础较好

2. 在产品完工率为(　　)与完工产品工时定额的比率。

　　A．所在工序工时定额　　　　　　B．所在工序工时定额之半

　　C．所在工序累计工时定额　　　　D．上道工序累计工时定额与所在工序工时定额之半的合计数

3. 原材料在每道工序开始时一次投料的情况下，分配原材料费用的在产品完工率，等于原材料的(　　)与该产品完工的原材料消耗定额的比率。

　　A．所在工序消耗定额　　　　　　B．所在工序累计消耗定额

　　C．所在工序累计消耗定额之半　　D．所在工序消耗定额之半

4. 某种产品月末在产品数量较大，各月末在产品数量变化也较大，原材料费用占产品成本比重较大，月末在产品与完工产品之间的费用分配应采用(　　)。

　　A．约当产量比例法　　　　　　　B．在产品按定额成本计价法

　　C．定额比例法　　　　　　　　　D．在产品按所耗原材料费用计价法

5. 某企业定额管理基础比较好，能够制定比较准确、稳定的消耗定额，各月末在产品数量变化较大的产品应采用(　　)。

　　A．在产品按定额成本计价法

　　B．定额比例法

C. 在产品按所耗原材料费用计价法

D. 约当产量比例法

二、多项选择题

1. 选择完工产品与在产品之间的费用分配方法时，应考虑的具体条件是( )。

    A. 在产品数量的多少   B. 各月在产品数量变化的大小

    C. 各项费用比重的大小   D. 定额管理基础的好坏

2. 完工产品与在产品之间分配费用的方法有( )。

    A. 不计算在产品成本法   B. 定额比例法

    C. 交互分配法   D. 约当产量比例法

3. 完工产品与在产品之间分配费用，采用在产品按年初数固定成本计价法，适用于( )的企业。

    A. 各月末在产品数量较小

    B. 各月末在产品数量较大

    C. 各月末在产品数量虽大，但各月之间变动不大

    D. 各月成本水平相差不大

4. 约当产量比例法适用于( )的企业。

    A. 月末在产品接近完工   B. 月末在产品数量较大

    C. 各月末在产品数量变化较大   D. 产品成本中原材料费用和工资等加工费用比重相差不多

5. 采用定额比例法分配完工产品与在产品费用，应具备以下哪些条件？( )

    A. 定额管理基础较好   B. 各项消耗定额变动较大

    C. 各月末在产品数量变化较小   D. 各月末在产品数量变化较大

三、简答题

1. 什么是在产品？如何进行在产品数量的确定及在产品清查的核算？

2. 生产费用在完工产品和月末在产品之间的分配方法有哪些？分别适用的范围是什么？

3. 什么是约当产量法比例？怎样计算月末在产品的直接材料、直接人工、制造费用的约当产量？

4. 什么是定额比例法？计算完工产品和月末在产品成本时采用定额比例法应注意哪些问题？

5. 试比较在产品按定额成本计价法与定额比例法的异同？

四、计算题

1. 某企业 A 产品月初在产品结存了 1 件。本月生产费用为：直接材料 2 000 元，直接人工 500 元，制造费用 800 元，本月完工产品 100 件，月末结存在产品 2 件。该种产品不计算在产品成本。

    要求：计算该种产品本月完工产品的总成本和单位成本。

2. 某企业生产甲产品，月初在产品数量较大，但各月在产品数量变化不大，在产品按年初数固定成本计价法。在产品年初固定成本：直接材料 3 000 元，直接人工 2 000 元，制造费用 1 500 元。3 月份生产费用：直接材料 8 600 元，直接人工 6 000 元，制造费用 4 200 元。本月完工产品 200 件，月末在产品 100 件。

    要求：计算该种产品 3 月份完工产品的总成本和单位成本。

3. 某企业生产乙产品，原材料在生产开始时一次投料，产品成本中原材料费用所占比重很大，月末在产品按所耗原材料费用计价。3 月份月初在产品费用为原材料 20 000 元。3 月份生产费用：原材料 80 000 元，直接人工 40 000 元，制造费用 35 000 元。本月完工产品 300 件，月末在产品 200 件。

    要求：计算分配该种产品完工产品成本和月末在产品成本。

4. 某产品经两道工序生产。其工时定额为：第一工序 20 小时，第二工序 30 小时。各工序在产品的工时定额按本工序工时定额之半计算。该种产品 5 月末在产品数量为第一道工序 100 件，第二道工序 200 件。

    要求：

(1) 计算两道工序在产品的完工率。

(2) 计算月末在产品的约当产量。

5. 某产品经两道工序制成,各工序原材料消耗定额为:第1道工序原材料消耗定额为 60 千克,第二道工序原材料消耗定额为 40 千克。

要求:

(1) 计算各工序完工率(原材料在各该工序生产开始时一次投入)。

(2) 计算各工序完工率(原材料在各该工序生产开始后陆续投入)。

6. 某厂加工 A 产品,原材料和加工费随加工进度均匀发生。月初加本月生产费用合计为:原材料 28 000 元,直接工资 14 000 元,制造费用 10 080 元;本月完工 100 件,月末在产品 30 件,完工程度为 40%。采用约当产量比例法分配完工产品与月末在产品成本。

要求:

(1) 分别计算原材料、直接工资、制造费用分配率。

(2) 计算完工产品与月末在产品的成本。

7. 假定某企业生产乙产品要经过两道工序,本月份完工产品产量为 500 件,月末在产品 500 件,其中第一道工序 200 件,第二道工序 300 件,第一道工序工时定额 60 小时,第二道工序工时定额 40 小时,原材料在生产开始时一次投入。累计原材料费用 89 000 元,直接工资费用 24 000 元,制造费用 48 000 元。

要求:采用约当产量比例法分配完工产品成本和月末在产品的成本。

8. 某企业生产甲产品,该产品月初和本月发生的生产费用合计为:原材料 64 000 元,直接人工 4 800 元,制造费用 3 600 元,原材料在生产开始时一次投入。单位产品原材料费用定额为 70 元,完工产品 100 件,月末在产品 120 件,在产品定额工时为 200 小时,每小时费用定额为直接人工 4.5 元,制造费用 2.5 元。

要求:采用在产品按定额成本计价法,分配计算完工产品与月末在产品的生产费用。

9. 某产品月初在产品职工薪酬为 600 元,本月发生职工薪酬为 3 000 元。本月完工产品的定额工时为 5 000 小时。月末在产品的定额工时为 1 000 小时。

要求:采用定额比例法分配完工产品和月末在产品的成本。

10. 某企业生产甲产品采用定额比例法分配费用,原材料费用按定额费用比例分配,其他费用按定额工时比例分配,3 月份甲产品生产成本明细账见表 5-8。

要求:完成下列成本明细账。

表 5-8 产品成本计算单

单位:元

摘　要		直接材料	直接人工	制造费用	合　计
月初在产品费用		1 000	400	150	
本月生产费用		8 000	600	350	
生产费用累计					
完工产品	定额	4 000	200(工时)		
	实际费用				
月末产品	定额	5 000	300(工时)		
	实际费用				

五、综合计算题

完工率和约当产量的计算

企业甲产品由两个零件装配组成,加工工序和工时资料如图 5.7 所示。

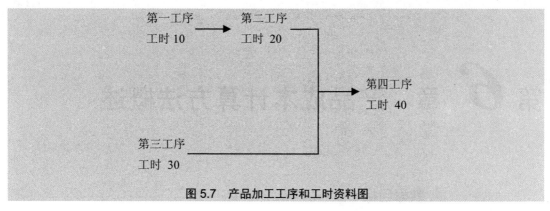

图 5.7 产品加工工序和工时资料图

要求:

(1) 判断下列同学计算的各工序完工率的正确性。

张成同学计算完工率分别如下。

第一工序: (10×50%)÷30 × 100%=16%

第二工序: (10+20×50%)÷30 × 100%=67%

第三工序: (30×50%)÷30 × 100%=50%

第四工序: (40×50%)÷40 × 100%=50%

李本同学计算的结果如下。

第一工序: (10×50%)÷70 × 100%=7%

第二工序: (10+20×50%)÷70 × 100%=29%

第三工序: (30×50%)÷70 × 100%=21%

第四工序: (40×50%)÷70 × 100%=29%

王会同学计算的结果如下。

第一工序: (10×50%)÷100 × 100%=5%

第二工序: (10+20×50%)÷100 × 100%=20%

第三工序: (30×50%)÷100 × 100%=15%

第四工序: (10+20+30+40×50%)÷100 × 100%=80%

这 3 个同学谁计算的对吗? 如果都不对, 该如何计算?

(2) 如果 4 个工序上在产品分别有 100 件、50 件、150 件和 40 件, 问甲在产品的约当产量为多少件?

第 6 章 产品成本计算方法概述

通过本章的学习，了解产品生产的工艺特点和组织特点以及管理要求对产品成本计算的影响，掌握各方法的成本计算对象、成本计算期和期末在产品费用的分配情况。

教学要求

知识要点	能力要求	相关知识
生产类型	(1) 生产工艺特点 (2) 生产组织特点	(1) 单步骤生产(简单生产) (2) 多步骤生产(复杂生产) (3) 连续式生产 (4) 装配式生产
生产类型和管理要求对成本计算方法的影响	(1) 生产工艺对成本计算方法的影响 (2) 生产组织对成本计算方法的影响 (3) 管理要求对成本计算方法的影响	(1) 成本计算对象 (2) 成本计算期 (3) 期末在产品的计算
成本方法标志	(1) 成本计算对象 (2) 成本计算期 (3) 期末在产品的计算	(1) 品种、批别、步骤 (2) 生产周期、会计报告期、成本计算期 (3) 生产费用在完工产品和在产品之间分配
成本计算的基本方法	(1) 品种法 (2) 分批法 (3) 分步法	(1) 成本计算对象 (2) 适用范围 (3) 典型企业
成本计算的辅助方法	(1) 分类法 (2) 定额法	(1) 成本计算对象 (2) 适用范围 (3) 典型企业

> 不论做什么事，不懂得那件事的情形，它的性质，它和它以外的事情的关联，就不知道那件事的规律，就不知道如何去做，就不能做好那件事。
>
> ——毛泽东

基本概念

生产工艺 生产组织 简单生产 单步骤生产 复杂生产 多步骤生产 连续式生产 装配式生产 大量生产 大批生产 小批生产 单件生产 成本计算对象 成本计算期 生产周期 会计期 品种法 分批法 分步法

导入案例

暴发户与贵族

有一个调侃暴发户的故事：说的是一暴发户，不差钱，一天在火车上见一人，见其衣着无牌，甚不屑一顾，无聊之极，同其聊天，一问姓名，是一贵族。暴发户想奚落贵族一下，说你看我的衣服是"梦特娇"，鞋子是"老人头"，你的衣服是什么品牌的？贵族说我的衣服和鞋子都是订做得，给我做衣服的裁缝为我家做衣服已有5代快100年了，做鞋子的鞋匠也有3代60年了！

这例子中的贵族的衣服就是典型的单件生产，暴发户的是成批生产，甚至是大量生产。单件生产的衣服不会有撞衫的尴尬，而穿成批生产的衣服走在路上就会不时撞衫。

点评：管理决定方法。

生产特点对成本计算方法有影响，但是会计是为管理服务的，管理的要求不一样，成本计算的方法也会不同。

6.1 生产类型的分类

工业企业通过生产加工各种各样的产品满足社会需求，获取自身的盈利。工业企业由于生产的产品不同，其生产的工艺过程也就不同，由于产品市场需求的不同，产品的产量不同，生产的组织形式也就不同，造成企业的生产类型各不相同。一般来说，企业的产品成本计算方法应该与其生产类型相适应。

6.1.1 按产品生产工艺过程特点分类

工艺是指将原材料或半成品加工成产品的方法、技术等。工业企业的生产，按生产工艺过程特点，可分为单步骤生产和多步骤生产两种类型。

(1) 单步骤生产。单步骤生产亦称简单生产，是指生产工艺过程不能间断的生产(如供水、发电企业水、电的生产)，或者由于工作地点限制不便分散在几个不同地点进行的生产(如采掘企业的生产)。

(2) 多步骤生产。多步骤生产亦称复杂生产，是指生产工艺过程可以间断，可以分散在不同时间、地点，由几个生产步骤组成的生产。生产活动可以由一个企业的几个车间分生产步骤分别进行，也可以由几个企业分生产步骤协作进行。

另外，按加工方式，工业企业的生产还可以分为连续式生产和装配式生产。

(1) 连续式生产。连续式生产是指要经过若干个连续性的生产步骤才能最终制成产品的生产，又可以分为连续式单步骤生产(如供水、发电企业水、电的生产)和连续式多步骤生产(如纺织企业从棉花到棉纱再到棉布的生产，钢铁企业从铁矿石到铁锭再到钢产品的生产)。

(2) 装配式生产。装配式生产。是指先把各种原材料平行加工，制成各种零部件，再把各种零部件装配成产品的生产(如拖拉机、轴承、汽车、家电、服装等企业的生产)。

 知识图说

企业的生产工艺分为简单生产(单步骤生产)和复杂生产(多步骤生产)，其如图 6.1 所示。

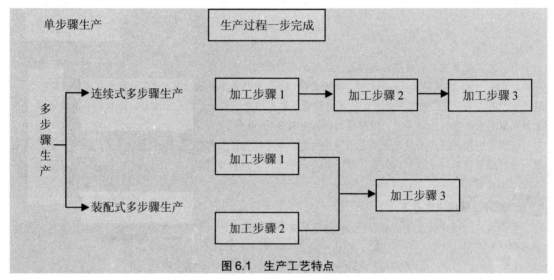

图 6.1　生产工艺特点

6.1.2　按产品生产组织特点分类

工业企业的生产，按产品生产组织特点，可分为大量生产、成批生产和单件生产 3 种类型。

1. 大量生产

大量生产是指连续不断地重复生产一种或几种特定产品的生产。这种生产类型的企业一般生产的品种较少，但每一品种的产量较大，规格较单一，且多采用专业设备进行生产，因此生产的专业化水平较高。如供水、发电、采掘、纺织、钢铁、造纸等企业的生产就属于这种类型。

2. 成批生产

成批生产是指按事先规定的批别和数量进行的生产。这种生产类型的企业一般生产的品种较多，规格也较多，但每一品种的产量可能有大有小。如机械、服装等企业的生产就属于这种类型。

成批生产按照批量大小又可分为大批生产和小批生产。大批生产和大量生产相接近，小批生产和单件生产相接近。

3. 单件生产

单件生产是指生产制造品种规格或质量要求比较特殊的产品，或根据客户订单个别设计，单独进行的生产。这种生产类型的企业一般生产的品种较多，但每一品种的产量较少，规格较特殊，而且生产完后，很少再重复生产该种规格的产品。如重型机械、精密仪器、船舶等企业的生产就属于这种类型。

 知识图说

企业产品生产的组织特点分为单件生产、成批生产、大量生产，如图 6.2 所示。

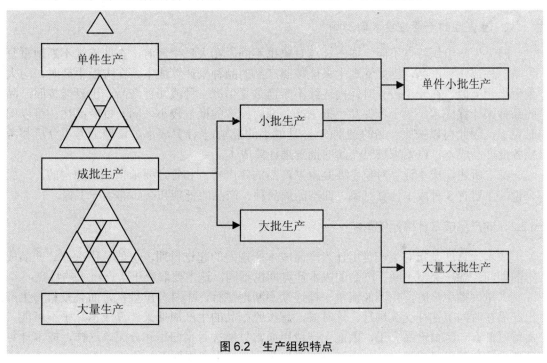

图 6.2　生产组织特点

6.2　生产类型和管理要求对成本计算方法的影响

生产类型不同，成本管理的要求不同，都会对产品成本计算产生影响，既会对成本计算对象的确定有影响，又会对成本计算期以及生产费用在本期完工产品和期末在产品之间的分配产生影响。

6.2.1　对产品成本计算对象的影响

计算产品成本，必须先要确定成本计算对象。成本计算对象是指成本的承担者，也就是归集和分配生产费用的对象。确定成本计算对象是设置产品成本明细账、归集生产费用、计算产品成本的前提，也是区分各种成本计算基本方法的主要标志。

企业不同，产品的生产特点也不同，企业的管理要求也不相同，因此，具体的成本计算对象应根据产品的生产特点和管理要求来加以确定。

1. 生产工艺和管理要求的影响

产品生产工艺过程不同，成本计算对象就不同。在单步骤生产时，企业往往连续不断、大量重复地生产一种或几种产品，因此成本计算对象就是产品的品种，管理上也只要求按产品的品种来计算成本。在多步骤生产时，生产工艺过程是由几个可以间断的、分散在不同地点进行的生产步骤所组成的。为了加强各个生产步骤的成本管理，往往不仅要求按照产品品种或批别来计算成本，而且要求按照产品的各个生产步骤来计算成本。但是，如果企业的规模小，或是封闭车间，或是流水线生产，管理上又不要求按照生产步骤来考核生产费用，计算产品成本，也可以不按照生产步骤计算成本，而只按照产品的品种或批别来计算成本。

2. 生产组织和管理要求的影响

产品生产组织特点不同，成本计算对象也不同。在大量生产时，企业连续不断地重复生产一种或几种产品，因此管理上只能按照产品的品种来计算成本。在大批生产时，与大量生产相类似，在一个较长时间内连续不断地重复生产一种或几种产品，也只能按照产品的品种来计算成本。至于单件和小批生产，因为投产的批量较小，同一批产品往往可以同时完工，因此可以按照产品的批别(单件是最小的批别)来计算成本。管理上为了分析和考核各批产品成本，也要求按照产品的批别来计算成本。

综上所述，成本计算对象主要是根据产品的生产特点和管理要求来加以确定的。一般来说，主要有 3 种成本计算对象，即产品的品种、产品的批别和产品的生产步骤。

6.2.2　对产品成本计算期的影响

成本计算期是指对生产费用计入产品成本所规定的起讫日期，也就是每次计算产品成本的期间。生产类型不同，产品的成本计算期也不同，这主要取决于生产组织的特点。

大量大批生产时，生产像流水一样连续不断地进行，不易分出批别，而且投料与生产出产品在时间上往往交叉进行。这时候，想按照产品的生产周期来计算成本几乎不可能。而每月都有一部分产品完工，因此生产费用通常只能按月来归集和分配。这样，成本计算就要定期在每月月末进行，与会计报告期相一致，与生产周期不一致。

单件小批生产时，批量小，而且生产一般不重复进行，因此，只能等某一批产品完工后才能计算该批产品的成本，这样，成本计算期就与生产周期相一致，与会计报告期不一致，是不定期的。

6.2.3　对生产费用在本期完工产品和期末在产品之间分配的影响

连续式单步骤生产时，生产周期较短，期末一般没有在产品或者在产品数量极少，为了简化成本计算手续，就不计算在产品的成本了，也就不必将生产费用在本期完工产品和期末在产品之间分配。

多步骤生产时，不管是连续式还是装配式生产，其生产周期一般较长，生产费用是否应在本期完工产品和期末在产品之间分配，在很大程度上取决于企业的生产组织特点。

大量大批生产时，不断投料不断产出，期末经常有一定数量的在产品，这就需要将生产费用在本期完工产品和期末在产品之间进行分配。

单件小批生产时，因为批量小，所以同一批产品常常同时完工或者同时没有完工。如果同时完工，所归集的生产费用就是完工产品的成本；如果同时没有完工，所归集的生产费用就是在产品的成本。这样，也就无需将生产费用在本期完工产品和期末在产品之间进行分配。

成本计算对象、成本计算期以及生产费用在本期完工产品和期末在产品之间的分配是区别成本计算方法的标志，将上述情况总结见表 6-1。

表 6-1   基本方法的区别标志

内容 方法（标志）	主要标志——成本计算对象	辅助标志——成本计算期	辅助标志——在产品成本计算
品种法	品种	同会计期	需要计算
分批法	批别	同生产周期	不需要计算
分步法	步骤	同会计期	需要计算

6.3   产品成本的计算方法

产品成本计算方法是指将生产费用在企业生产的各种产品之间、完工产品和期末在产品之间分配的方法。产品成本计算方法一般包括如下内容：确定成本计算对象；设置成本明细账；设置成本项目；生产费用的归集及计入产品成本的程序；确定间接计入费用的分配标准；确定成本计算期；将生产费用在完工产品和期末在产品之间分配；计算出完工产品的总成本和单位成本。

6.3.1   产品成本计算的基本方法

为了适应各种生产特点和管理要求，在成本计算工作中存在着 3 种不同的成本计算对象，相应地，也就存在着以这 3 种成本计算对象为主要标志的 3 种成本计算的基本方法。

1. 品种法

品种法是以产品的品种为成本计算对象，来归集生产费用，计算产品成本的方法。一般适用于大量大批单步骤生产，如发电厂、供水厂、采掘企业等，也可用于管理上不要求分步骤计算产品成本的大量大批多步骤生产，如小型的造纸厂、水泥厂、织布厂等。

2. 分批法

分批法是以产品的批别为成本计算对象，来归集生产费用，计算产品成本的方法。一般适用于单件小批单步骤生产，也可用于管理上不要求分步骤计算产品成本的单件小批多步骤生产，如特殊或精密铸件的熔制，重型机械、船舶、精密仪器、专用工具器具模具和专用设备的制造等。

3. 分步法

分步法是以产品的生产步骤为成本计算对象，来归集生产费用，计算产品成本的方法。

一般适用于管理上要求分步骤计算产品成本的大量大批多步骤生产，如纺织、冶金、造纸、机械制造等。

3 个基本方法的对比见表 6-2。

表 6-2　基本方法的对比表

方法\内容\指标	工艺特点	组织特点	管理要求	适用企业
品种法	单步骤生产、多步骤生产	大量大批	不需要分步计算的多步骤生产(如流水线)	发电、采掘
分批法	单步骤生产、多步骤生产	单件小批	不需要分步计算的多步骤生产	重型机械
分步法	多步骤生产	大量大批	需要分步计算	纺织、冶金

6.3.2　产品成本计算的辅助方法

除了产品成本计算的基本方法以外，还存在分类法、定额法等成本计算的辅助方法。

1．分类法

分类法是为了简化产品成本计算工作，在产品的品种规格繁多的工业企业，如针织厂、灯泡厂、制帽厂等企业采用的一种简便的成本计算方法。

2．定额法

定额法则是在某些定额管理有一定基础的工业企业中，为了更有效地控制生产费用，加强成本管理而采用的一种将符合定额的费用和脱离定额的差异分别计算的产品成本计算方法。

本 章 小 结

　　本章论述了生产工艺特点和生产组织特点，生产特点和管理要求对成本计算方法的影响，主要体现在成本计算对象、成本计算期和期末在产品成本的计算上，因此在企业产品成本计算工作中有着 3 种不同的产品计算对象，并以产品计算对象为主要标志的产品计算方法也大致有以下 3 种。

　　(1) 以产品品种为成本计算对象的产品成本计算方法称为品种法。主要适用于大量、大批的单步骤生产或管理上不要求分步骤计算成本的多步骤生产。

　　(2) 以生产批别为成本计算对象的产品成本计算方法称为分批法。主要适用于小批、单件的单步骤生产或管理上不要求分步骤计算成本的多步骤生产。

　　(3) 以产品生产步骤为成本计算对象的产品成本计算方法称为分步法。主要适用于大量、大批的多步骤生产。

　　这 3 种方法与不同的生产类型特点有着直接联系，而且涉及成本计算对象的确定，因而是计算产品实际成本必不可少的方法。也就是说，受企业生产类型特点和相应的成本管理的影响，企业采用的最基本的成本计算方法不外乎就是这 3 种方法。因此，将这 3 种成本计算方法称为产品成本计算的基本方法。

名人名言

大工业把巨大的自然力和自然科学并入生产过程，必然大大提高劳动生产率，这一点是一目了然的。

——马克思

任何管理工作都需要特殊的本领，要管理就要内行，就要精通生产的一切条件，就要懂得现代高度的生产技术，就要有一定的科学修养。

——列宁

只有人们的社会实践，才是人们对于外界认识的真理性的标准。真理的标准只能是社会的实践。

——毛泽东

感觉到了的东西，我们不能立刻理解它，只有理解了的东西才能更深刻地感觉它。感觉只解决现象问题，理论才解决本质问题。

——毛泽东

理性认识依赖于感性认识，感性认识有待于发展到理性认识。

——毛泽东

现代经济史学家普遍认为，工业革命是把人类历史分开的分水岭。

——道格拉斯·C·诺思

机器的生产方式是现代工业最本质的特征。

——拉法格

中英文对照专业名词

单步骤生产(single-step production)　　　　简单生产(simple production)
多步骤生产(multi-step production)　　　　复杂生产(complex production)
连续式生产(continuous-type production)　　大量生产(mass production)
装配式生产(assembly-type production)　　　成批生产(job production)
成本计算对象(cost calculation object)　　　单件生产(single production)
成本核算方法(cost calculation method)　　　成本期(cost period)

练 习 题

一、单项选择题

1．生产特点和管理要求对产品成本计算的影响主要表现在(　　)的确定上。
　　A．成本计算对象　　　　　　　　B．成本计算日期
　　C．间接费用的分配方法　　　　　D．完工产品与在产品之间分配费用的方法

2．区分各种成本计算基本方法的主要标志是(　　)。
　　A．成本计算对象　　　　　　　　B．成本计算日期
　　C．间接费用的分配方法　　　　　D．完工产品与在产品之间分配费用的方法

3．将品种法、分批法和分步法概括为产品成本计算的基本方法，主要是因为它们(　　)。
　　A．应用得最广泛　　　　　　　　B．计算方法最简便
　　C．对成本管理最重要　　　　　　D．是计算产品实际成本必不可少的方法

4．在大量大批多步骤生产情况下，如果管理上不要求分步计算产品成本，其所采用的成本计算方法

应是(　　)。

  A．品种法 B．分批法 C．分步法 D．分类法

5．产品成本计算的品种法就是(　　)。

  A．按照产品品种和生产步骤计算产品成本的方法

  B．单一法

  C．按照产品品种计算产品成本的方法

  D．一种成本计算的辅助方法

6．品种法适用的生产组织是(　　)。

  A．大量成批生产   B．大量大批生产

  C．小批单件生产   D．大量小批生产

7．分批法适用的生产组织是(　　)。

  A．小批单件生产   B．大量大批生产

  C．大量小批生产   D．大量成批生产

8．划分产品成本计算基本方法和辅助方法的标准是(　　)。

  A．成本计算工作的简繁 B．对成本管理作用的大小

  C．应用是否广泛   D．对于计算产品实际成本是否必不可少

9．(　　)是属于产品成本计算方法的辅助方法。

  A．品种法 B．分批法 C．分步法 D．定额法

10．分类法是在产品品种、规格繁多，但可按一定标准对产品进行分类的情况下，为了(　　)而采用的。

  A．计算各类产品成本 B．简化成本计算工作

  C．加强各类产品成本管理 D．提高计算的准确性

11．定额法是为了(　　)而采用的。

  A．加强成本的定额管理 B．简化成本计算工作

  C．计算产品的定额成本 D．提高计算的准确性

二、多项选择题

1．生产工艺分为(　　)。

  A．连续式 B．装配式 C．简单生产 D．复杂生产

2．多步骤生产方式可以分为(　　)。

  A．连续式 B．装配式 C．简单生产 D．复杂生产

3．企业在确定成本计算方法时，必须从企业的具体情况出发，同时考虑以下因素(　　)。

  A．企业行政级别   B．企业的生产特点

  C．进行成本管理的要求 D．月末有没有在产品

4．品种法适用于(　　)。

  A．大量大批生产   B．单件小批生产

  C．简单生产   D．复杂生产，且管理上不要求分步骤计算产品成本

5．下列方法中，属于产品成本计算的辅助方法有(　　)。

  A．分步法 B．分类法 C．定额成本法 D．分批法

三、案例分析题

棉纺织业与工业革命的起源

  17 世纪后半叶，东印度公司开始从印度进口色彩鲜艳、轻薄、价格低廉的印花棉布，并迅速占领市

场。1701 年，毛纺织业说服议会通过第一部《印花布法案》，禁止进口印花棉布。一个新兴产业很快出现——进口白坯布的印花工业。毛纺织业再次震惊。1720 年政府对进口印度绸和印花布课以重税，保护国内棉纺工业的发展。1721 年，议会强制性地通过第二部《印花布法案》，禁止陈列或消费印花棉布。这反过来又刺激了以进口原棉为基础的棉纺业。[①]这是贸易保护主义的立法过程，但是让人想不到的是，它最终成为工业革命的起源。正如托因比在 1884 年著名的演讲中说的一样："工业革命的本质是竞争代替中世纪的条例，这些条例以前一直控制着财富的生产和分配。"[②]18 世纪末，棉纺织业取代了毛纺织业，成为英国工业的支柱产业。

问题：

(1) 棉纺织业的生产工艺特点是什么？按加工方式分又是什么类？

(2) 分别说出 5 个与此同类和不同类的企业。

(3) 画出上述内容中的 3 个工艺过程图。

企业外部环境对成本会计的影响

企业外部环境对成本会计有影响吗？回答是肯定的。E•S•亨德里克森在《会计理论》一书中提到："越来越多的证据显示社会和经济变革对会计实践和会计思想有很大影响。20 世纪 60 和 70 年代曾发生很多环境变动，都直接和间接地影响了会计师的工作，迫使会计界采用新的会计方法和新的会计思想。"[③]

那么，什么是会计环境呢？而所谓会计环境是指会计赖以产生和发展的内外部条件和情况的总和。它包括客观环境和主观环境，或者称为会计外部环境和会计内部环境。会计客观环境是指包括经济、政治、社会、文化、法律环境等因素的环境，其中，最重要的是经济环境。会计主观环境则包括会计系统结构内部各部分的客观状况，有会计模式、会计人员素质、会计工作手段和方法、会计行为等。

企业外部环境有哪些变化呢？进入 20 世纪 80 年代后，企业的经营环境发生了重大变化，爱德华•J•布洛切(2001)等总结出的企业经营环境的变化见表 6-3。[④]

表 6-3 企业经营环境变迁

	对比项目	以往经营环境	现代经营环境
生产	竞争基础	规模经济、标准化	质量、功能、顾客满意度
	生产过程	大量、长期生产，在产品及完工产品存量高	少量、短期生产；关注降低存货和其他非价值增值活动及成本
	生产技术	自动化生产线，分离的技术应用	机器人、柔性制造系统，网络连成的集成技术应用
	所需劳动技能	机器操作，低水平技能	独立而有团队意识，高水平技能
	质量	允许正常的浪费	零缺陷
营销	产品	几乎无产品差别，生命周期长	许多产品差别，生命周期短
	市场	大多为国内市场	全球市场

---

① (美)龙多卡梅伦，拉里尼尔.世界经济简史——从旧石器时代到 20 世纪末[M]. 4 版. 潘宁，译. 上海：上海译文出版社，2009.

② 转引(美)道格拉斯•C•诺思. 经济史上的结构和变革[M]. 厉以平，译. 北京：商务印书馆，1992.

③ (美)E•S•亨德里克森. 会计理论[M]. 王澹如，等译. 上海：立信会计图书用品社，1987.

④ 爱德华•J•布洛切，康•H•陈，托马斯•W•林. 成本管理——战略与概论[M]. 王斌，等译. 北京：华夏出版社，2001.

续表

对比项目		以往经营环境	现代经营环境
管理组织	记录和报告的信息类型	几乎清一色的财务数据	财务及生产数据，企业战略成功因素
	管理组织结构	层级的命令控制结构	网络化的组织，强调团队——雇员拥有更多的责任
	管理焦点	关注短期业绩报酬；维持现行股价；高级经理任期短，流动性大	关注长期及关键成功因素，重视长期成功，包括增加股东价值

在成本会计学教材中，分析成本方法时，一般是分析企业内部环境情况多一点，可能会对一些学生理解造成偏差，对外部情况多以企业管理要求一概论之，但从表6-3已经看出，在这种市场需求快速变化、新产品快速推出的环境下，其对产品的组织特点影响很大，多是单件小批生产，讲究产品的差别化。管理的新要求也使产品成本的数据报送有了较大变化，即成本会计环境发生了变化。

通过表6-3，能看到在产品成本计算方法的选择上，同前面讲的有什么差异吗？

第 7 章 产品成本计算的基本方法

教学目标

通过本章的教学,理解品种法、分批法和分步法的特点和适用范围,掌握产品成本计算方法的基本程序,掌握品种法、分批法和分步法的计算方法,重点掌握综合逐步结转分步法的计算程序和成本还原,以及平行结转分步法的计算程序。

教学要求

知识要点	能力要求	相关知识
品种法	(1) 对品种法适用范围和特点的理解 (2) 品种法计算的运用	(1) 生产类型和管理要求 (2) 品种法的特点和适用范围 (3) 品种法的计算程序
分批法	(1) 对分批法适用范围和特点的理解 (2) 分批法计算的运用 (3) 简化分批法计算的运用	(1) 分批法的计算程序 (2) 简化分批法的计算程序 (3) 简化分批法的特点
分步法	(1) 对分步法适用范围和特点的理解 (2) 分步法计算的运用	(1) 各步骤之间成本的结转 (2) 广义在产品数量核算 (3) 逐步结转分步法的计算及应用 (4) 综合结转法和分项结转法的计算及应用 (5) 平行结转分步法的计算及应用

> 科学研究的区分就是科学对象所具有的特殊的矛盾性。因此，对于某一现象的领域所特有的某一种矛盾的研究，就构成某一门科学的对象。
>
> ——毛泽东

基本概念

品种法 分批法 简化的分批法 基本生产成本二级账 累计间接计入费用分配率 分步法 逐步结转分步法 综合结转法 还原分配率 分项结转法 平行结转分步法

导入案例

钢铁是怎样炼成的

钢铁是这样炼出来的，先在高炉里把铁矿石炼成铁水(炼铁)，再在炼钢炉里把铁水炼成钢。炼铁过程是把铁矿石和焦炭一层层堆放在高炉里，点火后就会发生氧化还原反应，把铁矿石还原为铁水，从高炉底部流出，装进铁水包或鱼雷罐车，运到炼钢的地方。炼钢过程是把铁水倒进炼钢炉(包括平炉、转炉、电炉)，把铁水倒进转炉，用吹氧枪从上面插入铁水中，往里面吹氧气，也可以同时从底部插入一根枪吹入惰性气体以加速搅拌(顶底双吹)。转炉内的氧化性环境将铁水中过量的碳氧化成一氧化碳和二氧化碳，达到钢水要求的碳含量，其他元素成分也合适了(吹氧时要根据需要加入各种元素)，就变成钢水了，就可以出钢了。出钢后钢水可以浇入模具冷却，制成一个个钢锭原料，再拿去轧制，也可以直接浇入连铸机，边浇钢水边冷却(这是目前用得较多的方法)，只要不停地浇入钢水，可以制成无限长的钢坯，将钢坯按一定长度切断，再送去轧制成板材、线材。

整个联合钢铁厂的工艺流程为：原料码头(各种原料集中卸载存放区域)——烧结(矿石造块或造球团)——炼铁(高炉)——炼钢(铁水预处理——转炉或电炉——精炼——连铸)——轧钢。

对此，在成本计算的方法选择上，就要看怎么样选择成本计算对象了!

点评：不同的生产特点有不同的成本计算方法。

具体问题要具体分析，方法的产生要适合具体情况，产品生产的特点和管理要求不同产生了不同的成本计算对象，不同的成本计算对象产生了不同的成本计算方法。

7.1 产品成本计算的品种法

7.1.1 品种法概述

1. 品种法的定义

产品成本计算的品种法是指将产品的品种作为成本计算对象，归集生产费用，计算产品成本的一种成本计算方法。由于不论什么企业，不论什么生产类型的产品，也不论管理上的要求如何，最终都必须按照产品品种计算出产品成本，因此，品种法是进行产品成本计算最基本的方法，也称为简单法。

2. 品种法的适用范围

品种法适用于大量大批的单步骤生产或管理上不要求分步骤计算产品成本的大量大批的多步骤生产。

(1) 大量大批的单步骤生产。由于该类型的生产是大批量的生产，不需要也无法分批计算产品成本；另外，又由于是单步骤生产，其生产技术过程不能间断，也不能分步骤计算产品成本。因此，需要按品种归集生产费用，计算产品成本。例如，供水、发电、采掘等。

(2) 管理上不要求分步骤计算产品成本的大量大批的多步骤生产。对于生产规模较小的，或从投料到产品完工过程都在一个车间进行的封闭式生产，或是流水线生产的大量大批的多步骤生产，管理上往往不要求按步骤计算产品成本，因此，也可以采用品种法计算产品成本。例如小水泥厂、小砖厂，或是封闭式小山地自行车厂，或流水线生产拖拉机厂、汽车厂等。

3. 品种法的特点

(1) 成本计算对象。品种法的成本计算对象就是企业生产的产品品种。采用品种法计算产品成本的企业，大多是大量大批重复生产一种或多种产品。如果企业只生产一种产品，企业所发生的全部生产费用都直接计入费用，不需要在各成本计算对象之间进行分配，可以直接计入该产品成本明细账的有关成本项目。因此，在这种情况下，只需为该产品设置产品成本明细账，并按成本项目设置专栏，归集生产费用和计算产品成本；如果企业生产的产品不止一种，就需要以每一种产品作为成本计算对象，分别设置产品成本明细账。对于发生的生产费用，若能分清是哪种产品耗用的，则直接计入该种产品成本明细账的有关成本项目；若是几种产品共同耗用的，则需要采用适当的分配方法，在各成本计算对象之间进行分配，然后分别计入各产品成本明细账的有关成本项目。

(2) 成本计算期。由于大量大批的生产是不间断的连续生产，其产品也是陆续投入、陆续完工的，无法按照产品的生产周期来归集生产费用，计算产品成本，因而只能定期按月计算产品成本，从而将本月的销售收入与产品生产成本对比，计算本月损益，以满足管理的需要。因此，产品成本是定期按月计算的，与会计报告期一致，而与产品的生产周期不一致。

 特别提示

会计报告期即会计期间假设按年、季、月进行的会计分期。生产周期是指产品从投料至产出的时间。成本计算期与会计报告期一致，即按月定期计算产品成本。

(3) 生产费用在完工产品和在产品之间的分配。如果是大量大批的单步骤生产，一个生产步骤就完成了其整个生产过程，所以月末一般没有在产品，因此，计算产品成本时不需要将生产费用在完工产品和在产品之间进行分配，产品成本明细账中归集的生产费用，就是该种产品的成本；如果是管理上不要求分步骤计算产品成本的大量大批的多步骤生产，由于需要经过多个生产步骤，所以月末都会有在产品，因此，为了分别计算完工产品与月末在产品的成本，需要采用适当的分配方法，将生产费用在完工产品和在产品之间进行分配。

7.1.2 品种法的计算程序及应用实例

由于品种法是产品成本计算方法中最基本的方法，所以品种法的成本计算程序体现着产品成本计算的一般程序，主要应包括下列步骤。

(1) 按品种开设基本生产成本明细账(即成本计算单)。品种法的成本计算对象是产品的品种，因此，首先应为每一种产品分别开设基本生产成本明细账(即成本计算单)。明细账采用多栏式，按成本项目设置专栏，以便分别按成本项目归集各种产品的生产费用。上月末没有制造完成的在产品成本即为本月成本明细账中的月初在产品成本。

(2) 编制各种要素费用的分配表，分配各种要素费用。对生产过程中发生的各项费用，应审核其原始凭证和其他有关资料，编制各种费用分配表，分配各种要素费用。

(3) 归集和分配辅助生产费用。首先应根据上述各种费用的分配表，登记辅助生产成本明细账，汇集辅助生产的全部费用，然后，按照各种产品和各受益单位的辅助生产劳务的数量，编制辅助生产费用分配表，分配辅助生产费用。

(4) 编制制造费用的分配表，分配基本生产车间制造费用。根据上述各种费用分配表，登记基本生产车间制造费用明细账。将基本生产车间制造费用明细账归集的费用进行汇总，采用一定的方法，在生产的各种产品之间进行分配，并编制制造费用分配表。

(5) 月末，分配完工产品与在产品费用。经过上述程序，本期生产产品应负担的各项费用都集中登记在"产品成本明细账"中。如果期初、期末均没有在产品，则本月"产品成本明细账"中归集的全部生产费用即为本月完工产品的成本；如果期末存在在产品，则应将这些生产费用按照一定的分配方法，在完工产品与在产品之间进行分配。

(6) 结转完工产品成本。根据产品成本明细账计算出来的完工产品成本，编制完工产品成本汇总计算表，并据以编制转账凭证，结转当月完工入库产品的生产成本。

【例7-1】奔成企业设有一个基本生产车间，大量生产甲、乙两种产品，其生产工艺技术过程不能间断，属于单步骤生产，根据生产特点和管理要求，采用品种法计算甲、乙两种产品的产成品成本。该企业设有两个辅助生产车间——修理车间和运输车间，为基本生产车间和管理部门提供劳务。辅助生产车间的制造费用通过"制造费用"科目核算。该企业不单独核算废品损失。产品成本包括"直接材料"、"直接燃料和动力"、"直接人工"和"制造费用"4个成本项目。

下面以该企业201×年3月份各项费用资料为例，说明采用品种法，甲、乙两种产品成本计算的程序和相应的账务处理。

(1) 编制各种费用的分配表，分配各种要素费用。

① 根据3月份银行存款付款凭证汇总编制的各项货币支出费用(假定全部用银行存款支付)汇总见表7-1。

表7-1 银行存款付款凭证汇总表

单位：元

应借科目			金 额
总账科目	明细科目	成本或费用项目	
辅助生产成本	运输车间	直接燃料和动力	30 000
制造费用	基本生产车间	办公费	14 000
		劳动保护费	8 000
		其他	1 900
	小计		23 900
	修理车间	办公费	3 000
		劳动保护费	4 000

续表

应借科目			金　额
总账科目	明细科目	成本或费用项目	
制造费用		其他	800
	小计		7 800
	运输车间	办公费	3 000
		劳动保护费	3 000
		其他	2 400
	小计		8 400
	合计		40 100
管理费用	办公费		16 000
	差旅费		10 000
	其他		6 000
	小计		32 000
总　　计			102 100

编制会计分录如下。

借：辅助生产成本——运输　　　　　　　　　　　　　　　30 000

　　制造费用——基本生产车间　　　　　　　　　　　　　23 900

　　　　　　——修理车间　　　　　　　　　　　　　　　7 800

　　　　　　——运输车间　　　　　　　　　　　　　　　8 400

　　管理费用　　　　　　　　　　　　　　　　　　　　32 000

　　贷：银行存款　　　　　　　　　　　　　　　　　　　　　　　102 100

② 根据按原材料用途归类的领、退料凭证，编制原材料费用分配表，见表 7-2。

表 7-2　原材料费用分配表(分配表 1)

单位：元

应借科目			原料及主要材料	辅助材料	合计
总账科目	明细科目	成本或费用项目			
基本生产成本	甲产品	直接材料	160 000	5 000	165 000
	乙产品	直接材料	146 000	3 000	149 000
	小计		306 000	8 000	314 000
辅助生产成本	修理车间	直接材料	3 600	1 200	4 800
	运输车间	直接材料	3 000	600	3 600
	小计		6 600	1 800	8 400
制造费用	基本生产车间	机物料消耗		2 400	2 400
	修理车间	机物料消耗		1 400	1 400
	运输车间	机物料消耗		4 200	4 200
	小计			8 000	8 000
管理费用	物料消耗			3 600	3 600
合　　计			312 600	21 400	334 000

编制会计分录如下。

借：基本生产成本——甲产品   165 000

      ——乙产品   149 000

  辅助生产成本——修理   4 800

      ——运输   3 600

  制造费用——基本生产车间   2 400

     ——修理车间   1 400

     ——运输车间   4 200

  管理费用   3 600

  贷：原材料   334 000

③ 根据各车间、部门耗电数量、电价和有关费用标准(各种产品耗用的机器工时)，编制外购动力费(电费)分配表，见表 7-3。

表 7-3 外购动力费(电费)分配表(分配表 2)

应借科目			数量		金额/元
总账科目	明细科目	成本或费用项目	机器工时(分配率 0.5 元/工时)	度数(单价：0.4 元/度)	
基本生产成本	甲产品	直接燃料及动力	24 000		12 000
	乙产品	直接燃料及动力	16 000		8 000
	小计		40 000	50 000	20 000
辅助生产成本	修理车间	直接燃料及动力		10 000	4 000
	运输车间	直接燃料及动力		8 000	3 200
	小计			18 000	7 200
制造费用	基本生产车间	水电费		3 000	1 200
	修理车间	水电费		2 000	800
	运输车间	水电费		2 000	800
	小计			7 000	2 800
管理费用	水电费			1 000	400
合 计				76 000	30 400

编制会计分录如下。

借：基本生产成本——甲产品   12 000

      ——乙产品   8 000

  辅助生产成本——修理   4 000

      ——运输   3 200

  制造费用——基本生产车间   1 200

     ——修理车间   800

     ——运输车间   800

  管理费用   400

  贷：应付账款(或银行存款)   30 400

④ 根据各车间、部门的工资结算凭证和其他应付职工薪酬的计提比例，编制职工薪酬费用分配表，见表 7-4。

表 7-4　职工薪酬费用分配表(分配表 3)

单位：元

应借科目		生产工时/小时	应付工资			其他职工薪酬(工资总额的40%)	合　计
总账科目	明细科目		生产工人(分配率：8元/小时)	管理人员	小计		
基本生产成本	甲产品	20 000	160 000		160 000	64 000	224 000
	乙产品	10 000	80 000		80 000	32 000	112 000
	小计	30 000	240 000		240 000	96 000	336 000
辅助生产成本	修理车间		30 000		30 000	12 000	42 000
	运输车间		24 000		24 000	9 600	33 600
	小计		54 000		54 000	21 600	75 600
制造费用	基本产车间			20 000	20 000	8 000	28 000
	修理车间			8 000	8 000	3 200	11 200
	运输车间			8 000	8 000	3 200	11 200
	小计			36 000	36 000	14 400	50 400
管理费用				30 000	30 000	12 000	42 000
合　计			294 000	66 000	360 000	144 000	504 000

编制会计分录如下。

```
借：基本生产成本——甲产品                        224 000
              ——乙产品                        112 000
    辅助生产成本——修理                          42 000
              ——运输                          33 600
    制造费用——基本生产车间                        28 000
          ——修理车间                          11 200
          ——运输车间                          11 200
    管理费用                                  42 000
  贷：应付职工薪酬                              504 000
```

⑤ 根据本月应计折旧固定资产原价和月折旧率，计算本月应计固定资产折旧，编制折旧费用分配表，见表 7-5。

表 7-5　固定资产折旧费用分配表(分配表 4)

单位：元

项　目	生产车间				行政管理部门	合　计
	基本生产车间	修理车间	运输车间	小计		
折旧费用	48 000	24 000	18 000	90 000	10 000	100 000

编制会计分录如下。

```
借：制造费用——基本生产车间                        48 000
          ——修理车间                          24 000
          ——运输车间                          18 000
    管理费用                                  10 000
```

贷：累计折旧　　　　　　　　　　　　　　　　　　　　　　100 000

(2) 归集和分配辅助生产费用。

① 根据费用分配表，表7-2～表7-4、表7-10、表7-11，登记辅助生产成本明细账，见表7-6、表7-7。

表7-6　辅助生产成本明细账

车间名称：修理车间　　　　　　　　　　　　　　　　　　　　　　　　单位：元

月	日	摘　要	直接材料	燃料和动力	直接人工	制造费用	合　计	转　出
3	31	根据分配表1	4 800				4 800	
	31	根据分配表2		4 000			4 000	
	31	根据分配表3			42 000		42 000	
	31	根据分配表5				45 200	45 200	
	31	根据分配表6						96 000
3	31	合　计	4 800	4 000	42 000	45 200	96 000	96 000

表7-7　辅助生产成本明细账

车间名称：运输车间　　　　　　　　　　　　　　　　　　　　　　　　单位：元

月	日	摘　要	直接材料	燃料和动力	直接人工	制造费用	合　计	转　出
3	31	根据付款凭证汇总表		30 000			30 000	
	31	根据分配表1	3 600				3 600	
	31	根据分配表2		3 200			3 200	
	31	根据分配表3			33 600		33 600	
	31	根据分配表5				42 600	42 600	
	31	根据分配表6						113 000
	31	合　计	3 600	33 200	33 600	42 600	113 000	113 000

② 根据费用分配表，表7-2～表7-5、表7-10，登记辅助生产车间制造费用明细账，见表7-8、表7-9。

表7-8　制造费用明细账

车间名称：修理车间　　　　　　　　　　　　　　　　　　　　　　　　单位：元

月	日	摘　要	职工薪酬	机物料消耗	水电费	折旧费	劳动保护费	办公费	其　他	合　计
3	31	根据付款凭证汇总表					4 000	3 000	800	7 800
	31	根据分配表1		1 400						1 400
	31	根据分配表2			800					800
	31	根据分配表3	11 200							11 200
	31	根据分配表4				24 000				24 000
	31	根据分配表5								-45 200
	31	合　计	11 200	1 400	800	24 000	4 000	3 000	800	0

表7-9 制造费用明细账

车间名称：运输车间   单位：元

月	日	摘　要	职工薪酬	机物料消耗	水电费	折旧费	劳动保护费	办公费	其　他	合　计
3	31	根据付款汇总表					3 000	3 000	2 400	8 400
	31	根据分配表1		4 200						4 200
	31	根据分配表2			800					800
	31	根据分配表3	11 200							11 200
	31	根据分配表4				18 000				18 000
	31	根据分配表5								-42 600
	31	合　计	11 200	4 200	800	18 000	3 000	3 000	2 400	0

③ 分配辅助生产车间的制造费用。将辅助生产费用分配表的各项分配数计入各有关明细账后，结算辅助生产车间的制造费用，并编制制造费用分配表，将各辅助生产车间的制造费用分配转入辅助生产成本明细账。辅助生产车间的制造费用分配表见表7-10。

表7-10 辅助生产车间制造费用分配表(分配表5)

单位：元

应借科目		修理车间制造费用	运输车间制造费用	合　计
总账科目	明细科目			
辅助生产成本	修理车间	45 200		45 200
	运输车间		42 600	42 600
合　计		45 200	42 600	87 800

编制会计分录如下。

借：辅助生产成本——修理车间　　　　　　　　　　　　　　45 200
　　　　　　　　——运输车间　　　　　　　　　　　　　　42 600
　　贷：制造费用——修理车间　　　　　　　　　　　　　　45 200
　　　　　　　　——运输车间　　　　　　　　　　　　　　42 600

④ 分配辅助生产费用。该企业采用直接分配法分配辅助生产费用。本月修理车间提供修理劳务8 200小时，其中，为运输车间修理200小时，为基本生产车间修理7 200小时，为行政管理部门修理800小时。运输车间提供运输劳务101 000吨千米，其中，为修理车间运输1 000吨千米，为基本生产车间运输90 000吨千米，为行政管理部门运输10 000吨千米。

根据辅助生产成本明细账归集的费用和提供的修理劳务数量，编制辅助生产费用分配表，见表7-11。

表7-11 辅助生产费用分配表(分配表6)

单位：元

项　目	修理车间	运输车间	合　计
待分配费用	96 000	113 000	209 000
供应辅助生产以外单位的劳务数量	8 000小时	100 000吨千米	——
费用分配率(单位成本)	12	1.13	——

续表

项　目			修理车间	运输车间	合　计
应借"制造费用"科目	基本生产车间	耗用数量	7 200 小时	90 000 吨千米	—
		分配金额	86 400	101 700	188 100
应借"管理费用"科目	耗用数量		800 小时	10 000 吨千米	—
	分配金额		9 600	11 300	20 900
合　计			96 000	113 000	209 000

编制会计分录如下。

借：制造费用——基本生产车间　　　　　　　　　　　　　188 100
　　管理费用　　　　　　　　　　　　　　　　　　　　　 20 900
　　　贷：辅助生产成本——修理车间　　　　　　　　　　　　　　96 000
　　　　　　　　　　　——运输车间　　　　　　　　　　　　 113 000

(3) 归集和分配基本生产车间制造费用。

① 根据费用分配表，表 7-2~表 7-5、表 7-10、表 7-13 登记基本生产车间制造费用明细账，见表 7-12。

表 7-12　制造费用明细账

车间名称：基本生产车间　　　　　　　　　　　　　　　　　　　　　单位：元

月	日	摘　要	职工薪酬	机物料消耗	折旧费	修理费	水电费	办公费	劳动保护费	其　他	合　计
3	31	根据付款汇总表						14 000	8 000	1 900	23 900
	31	根据分配表 1		2 400							2 400
	31	根据分配表 2					1 200				1 200
	31	根据分配表 3	28 000								28 000
	31	根据分配表 4			48 000						48 000
	31	根据分配表 5				86 400				101 700	188 100
	31	根据分配表 7									-291 600
		合　计	28 000	2 400	48 000	86 400	1 200	14 000	8 000	103 600	0

② 根据基本生产车间制造费用明细账归集的制造费用和甲、乙产品的生产工时，编制基本生产车间制造费用分配表分配制造费用，见表 7-13。

表 7-13　基本生产车间制造费用分配表(分配表 7)

单位：元

应借科目		定额工时/小时	分配率	分配金额
总账科目	明细科目			
基本生产成本	甲产品	30 000	5.832	174 960
	乙产品	20 000	5.832	116 640
合　计		50 000	5.832	291 600

编制会计分录如下。

借：基本生产成本——甲产品　　　　　　　　　　　　　　174 960

　　　　——乙产品　　　　　　　　　　　　　　　　　　116 640
　　贷：制造费用——基本生产车间　　　　　　　　　　291 600

　　(4) 归集和分配管理费用。根据上列各种费用分配表，登记管理费用明细账、归集和结转管理费用(明细账和会计分录略)。

　　(5) 登记甲、乙产品成本明细账。根据各种费用分配表和其他有关资料（甲、乙期初期末在产品成本以定额成本计算，值已给定），登记甲、乙产品成本明细账，归集应由甲、乙产品负担的生产费用，计算甲、乙产品的产成品成本，见表 7-14、表 7-15。

表 7-14　甲产品成本明细账

产品名称：甲　　　　　　　　　　　　　　　　　　　　　　　　　　　　　　单位：元

月	日	摘　要		产量/千克	直接材料	燃料和动力	直接人工	制造费用	合　计
2	28	在产品成本(定额成本)			50 000	1 000	21 000	18 000	90 000
3	31	根据分配表 1			165 000				165 000
3	31	根据分配表 2				12 000			12 000
3	31	根据分配表 3					224 000		224 000
3	31	根据分配表 7						174 960	174 960
3	31	本月生产费用合计			165 000	12 000	224 000	174 960	575 960
		生产费用累计			215 000	13 000	245 000	192 960	665 960
3	31	产成品	总成本	200	155 000	11 800	223 000	172 960	562 760
			单位成本		775	59	1 115	864.8	2 813.8
3	31	在产品成本(定额成本)			60 000	1 200	22 000	20 000	103 200

表 7-15　乙产品成本明细账

产品名称：乙　　　　　　　　　　　　　　　　　　　　　　　　　　　　　　单位：元

月	日	摘　要		产量/千克	直接材料	燃料和动力	直接人工	制造费用	合　计
2	28	在产品成本(定额成本)			24 000	540	10 200	9 000	43 740
3	31	根据分配表 1			149 000				149 000
3	31	根据分配表 2				8 000			8 000
3	31	根据分配表 3					112 000		112 000
3	31	根据分配表 7						116 640	116 640
3	31	本月生产费用合计			149 000	8 000	112 000	116 640	385 640
		生产费用累计			173 000	8 540	122 200	125 640	429 380
3	31	产成品	总成本	400	153 000	8 120	114 500	118 640	394 260
			单位成本		382.5	20.3	286.25	296.6	985.65
3	31	在产品成本(定额成本)			20 000	420	7 700	7 000	35 120

　　(6) 结转完工产品成本。根据甲、乙产品成本明细账中的完工产品成本，汇编产成品成本汇总表，结转完工产品成本。完工产品成本汇总表见表 7-16。

表 7-16 完工产品成本汇总表

单位：元

产成品名称	单位	产品数量	直接材料	燃料和动力	直接人工	制造费用	成本合计
甲产品	千克	200	155 000	11 800	223 000	172 960	562 760
乙产品	千克	400	153 000	8 120	114 500	118 640	394 260
合　计	—		308 000	19 920	337 500	291 600	957 020

编制会计分录如下。

借：库存商品——甲产品　　　　　　　　　　　　　562 760

　　　　——乙产品　　　　　　　　　　　　　394 260

贷：基本生产成本——甲产品　　　　　　　　　　562 760

　　　　——乙产品　　　　　　　　　　　　　394 260

通过以上举例可以看出，产品成本计算实际上就是会计核算中成本费用科目的明细核算。为了正确地归集生产费用、计算各种产品成本，必须根据成本计算对象设置产品成本明细账，编制各种费用分配表和相应的会计分录；按照平行登记的规则，既登记有关的总账科目，又登记各总账科目所属的明细账。最后，将各种生产费用分配、归集到"基本生产成本"科目及其所属的各种产品成本明细账，计算各种产品的总成本和单位成本。

采用品种法进行成本核算的基本程序，如图 7.1 所示。

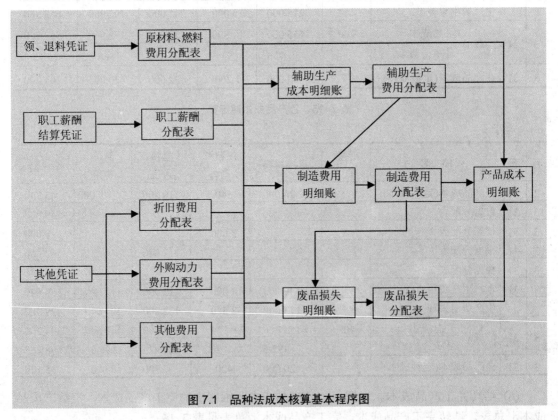

图 7.1　品种法成本核算基本程序图

7.2 产品成本计算的分批法

7.2.1 分批法概述

1. 分批法的定义

成本计算的分批法是指以产品的批别为成本计算对象，来归集生产费用，计算产品成本的一种基本方法。

2. 分批法的适用范围

分批法主要适用于单件、小批或管理上不要求分步骤计算产品成本的多步骤生产类型的企业，主要包括以下几种。

(1) 单件、小批生产的重型机械、船舶、精密工具、仪器等制造企业。

(2) 不断更新产品种类的时装等制造企业。

(3) 新产品的试制、机器设备的修理作业以及辅助生产的工具、器具、模具的制造等，也可以采用分批法计算成本。

3. 分批法的特点

1) 成本计算对象

分批法的成本计算对象是企业生产产品的批别。由于在单件小批生产类型的企业中，生产大多是根据购货单位的订单组织的，因此，分批法也称为订单法。但严格来说，按批别组织生产，并不一定就是按订单组织生产，还要结合企业自身的生产负荷能力，来合理组织安排产品生产的批量与批次。一般来讲，确定批别的方式有以下几种。

(1) 如果在一张订单中要求生产多种产品，为了便于考核分析各种产品的成本计划执行情况，加强生产管理，就要将该订单按照产品的品种划分成几个批别组织生产。

(2) 如果在一张订单中只要求生产一种产品，但数量极大，超过企业的生产负荷能力，或者购货单位要求分批交货的，也可将该订单分为几个批别组织生产。

(3) 如果在一张订单中只要求生产一种产品，但该产品属于价值高、生产周期长的大型复杂产品(如万吨轮)，也可将该订单按产品的零部件分为几个批别组织生产。

(4) 如果在同一时期接到的几张订单要求生产的都是同一种产品，为了更经济合理地组织生产，也可将这几张订单合为一批组织生产。

2) 成本计算期

采用分批法计算产品成本的企业，虽然各批产品的成本计算单仍按月归集生产费用，但是只有在该批产品全部完工时才能计算其实际成本。由于各批产品的生产复杂程度不同、质量数量要求也不同，生产周期就各不相同。有的批次当月投产，当月完工；有的批次要经过数月甚至数年才能完工。可见完工产品的成本计算因各批次的生产周期而异，是不定期的。所以，分批法的成本计算期与产品的生产周期一致，与会计报告期不一致。

3) 生产费用在完工产品和在产品之间的分配

在单件或小批生产，购货单位要求一次交货的情况下，每批产品要求同时完工。这样该批产品完工前的成本明细账上所归集的生产费用就是在产品成本；完工后的成本明细账上所归集的生产费用是完工产品成本。因此在通常情况下，生产费用不需要在完工产品和在产品之间分配。

但是如果产品批量较大、购货单位要求分次交货时，就会出现批内产品跨月陆续完工的情况，这时应采用适当的方法将生产费用在完工产品和月末在产品之间进行分配。采用的分配方法视批内产品跨月陆续完工的数量占批量的比重的大小而定。

4) 间接计入费用的分配方法

(1) 当月分配法。当月分配法的特点是不论各批次的产品本月是否完工，都要按当月分配率计算分配本月的间接计入费用，这样各月末间接计入费用明细账都没有余额。该法适用于生产周期较短，当月投产当月完工的产品。

(2) 累计分配法。在投产批次较多而且未完工的批次也较多的情况下，仍按当月分配法计算分配间接计入费用，月末的核算工作量会比较大。如果只要求成本计算相对准确即可，那么可以采用"累计分配法"。该法的特点是只对当月完工批次的产品按累计分配率计算分配间接计入费用，对当月未完工批次的产品则只按月登记发生的工时，不分配间接计入费用，这样，各月末间接计入费用明细账就会有余额。该法适用于生产周期较长，不能当月投产当月完工的产品。

分批法因其采用的间接计入费用的分配方法不同，分为一般的分批法和简化的分批法。采用当月分配率来分配间接计入费用的分批法称为一般的分批法(分批法)，也就是分批计算在产品成本的分批法。采用累计分配率来分配间接计入费用的分批法称为简化的分批法，也称为不分批计算在产品成本的分批法，是一般的分批法的简化形式。

7.2.2 分批法的计算程序及应用举例

采用分批法计算某批别或订单的产品成本时，其计算程序除了产品生产成本明细账的设置和完工产品成本的计算外，其他的与品种法基本一致。其成本计算的一般程序如下。

(1) 按产品批别或订单开设产品成本明细账。分批法的成本计算对象是产品的批别或订单，因此，财会部门应根据生产计划部门下达的"生产任务通知单"中注明的工作令号，按每一批产品或每一订单开设"产品成本明细账"，并按成本项目设置专栏，以便分别按成本项目归集各批产品的生产费用，计算各批产品的总成本和单位成本。

(2) 编制各种要素费用分配表，分配各种要素费用。对生产过程中发生的各项费用，应审核其原始凭证和其他有关资料，编制各种费用分配表，分配各种要素费用。

(3) 归集和分配辅助生产费用。首先应根据上述各种费用分配表，登记辅助生产成本明细账，汇集辅助生产的全部费用，然后，按照各批次产品和各受益单位的辅助生产劳务的数量，编制辅助生产费用分配表，分配辅助生产费用。

(4) 编制制造费用分配表，分配基本生产车间的制造费用。根据上述各种费用分配表，登记基本生产车间制造费用明细账。对于直接计入费用，应按产品批别列示并直接计入各个批别的产品成本明细账；对于间接计入费用，应按生产地点归集，根据投产的批别或订单的完成情况，采用"当月分配法"或"累计分配法"，分配计入各个批别的产品成本明细账。

(5) 分配计算批内完工产品与在产品成本。经过上述程序，本期生产产品应负担的各项费用都集中登记在"产品成本明细账"中。采用分批法一般不需要在完工产品与在产品之间分配生产费用。如果某批产品全部完工，则该批"产品成本明细账"中归集的全部生产费用即为该批完工产品的成本；如果某批产品全部未完工，则该批"产品成本明细账"中归集的全部生产费用即为该批未完工的在产品的成本。

(6) 结转完工产品成本。月末，将各批完工产品成本以及批内陆续完工的产品的成本加以汇总，编制完工产品成本汇总计算表，并据以编制转账凭证，结转当月完工入库产品的生产成本。

【例 7-2】奔成企业根据购买单位要求，小批量生产甲、乙、丙 3 批产品，采用分批法计算产品成本。假定 7 月份的产品生产情况和各项费用支出情况的资料如下。

(1) 本月份生产产品的批号如下。

2011 号甲产品 4 台，5 月份投产，本月全部完工。

2012 号乙产品 10 台，6 月份投产，本月完工 6 台，未完工 4 台。

2013 号丙产品 6 台，本月投产，计划 8 月份完工，本月提前完工 2 台。

(2) 本月份费用资料如下。

① 各批产品的月初在产品费用见表 7-17。

表 7-17　月初在产品费用资料表

单位：元

项　　目	直接材料	直接燃料及动力	直接人工	制造费用	合　　计
2011	12 000	14 000	7 000	3 000	36 000
2012	13 000	10 000	8 000	2 000	33 000

② 根据各种费用分配表，汇总本月各批产品发生的生产费用，见表 7-18。

表 7-18　本月费用资料表

单位：元

项　　目	直接材料	直接燃料及动力	直接人工	制造费用	合　　计
2011		6 000	5 000	1 800	12 800
2012		7 000	7 000	3 600	17 600
2013	10 000	8 000	6 000	3 000	27 000

(3) 在完工产品和在产品之间分配费用。

2011 号甲产品，本月全部完工，不存在费用分配问题。

2012 号乙产品，上月投产 10 台，本月完工 6 台，占全部批量的 60%。原材料是在生产开始时一次投入的，其费用应按完工产品和在产品实际数量的比例分配；其他费用采用约当产量比例法在完工产品和在产品之间进行分配，在产品完工程度为 50%。

2013 号丙产品，本月投产，计划 8 月份完工，本月提前完工 2 台。由于完工数量较少，为简化核算，完工产品按定额成本转出，每台定额成本为 4 000 元，其中，原材料 1 700 元，燃料及动力 900 元，工资及福利费 800 元，制造费用 600 元。

(4) 根据上述各项资料，登记各批产品的成本明细账，计算各批产品成本，详见表 7-19、表 7-20、表 7-21。

表 7-19 产品成本明细账

产品批号：2011   购货单位：北京公司   投产日期：5 月
产品名称：甲   批量：4 台   完工日期：7 月   单位：元

摘　要	直接材料	直接燃料及动力	直接人工	制造费用	合　计
月初在产品费用	12 000	14 000	7 000	3 000	36 000
本月生产费用		6 000	5 000	1 800	12 800
累计	12 000	20 000	12 000	4 800	48 800
完工产品总成本	12 000	20 000	12 000	4 800	48 800
完工产品单位成本	3 000	5 000	3 000	1 200	12 200

编制会计分录如下。

借：库存商品——甲产品　　　　　　　　　　　　　　　　　　48 800
　　贷：基本生产成本——2011 批次　　　　　　　　　　　　　　　48 800

表 7-20 产品成本明细账

产品批号：2012   购货单位：上海公司   投产日期：6 月
产品名称：乙   批量：10 台   完工日期：7 月   单位：元

摘　要	直接材料	直接燃料及动力	直接人工	制造费用	合　计
月初在产品费用	13 000	10 000	8 000	2 000	33 000
本月生产费用		7 000	7 000	3 600	17 600
累计	13 000	17 000	15 000	5 600	50 600
完工(6 台)产品总成本	7 800	12 750	11 250	4 200	36 000
完工产品单位成本	1 300	2 125	1 875	700	6 000
月末在产品费用	5 200	4 250	3 750	1 400	14 600

表 7-20 中的数字计算如下。

完工产品原材料费用 $=\dfrac{13\,000}{6+4}\times 6=7\,800(元)$

月末在产品原材料费用 $=\dfrac{13\,000}{6+4}\times 4=5\,200(元)$

月末在产品约当产量 $=4\times 50\%=2(台)$

完工产品燃料及动力费 $=\dfrac{17\,000}{6+2}\times 6=12\,750(元)$

月末在产品燃料及动力费 $=\dfrac{17\,000}{6+2}\times 2=4\,250(元)$

完工产品工资及福利费 $=\dfrac{15\,000}{6+2}\times 6=11\,250(元)$

月末在产品工资及福利费 $=\dfrac{15\,000}{6+2}\times 2=3\,750(元)$

完工产品制造费用 $=\dfrac{5\,600}{6+2}\times 6=4\,200(元)$

月末在产品制造费用 $=\dfrac{5\,600}{6+2}\times 2=1\,400(元)$

编制会计分录如下。

借：库存商品——乙产品　　　　　　　　　　　　　　　　96 000

　　贷：基本生产成本——2012 批次　　　　　　　　　　　　　　36 000

表 7-21　产品成本明细账

产品批号：2013　　　　　　购货单位：同原公司　　　　投产日期：7 月

产品名称：丙　　　　　　　批量：6 台　　　　　　　　完工日期：2 月　　　单位：元

摘　要	直接材料	直接燃料及动力	直接人工	制造费用	合　计
本月生产费用	10 000	8 000	6 000	3 000	27 000
单台定额成本	1 700	900	800	600	4 000
完工(2 台)产品总成本	3 400	1 800	1 600	1 200	8 000
月末在产品费用	6 600	6 200	4 400	1 800	19 000

编制会计分录如下。

借：库存商品——丙产品　　　　　　　　　　　　　　　　8 000

　　贷：基本生产成本——2013 批次　　　　　　　　　　　　　8 000

7.2.3　简化的分批法

1. 简化分批法概述

在小批、单件生产的企业或车间中，有时同一月份投产的产品批数很多，而且月末未完工的批数也较多，如机械制造厂等。在这种情况下，如果把当月发生的间接计入费用全部分配给各批产品，而不论各批产品是否完工，费用分配的核算工作将非常繁重。然而，对于当月没有完工产品的各批产品来说，进行复杂的间接费用分配只是归集了月末在产品的生产成本，对其完工产品的成本计算没有多大的实际意义。因此，在投产批数繁多而且月末未完工批数较多的该类企业，可以采用一种简化的分批法。

简化的分批法又称为累计间接计入费用分批法，是指企业在采用分批法的情况下，仍按照产品批别设立产品成本明细账，但在各批产品完工之前，账内只按月登记直接计入费用(如直接材料费用)和生产工时，对于除直接材料费用外的各项间接计入费用，不是按月在各批产品之间进行分配，而是先将这些费用反映到基本生产成本二级账中，按成本项目分别累计起来，等到有产品完工的月份，再将其在各批完工产品之间进行分配的方法。这种方法对于减少工作量、提高工作效率有较大的作用，故称之为简化的分批法或不分批计算在产品成本的分批法。

2. 简化分批法的成本计算程序

1) 按照产品批别设置产品生产成本明细账和基本生产成本二级账

按产品批别设置产品生产成本明细账，并分别按成本项目设置专栏或专行，平时账内仅登记直接计入费用和生产工时；另外，还要按全部产品设立一个"基本生产成本二级账"，归集反映企业投产的所有批次产品在生产过程中所发生的各项费用和累计生产工时。

特别提示

简化分批法中各批别成本明细账(成本计算单)中"生产工时"一栏，实为分配标准栏，如直接人工和制造费用的分配标准不同，可再加专栏。分配标准的选择可以是生产工时，也可以是机器工时，也可按定额、作业等确定。当然，如果企业是一种材料生产各批产品，这样直接材料平时也可不分批，在成本计算单中也可以只登记直接材料的分配标准。

2) 归集和分配生产费用及生产工时

(1) 根据某月初在产品成本及生产工时资料记入各批产品生产成本明细账和产品基本生产成本二级账。

(2) 根据本月直接材料费用分配表及生产工时记录，将各批产品耗用的直接材料费用和耗用的生产工时分别记入各批产品生产成本明细账和产品"基本生产成本二级账"。

(3) 根据各项间接计入费用(如直接人工和制造费用)的分配表或汇总表，将本月各批产品发生的各项间接计入费用，不分批别、以各批总数记入产品"基本生产成本二级账"。

(4) 根据月初在产品成本、生产工时记录与本月生产费用、生产工时记录确定本月末各项费用与生产工时累计数。

3) 计算产品成本

月末如果本月各批产品均未完工，则各项费用与生产工时累计数转至下月继续登记。如果本月有完工产品或某批全部完工或部分完工，或有几批完工，对完工产品应负担的直接材料费用，可根据产品生产成本明细账中的累计生产费用，采用适当的分配方法在完工产品和在产品之间进行分配；对完工产品应负担的间接计入费用，则需要根据"基本生产成本二级账"的累计间接计入费用数与累计工时，计算全部产品的各项累计间接计入费用分配率，并根据分配率分配各项累计间接计入费用，计算完工产品成本，公式如下。

某项累计间接费用分配率=全部产品累计某项间接费用÷全部产品的累计工时

某批完工产品应负担的某项间接费用=

该批完工产品累计生产工时×该项累计间接费用分配率

简化分批法成本核算的基本程序，如图7.2所示。

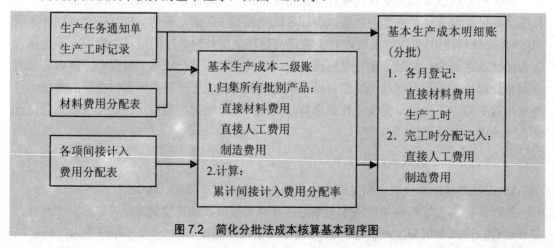

图 7.2 简化分批法成本核算基本程序图

3. 简化分批法举例

【例7-3】奔成企业按订货单位要求小批量组织生产多种产品，由于各月投产的产品批别较多，且月末存在大量的未完工产品，为了简化成本计算，采用简化分批法(不分批计算在产品成本的分批法)计算产品成本。其有关资料如下。

(1) 该企业20××年7月份的产品生产资料如下。

2201批号：甲产品10台，5月份投产，本月完工。

2202批号：乙产品6台，5月份投产，本月尚未完工。

2203批号：丙产品5台，6月份投产，本月尚未完工。

2204批号：丁产品8台，6月份投产，本月完工5台。

(2) 该企业7月份的月初在产品成本和本期生产费用以及生产工时等资料见表7-22。

表7-22　月初在产品成本和本期生产资料

单位：元

批号	产品名称	期初在产品				本月发生生产费用及生产工时			
		累计工时/小时	累计直接材料	累计直接人工	累计制造费用	生产工时/小时	直接材料	直接人工	制造费用
2201	甲	4 860	12 000			1 380	780		
2202	乙	1 800	7 200			2 460	1 050		
2203	丙	2 940	6 000			4 560	960		
2204	丁	1 200	14 400			2 160			
合　计		10 800	39 600	19 500	14 520	10 560	2 790	6 132	8 976

2204批丁产品原材料在投产时一次投入；月末在产品工时按工时定额计算，其中2204丁产品的月末在产品定额工时共计1 170小时。

其具体计算如下。

① 设置该企业的基本生产成本二级账，见表7-23。

表7-23　基本生产成本二级账

(各批产品总成本)

单位：元

月	日	摘　要	直接材料	生产工时	直接人工	制造费用	合　计
6	30	累计发生	39 600	10 800	19 500	14 520	73 620
7	31	本月发生	2 790	10 560	6 132	8 976	17 898
		累计发生额	42 390	21 360	25 632	23 496	91 518
		累计间接计入费用分配率			1.2	1.1	
		本月完工产品成本转出	21 780	8 430	10 116	9 273	41 169
		期末在产品成本	20 610	12 930	15 516	14 223	50 349

全部产品累计间接计入费用分配率计算如下。

$$直接人工费用累计分配率 = \frac{全部产品直接人工费用}{全部产品累计生产工时} = \frac{25\,632}{21\,360} = 1.2$$

$$制造费用累计分配率 = \frac{全部产品制造费用}{全部产品累计生产工时} = \frac{23\,496}{21\,360} = 1.1$$

本月完工转出产品的直接材料费用和生产工时，应根据各批产品的产品成本明细账中完工产品的直接材料费用和生产工时汇总登记。2201和2204批完工产品直接材料费用合计为21 780元，完工产品生产工时为8 430小时。

完工产品的各项间接计入费用可以用账中完工产品生产工时分别乘以各项间接计入费用累计分配率计算登记，也可以根据各批产品成本明细账中完工产品的各费用分别汇总登记。以账中累计行的各栏数字分别减去本月完工产品转出数，即为 7 月末在产品的直接材料费用、生产工时和各项间接计入费用。月末在产品的直接材料费用和生产工时也可以根据各批产品成本明细账中月末在产品的直接材料费用和生产工时分别汇总登记；各项间接计入费用也可以用其生产工时分别乘以各费用累计分配率计算登记。

② 设置该企业各批产品生产成本明细账，见表 7-24、表 7-25、表 7-26、表 7-27。

表 7-24　产品成本明细账

批号：2201　　　　　　　　　订货单位：A 工厂　　　　　　　　投产日期：5 月
产品名称：甲产品　　　　　　　批量：10 台　　　　　　　　　　完工日期：7 月　　　　　单位：元

月	日	摘　要	直接材料	生产工时	直接人工	制造费用	合　计
6	30	累计发生额	12 000	4 860			
7	31	本月发生	780	1 380			
		累计数及累计分配率	12 780	6 240	1.2	1.1	
		本月完工产品转出	12 780	6 240	7 488	6 864	27 132
		本批产品总成本	12 780		7 488	6 864	27 132
		本批产品单位成本	1 278		748.8	686.4	2 713.2

表 7-25　产品成本明细账

批号：2202　　　　　　　　　订货单位：B 工厂　　　　　　　　投产日期：5 月
产品名称：乙产品　　　　　　　批量：6 台　　　　　　　　　　完工日期：8 月　　　　　单位：元

月	日	摘　要	直接材料	生产工时	直接人工	制造费用	合　计
6	30	累计发生额	7 200	1 800			
7	31	本月发生	1 050	2 460			
		累计发生数	8 250	4 260			

表 7-26　产品成本明细账

批号：2203　　　　　　　　　订货单位：C 公司　　　　　　　　投产日期：6 月
产品名称：丙产品　　　　　　　批量：5 台　　　　　　　　　　完工日期：8 月　　　　　单位：元

月	日	摘　要	直接材料	生产工时	直接人工	制造费用	合　计
6	30	累计发生额	6 000	2 940			
7	31	本月发生	960	4 560			
		累计发生数	6 960	7 500			

表 7-27　产品成本明细账

批号：2204　　　　　　　　　订货单位：D 工厂　　　投产日期：6 月
产品名称：丁产品　　　　　　　批量：8 台　　　　　完工日期：8 月 (本月完工：5 台)　　　单位：元

月	日	摘　要	直接材料	生产工时	直接人工	制造费用	合　计
6	30	累计发生额	14 400	1 200			
7	31	本月发生		2 160			
		累计数及累计费用分配率	14 400	3 360	1.2	1.1	

续表

月	日	摘 要	直接材料	生产工时	直接人工	制造费用	合 计
		本月完工(5 台)产品转出	9 000	2 190	2 628	2 409	14 037
		完工产品单位成本	1 800		525.6	481.8	2 807.4
		期末在产品成本	5 400	1 170			

对于有完工产品(如 2201 批号的甲产品和 2204 批号的丁产品)的月份,除了登记直接材料费用和生产工时以及相应的累计数以外,还应根据基本生产成本二级账登记各项累计间接计入费用分配率。其中,2201 批号的甲产品月末全部完工,所以其产品成本明细账中累计的直接材料费用和生产工时,即为完工产品的直接材料费用和生产工时,用其生产工时分别乘以各项累计间接计入费用分配率,就是完工产品应分配的各项间接计入费用;2204批号的丁产品,月末部分完工,部分在产,则需将生产费用在完工产品与在产品之间进行分配。由于其所耗原材料在生产开始时一次投入,所以其直接材料费用按完工产品与在产品的数量比例分配,完工产品直接材料费用为 9 000 元(14 400÷8×5),完工产品生产工时为2 190 小时,是用总工时减去月末在产品定额工时计算(3 360-1 170)的。

各批产品生产成本明细账登记完毕后,将其中完工产品的直接材料费用和生产工时分别汇入基本生产成本二级账,并据以计算登记各批全部完工产品的总成本。

③ 编制企业各批完工产品的成本汇总表,见表 7-28。

表 7-28 各批完工产品成本汇总表

201×年 7 月　　　　　　　　　　　　　　　　　　　　　　单位:元

成本项目		直接材料	直接人工	制造费用	合 计
2201 甲产品	总成本	12 780	7 488	6 864	27 132
(产量 10 台)	单位成本	1 278	748.8	686.4	2 713.2
2204 丁产品	总成本	9 000	2 628	2 409	14 037
(产量 5 台)	单位成本	1 800	525.6	481.8	2 807.4

编制会计分录如下。

借:库存商品——甲产品　　　　　　　　　　　　　　　　　　　27 132

　　　　——丁产品　　　　　　　　　　　　　　　　　　　14 037

　　贷:基本生产成本——2201 批次　　　　　　　　　　　　　27 132

　　　　　——2204 批次　　　　　　　　　　　　　　　14 037

4. 简化分批法的特点和应用条件

与一般的分批法相比较,简化的分批法具有以下特点。

(1) 必须设立"基本生产成本二级账"。采用简化的分批法,由于不需要在产品成本明细账中登记月末在产品的间接计入费用,所以必须设立"基本生产成本二级账",以按月提供产品制造部门全部产品的累计生产费用(包括直接计入费用和间接计入费用)和生产工时的资料,在有产品完工的月份,还可以据以计算和登记全部产品的累计间接计入费用分配率。

(2) 累计间接计入费用不在在产品之间分配,不分批计算月末在产品成本。每月发生的间接计入费用不按月在各批产品之间进行分配,而是在基本生产成本二级账中累计起来,只以总数反映，即不分批次计算月末在产品成本，在有产品完工的月份，才将间接计入费用在各批完工产品之间进行分配。采用这种方法，月末未完工的批数越多，核算工作就越简化。

(3) 简化了完工产品与在产品之间费用的分配。采用简化的分批法，间接计入费用在各批产品之间及完工产品与在产品之间的分配一次完成，即生产费用的横向分配和纵向分配都是利用间接计入费用累计分配率在各批产品完工时合并在一起进行的，因而大大简化了费用的分配和登记工作量。

但是，要想充分发挥简化分批法成本核算工作的优点，保证成本计算结果的正确性，必须注意和满足两个条件。

(1) 同一月份投产的产品批数较多，且月末未完工产品批数也较多。如果月末未完工产品的批数不多，大多数批号的产品仍然要分配登记各项间接计入费用，并没有减少多少核算工作，因此在这种情况下就不宜采用。

(2) 各月份间接计入费用水平相差不大。由于间接计入费用不是每月分配的，而是在产品完工的月份一次累计分配的，在各月间接计入费用数额相差悬殊的情况下，就会影响各批成本计算的准确性。

7.3 产品成本计算的分步法

7.3.1 分步法概述

1. 分步法的定义

成本计算的分步法是指以产品的生产步骤为成本计算对象来归集生产费用，计算产品成本的一种基本方法。

2. 分步法的适用范围

分步法适用于大量大批的多步骤生产类型的企业，既适用于冶金、纺织、造纸等大量大批连续式复杂生产类型的企业，也适用于拖拉机、轴承、汽车等大量大批装配式复杂生产类型的企业。在这些企业中，产品生产可以划分为若干步骤，如纺织企业的生产可以分为纺纱、织布等步骤，造纸企业可以分为制浆、制纸和包装等步骤，机械制造企业可以分为铸造、加工、装配等步骤。

在这些企业里，生产过程是由若干个在技术上可以间断的生产步骤所组成的，每个生产步骤除了生产出半成品(最后一个步骤为产成品)外，还有一些加工中的在产品。已经生产出来的半成品既可以用于下一生产步骤继续加工，也可以对外销售。为了适应生产的这一特点，加强成本管理，要求这类企业不仅要按照产品品种归集生产费用，计算产品成本，而且要求按照产品的生产步骤归集生产费用，计算各步骤产品成本，提供反映各种产品及其各生产步骤成本计划执行情况的资料。

3. 分步法的特点

(1) 成本计算对象。采用分步法计算产品成本时，既要计算出最终产品的成本，还要归集计算出每一个生产步骤的成本，因此分步法成本计算对象是每种产品和其所经历过的各个生产步骤，并且在成本计算中，应按生产步骤和品种来设置明细账。往往大多数企业会按生产步骤来设立车间，在这种情况下，分步计算成本也就是分车间计算成本。但是分步计算成本与分车间计算成本有时也不是完全相同的概念。例如，有的企业管理上不要求分车间计算成本，为了简化核算，可将几个车间合并成一个步骤来计算成本，在此成本计算的范围就超出了车间的范围；有的企业可能一个车间的生产是由几个生产步骤所组成的，管理上又要求分步计算成本，在此成本计算的步骤又小于车间的范围。另外分步法并不是完全要求必须对所有的生产步骤单独设立明细账单独计算成本，出于重要性原则的要求，管理上不要求单独计算某些生产步骤的成本，则可将其与其他生产步骤合并来共同计算成本。

(2) 成本计算期。分步法适应于大量大批的多个步骤生产企业，因此决定了其生产过程较长，可以间断，而且往往都是跨月陆续完工的，基本每个时点都是有的产品已经完工，而有的产品没有完工，那么就无须等到产品全部完工时再结转其成本，而是按月定期计算产品成本。所以成本计算期与会计报告期一致。

(3) 生产费用在完工产品和月末在产品之间的分配。由于生产的连续性及成本计算是定期按月进行的，所以期末生产费用总额中既包含了完工产品的成本，又包含了在产品的成本，因此在计算产品成本时，还需要采用适当的分配方法，将汇集在各种产品、各生产步骤产品成本明细账中的生产费用，在完工产品及在产品之间分配，计算各产品、各生产步骤的完工产品成本与在产品成本。

(4) 成本的结转。由于产品生产是分步骤进行的，上一步骤生产的半成品可能是下一步骤加工的对象。因此，为了计算各种产品的产成品成本，还需要按产品品种，把各步骤产品成本进行结转。这是分步法不同于其他成本计算方法的一个显著特点。

7.3.2 分步法的计算程序和分类

由于各个企业生产工艺过程的特点和成本管理对各步骤成本资料的要求不同，采用分步法进行成本计算的具体程序也不完全一样，但概括地讲，企业分步法的成本计算程序一般如下。

(1) 按各个生产步骤的产品(包括半成品)设置产品成本明细账。

(2) 对各步骤所耗生产费用进行归集和分配。各步骤产品所耗生产费用的核算程序与品种法基本一致，即包括要素费用的分配、辅助生产费用的分配以及制造费用的分配，从而计算出各步骤半成品成本或应计入产成品成本的份额。

(3) 最终产成品成本的计算。最终产成品成本的计算建立在前面各生产步骤成本计算的基础之上。其核算程序可分为两种，如图7.3所示。

由于各个企业生产工艺过程的特点和成本管理对各步骤成本资料的要求不同(要不要计算半成品成本)，各生产步骤成本的计算和结转有逐步结转和平行结转两种方法，这样，产品成本计算的分步法也就相应地分为逐步结转分步法和平行结转分步法两种。

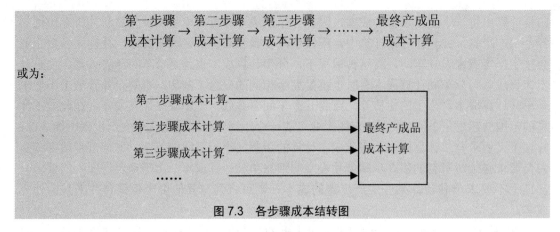

图 7.3　各步骤成本结转图

7.3.3　逐步结转分步法

1. 逐步结转分步法概述

逐步结转分步法又称为顺序结转分步法，是指按照产品生产步骤的先后顺序归集生产费用，逐步计算并结转各步骤半成品成本，即上一步骤的半成品成本随着半成品实物的转移而结转到下一步骤的产品成本中，直到最后步骤累计计算出产成品成本的一种成本计算方法。该法的显著特点是能够提供各个步骤的半成品成本的资料，所以又称为计算半成品成本的分步法。它适用于大量大批多步骤连续式生产类型的企业。

在采用分步法计算成本的大量、大批多步骤生产中，有的产品制造过程是由一系列循序渐进的、性质不同的加工步骤所组成的。例如棉纺织企业，生产工艺过程包括纺纱和织布两大步骤。原料投入生产后，先纺成各种棉纱，然后再织成布，前一步骤的棉纱是半成品，后一步骤的棉布是产成品。即在这类生产中，从原料投入到产品制成，中间要经过几个生产步骤的逐步加工，前面各步骤生产的都是半成品，只有最后步骤生产的才是产成品。与这类生产工艺过程特点相联系，为了加强对各生产步骤成本的管理，往往要求不仅计算各种产成品成本，而且要求计算各步骤半成品成本。逐步结转分步法就是为了计算半成品成本而采用的一种分步法。

管理上要求计算半成品成本的原因一般有：半成品需要出售，一些半成品是产品的备件，半成品的零件磨损后需要修理更换；半成品需要同行业对比的；企业责任考核，需制定半成品计划，计算半成品成本；一种半成品为企业几种产品共同耗用；等等。

2. 逐步结转分步法的特点

(1) 成本计算对象是各生产步骤的半成品和最后步骤的产成品。

(2) 各加工步骤的半成品成本随实物转移而在各生产步骤之间顺序结转。

(3) 在产品成本按其实物所在地反映，各步骤产品生产成本明细账中的期末余额结存在该步骤的狭义在产品的成本中。

3. 逐步结转分步法的计算程序

在逐步结转分步法下，各步骤所耗用的上一步骤半成品的成本，要随着半成品实物的转移，从上一步骤的产品成本明细账转入下一步骤相同产品的成本明细账中，以便逐步计算各步骤的半成品成本和最后步骤的产成品成本。其成本计算的程序如下。

(1) 按产品品种及所经过步骤的半成品设置"基本生产成本"明细账，分成本项目归集生产费用。

(2) 根据第一步骤该产品"基本生产成本"明细账或产品成本计算单归集的直接材料、直接人工、制造费用等生产费用，计算出第一步骤半成品的成本，随着半成品实物转移至第二步骤继续加工，其半成品成本也结转记入第二步骤该产品的"基本生产成本"明细账中。

(3) 将第一步骤转来的半成品成本加上第二步骤耗用的直接材料、直接人工、制造费用等生产费用，计算出第二步骤半成品的成本；再随着半成品实物转移，其半成品成本也结转记入第三步骤该产品的"基本生产成本"明细账中。这样，按照加工顺序，逐步计算和结转半成品成本，直到最后一个步骤，就可以计算出产成品的成本。

逐步结转分步法的成本计算程序如图 7.4 所示。

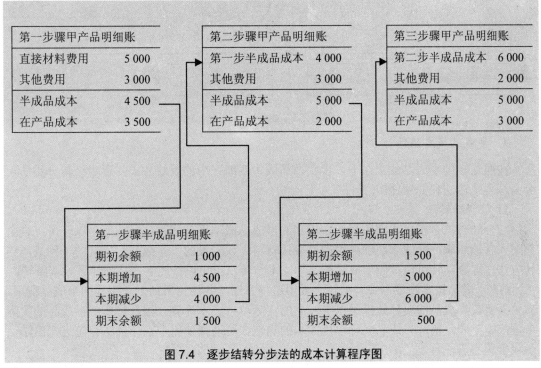

图 7.4   逐步结转分步法的成本计算程序图

如果半成品通过仓库收发，即半成品完工后，不为下一步骤直接领用，而要通过半成品库收发，还要单独设置"自制半成品"科目。半成品验收入库时，会计分录为借记"自制半成品"科目，贷记"基本生产成本——一车间"科目；下一步骤领用时，半成品成本按个别计价法、先进先出法、移动平均法、月末一次加权平均法等计算出后，会计分录为借记"基本生产成本——二车间"科目，贷记"自制半成品"科目。如果半成品不通过仓库收发，即半成品完工后，为下一步骤直接领用，则半成品成本就在各步骤的产品成本明细账之间直接结转，不必编制结转半成品成本的会计分录。

由上述计算程序可以看出，采用逐步结转分步法，每月月末，各项生产费用(包括所耗上一步骤的半成品成本)在各步骤产品成本明细账中归集以后，如果该步骤既有完工的半成品(最后步骤为产成品)，又有正在加工的在产品，还应将各步骤产品成本明细账中归集的生产费用,采用适当的分配方法,在完工半成品(最后步骤为产成品)与正在加工的在产品之间进行分配,计算完工的半成品(最后步骤为产成品)和正在加工的在产品的成本,然后通过半成品的逐步结转,在最后一个步骤的产品成本明细账中,计算出完工产成品的成本。上述每一步骤都是一个品种法,因此,逐步结转分步法实际上就是品种法在各个步骤多次连续地应用。

 知识图说

逐步结转法的特点是成本随同半成品实物的结转而一同结转,其就像滚雪球一样,如图7.5所示。

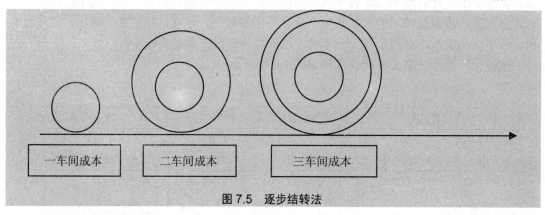

一车间成本　　二车间成本　　三车间成本

图 7.5　逐步结转法

4. 半成品成本的结转方法

按照结转的半成品成本在下一步骤产品成本明细账中的反映方式,逐步结转分步法可分为综合结转法和分项结转法。

1) 综合结转法

综合结转法是指各步骤所耗上一步骤的半成品成本不分成本项目,而是以一个综合金额记入各该步骤产品成本明细账中的"直接材料"或专设的"半成品"项目的一种成本结转方法。综合结转可以按照半成品的实际成本结转,也可以按照半成品的计划成本结转。

(1) 半成品按实际成本综合结转。采用这种方法,各步骤所耗上一步骤的半成品费用,应根据所耗半成品的实际数量乘以半成品的实际单位成本计算。因各月所产半成品的实际单位成本不同,所耗半成品实际单位成本的确定,可选择使用个别计价法、先进先出法、加权平均法等。

【例7-4】假定甲产品生产过程为两个步骤,分别由两个车间进行。第一车间生产半成品,完工后交半成品库验收;第二车间按所需数量从半成品库领用,所耗半成品费用按全月一次加权平均单位成本计算。两个车间的月末在产品均按定额成本计价。成本计算程序如下。

① 根据各种生产费用分配表、半成品交库单和第一车间在产品定额成本资料,登记第一车间产品成本明细账,见表7-29。

表7-29　产品成本明细账

第一车间:甲半成品 单位:元

摘　要	产量/件	直接材料	直接人工	制造费用	成本合计
月初在产品(定额成本)		3 000	3 000	2 000	8 000

续表

摘　要	产量/件	直接材料	直接人工	制造费用	成本合计
本月费用		15 000	10 000	8 000	33 000
累计		18 000	13 000	10 000	41 000
完工转出半成品成本	40	14 000	11 000	7 000	32 000
月末在产品(定额成本)		4 000	2 000	3 000	9 000

根据第一车间半成品交库单(单中按所列交库数量和上列甲产品成本明细账中完工转出半成品成本计价)编制会计分录。

借：自制半成品——甲半成品　　　　　　　　　　　　　　　　　32 000
　　贷：基本生产成本——甲半成品　　　　　　　　　　　　　　　　　32 000

② 根据计价的半成品交库单和第二车间领用半成品的领用单，登记自制半成品明细账，见表 7-30。

表 7-30　自制半成品明细账

甲半成品　　　　　　　　　　　　　　　　　　　　　　　　　　　　　单位：元

月份	月初余额		本月增加		合　计			本月减少	
	数量/件	实际成本	数量/件	实际成本	数量/件	实际成本	单位成本	数量/件	实际成本
1	10	8 000	40	32 000	50	40 000	800	45	36 000
2	5	4 300							

加权平均单位成本 $=\dfrac{8\,000+32\,000}{10+40}=800(元)$

本月减少自制半成品实际成本 $=45\times800=36\,000(元)$

根据第二车间半成品领用单(单中按所列领用数量和自制半成品明细账中加权平均单位成本计价)编制会计分录。

借：基本生产成本——甲产品　　　　　　　　　　　　　　　　　36 000
　　贷：自制半成品——甲半产品　　　　　　　　　　　　　　　　　36 000

③ 根据各种费用分配表、半成品领用单、产成品交库单，以及第二车间在产品定额成本资料，登记第二车间甲产品成本明细账，见表 7-31。

表 7-31　产品成本明细账

第二车间：甲产成品　　　　　　　　　　　　　　　　　　　　　　　　单位：元

摘　要	产量/件	半成品	直接人工	制造费用	成本合计
月初在产品(定额成本)		14 000	1 500	1 300	16 800
本月费用		36 000	6 000	5 000	47 000
累计		50 000	7 500	6 300	63 800
完工转出产成品成本	50	44 000	6 200	5 300	55 500
完工产成品单位成本		880	124	106	1 110
月末在产品(定额成本)		6 000	1 300	1 000	8 300

特别提示

产品成本明细账中增设了"半成品"成本项目，其中，本月半成品费用就是第二车间本月耗用第一车间半成品的费用，是根据计价后的半成品领用单登记的，反映出半成品成本综合转账的特点。

根据第二车间的产成品交库单所列产成品交库数量和上列第二车间产品成本明细账中完工转出产成品的成本，编制会计分录。

借：库存商品——甲产品　55 500

　　贷：基本生产成本——甲产品　55 500

如果不通过半成品库收发，则直接把第一车间的完工产品投入到下一个步骤的生产中，在这种情况下，半成品的成本可以在两步的生产成本明细账之间直接结转，即第一车间完工的自制半成品直接投入第二车间的生产，可以不编制结转完工半成品的会计分录。第一车间完工的 40 件自制半成品由表 7-29 可知总的实际成本为 32 000 元，计算结果见第二车间产品成本明细账，见表 7-32。

表 7-32　产品成本明细账

第二车间　甲半成品　单位：元

摘　要	产量/件	半成品	直接人工	制造费用	成本合计
月初在产品(定额成本)		14 000	1 500	1 300	16 800
本月费用		32 000	6 000	5 000	43 000
累计		46 000	7 500	6 300	59 800
完工转出产成品成本	50	40 000	6 200	5 300	51 500
完工产成品单位成本		800	124	106	1 030
月末在产品(定额成本)		6 000	1 300	1 000	8 300

表 7-32 所示的计算结果表明本月第二车间的完工产品(即最终的完工产品)为 50 件，单位成本为 1 030 元，实际总成本为 51 500 元。根据计算结果及完工产品的交库单，编制结转完工产品入库的会计分录如下。

借：库存商品——甲产品　51 500

　　贷：基本生产成本——甲产品　51 500

(2) 半成品按计划成本综合结转。采用这种结转方法，半成品日常收发的明细核算均按计划成本计价；在半成品实际成本计算出来后，再以实际成本与计划成本对比，计算半成品成本差异额和差异率，调整领用半成品的计划成本。而半成品收发的总分类核算则按实际成本计价。

半成品按计划成本综合结转所用账表的特点如下。

① 自制半成品明细账不仅要反映半成品收、发和结存的数量及实际成本，而且还要反映其计划成本，以及成本差异额和成本差异率。

【例 7-5】以【例 7-4】的资料为例，在采用半成品按计划成本综合结转法中，自制半成品明细账的格式见表 7-33。

表7-33　自制半成品明细账　　　　　　　　　　　　　　单位：元

甲半成品　　　　　　　　　　　　　　　　　　　　　　　计划单位成本：810元

月　份			3月	4月
月初余额	数量	①	10	5
	计划成本	②	8 100	4 050
	实际成本	③	8 000	3 987
本月增加	数量	④	40	
	计划成本	⑤	32 400	
	实际成本	⑥	32 000	
合计	数量	⑦=①+④	50	
	计划成本	⑧=②+⑤	40 500	
	实际成本	⑨=③+⑥	40 000	
	成本差异	⑩=⑨-⑧	-500	
	成本差异率	⑪=⑩÷⑧×100%	-1.2%	
本月减少	数量	⑫	45	
	计划成本	⑬	36 450	
	实际成本	⑭=⑬+⑬×⑪	36 013	

表7-33中的指标计算如下。

$$半成品成本差异率=\frac{月初结存半成品成本差异+本月收入半成品成本差异}{月初结存半成品计划成本+本月收入半成品计划成本}×100\%$$

$$=\frac{(-100)+(-400)}{8\,100+32\,400}×100\%=-1.2\%$$

发出半成品成本差异=发出半成品计划成本×半成品成本差异率

=36 450×(-1.2%)=-437(元)

发出半成品实际成本=发出半成品计划成本±发出半成品成本差异

=36 450+(-437)=36 013(元)

②　在第二车间的产品成本明细账中，对于所耗上一步骤的半成品成本，可以直接按照调整成本差异后的实际成本登记；也可以按照计划成本、成本差异和实际成本分别登记，以便分析上一步骤半成品成本差异对本步骤产品成本的影响。

以【例7-4】的企业资料为例，采用按计划成本综合结转半成品成本的方法。第一车间产品成本明细账与【例7-4】相同。第二车间产品成本明细账的格式见表7-34。

表7-34　产品成本明细账

第二车间：甲产成品　　　　　　　　　　　　　　　　　　　　　　　　单位：元

摘　要	产量/件	半成品			直接人工	制造费用	成本合计
		计划成本	成本差异	实际成本			
月初在产品(定额成本)		14 000	×	14 000	1 500	1 300	16 800
本月费用		36 450	-437	36 013	6 000	5 000	47 013
累计		50 450	-437	50 013	7 500	6 300	63 813

续表

摘　要	产量/件	半成品			直接人工	制造费用	成本合计
		计划成本	成本差异	实际成本			
完工转出产成品成本	50	44 450	-437	44 013	6 200	5 300	55 513
产成品单位成本		889	-8.74	880.26	126	106	1 110.26
月末在产品(定额成本)		6 000	×	6 000	1 300	1 000	8 300

与按实际成本综合结转半成品成本方法相比较，按计划成本综合结转半成品成本方法的优点如下。

① 可以简化和加速半成品核算和产品成本计算工作。按计划成本结转半成品成本，可以简化和加速半成品收发的计价和记账工作；半成品成本差异率如果不是按半成品品种，而是按类进行计算，更可以省去大量的计算工作；如果月初半成品存量较大，本月耗用的半成品大部分甚至全部是以前月份生产的，本月所耗半成品成本差异调整也可以根据上月半成品成本差异率计算。这样，不仅简化了计算工作，各步骤的成本计算也可以同时进行，从而加速产品成本的计算工作。

② 便于各步骤进行成本的考核和分析。按计划成本结转半成品成本，在各步骤的产品成本明细账中，可以分别反映所耗半成品的计划成本、成本差异和实际成本，因而在分析对各步骤产品成本的影响时，有利于分清经济责任，考核各步骤的经济效益。

(3) 综合结转的成本还原。从前面举例的第二车间产品成本明细账中可以看出，采用综合结转法，在最后步骤计算出的产成品成本中的绝大部分费用是第二车间所耗的第一车间生产的半成品费用，而直接人工和制造费用是第二车间发生的费用，在产品成本中所占比重很小。显然，这不是产品成本构成(即各项费用之间的比例关系)的实际情况，因而不能据以从整个企业角度考核和分析产品成本的构成和水平。因此，在管理上要求从整个企业角度考核和分析产品成本构成和水平时，即从整个企业角度考核和分析生产产品所耗直接材料费用、直接人工费用和制造费用各是多少时，还应将综合结转的半成品成本进行还原。

所谓成本还原就是从最后一个步骤起，把所耗上一步骤半成品的综合成本分解还原成直接材料、直接人工、制造费用等原始成本项目，从而求得按原始成本项目反映的产成品成本资料。成本还原的方法是：从最后一步起，把最终完工产品成本中的自制半成品项目根据上一步骤的本月完工半成品的成本构成予以还原(因为最后一步所用的自制半成品即为上一步骤的完工半成品)，同理还原后如还有自制半成品，则再根据上一步的本月完工自制半成品的成本构成予以还原，直到把最终完工产品成本还原成直接材料、直接人工、制造费用等原始的成本项目，从而求得按原始成本项目反映的最终完工产品成本。

具体来讲，成本还原的方法有以下两种。

第一种方法是按各步骤耗用半成品的总成本占上一步骤完工半成品总成本的比重还原。成本还原步骤如下。

① 计算还原分配率。还原分配率是完工产品中所耗上步半成品费用同上步完工半成品成本之比，计算公式如下。

$$还原分配率=\frac{本月完工产品所耗上一步骤半成品综合成本}{本月所产该种半成品成本合计}$$

② 对本半成品成本进行还原。它是以还原分配率分别乘以本月所产该种半成品的成本构成进行分解、还原的,求得按原始成本项目反映的还原对象成本。其计算公式如下。

半成品各成本项目还原=本月所产该种半成品各成本项目金额×还原分配率

③ 计算还原后产品成本。

【例 7-6】仍以【例 7-4】的资料为例,在第二车间完工转出的产成品成本中,所耗上一车间半成品的费用为 44 000 元,按照第一车间本月所产该种半成品 35 000 元的成本构成(即各项费用的比重)进行还原,求出按原始成本项目反映的甲产成品的成本。根据上述两个车间产品明细账的有关资料,编制产成品成本还原计算表,见表 7-35。

表 7-35 产成品成本还原计算表

产品名称:甲　　　　　　　　　　产品产量:50 件　　　　　　　　　　单位:元

项　　目		半成品	直接材料	直接人工	制造费用	合　计
还原前产成品成本	①	44 000		6 200	5 300	55 500
本月所产半成品成本	②		14 000	11 000	7 000	32 000
成本还原率/%	③=①中还原对象÷②合计	1.375	1.375	1.375	1.375	1.375
成本还原额	④=③×②中各栏	-44 000	19 250	15 125	9 625	0
还原后产成品成本	⑤=④+①		19 250	21 325	14 925	55 500
还原后产成品单位成本	⑥=⑤÷产量		385	426.5	298.5	1 110

表 7-35 中"还原前产成品成本"根据第二车间甲产品成本明细账中完工转出产成品填列,其中"半成品"成本项目 44 000 元是还原的对象;"本月所产半成品成本"根据第一车间甲产品成本明细账中完工转出半成品成本填列,其中各种成本项目之间的比例是还原的依据。进行成本还原的步骤如下。

① 计算还原分配率。还原分配率=44 000÷32 000=1.375。

② 成本还原。通过计算,还原出第二车间产成品所耗半成品成本 44 000 元中的直接材料费用为 19 250(即 14 000×1.375)元,直接人工费用为 15 125(11 000×1.375)元,制造费用为 9 625(7 000×1.375)元,若计算出的分配率是个约数,制造费用采用倒挤的方法,即:44 000-19 250-15 125=9 625 元。

还原后 3 个项目费用(直接材料、直接人工和制造费用)之和等于还原对象成本,应与产成品所耗半成品费用 44 000 元相抵消。

③ 计算还原后产品成本。将本步骤"直接材料"、"直接人工"、"制造费用"与半成品综合成本还原值中的"直接材料"、"直接人工"和"制造费用"按项目分别相加,即为按原始成本项目还原后产成品的总成本。其中,还原后的直接材料费用为 19 250 元,还原后的直接人工费用为 21 325(即 15 125+6 200)元,还原后的制造费用为 14 925(即 9 625+5 300)元。

 特别提示

如果甲产品生产步骤不是两步,而是三步,按照上述方法应先从第三步骤起,将其所耗第二步骤生产的半成品综合成本进行分解、还原,但还原后的"半成品"项目还有未还原穷尽的综合费用,即第二步骤产品消耗的第一步骤半成品的成本,因而还应再进行一次还原,如果是 4 个生产步骤,则要还原 3 次,以此类推，直至"半成品"项目的综合费用全部还原为原始的成本项目为止。

第二种方法是按照半成品各成本项目占全部成本的比重还原。按照上述成本还原方法的原理，还可以按上一步骤本月所产半成品的成本项目占其全部成本的比重，将本步骤完工产成品成本中所耗上一步骤半成品综合成本还原为原始的成本项目。其成本还原的步骤与上面所讲的相同，但成本还原率的计算公式如下。

$$还原分配率=\frac{上一步骤完工半成品各成本项目金额}{上一步骤完工半成品成本合计}$$

$$半成品成本还原=还原前产品成本×还原分配率$$

以前面所举数字为例，其具体计算见表7-36。

表7-36　产成品成本还原计算表

单位：元

项　目		半成品	直接材料	直接人工	制造费用	合　计
还原前产成品成本	①	44 000		6 200	5 300	55 500
本月所产该种半成品成本	②		14 000	11 000	7 000	32 000
成本 还原	还原分配率/% ③=②中各栏÷②合计		43.75	34.375	21.875	100
	还原额 ④=③×①中还原对象	-44 000	19 250	15 125	9 625	0
还原后的产成品成本	⑤=④+①		19 250	21 325	14 925	55 500

将"还原前产成品成本"与"还原后产成品成本"进行对比分析可以发现，成本合计相同，但成本构成不一样。

采用上述还原方法，由于产成品成本中所耗半成品还原后的各项费用，是以本月所产该种半成品的各项费用，分别乘以相同的倍数(还原分配率)计算求得的，因而两者的各项费用之间的比例关系不变，也就是说，是将第二车间产成品中的半成品费用，按本月第一车间生产的该种半成品成本构成进行了还原。但是，在实际工作中，以前月份所产的半成品成本构成与本月所产半成品的成本构成不可能完全一致，因此，在各月所产半成品的成本构成变动较大的情况下，按照上述方法进行成本还原，对还原结果的正确性就会有较大的影响。如果半成品的定额成本或计划成本比较准确，为了提高还原结果的正确性，产成品所耗半成品费用可以按定额成本或计划成本的成本构成进行还原。

综上所述可以看出，采用综合结转法逐步结转半成品成本，从第二步骤产品成本明细账中，可以了解其完工转出的产成品成本中有多少是耗用上一步骤半成品成本的费用，有多少是各步骤的加工费用，从而有利于车间的成本管理。但如果在管理上要求提供按原始成本项目反映的产成品成本资料，特别是在产品种类多、产品加工步骤多的情况下，成本还原工作繁重。因而，这种方法只宜在管理上要求计算各步骤完工产品所耗半成品费用，而不要求进行成本还原的情况下采用。

2) 分项结转法

分项结转法是指各个步骤所耗上一步骤的半成品成本，按照"直接材料"、"直接人工"、"制造费用"等成本项目，分别记入各个步骤产品成本明细账中的相应成本项目的一种成本结转方法。采用该方法时，若各个步骤完工的半成品通过半成品库收发，在"自制半成品明细账"中登记其成本时，也要分成本项目分别登记。采用此法计算出的产成品成本能提供按原始成本项目反映的产品的成本结构，不需要进行成本还原。

现举例说明这种方法的计算过程。

【例 7-7】仍用【例 7-4】中甲产品的成本资料，说明采用分项结转法的成本计算程序。

(1) 第一车间甲产品的成本明细账见表 7-37。

表 7-37　产品成本明细账

第一车间：甲半成品　　　　　　　　　　　　　　　　　　　　　　　　　　　　单位：元

摘　要	产量/件	直接材料	直接人工	制造费用	成本合计
月初在产品(定额成本)		3 000	3 000	2 000	8 000
本月费用		15 000	10 000	8 000	33 000
累计		18 000	13 000	10 000	41 000
完工转出半成品成本	40	14 000	11 000	7 000	32 000
月末在产品(定额成本)		4 000	2 000	3 000	9 000

(2) 根据第一车间甲半成品明细账，第一车间半成品交库单和第二车间半成品领用单，登记自制半成品明细账，见表 7-38。

表 7-38　自制半成品明细账

甲半成品　　　　　　　　　　　　　　　　　　　　　　　　　　　　　　　　单位：元

月　份	摘　要	数量/件	实际成本			
			直接材料	直接人工	制造费用	成本合计
3	月初余额	10	5 000	2 000	1 000	8 000
	本月增加	40	14 000	11 000	7 000	32 000
	合计	50	19 000	13 000	8 000	40 000
	单位成本		380	260	160	800
	本月减少	45	17 100	11 700	7 200	36 000
4	月初余额	5	1 900	1 300	800	4 000

(3) 根据各种生产费用分配表、第二车间半成品领用单、自制半成品明细账、第二车间产成品交库单和第二车间在产品定额成本等资料，登记第二车间甲产品成本明细账，见表 7-39。

表 7-39　产品成本明细账

第二车间：甲产成品　　　　　　　　　　　　　　　　　　　　　　　　　　　单位：元

摘　要	产量/件	直接材料	直接人工	制造费用	成本合计
月初在产品(定额成本)		14 000	1 500	1 300	16 800
本月本步骤生产费用			6 000	5 000	11 000
本月耗用半成品费用		17 100	11 700	7 200	36 000
累计		31 100	19 200	13 500	63 800
完工转出产成品成本	50	25 100	17 900	12 500	55 500
产成品单位成本		502	358	250	1 110
月末在产品(定额成本)		6 000	1 300	1 000	8 300

特别提示

表 7-39 中由计算求得的按成本项目反映的甲产成品的成本资料，与表 7-35 中产成品成本还原计算表中的还原后甲产成品成本总额(总成本和单位成本)完全相符，但是两者的成本构成并不相同。这是因为成本还原计算表中的产成品所耗半成品综合成本，是依据本月所生产该种半成品的成本结构进行还原的，而没有考虑以前月份生产的半成品，其成本构成可能不同。上述第二车间产品成本明细账中的产成品所耗半成品的各项费用，则可能包括了以前月份所产的半成品，不同的成本构成必然会影响两表中的计算。

由此可见，采用分项结转法逐步结转半成品成本，可以直接提供按原始成本项目反映的产成品成本资料，不需要进行成本还原。但是成本结转工作比较复杂，而且在各步骤完工产品中看不出所耗上一步骤半成品的费用和本步骤加工费用水平，不便于进行完工产品成本分析。因此，这种结转方法一般适用于管理上不要求分别提供各步骤完工产品所耗半成品费用和本步骤加工费用资料，但要求按原始成本项目反映产品成本的企业。

3) 逐步结转分步法的优缺点

综上所述，逐步结转分步法的优点可以概括如下。

(1) 逐步结转分步法的成本计算对象是企业产成品及各步骤的半成品，这就为分析和考核企业产品成本计划和各生产步骤半成品成本计划的执行情况，为正确计算半成品销售成本提供了资料。

(2) 不论是综合结转还是分项结转，半成品成本都是随着半成品实物的转移而结转的，各生产步骤产品成本明细账中的生产费用余额，反映着留存在各个生产步骤的在产品成本，因而还能为在产品的实物管理和生产资金管理提供资料。

(3) 采用综合结转法结转半成品成本时，由于各生产步骤产品成本中包括所耗上一生产步骤的半成品成本，从而能全面反映各步骤完工产品所耗上一步骤的半成品费用水平和本步骤的加工费用水平，有利于各步骤的成本管理。采用分项结转法结转半成品成本时，可以直接提供按原始成本项目反映的产品成本，满足企业分析和考核产品构成和水平的需要。

而其缺点是这一方法的核算工作比较复杂，核算工作的及时性也较差。如果采用综合结转法，需要进行成本还原；如果采用分项结转法，结转的核算工作量大，如果半成品按计划成本结转，还要计算和调整半成品成本的差异；如果半成品按实际成本结转，各步骤则不能同时计算成本。因此，应用这一方法时，必须从实际出发，根据管理要求，权衡利弊，做到既满足管理要求，提供所需的各种资料，又能简化核算工作。

7.3.4 平行结转分步法

1. 平行结转分步法概述

平行结转分步法又称为"不计算半成品成本法"，是先将各个步骤发生的生产费用中应计入产成品成本的"份额"计算出来，然后将其平行结转、汇总起来计算产成品成本的一种成本计算方法。

在采用分步法计算成本的大量、大批多步骤生产中，有的产品生产过程属于装配式生产，即先对各种原材料平行地进行加工，成为各种半成品——零件或部件，然后再装配成各种产成品，如机械制造企业；有的产品生产过程虽属于连续式多步骤生产，但半成品对外销售的情况却很少，在管理上不要求计算半成品成本，只需计算最终产品成本，就可以满足成本管理的要求。因而为了简化和加速成本计算工作，则可采用平行结转分步法，只计算各步骤应计入产品成本的份额，然后平行结转，汇总计算产成品的成本。

2. 平行结转分步法的特点

与逐步结转分步法相比，平行结转分步法的特点如下。

(1) 不计算半成品成本，成本计算对象是各个生产步骤和产成品。各个生产步骤的生产成本明细账中仅归集了本步骤直接发生的费用，而不包括从上一步骤结转过来的自制半成品的成本，因此在上述程序中，假设材料在第一个生产步骤一次性投入，只有第一步中才有材料费用和其他费用，而其他的步骤只归集了本步骤所直接发生的加工费用，没有包括在本步骤继续加工的上步骤转入或领用自制半成品的成本。

(2) 半成品成本不随实物转移而结转。采用这一方法，各步骤之间不结转半成品成本。不论半成品实物是在各生产步骤之间直接转移的，还是通过半成品库收发的，都不进行总分类核算，不需设置"自制半产品"账户。

(3) 为了计算各生产步骤发生的费用中应计入产成品成本的份额，必须将每一生产步骤发生的费用划分为耗用于产成品部分和尚未最后制成的在产品(即广义的在产品)部分。这里的广义在产品包括：①本步骤尚未完工的在产品；②本步骤已完工转入到半成品库的自制半成品；③投入下一步继续生产的半成品；④完成全部生产过程尚未入库的产成品。各个步骤的总成本应由完工产品和广义的在产品承担。如第一步骤的成本应在完工产品和广义的在产品之间分配，因为所有的产品生产都经历过第一步骤，经历过就要分摊，但第二个步骤的成本应当在完工成品和第二步及第二步以后的各个步骤的在产品中分配，而第一步的在产品不参与第二个步骤成本的分配，因为第一个步骤在产品没有经历过第二步骤的生产，没受益就不分配，同理适用于其他步骤成本的分配。综上所述采用平行结转分步法，首先归集各个步骤实际发生的生产费用，半成品完工，账面上不做任何处理，只需在期末把各个生产步骤的生产费用在完工产品及在产品中进行分配，对于每一步应分配的在产品的范围按"谁受益，谁分配"的原则加以确定，分配时可以采用前面所介绍的在完工产品和在产品之间分配费用的方法。

(4) 将各步骤费用中应计入产成品成本的份额，采用平行结转、汇总计算的方法计算该种产成品的总成本和单位成本。

3. 平行结转分步法的计算程序

(1) 按产品的生产步骤和产品品种设置生产成本明细账，按成本项目归集本步骤发生的生产费用(不包括所耗用的上一步骤半成品的成本)。

(2) 月末，采用适当的方法将各个步骤归集的生产费用在产成品与广义在产品之间进行分配，计算各个步骤应计入产成品成本的份额。

(3) 将各个步骤应计入产成品成本的份额平行结转、加总后，就得到了产成品的总成本，除以产成品产量，即为单位成本。

平行结转分步法成本的计算程序图如图 7.6 所示(假设材料在第一个生产步骤一次性投入)。

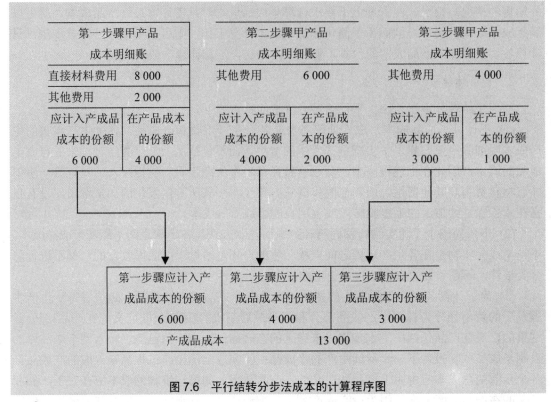

图7.6 平行结转分步法成本的计算程序图

![特别提示]

特别提示

平行结转法的特点是成本不随同半成品实物的结转而结转，各步只计算本步骤计入最终产成品成本的份额，其就像各种酒混合调制鸡尾酒一样。

4. 平行结转分步法产品成本计算举例

【例7-8】奔成企业生产丙产品，生产费用在完工产品(应计入产品份额)和在产品之间的分配采用定额比例法，其中，原材料费用按定额原材料费用比例分配，其他各项费用按定额工时比例分配。其成本核算程序如下。

(1) 有关丙产品的定额资料见表7-40。

表7-40 丙产品的定额资料

单位：元

车间份额	月初在产品		本月投入		本月产成品				
	定额直接材料费用	定额工时/小时	定额直接材料费用	定额工时/小时	单位定额		产量/件	定额直接材料费用	定额工时/小时
					直接材料费用	工时/小时			
第一车间份额	18 000	480	24 000	840	600	20	50	30 000	1 000
第二车间份额		420		620		16	50		800
合　计	18 000	900	24 000	1 460	600	36	50	30 000	1 800

(2) 根据丙产品的定额资料、各种生产费用分配表和产成品交库单,登记第一、二车间的产品成本明细账,见表 7-41、表 7-42。

表 7-41　产品成本明细账

第一车间:丙产品　　　　　　　　　　　　　　　　　　　　　　　　　　　　　　　　　单位:元

摘要	产量/件	直接材料		定额工时	直接人工	制造费用	成本合计
		定额	实际				
月初在产品		18 000	17 760	480	8 840	12 240	38 840
本月生产费用		24 000	23 400	840	12 280	14 160	49 840
累计		42 000	41 160	1 320	21 120	26 400	88 680
费用分配率			0.98		16	20	
产成品成本中本步骤份额	50	30 000	29 400	1 000	16 000	20 000	65 400
月末在产品		12 000	11 760	320	5 120	6 400	23 280

上述第一车间产品成本明细账中数字计算和登记的方法如下所述。

① 直接材料定额费用和定额工时根据表 7-40 丙产品的定额资料计算登记。月末在产品定额数字是根据月初在产品定额数、本月投入定额和产成品定额数,采用倒挤的方法计算求得的。计算公式如下。

$$\frac{月末在产品直接}{材料定额费用}=\frac{月初在产品直接}{材料定额费用}+\frac{本月投入的直接}{材料定额费用}-\frac{本月完工产品}{直接材料定额费用}$$

$$\frac{月末在产品}{定额工时}=\frac{月初在产品}{定额工时}+\frac{本月投入产品}{的额定工时}-\frac{本月完工产品}{的定额工时}$$

以第一车间为例进行计算。

月末在产品直接材料定额费用=18 000+24 000-30 000=12 000(元)

月末在产品定额工时=480+840-1 000=320(小时)

② 本月生产费用,即本步骤本月为生产丙产品发生的各项生产费用,应根据各种费用分配表登记。由于原材料是在生产开始时一次投入的,采用平行结转分步法在各生产步骤之间不结转半成品成本,因而,只有第一车间会有直接材料费用(定额和实际),第二车间则没有本月耗用的半成品费用。

③ 费用分配率的计算。采用定额比例法在完工产品(应计入产成品成本的份额)和在产品(广义在产品)之间分配费用,应首先计算费用分配率,其中直接材料费用按直接材料定额费用比例分配;其他费用按定额工时比例分配。以第一车间为例,各项费用分配率及产成品中本步骤份额的计算如下。

直接材料费用分配率=41 160÷42 000=0.98

产成品成本中第一车间直接材料费用份额=30 000×0.98=29 400(元)

月末在产品直接材料费用=12 000×0.98=11 760(元)

　　　　　　　或=41 160-29 400=11 760(元)

直接人工费用分配率=21 120÷1 320=16(元/工时)

产成品成本中第一车间直接人工费用份额=1 000×16=16 000(元)

月末在产品直接人工费用=320×16=5 120(元)

或=21 120-16 000=5 120(元)

制造费用的分配率=26 400÷1 320=20(元/工时)

产成品成本中第一车间制造费用份额=1 000×20=20 000(元)

月末在产品制造费用=320×20=6 400(元)

或=26 400-20 000=6 400(元)

第二车间各成本项目费用的分配计算可以此类推。其明细账详见表7-42。

表 7-42　产品成本明细账

第二车间：丙产品　　　　　　　　　　　　　　　　　　　　　　　　　　单位：元

摘　要	产成品产量/件	直接材料		定额工时/小时	直接人工	制造费用	成本合计
		定额	实际				
月初在产品				420	5 200	5 800	11 000
本月生产费用				620	13 520	13 336	26 856
累计				1 040	18 720	19 136	37 856
费用分配率					18	18.4	
产成品成本中本步骤份额	50			800	14 400	14 720	29 120
月末在产品				240	4 320	4 416	8 736

(3) 将第一、二车间产品成本明细账中应计入产成品成本的份额平行结转，汇总计入丙产品成本汇总表，见表7-43。

表 7-43　丙产品成本汇总表

2011 年×月　　　　　　　　　　　　　　　　单位：元

车间份额	产量/件	直接材料	直接人工	制造费用	成本合计
第一车间份额	50	29 400	16 000	20 000	65 400
第二车间份额	50		14 400	14 720	29 120
合计	50	29 400	30 400	34 720	94 520
单位成本		588	608	694.4	1 890.4

编制会计分录如下。

借：库存商品——丙产品　　　　　　　　　　　　　　　　　94 520

　　贷：基本生产成本——丙产品——第一车间　　　　　　　　　　65 400

　　　　　　　　　　　　　　　——第二车间　　　　　　　　　　29 120

【例 7-9】奔成企业生产甲产品分为 3 个步骤，分别由 3 个车间进行，原材料在第一车间开始生产时一次性投入，月末在产品按约当产量法计算，各步骤在产品完工程度均为50%。有关产量记录和生产费用的记录资料见表7-44 和表 7-45。

表 7-44　甲产品产量记录

单位：件

项　目	月初在产品数量	本月投产数量	本月完工数量	月末在产品数量
第一步骤	60	800	820	40
第二步骤	80	820	840	60
第三步骤	40	840	860	20

表 7-45　生产费用资料

单位：元

项　目		直接材料	直接人工	制造费用
月初在产品成本	第一步骤	5 500	2 100	2 800
	第二步骤		5 000	3 000
	第三步骤		900	600
本月发生费用	第一步骤	43 500	17 100	26 000
	第二步骤		49 600	33 400
	第三步骤		70 440	47 250

其具体计算步骤如下。

(1) 第一车间是产品生产的第一步，首先将第一步的成本明细账月初余额和本月的费用记入第一车间的产品成本明细账，见表 7-46。

表 7-46　产品成本明细账

第一车间　　　　　　　　　　　　　　　201×年×月　　　　　　　　　　　　　　单位：元

摘　要	直接材料	直接人工	制造费用	合　计
月初在产品成本	5 500	2 100	2 800	10 400
本月费用	43 500	17 100	26 000	86 600
合计	49 000	19 200	28 800	97 000
本月产成品的数量	860	860	860	——
月末在产品的约当产量	120	100	100	——
费用分配率	50	20	30	——
应计入产成品成本份额	43 000	17 200	25 800	86 000
在产品成本份额	6 000	2 000	3 000	11 000

表 7-46 中的有关计算如下。

采用约当产量法，将生产费用的合计数按成本项目在产成品和在产品中分配，根据资料产成品为 860 件，第一车间有 40 件在产品，第二车间有 60 件在产品，第三车间有 20 件在产品，所有的在产品及产成品都经历过第一个步骤，完成第一步的生产后成本并没有结转出去，因此都应参与第一步骤成本的分配，计算过程如下。

①"直接材料"项目。由于材料在开始生产时一次性投入，单位在产品的材料消耗和单位完工产品的材料消耗一样，所以月末在产品约当产量为 40+60+20=120 件。

$$材料费用分配率=\frac{5\,500+43\,500}{860+120}=50(元)$$

本月本步骤应计入产成品成本的份额=860×50=43 000(元)

月末本步骤在产品的成本份额采用倒挤的方法计算：5 500+43 500-43 000=6 000(元)。

②"直接人工"项目。月末本步骤在产品的约当产量为 20 件，即 40×50%＝20，第二、三步在产品完整地经历了第一步，所以约当产量分别为 60 件和 20 件，在产品约当总产量为 20+60+20=100 件。

$$人工费用分配率=\frac{2\,100+17\,100}{860+100}=20(元)$$

本月本步骤应计入产成品成本的份额=860×20=17 200(元)

月末本步骤在产品成本份额采用倒挤的方法计算：2 100+17 100-17 200=2 000(元)。

③ "制造费用"项目。在产品约当产量的计算同上。

$$制造费用分配率=\frac{2\ 800+26\ 000}{860+100}=30(元)$$

本月本步骤应计入产成品成本的份额=860×30=25 800(元)

月末本步骤在产品成本份额采用倒挤的方法计算：2 800+26 000-25 800=3 000(元)。

④ 通过上述计算，第一车间本月产成品成本份额总计 86 000 元，其中，直接材料 43 000元，直接人工 17 200 元，制造费用 25 800 元。

(2) 第二车间的成本计算中，仅归结本步发生的费用，不包括领用上步的自制半成品成本。所以，在第二车间生产成本明细账中登记成本明细账月初余额和本月本步骤发生的费用，见表 7-47。对本步骤发生的费用合计，按成本项目采用约当产量法在本月产成品和在产品中分配，方法和第一车间的相同，不再列示计算过程。但值得一提的是，采用约当产量分配第二步成本时，在产品只包括第二步骤的在产品，因为第一步骤的在产品没从第二步中受益，不应承担第二步的成本分配。计算过程见表 7-47。

表 7-47 产品成本明细账

第二车间　　　　　　　　　　　　　201×年×月　　　　　　　　　　　　单位：元

摘　　要	本步骤发生		合　　计
	直接人工	制造费用	
月初本步在产品成本	5 000	3 000	8 000
本月本步发生费用	49 600	33 400	83 000
本月合计	54 600	36 400	91 000
本月产成品的数量	860	860	
月末在产品的约当产量	50	50	——
费用分配率	60	40	——
应计入产成品成本的份额	51 600	34 400	86 000
在产品成本份额	3 000	2 000	5 000

月末第二步在产品的约当产量为 30 件，即 60×50%=30，第三步在产品完整地经历了本步骤，所以约当产量为 20 件，在产品约当总产量为 30+20=50。其余指标计算方法同上。

(3) 月末第三步在产品约当产量为 10 件，即 20×50%=10，其余指标计算方法同上。产品成本明细账见表 7-48。

表 7-48 产品成本明细账

第三车间　　　　　　　　　　　　　201×年×月　　　　　　　　　　　　单位：元

摘　　要	本步骤发生		合　　计
	直接人工	制造费用	
月初本步在产品成本	900	600	1 500
本月本步发生费用	70 440	47 250	117 690
本月合计	71 340	47 850	119 190
本月产成品的数量	860	860	
月末在产品的约当产量	10	10	——

续表

摘　要	本步骤发生		合　计
	直接人工	制造费用	
费用分配率	82	55	——
应计入产成品成本的份额	70 520	47 300	117 820
在产品成本的份额	820	550	1 370

(4) 综合以上 3 步的分配结果，可知 3 步的产成品成本份额合计即为产成品的总成本，并可以计算出产成品的单位成本。计算过程见表 7-49。

表 7-49　完工产品成本汇总表

单位：元

产品名称：甲产品　　　　　　　　　201×年×月　　　　　　　　　产量：860 件

车　间	直接材料	直接人工	制造费用	合　计
第一车间	43 000	17 200	25 800	86 000
第二车间		51 600	34 400	86 000
第三车间		70 520	47 300	117 820
产成品总成本	43 000	139 320	107 500	289 820
产成品单位成本	50	162	125	337

根据表 7-49 的计算结果，编制结转完工产品入库的会计分录。

借：库存商品——甲产品　　　　　　　　　　　　　　　　289 820
　　贷：基本生产成本——甲产品——第一车间　　　　　　　　　　86 000
　　　　　　　　　　　　　　　——第二车间　　　　　　　　　　86 000
　　　　　　　　　　　　　　　——第三车间　　　　　　　　　　117 820

由此可见，采用平行结转分步法来计算产品成本的关键是确定每一步成本分配的在产品的范围，即该步的在产品和该步以下各个步骤的在产品。

5．平行结转分步法的优缺点

综上所述，与逐步结转分步法相比较，平行结转分步法具有以下优点。

(1) 简化和加速成本计算工作。采用这一方法，各步骤可以同时计算产品成本，然后将应计入完工产品成本的份额平行结转汇总计入产成品成本，不必逐步结转半成品成本，从而可以简化和加速成本计算工作。

(2) 不必进行成本还原或做大量工作分项结转。采用这一方法，一般是按成本项目平行结转汇总各步骤成本中应计入产成品成本的份额，因而能够直接提供按原始成本项目反映的产成品成本资料，不必像采用逐步结转分步法那样进行成本还原或者做大量的工作进行分项结转。

但是，由于采用这一方法各步骤不计算，也不结转半成品成本，因而存在以下缺点。

(1) 不利于各步骤的成本管理。不能提供各步骤半成品成本的资料及各步骤所耗上一步骤半成品费用的资料，因而不能全面地反映各步骤生产耗费的水平，不利于各步骤的成本管理。

(2) 不能为各步骤在产品的实物管理和资金管理提供资料。由于各步骤间不结转半成品成本，使半成品实物转移与费用结转脱节，因而不能为各步骤在产品的实物管理和资金管理提供资料。

从以上对比分析中可以看出，平行结转分步法的优缺点正好与逐步结转分步法的优缺点相反。因而，平行结转分步法只宜在半成品种类较多，逐步结转半成品成本工作量较大，管理上又不要求提供各步骤半成品成本资料的情况下采用；并在采用时加强各步骤在产品收发结存的数量核算，以便为在产品的实物管理和资金管理提供资料，弥补这一方法的不足。

本 章 小 结

本章主要介绍了产品成本计算的3种基本方法的运用。

品种法也称简单法，是一个最基本的方法，其成本计算程序具有代表性意义。

分批法具体包括一般分批法和简化分批法。如果生产的批别多，当月完工的批别少，可以采用简化的分批法。

分步法根据结转各步骤成本的方法不同，具体可以分为逐步结转分步法和平行结转分步法。逐步结转分步法的特点是成本和半成品实物的结转是同步的；平行结转分步法的特点是成本不随半成本实物的结转而结转。逐步结转法按半成品成本的结转方式不同，又分为综合结转分步法和分项结转分步法。综合结转分步法必须进行成本还原。

 名人名言

事物的性质主要是由取得支配地位的矛盾的主要方面所规定的。

——毛泽东

任何研究领域都要以确定目标为出发点。

——埃尔登·S·亨德里克森

世异则事异，事异则备变。

——韩非

近代意义的会计是作为"企业会计"而建立的。

——三井口一雄

就狭义而言，所谓成本会计专指制造企业的会计。

——陀耳

中英文对照专业名词

成本计算对象(cost objects)　　　　　　分步法(process costing system)

成本计算期(cost period)　　　　　　　直接人工(direct labor)

品种法(category costing method)　　　直接材料(direct materials)

分批法(job order costing system)　　　制造费用(manufacturing overhead)

简化的分批法(simplified job order costing system)

平行结转分步法(application of parallel process costing)

练 习 题

一、单项选择题

1. 在大量大批多步骤生产情况下，如果管理上不要求分步计算产品成本，其所采用的成本计算方法应是( )。

 A．品种法　　　B．分批法　　　C．分步法　　　　D．分类法

2. 产品成本计算的品种法是( )。

 A．一种成本计算的辅助方法

 B．单一法

 C．按照产品品种计算产品成本的方法

 D．按照产品品种和生产步骤计算产品成本的方法

3. 分批法适用于( )。

 A．单件小批生产　　　　　　　B．大量大批生产

 C．大量大批多步骤生产　　　　D．大量大批单步骤生产

4. 简化的分批法是( )。

 A．分批计算在产品成本的分批法　　B．不分批计算在产品成本的分批法

 C．不计算在产品成本的分批法　　　D．不分批计算完工产品成本的分批法

5. 采用简化的分批法时，下列各项中属于产品成本明细账登记内容的是( )。

 A．本月发生的直接材料　　　　B．本月发生的直接人工

 C．本月发生的制造费用　　　　D．本月发生的费用合计

6. 采用简化分批法时，在产品完工之前，产品成本明细账( )。

 A．不登记任何费用　　　　　　B．只登记直接费用和生产工时

 C．只登记原材料费用　　　　　D．登记间接费用，不登记直接费用

7. 在( )下，要进行成本还原。

 A．逐步结转分步法　　　　　　B．平行结转分步法

 C．逐步结转分步法的综合结转法　D．逐步结转分步法的分项结转法

8. 半成品成本流转与实物流转相一致，又不需要成本还原的方法是( )。

 A．逐步结转分步法　　　　　　B．综合结转分步法

 C．分项结转分步法　　　　　　D．平行结转分步法

9. 成本还原的对象是( )。

 A．产成品成本　　　　　　　　B．本步骤生产费用

 C．上一步骤转来的生产费用　　D．各步骤所耗上一步骤半成品的综合成本

10. 采用平行结转分步法时，在完工产品与在产品之间分配费用是指( )之间的费用分配。

 A．产成品与月末在产品

 B．产成品与广义的在产品

 C．完工半成品与月末加工中的在产品

 D．前面步骤的完工半成品与加工中的在产品

11. 平行结转分步法( )。

 A．需要进行成本还原

 B．不需要进行成本还原

 C．能提供完整的半成品成本资料

 D．能加强物质和资金的有效管理

12. 不计算半成品成本的分步法是指( )。
   A. 逐步分项结转分步法　　　B. 平行结转分步法
   C. 按实际成本综合结转分步法　D. 按计划成本综合结转分步法

二、多项选择题

1. 品种法适用于( )。
   A. 大量大批生产　　　　　　B. 单件小批生产
   C. 简单生产　　　　　　　　D. 复杂生产,且管理上不要求分步骤计算产品成本
2. 品种法的特点有( )。
   A. 以品种作为成本计算对象　B. 成本计算期与生产周期一致
   C. 成本计算期与生产周期不一致　D. 月末不需要将生产费用在完工产品和在产品之间进行分配
3. 采用分批法计算产品成本时,成本计算对象可以按( )。
   A. 一张订单中的不同品种产品分别确定
   B. 一张订单中的同种产品分批确定
   C. 一张订单中的单件产品的组成部分分别确定
   D. 多张订单中的同种产品确定
4. 采用简化的分批法,基本生产成本二级账与产品成本明细账可以逐月核对的项目有( )。
   A. 月末在产品原材料项目余额　B. 月末在产品工资及福利费项目余额
   C. 月末在产品制造费用项目余额　D. 月末在产品生产工时项目余额
5. 采用逐步结转分步法,按照结转的半成品成本在下一步骤产品成本明细账中的反映方法,分为
( )。
   A. 综合结转法　B. 分项结转法　C. 实际成本结转法　D. 计划成本法
6. 在逐步结转分步法下,产成品成本中的半成品费用可以按( )还原。
   A. 本月所产半成品成本的结构　B. 定额成本
   C. 本月所产产成品成本的结构　D. 本月耗用半成品成本的结构
7. 采用平行结转分步法不能提供( )。
   A. 按原始成本项目反映的产成品成本资料
   B. 所耗上一步骤半成品成本的资料
   C. 各步骤完工半成品成本的资料
   D. 本步骤应计入产成品成本份额的资料
8. 分项结转分步法的缺点是( )。
   A. 需要进行成本还原　　　　B. 不便于进行各步骤完工产品的成本分析
   C. 成本结转工作比较复杂　　D. 不便于加强各生产步骤的成本管理

三、判断题

1. 划分产品成本计算基本方法的标志是成本计算对象。　　　　　　　　　　　　( )
2. 大量大批的多步骤生产也可能采用品种法计算产品成本。　　　　　　　　　　( )
3. 采用分批法计算产品成本,在批内部分完工产品按计划单位成本计算结转后,待该批产品全部完工后,还应计算该批产品的实际总成本,并调整前期完工产品实际成本与计划成本的差异。( )
4. 在小批或单件生产的企业或车间中,如果各个月份的间接计入费用的水平相差不多,月末未完工产品的批数比较多,可采用简化的分批法。　　　　　　　　　　　　　　　( )
5. 在月末未完工产品批数较多的情况下,不适宜采用简化的分批法。　　　　　　( )
6. 在平行结转分步法下,只能采用定额比例法进行产成品和在产品之间的费用分配。( )
7. 在平行结转分步法下,各步骤的生产费用都必须在产成品和广义的在产品之间进行分配。( )

8. 成本还原后的各项费用之和应该与成本还原对象相等。　　　　　　（　　）

四、计算题

1. 某企业20××年8月生产甲、乙两种产品，都是单步骤的大量生产，采用品种法计算产品成本。本月有关成本计算的资料如下。

(1) 月初在产品成本。甲、乙两种产品的月初在产品成本见表7-50。

表7-50　甲、乙产品月初在产品成本资料表

201×年8月　　　　　　　　　　单位：元

摘　要	直接材料	直接人工	制造费用	合　计
甲产品月初在产品成本	164 000	32 470	3 675	200 145
乙产品月初在产品成本	123 740	16 400	3 350	143 490

(2) 本月生产数量。甲产品本月完工500件，月末在产品100件，实际生产工时100 000小时；乙产品本月完工200件，月末在产品40件，实际生产工时50 000小时。甲、乙两种产品的原材料都在生产开始时一次投入，加工费用发生比较均衡，月末在产品完工程度均为50%。

(3) 本月发生的生产费用如下。

① 本月发出的材料汇总见表7-51。

表7-51　发出材料汇总表

201×年8月　　　　　　　　　　单位：元

领料部门和用途	材料类别			合　计
	原材料	包装物	低值易耗品	
基本生产车间耗用				
甲产品耗用	800 000	10 000		810 000
乙产品耗用	600 000	4 000		604 000
甲、乙产品共同耗用	28 000			28 000
车间一般耗用	2 000		100	2 100
辅助生产车间耗用				
供电车间耗用	1 000			1 000
机修车间耗用	1 200			1 200
厂部管理部门耗用	1 200		400	1 600
合　计	1 433 400	14 000	500	1 447 900

备注：生产甲、乙两种产品共同耗用的材料，按甲、乙两种产品直接耗用原材料的比例进行分配。

② 本月职工薪酬汇总见表7-52。

表7-52　职工薪酬汇总表

201×年8月　　　　　　　　　　单位：元

人员类别	应付职工薪酬
基本生产车间	
产品生产工人	420 000
车间管理人员	20 000

续表

人员类别	应付职工薪酬
辅助生产车间	
供电车间	8 000
机修车间	7 000
厂部管理人员	40 000
合　　计	495 000

③ 本月以现金支付的费用为 2 500 元，其中基本生产车间负担的办公费 250 元，市内交通费 65 元；供电车间负担的市内交通费 145 元；机修车间负担的外部加工费 480 元；厂部管理部门负担的办公费 1 360元，材料市内运输费 200 元。

④ 本月以银行存款支付的费用为 14 700 元，其中基本生产车间负担的办公费 1 000 元，水费 2 000 元，差旅费 1 400 元，设计制图费 2 600 元；供电车间负担的水费 500 元，外部修理费 1 800 元；机修车间负担的办公费 400 元；厂部管理部门负担的办公费 3 000 元，水费 1 200 元，招待费 200 元，市话费 600 元。

⑤ 本月应计提固定资产折旧费 22 000 元，其中：基本生产车间折旧 10 000 元，供电车间折旧 2 000元，机修车间折旧 4 000 元，厂部管理部门折旧 6 000 元。

(4) 其他资料如下：

①该企业辅助生产车间未单独设置制造费用明细账，采用计划成本分配法分配辅助生产费用。本月供电车间共供电 46 000 度，其中：机修车间 3 000 度，基本生产车间生产产品耗用 27 000 度，基本生产车间一般耗用 6 000 度，厂部管理部门耗用 10 000 度；机修车间共提供劳务 4 500 小时，其中：供电车间 400小时，基本生产车间一般耗用 3 000 小时，厂部管理部门耗用 1 100 小时。

每度电的计划成本为 0.34 元，每小时机修费的计划成本为 3.50 元；成本差异全部由管理费用负担。按车间生产甲、乙两种产品的生产工时比例分配，其中：甲产品的生产工时为 100 000 小时；乙产品的生产工时为 50 000 小时。

②按甲、乙两种产品的生产工时比例分配制造费用。

③该企业本月甲产品完工入库 500 件，月末在产品 100 件；乙产品完工入库 200 件，月末在产品 40件。按约当产量法分别计算甲、乙两种产品的完工产品成本和月末在产品成本。原材料在生产开始时一次投入，月末在产品完工程度为 50%。

要求：

(1) 根据上述资料，编制各种费用分配表。

(2) 登记产品成本明细账，计算各种产品的成本。

(3) 编制有关生产费用分配和产品成本结转的会计分录。

2. 某企业小批生产甲、乙两种产品，采用分批法计算成本，产品跨月陆续完工。有关资料如下。

(1) 4 月投产的产品批号有以下两个。

8011 批号：甲产品 10 台，本月投产，本月完工 6 台，5 月全部完工。

8012 批号：乙产品 10 台，本月投产，本月完工 2 台，5 月全部完工。

(2) 4 月份和 5 月份各批号生产费用资料见表 7-53。

表 7-53 生产费用分配表

月　份	批　号	直接材料	直接人工	制造费用
4	8011	6 7200	4 700	5 600
	8012	9 200	6 100	3 960
5	8011		1 371	1 200
	8012		11 020	9 760

8011 批号甲产品 4 月份完工数量占全部批量比重较大。原材料在生产开始时一次投入,其他费用在完工产品与在产品之间采用约当产量比例法进行分配,在产品完工程度为 50%。

8012 批号乙产品 4 月完工数量较少,完工产品按定额成本结转。每台产品定额成本为:直接材料费用 900 元,直接人工费用 700 元,制造费用 480 元。

要求:根据上述资料,登记产品成本明细账,计算各批产品的成本。

3. 某企业根据其自身的生产特点和管理要求,采用简化分批法计算产品成本,有关资料如下。

(1) 6 月份生产批号有以下几种。

2601 批号:A 产品 6 件,5 月投产,6 月全部完工。

2602 批号:B 产品 12 件,5 月投产,6 月完工 6 件。

2603 批号:C 产品 8 件,5 月底投产,尚未完工。

2604 批号:D 产品 6 件,6 月初投产,尚未完工。

(2) 各批号 6 月底累计直接材料费(原材料在生产开始时一次投入)和生产工时如下。

2601 批号:直接材料 16 000 元,工时为 8 060 小时。

2602 批号:直接材料 20 000 元,工时为 18 500 小时。

2603 批号:直接材料 16 800 元,工时为 8 500 小时。

2604 批号:直接材料 12 400 元,工时为 8 200 小时。

(3) 6 月末该厂全部累计直接材料费用为 65 200 元,累计工时为 43 260 小时,职工薪酬为 18 169.2 元,制造费用为 21 630 元。

(4) 6 月末,完工产品工时为 20 560 小时,其中 B 产品用了 12 500 小时。

要求:

(1) 登记基本生产成本二级账和各批产品成本明细账。

(2) 计算和登记累计间接费用分配率。计算各批完工产品成本。

4. 某企业甲产品生产需顺序经过两个加工步骤,第一步骤生产出半成品后交第二步骤加工制成甲产品。该企业采用逐步结转分步法计算产品成本,设有"直接材料"、"自制半成品"、"直接人工"和"制造费用" 4 个成本项目。5 月份有关甲产品成本计算的资料如下。

(1) 产量资料见表 7-54。

表 7-54　甲产品产量表

单位:件

项 目	第一步骤	第二步骤
月初在产品结存数量	60	10
本月投产或上月转入数量	240	250
本月完工产品数量	250	200
月末在产品结存数量	50	60
月末在产品加工程度	40%	50%

甲产品所耗直接材料在第一步骤生产开始时一次投入。

(2) 各步骤月初在产品成本资料见表 7-55。

表 7-55　月初在产品成本资料表

单位:元

项 目	直接材料	自制半成品	直接人工	制造费用	合 计
第一步骤	5 520		240	500	6 260
第二步骤		1 226	41	92	1 359

(3) 各步骤本月生产耗费资料见表 7-56。

表 7-56　本月生产费用表

单位：元

项　目	直接材料	直接人工	制造费用	合　计
第一步骤	21 480	2 460	4 900	28 840
第二步骤		1 753	3 611	5 346

要求：

(1) 根据上述资料，设立产品成本明细账，计算甲产品成本。

(2) 进行成本还原，编制成本还原计算表。

5. 某企业生产 A 产品需经过第一车间和第二车间连续加工完成。采用逐步结转分步法计算成本。第一步骤本月转入第二步骤的生产费用合计(半成品成本)为 80 000 元，其中原材料为 50 000 元，职工薪酬为 10 000 元，制造费用为 20 000 元。第二车间本月发生的工资费用为 6 000 元，制造费用为 12 500 元。第二车间期初在产品成本为 12 000 元，其中半成品成本为 10 000 元，职工薪酬为 800 元，制造费用为 1 200 元；第二车间期末在产品成本按定额成本核算为 18 000 元，其中半成品成本为 15 000 元，职工薪酬为 1 100 元，制造费用为 1 900 元。分别采用分项结转半成品成本法和综合结转半成品成本法计算完工产品各成本项目的成本及总成本。

6. 某工厂生产 B 产品，分两个生产步骤连续加工，原材料在第一步骤开始时一次投入，成本计算采用平行结转分步法。两个步骤的完工产品份额和广义在产品之间的费用分配，均采用定额比例法。第一步骤直接材料成本按原材料定额费用比例分配，第一步骤和第二步骤的职工薪酬及制造费用，都按定额工时比例分配。2011 年 10 月份的有关资料如下。

(1) 第一步骤和第二步骤的定额资料见表 7-57。

表 7-57　定额资料表

项　目	第一步骤		第二步骤	
	完工产品	在产品	完工产品	在产品
原材料定额费用	30 000	6 000		
定额工时	22 000	8 000	4 500	1 200

(2) 月初在产品成本资料见表 7-58。

表 7-58　月初在产品成本资料表

单位：元

生产步骤	直接材料	职工薪酬	制造费用	合　计
第一步骤	5 200	3 100	3 400	11 700
第二步骤		504	480	984

(3) 本月发生的生产费用见表 7-59。

表 7-59　本月生产费用表

单位：元

生产步骤	直接材料	职工薪酬	制造费用	合　计
第一步骤	29 000	9 500	10 400	48 900
第二步骤		3 600	3 339	6 939

(4) 本月完工产量为 500 吨。

要求：

(1) 根据上述资料，编制各生产步骤应计入产品成本的份额。

(2) 编制产品成本汇总表，计算完工产品总成本和单位成本。

(3) 编制完工产品入库的会计分录。

五、综合练习题

1. 广义在产品练习。

(1) 奔成企业甲产品有 4 个加工步骤，各步骤之间没半成品库，其他资料见表 7-60。

表 7-60　数量表(1)

项　目	第一步骤	第二步骤	第三步骤	第四步骤
月初在产品数量	160	20	140	40
本月投入数量	440	500	400	500
本月完工产品数量	500	400	500	500
月末在产品数量	100	120	40	40

要求：计算各步的广义在产品数量。

(2) 奔成企业甲产品有 3 个加工步骤，各步骤之间没半成品库，第一步骤的两个产品组装成第二步骤的一个产品，其他资料见表 7-61。

表 7-61　数量表(2)

项　目	第一步骤	第二步骤	第三步骤
月初在产品数量	160	20	140
本月投入数量	440	250	200
本月完工产品数量	500	200	300
月末在产品数量	100	70	40

要求：计算各步的广义在产品数量。

(3) 奔成企业甲产品有 3 个加工步骤，各步骤之间没半成品库，第一步骤的两个产品组装成第二步骤的一个产品，第二步骤的两个产品组装成第三步骤的一个产品，其他资料见表 7-62。

表 7-62　数量表(3)

项　目	第一步骤	第二步骤	第三步骤
月初在产品数量	160	20	140
本月投入数量	440	250	100
本月完工产品数量	500	200	200
月末在产品数量	100	70	40

要求：计算各步的广义在产品数量。

2. 某企业甲产品生产需顺序经过 3 个加工步骤，第一步骤生产出半成品后交后二步骤加工制成甲产品。该企业采用逐步结转分步法计算产品成本，设有"直接材料"、"自制半成品"、"直接人工"和"制造费用" 4 个成本项目。11 月份有关甲产品成本计算的资料如下。

(1) 产量资料见表 7-63。

表 7-63　数量表

项　目	第一步骤	第二步骤	第三步骤
月初在产品结存数量	60 件	10 件	20 件
本月投产或上月转入数量	240 件	250 件	200 件
本月完工产品数量	250 件	200 件	200 件
月末在产品结存数量	50 件	60 件	20 件
月末在产品加工程度	60%	50%	50%

(2) 各步骤月初在产品成本资料，各步骤本月本步生产耗费资料见表 7-64、表 7-65、表 7-66。甲产品所耗直接材料在第一步骤生产开始时一次投入。

要求：

(1) 根据上述资料，设立产品成本明细账，填制表 7-64、表 7-65、表 7-66，计算甲产品成本，并编制入库的会计分录。

(2) 进行成本还原，(小数点后保留 1 位)，编制成本还原计算表，见表 7-67。

表 7-64　第一步产品成本计算单

项　目	直接材料	直接人工	制造费用	合　计
月初费用	6 000	1 000	500	7 500
本月费用	24 000	6 000	5 100	35 100
合计	30 000	7 000	5 600	42 600
完工成本				
在产品				

表 7-65　第二步产品成本计算单

项　目	半成品	直接人工	制造费用	合　计
月初费用	2 750	500	500	3 750
本月费用		2 950	2 950	
合计		3 450	3 450	
完工成本				
在产品				

表 7-66　第三步产品成本计算单

项　目	半成品	直接人工	制造费用	合　计
月初费用	2 000	500	500	3 000
本月费用		2 000	2 500	
合计		2 500	3 000	
完工成本				
在产品				

表 7-67　成本还原计算表

项　目	还原率	半成品	直接材料	直接人工	制造费用	合　计
还原前产成品成本						
第二步骤半成品成本						

续表

项　目	还原率	半成品	直接材料	直接人工	制造费用	合　计
第一步骤半成品成本						
所耗半成品成本第一次还原						
所耗半成品成本第二次还原						
还原后产成品总成本						
还原后单位成本						

六、案例分析题

狭义在产品和广义在产品

有句话说得好："位置决定立场、立场决定观点。"因为管理层次不同，看问题的角度就不同。会计也如此，所处的位置不同，看到的、想到的也不相同，如图 7.7 所示。

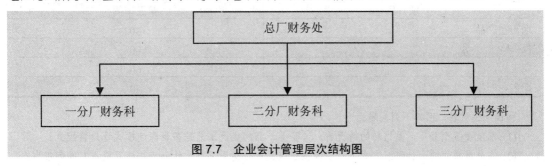

图 7.7　企业会计管理层次结构图

在集中核算时，会计站在全厂的高度，会看到表 7-68 所示的资料，那么，他看到的完工产品必定是最终可以出售的产品——狭义的产成品，而看到的在产品是不能出售的，不管是否在步骤中完工，只要不是入库的成品都是在产品，即广义的在产品。

表 7-68　数量表 1

项　目	一分厂	二分厂	三分厂
期初在产品	10	20	30
投入	100	90	80
转出	90	80	60
期末在产品	20	30	50

而在分散核算中，会计处在各分厂中，看不见其他分厂的情况，打个不好听的比喻，犹如"井底之蛙"，一分厂会计看到的只是表 7-69，其完工产品就只能是本步完工产品——相对于总厂财务处就是广义的完工产品，即 90 件，其在产品就只能是本步在产品——狭义的在产品，即 20 件。

表 7-69　数量表 2

项　目	第一车间
期初在产品	10
投入	100
完工	90
期末在产品	20

二分厂会计看到的只是表 7-70，其完工产品就只能是本步完工产品——相对于总厂财务处就是广义的完工产品，即 80 件，其在产品就只能是本步在产品——狭义的在产品，即 30 件。

表 7-70　数量表 3

项　目	第二车间
期初在产品	20
投入	90
完工	80
期末在产品	30

三分厂会计看到的只是表 7-71，其完工产品就只能是本步完工产品——相对于总厂财务处就是广义的完工产品，即 60 件，其在产品就只能是本步在产品——狭义的在产品，即 50 件。

表 7-71　数量表 4

项　目	第三车间
期初在产品	30
投入	80
完工	60
期末在产品	50

阅读上述材料，回答下列问题。

(1) 从上述 3 个分厂产品结转的情况看，该企业产品的生产工艺是多步骤连续式还是装配式？

(2) 在分散核算的会计组织方式下，多步骤连续式能否运用平行结转分步法核算成本？有何难度？

(3) 在分散核算的会计组织方式下，多步骤装配式能否运用平行结转分步法核算成本？

第 8 章　产品成本计算的辅助方法

教学目标

　　通过本章的学习，了解分类法的特点和适用范围，掌握分类法的计算方法，掌握联产品、副产品和等级品成本的成本计算；了解定额法的特点和适用范围，掌握定额法的计算方法，掌握脱离定额差异、材料成本差异及定额变动差异的计算与分配；了解几种产品成本计算方法如何同时应用或结合应用。

教学要求

知识要点	能力要求	相关知识
分类法	(1) 分类法特点和计算程序的理解 (2) 系数法的具体运用	(1) 分类法的应用条件和特点 (2) 分类法的适用范围 (3) 系数的确定 (4) 分类法的计算程序
联产品、副产品和等级品的成本计算	(1) 了解联产品成本计算的特点和程序 (2) 了解副产品成本计算的特点和计算方法	(1) 联产品成本计算的特点和计算程序 (2) 副产品成本计算的特点 (3) 主副产品分离前后的成本计算 (4) 等级品成本计算的特点和计算程序
定额法	(1) 理解和掌握定额法的特点和计算程序 (2) 定额法的具体运用	(1) 定额法的意义 (2) 定额法的特点和适用范围 (3) 定额法的计算程序 (4) 定额法下产品实际成本的计算
实际工作中各种成本计算法的应用	(1) 了解几种产品成本计算法同时应用 (2) 了解几种产品成本计算法结合应用	(1) 几种产品成本计算法同时应用 (2) 几种产品成本计算法结合应用

越来越多的证据显示社会和经济变革对会计实践和会计思想有很大影响。20世纪60和70年代曾发生很多环境变动，都直接和间接地影响了会计师的工作，迫使会计界采用新的会计方法和新的会计思想。

——E·S·亨德里克森

基本概念

分类法　系数法　联产品　主产品　副产品　等级品　定额法　脱离定额差异　材料成本差异
定额变动差异

导入案例

雷士公司的成本计算方法

惠州雷士光电科技有限公司是一家专业照明电器与电气装置产品制造商。雷士在国内商业照明领域一直保持行业领先地位，其"NVC雷士照明"品牌已成为国内照明行业领袖品牌，已获"中国驰名商标"、"国家免检产品"等多项殊荣。其产品涵盖商业照明、家居照明、户外照明、智能照明、雷士电工和光源电器等领域，生产数千个品种，其中家居照明产品有吸顶灯、节射灯、筒灯、天花射灯、壁灯、餐厅灯、感应灯、镜前灯等，商业照明产品有光源、电器部分、天花灯、低压射灯、格栅射灯、筒灯等，为客户提供了全方位的照明与电气装置项目的产品配套、客户服务和技术支持。

品种法是工业企业最基本的成本计算方法，但在具体应用时，要根据企业的生产实际情况，选择是否需要和成本计算的辅助方法结合使用。如本例中照明产品品种繁多，规格庞杂，如果直接采用品种法计算每一种产品的成本，工作量巨大。为了简化核算工作，此类企业通常采用品种法与分类法相结合的方式计算成本，即先采用分类法计算每类产品的成本，再采用品种法计算类内每种产品的成本。

点评：管理决定方法。

根据企业的生产特点和管理要求选择成本计算方法，为了简化成本计算方法，提高效率，减少成本会计人员的核算时间，使成本会计人员有更多的时间去发挥监督，以及计划与考核、预测与决策等职能，可以采用一些辅助方法进行成本计算。

8.1　产品成本计算的分类法

8.1.1　分类法的特点和适用范围

1. 分类法的含义和特点

产品成本计算的分类法是按产品类别归集生产费用，先计算出各类产品的总成本，然后再按照一定方法，将归集的生产费用在同类产品中分配，计算出类内各种产品成本的一种方法。

分类法的特点是：①将产品划分为若干类；②成本计算对象是产品类别，即按照产品的类别设立产品成本明细账，归集产品的生产费用，计算各类产品成本；③选择合理的分配标准，进行类内产品成本分配，计算类内各种产品的成本。

2. 分类法的适用范围

(1) 分类法与产品的生产类型没有直接联系，可以在各种类型的生产中应用。即凡是产品的品种规格繁多，而且可以按照一定标准划分为若干类别的企业或车间，均可采用分类法计算成本。如钢铁厂生产的各种型号和规格的生铁、钢材，制鞋企业生产的各种不同类别和规格的鞋子，灯泡企业生产的各种不同类别和瓦数的灯泡，食品企业生产的各种饼干和面包等。它们的生产类型虽然不同，但都可以采用分类法计算成本。

(2) 联产品。有些工业企业，在生产过程中对同一原料进行加工，可以生产出几种主要产品，如原油经过提炼，可以同时生产出柴油、汽油和煤油等产品，这些产品称为联产品。联产品所用的原料和工艺过程相同，所以最适合采用分类法计算成本。

(3) 主副产品。企业在生产主产品的过程中，还会附带生产出一些非主要产品，这种附带产生的产品称作副产品。由于联产品和副产品是在同一生产过程中产生的，所以也需要采用分类法计算各自成本。

(4) 零星产品及其他。有些工业企业，除了生产主要产品以外，还可能生产一些零星产品，这些零星产品，虽然内部结构、所耗原材料和工艺过程不一定完全相近，但是它们的品种、规格多，而且数量少，费用比重小。为了简化成本计算工作，这些零星产品也可以归为几类，采用分类法计算成本。还有因材料等造成等级品的也可以采用分类法。

8.1.2 分类法的计算程序

(1) 将产品划分为若干类别。分类法下，产品的分类非常重要。分类时，以产品的结构、所用原材料和工艺过程是否相同或相近为标准。如果产品分类太少，划分过粗，类内产品太多，就会影响产品成本计算的正确性；若划分过细，类内产品数量过少，成本计算的工作量就大，失去了采用分类法的意义。

(2) 计算各类产品总成本。按产品类别设立产品成本明细账(或产品成本计算单)，归集产品的生产费用，选用品种法、分批法或分步法等基本成本计算方法，计算各类产品总成本。

(3) 类内产品成本的分配。即选择合理的分配标准，将各类产品的总成本在类内产品之间进行分配，计算类内各种产品的总成本和单位成本。这是分类法的关键步骤。

① 选择合理的分配标准。分配标准应与产品成本的高低有密切的联系。分配标准主要有产品的技术特征(质量、重量、体积、长度)、产品的经济价值(计划成本、定额成本、售价)和原材料消耗定额 3 种。

② 各成本项目可采用相同的分配标准进行分配(如分配原材料、直接人工和制造费用时均可采用产量作为分配标准)，也可采用不同的分配标准进行分配(如分配原材料可选用定额消耗量或定额费用比例进行分配，直接人工、制造费用可按定额工时比例分配)，目的是使分配结果更合理，成本计算更准确。

③ 类内产品的成本分配方法主要有定额比例法、系数法。

在分类法下，某类产品的总成本也可按该类内各种产品的定额比例进行分配，这种按定额比例进行分配的方法，通常称为定额比例法，主要用于类内产品之间直接人工、制造费用的分配。

为了简化分配工作，也可以将分配标准折算成相对固定的系数，按照固定的系数分配同类产品内各种产品的成本的方法，简称系数法，主要用于类内产品之间直接材料费用的分配。

④ 系数法的计算步骤如下。

a．选择标准产品。在同类产品中选择一种产量较大，生产稳定或规格折中的产品作为标准产品，并将其系数定为"1"。

b．计算其他各种产品的系数。计算公式为：

其他产品的系数=其他产品的分配标准÷标准产品的分配标准

系数一经确定，在一定时期内应保持相对稳定。系数有单项系数和综合系数之分。

单项系数是以反映产品成本某一方面的因素(原材料、直接人工、制造费用)为依据确定的系数。如直接材料成本系数、直接人工成本系数、制造费用成本系数。

$$直接材料成本系数=\frac{某单位产品直接材料分配标准(如定额成本)}{标准产品直接材料分配标准(如定额成本)}$$

$$直接人工成本系数=\frac{某单位产品直接人工分配标准(如定额成本)}{标准产品直接人工分配标准(如定额成本)}$$

$$制造费用成本系数=\frac{某单位产品制造费用分配标准(如定额成本)}{标准产品制造费用分配标准(如定额成本)}$$

综合系数是以反映产品成本的全面因素(如计划单位成本、单位售价、单位定额成本)为依据确定的系数，如单位成本系数。

$$单位成本系数=\frac{某单位产品分配标准(如定额成本、售价)}{标准产品定额成本分配标准(如定额成本、售价)}$$

c．计算各种产品的总系数(或标准产量)。其计算公式为：

各产品总系数(或标准产量)=各产品实际产量×该产品系数

d．计算类内产品分配率。其计算公式为：

$$类内产品成本分配率=\frac{待分配费用}{各产品总系数之和}$$

e．计算类内各种产品的分配额。其计算公式为：

各产品分配额=各产品的总系数×类内产品成本分配率

8.1.3 分类法成本计算举例

【例 8-1】奔成企业生产的 A、B、C 共 3 种产品，所用原材料和工艺过程相似，合并为甲类产品，采用分类法计算成本。甲类产品的有关资料如下：甲类产品月末在产品按定额成本计价，6 月初、月末在产品定额成本见表 8-2；产品消耗定额见表 8-2。

表 8-1　月初、月末在产品成本

项　目	直接材料	直接人工	制造费用	合　计
月初在产品定额成本	29 200	6 000	1 500	36 700
月末在产品定额成本	20 800	3 000	1 200	25 000

表 8-2　产品消耗定额

产品名称	材料消耗定额/千克	工时定额/小时
A 产品	24	25
B 产品	20	11
C 产品	16	10

甲类产品6月份生产费用为：直接材料303 600元，直接人工46 000元，制造费用149 700元，合计499 300元。6月份产量分别为：A产品200件，B产品1 000件，C产品400件。企业产品成本计算过程如下。

(1) 计算甲类完工产品成本，见表8-3。

表8-3 甲类产品成本计算单

201×年6月 单位：元

月	日	摘 要	直接材料	直接人工	制造费用	合 计
5	31	月初在产品定额成本	29 200	6 000	1 500	36 700
6	30	本月生产费用	303 600	46 000	149 700	499 300
6	30	合计	332 800	52 000	151 200	536 000
6	30	完工产品成本	312 000	49 000	150 000	511 000
6	30	月末在产品定额成本	20 800	3 000	1 200	25 000

(2) 甲类完工产品总成本在A、B、C这3种产品之间进行分配。

① 采用定额比例法计算A、B、C这3种产品的成本，编制类内产品成本计算单，见表8-4。直接材料按定额消耗量比例分配，其他费用按定额工时比例分配。

表8-4 甲类产品内各种产成品成本计算单

201×年6月 单位：元

项 目	产 量	材料消定额	材料定额消耗量	工时定额	定额总工时	直接材料	直接人工	制造费用	成本合计
①	②	③	④=②×③	⑤	⑥=②×⑤	⑦=④×分配率	⑧=⑥×分配率	⑨=⑥×分配率	⑩
分配率						10	2.45	7.5	
A产品	200	24	4 800	25	5 000	48 000	12 250	37 500	97 750
B产品	1 000	20	20 000	11	11 000	200 000	26 950	82 500	309 450
C产品	400	16	6 400	10	4 000	64 000	9 800	30 000	103 800
合 计			31 200		20 000	312 000	49 000		511 000

直接材料分配率=312 000÷31 200=10(元/千克)

A产品直接材料成本=4 800×10=48 000(元)

B产品直接材料成本=20 000×10=200 000(元)

C产品直接材料成本=6 400×10=64 000(元)

直接人工和制造费用计算分配同理。

② 采用系数法计算A、B、C这3种完工产品的成本。类内各种产品之间分配费用的标准是：直接材料费用采用系数法进行分配，系数根据材料消耗定额计算确定，以产量最大的产品为标准产品，其他费用按定额工时比例分配。

A产品材料消耗系数=24÷20=1.2

B产品材料消耗系数=1(标准产品)

C产品材料消耗系数=16÷20=0.8

下面是类内各种产品成本计算单，见表8-5。

表8-5 甲类产品内各种产成品成本计算单

201×年6月 单位：元

项 目	产 量	原材料系数	原材料总系数	工时定额	定额总工时	直接材料	直接人工	制造费用	合 计
①	②	③	④=②×③	⑤	⑥=②×⑤	⑦=④×分配率	⑧=⑥×分配率	⑨=⑥×分配率	⑩
分配率						200	2.45	7.5	
A产品	200	1.2	240	25	5 000	48 000	12 250	37 500	97 750
B产品	1 000	1	1 000	11	11 000	200 000	26 950	82 500	309 450
C产品	400	0.8	320	10	4 000	64 000	9 800	30 000	103 800
合 计	—	—		1 560		20 000	312 000	49 000	150 000	511 000

直接材料分配率=312 000÷1 560=200(元/千克)

A产品直接材料成本=240×200=48 000(元)

B产品直接材料成本=1 000×200=200 000(元)

C产品直接材料成本=320×200=64 000(元)

直接人工、制造费用分配以及A、B、C这3种产品应负担的直接人工、制造费用与定额比例法计算相同，见表8-4。当然，工时也可按系数分配，如可以选C产品工时为标准，系数为1，则A产品工时系数为2.5，B产品工时系数为1.1，分配结果不变。

8.1.4 分类法的优缺点

1. 分类法的优点

采用分类法计算成本是按产品类别归集和分配生产费用，从而简化了成本计算工作；在分类法下，不仅可以计算出各种产品的成本，而且还可以分类掌握产品成本的水平。

2. 分类法的缺点

由于同类产品内各种产品的成本是按照一定的比例分配计算出来的，因而按分类法计算产品成本，计算结果有一定的假定性。

8.2 联产品、副产品和等级品的成本计算

8.2.1 联产品的成本计算

1. 联产品成本计算的特点

联产品是利用同一种材料，在同一个生产过程中，同时生产出性质和用途均不同的主要产品。如炼油厂从原油中可以同时提炼出汽油、柴油和煤油等主要产品；海藻加工企业可同时生产出成品碘、甘露醇和褐藻酸钠等产品；玉米加工企业可以同时生产出精制玉米粉、精制玉米糁、玉米油、玉米快餐粉等产品。

联产品成本的计算，要注意分离点前后。分离点之前，不可能按每种产品归集和分配费用，只能将其归为一类，按分类法的成本计算原理计算出联产品分离前的总成本(称联合

成本或共同成本)，然后将联合成本用恰当的标准在各联产品之间进行分配。分离点之后，有的联产品可直接销售，有些联产品还需继续加工才可出售，这样需要按照分离后生产特点和成本管理的要求，用恰当的成本计算方法计算分离后的产品加工成本(称为可归属成本)，可见联产品的最终成本包括分摊分离前的成本和分离后的加工成本，或者包括其所负担的联合成本和分离后的可归属成本。

2. 联产品的成本计算

联合成本的计算和前述分类法相同，关键是如何将联合成本在各种联产品之间进行分配。联合成本的分配方法很多，常用的有实物量分配法、系数分配法、销售价值分配法和可实现净值分配法等，企业可根据实际情况选用。

(1) 实物量分配法。实物量分配法是将联产品的联合成本(或共同成本)以各联产品的实物量(如重量、长度或容积)为分配标准进行分配的一种方法。其计算公式为：

$$联产品分配率=联合成本÷各联产品实物量之和$$
$$某产品应分配的联合成本=某联产品实物量×联产品分配率$$

【例 8-2】某企业生产 A、B、C 共 3 种联产品，本月发生联合成本 300 000 元，根据产品产量进行联合成本分配，计算结果见表 8-6。

表 8-6　联合产品成本计算单

产品名称	产量/千克	分配率	分配额/元
A 产品	450	300	135 000
B 产品	300	300	90 000
C 产品	250	300	75 000
合　计	1 000	300	300 000

假设 A 产品和 C 产品分离后可以直接出售，B 产品需要进一步加工，发生加工费 2 000 元，则 3 种联产品成本计算如下。

A 产品成本=135 000(元)

C 产品成本=75 000(元)

B 产品成本=应分配的联合成本+分离后的可归属成本=90 000+2 000=92 000(元)

(2) 系数分配法。系数分配法是将各种联产品的实际产量按规定的系数折算为标准产量，然后将联合成本按各联产品的标准产量比例进行分配。

(3) 销售价值分配法。联产品销售价值分配法是指按照各联产品的销售价值为分配标准来分配联合成本的一种成本分配方法。其理论依据是售价较高的联产品应该成比例地负担较高份额的联合成本的理论，使这些联产品能够取得一致的毛利率。该方法将联合成本的分配与其最终销售价值联系起来，其计算公式为：

$$联产品分配率=\frac{联合成本}{\sum 各联产品销售价值}$$

某联产品应分配联合成本=某种联产品的销售价值×联产品分配率

成本 ● 会计学

 特别提示

　　某种联产品的销售价值=产品产量(不是销售量)×单位售价，意味着产品销售价值不仅包括已经销售的产品的价值，还包括未销售的产品的价值。

　　【例 8-3】 续**【例 8-2】**，A 产品单位售价 80 元，B 产品单位售价 60 元，C 产品单位售价 70 元，其他资料同**【例 8-2】**，根据销售价值进行联合成本分配，计算结果见表 8-7。

表 8-7　联合产品成本计算单

产品名称	产量/千克	单位售价/元	销售价值/元	分配率	分配额/元
A 产品	450	80	36 000	4	144 000
B 产品	300	60	18 000	4	72 000
C 产品	250	84	21 000	4	84 000
合　计	1 000		75 000	4	300 000

　　则：A 产品成本为 144 000 元，C 产品成本为 84 000 元，B 产品成本=应分配的联合成本+分离后的可归属成本=72 000+2 000=74 000(元)。

　　这种方法适用于联产品分离后不再继续加工即可出售的联产品。

8.2.2　副产品的成本计算

1. 副产品成本计算的特点

　　副产品是指在生产主要产品的过程中，附带生产出一些非主要产品，这些非主要产品有它们特定的用途，可以部分或全部出售或自用，如原油加工过程产生的渣油、石油焦；稻米加工过程中产生的米糠、稻壳和碎米；果汁加工过程中生产的果渣等。

　　副产品和联产品都是利用同一原材料在同一生产过程中生产出来的，区别在于：联产品价值一般较高，副产品价值一般较小；联产品是主要产品，而副产品是由于生产主要产品而附带生产出来。副产品和联产品不是一成不变的，随着经济的发展，某些副产品由于用途扩大，而上升为联产品，反之，某些联产品由于过时被淘汰，也可能变成副产品。

　　由于主副产品是在同一生产过程中生产出来的，所发生的费用很难在它们之间进行划分，因此将主副产品作为一类产品，并开设成本计算单，采用分类法计算出主副产品的联合成本，然后将联合成本采用适当的方法在主副产品之间进行分配。由于副产品价值较低，在联合成本中占的比重小，为简化核算，可采用简便方法，先计算出副产品成本，然后用扣除法将副产品成本从总成本中扣除，求得主产品成本。可见，要计算主要产品的成本，需要先解决副产品成本的计价问题。

 特别提示

　　一般来讲，联产品可以在同一市场销售，而副产品则要在不同的市场销售。

2. 副产品成本的计价方法

　　由于副产品在分离后，有的可作为产成品直接销售，也可以继续加工以后再销售。所以副产品的计价方法具体分为以下两种。

(1) 分离后，副产品不需要进一步加工。在此种情况下，副产品成本具体计算步骤包括两步。

第一步，首先根据公式"副产品成本=实际数量×单位成本"计算副产品成本。其中"单位成本"的确定有两种方法：当副产品品种多或售价经常变动时，副产品单位成本可以采用事先规定的固定单价；当副产品价值比较高时，可以按照"单位成本=单位售价－单位销售税金及附加－单位销售利润"的基本原理确定副产品成本。

第二步，用扣除法将副产品成本从总成本中扣除，求得主产品成本。扣除法又具体包括以下两种方法。

① 综合法。在综合法下，副产品成本从原材料成本项目中扣除，主产品成本等于其分配的直接材料联合成本减去副产品成本，再加上全部的直接人工费用和制造费用。它适用于副产品成本中原材料所占比重大或副产品占综合成本比重很小的情况。

【例 8-4】某企业 201×年 4 月在生产 A 产品同时还生产了 B 副产品，本月共发生费用 200 000 元，其中直接材料 90 000 元，直接人工 60 000 元，制造费用 50 000 元，B 产品产量为 2 000 千克，每千克售价 10 元，单位税金 1 元，单位利润 3 元。采用综合法计算成本，即副产品成本从直接材料成本项目中扣除，A 产品和 B 副产品的计算过程见表 8-8。

表 8-8　主副产品成本计算单(综合法)

201×年 4 月　　　　　　　　　　　　　　　　　　　　　　单位：元

产品名称	直接材料	直接人工	制造费用	合　计
联合成本	90 000	60 000	50 000	200 000
B 副产品	12 000			12 000
A 产品	78 000	60 000	50 000	188 000

B 副产品成本=2 000×(10-1-3)=12 000(元)

② 分项法。在分项法下，副产品按其与总成本的比例，分别从联合成本各成本项目中扣除。此方法适用于副产品成本项目比重相差不大或副产品成本占综合成本有一定比例的情况。

【例 8-5】资料同【例 8-4】，采用分项法，即副产品成本从各成本项目中扣除，A 产品和 B 副产品的计算过程见表 8-9。

表 8-9　主副产品成本计算单(分项法)

201×年 4 月　　　　　　　　　　　　　　　　　　　　　　单位：元

项　目	直接材料	直接人工	制造费用	合　计
联合成本	90 000	60 000	50 000	200 000
各成本项目所占比重	45%	30%	25%	
B 副产品	5 400	3 600	3 000	12 000
A 主产品	84 600	56 400	47 000	188 000

(2) 分离后，副产品需要进一步加工的成本计算。有的副产品与主产品分离后，还需要单独进行加工才能使用或出售。如制皂过程中产生的含有甘油的盐水，在与主产品分离后需要加入辅助材料并进一步加工才能生产出甘油。在这种情况下，副产品成本需要采用一定的方法进行单独计算。主要有以下两种方法。

① 副产品按实际成本计算。在此方法下,需要对主副产品分别开设成本计算单和工费分配表。

【例8-6】某企业在生产甲产品(主产品)的过程中,还生产出乙副产品的原料6 000千克,每千克定价0.2元,原料经过加工后为乙产品。本月甲产品领用原材料98 000元。甲产品工时为15 000小时,乙产品工时为1 000小时。该车间直接人工为6 400元,制造费用为11 200元。以上费用按工时比例在甲、乙产品之间进行分配。甲产品产量2 000件,乙产品产量500件。甲产品在产品按所耗原材料的定额费用计价。其月初在产品的定额材料费用为7 500元,月末在产品定额材料费用为11 000元。乙产品月末在产品很少,不计算月末在产品成本。甲、乙产品成本的具体计算过程如下。

第一步,分配各种生产费用,原材料为直接计入费用,直接人工和制造费用按工时比例在甲乙产品之间进行分配,结果见表8-10;第二步,从主产品成本计算单直接材料项目下,减去副产品直接材料成本,计算主产品完工成本,见表8-11;第三步,填制副产品成本计算单,计算副产品完工成本,见表8-12。

表8-10 直接人工和制造费用分配表

201×年×月 单位:元

项 目	工 时	直接人工	制造费用
本月发生额	16 000	6 400	11 200
分配率		6 400÷16 000=0.4	11 200÷16 000=0.7
甲产品	15 000	6 000	10 500
乙产品	1 000	400	700
合 计	16 000	6 400	11 200

表8-11 甲产品成本计算单

产品名称:甲(主产品) 201×年×月 单位:元

项 目	直接材料	直接人工	制造费用	合 计
月初在产品成本	7 500			7 500
本月发生费用	98 000	6 000	10 500	114 500
减:副产品原料成本	1 200			
完工产品成本	93 300	6 000	10 500	109 800
产成品单位成本	46.65	3	5.25	54.9
月末在产品成本(定额成本)	11 000			7 500

表8-12 乙产品成本计算单

产品名称:乙产品(副产品) 201×年×月 单位:元

项 目	直接材料	直接人工	制造费用	合 计
本月发生费用	1 200	400	700	2 300
完工产品成本	1 200	400	700	2 300
产成品单位成本	2.4	0.8	1.4	4.6

② 副产品成本按计划单位成本计算。如果副产品加工处理时间不长,费用低,为了简化计算工作,副产品成本也可按计划单位成本计价,而不计算其实际成本。在此方法下,

关键要点是：生产费用不分为分离前、分离后成本，而是将所有发生的生产费用合并到一张成本计算单中，同时计算主副产品的成本。

【例 8-7】假定【例 8-6】中乙产品的计划单位成本为 4.62 元，其中原材料 2.5 元，直接人工 0.75 元，制造费用 1.37 元，那么乙产品按计划单位成本计算时，编制的成本计算单见表 8-13。

表 8-13　产品成本计算单

产品名称：甲产品(主产品)　　　　　　　　　201×年×月　　　　　　　　　单位：元

项　目	产　量	直接材料	直接人工	制造费用	合　计
月初在产品成本		7 500			7 500
本月发生费用		98 000	6 400	11 200	115 600
累计		105 500	6 400	11 200	123 100
减：副产品成本	500	500×2.5=1 250	500×0.75=375	500×1.37=685	2 310
完工甲产品成本	2 000	93 250	6 025	10 515	109 790
产成品单位成本		46.63	3.01	5.26	54.9
月末在产品成本		11 000			11 000

8.2.3　等级品的成本计算

1. 等级品成本计算的特点

等级品是指使用同一种原材料，经过同一生产过程生产出来的同一品种但质量不同的产品。等级品和联产品、副产品的相同之处在于：它们都是使用同种原材料，经过同一生产过程生产出来的。不同之处在于：联产品、副产品之间是性质、使用价值不同的产品，而等级品是性质、使用价值相同的同种产品；联产品、副产品之间产品一般质量相同，而等级品之间质量差异较大，从而售价不同。

2. 等级品的成本计算

等级品的成本计算方法主要分为以下两种情况。如果等级品是由于材料质量、工艺流程本身等客观原因造成的，不同等级的产品应该有不同的成本水平，可将各种等级品作为一类产品，计算其联合成本，然后采用系数法(按各种等级品的单位售价折算出的系数)将联合成本在各等级品之间进行分配，从而计算出各等级品的成本；如果等级品是由于工人操作失误、生产管理不当等主观原因造成的，在这种情况下，不同等级产品的单位成本，应该是相同的，一般采用实际产量比例，将等级品的联合成本直接按各等级品实际产量平均进行分配，从而使各等级品的单位成本水平保持一致。

8.3　产品成本计算的定额法

8.3.1　定额法的特点和适用范围

1. 定额法的定义

定额法是以产品为成本计算对象，以定额成本为基础，加减脱离定额差异、材料成本差异和定额变动差异，从而计算出产品实际成本的一种成本计算方法和成本管理方法。

2. 定额法的特点与应用条件

1) 定额法的特点

(1) 定额法下最终计算出的是产品的实际成本，而非定额成本或计划成本。计算产品实际成本的基本公式如下。

产品实际成本=产品定额成本±脱离定额差异±材料成本差异±定额变动差异

(2) 定额法不仅是一种成本计算方法，更是一种全面的成本控制方法。首先，定额法可以进行事前控制，即事先制定产品的消耗定额、费用定额和定额成本，作为成本控制的目标和成本计算的基础；其次，进行事中控制，即在发生生产耗费的当时，就将符合定额的费用和发生的差异分别核算，以加强对生产费用的日常控制；最后，进行事后控制，即企业在月末以定额成本为基础，加减各种成本差异，计算出产品的实际成本，为成本的定期分析和考核提供依据。

(3) 定额法不是一种独立的成本计算方法，必须与品种法、分步法、分批法相结合使用。

(4) 定额法与品种法、分步法、分批法和分类法的区别。品种法等方法下，生产费用的日常核算都是按照其实际发生额进行的，而定额法下要核算生产费用的实际发生额与定额成本之间的差异；品种法等方法下，产品的实际成本是在实际生产费用的基础上计算出来的，而定额法下实际成本是在定额成本的基础上加减各种差异计算出来的；品种法等方法仅仅是一种成本计算方法，而定额法既是一种成本计算方法，更是一种全面的成本控制方法。

2) 定额法的应用条件

一是企业的定额管理制度比较健全，定额管理工作基础较好；二是产品的生产已经定型，消耗定额比较准确、稳定。

3. 定额法的适用范围

定额法与生产类型没有直接关系，无论何种生产类型，只要具备上述两个条件，都可采用定额法计算产品成本。只是大批大量生产企业比较容易制定定额，比较容易达到上述条件，所以定额法主要适用于大批大量生产企业。

8.3.2 定额法的计算程序

根据上述计算公式，定额法的计算程序共包括3步：首先，计算定额成本；其次，计算3种差异；最后，根据前述公式计算完工产品的实际成本。各步骤的具体内容如下。

1. 定额成本的计算

定额成本是根据产品的各种现行消耗定额和现行计划单价(或计划分配率)计算出来的目标成本。定额成本的作用有两个：它是定额法计算产品实际成本的基础，也是衡量生产费用节约或超支的尺度。

(1) 定额成本和计划成本的异同。相同之处是两者都是根据生产耗费的消耗定额和计划单价而计算出来的目标成本。定额成本和计划成本的制定过程都是对产品成本进行事前反映和监督，实行事前控制的过程。不同之处详见表 8-14。

表 8-14 定额成本和计划成本的区别

项 目	定额成本	计划成本
消耗定额	采用现行定额，随着生产技术进步和劳动生产率的提高不断修订，在计划期内可能是变动的	计划定额，在计划期内通常不变
计划单价	不同时期的计划单价，在计划期内可能是变动的	计划期内平均计划单价，在计划期内通常不变
作用	它是企业自主确定的对产品成本进行控制和考核的标准	它通常是企业上级单位对企业进行成本考核的依据

注：现行定额是企业在各时期现有生产条件下应该达到的成本水平；计划定额是计划期内(通常为一年)内平均消耗定额。

(2) 定额成本的制定。产品定额成本一般由企业财会部门会同企业计划、技术部门共同制定。制定方法应视企业具体情况而定：在产品结构简单、零部件较少的情况下，可以先计算零件定额成本，然后再计算部件定额成本，最后汇总计算产品定额成本。如果产品的结构复杂、零件较多，为了简化成本计算工作，也可以不逐一计算各种零件的定额成本，而是根据零件定额卡所列的零件原材料消耗定额、工序计划和工时消耗定额，以及原材料的计划单价、计划工资率、计划制造费用率等计算部件的定额成本；或者根据零、部件定额卡直接计算产品的定额成本。

定额成本也要按成本项目分别计算，与实际的成本项目保持一致。单位产品定额成本及各成本项目定额成本可用下列公式计算。

单位产品原材料费用定额成本=Σ(原材料消耗定额×原材料计划单价)

单位产品直接人工定额成本=产品生产工时定额×计划小时工资率

单位产品制造费用定额成本=产品生产工时定额×计划小时制造费用率

单位产品定额成本=原材料定额成本+直接人工定额成本+制造费用定额成本

总定额成本=单位产品定额成本×实际产量

定额成本的计算是通过编制定额成本计算表进行的，具体格式见表 8-15。

【例 8-8】表 8-15 所示是奔成工厂 201×年 6 月份定额成本的情况。

表 8-15 单位产品定额成本计算表

产品名称：甲产品　　　　　　　　　　201×年 6 月

项 目	材料消耗定额	工时定额	计划单价/元	金额/元
直接材料				
其中：A 材料	20 千克		8	160
B 材料	10 千克		6	60
C 材料	15 千克		5	75
直接人工		6 小时	20	120
制造费用		5 小时	15	75
单位定额成本				490

注：假设上表中本月甲产品实际完工 290 件，总的定额成本为 142 100 元。

2. 脱离定额差异的计算

脱离定额差异是指生产过程中,各项生产费用的实际支出脱离现行定额或预算的数额。用公式表示为:脱离定额差异=实际成本-定额成本。如果差异额>0,为正差,表示超支差异;如果差异额<0,为负差,表示节约差异。

发生生产费用时,对符合定额的费用和脱离定额的差异分别编制定额凭证和差异凭证,并在有关的费用分配表和明细账中分别予以登记,及时正确地核算和分析生产费用脱离定额的差异,控制生产费用支出。因此对脱离定额差异的核算是实行定额法的重要内容。差异凭证编制以后必须按照规定办理审批手续。

脱离定额差异的计算分成本项目进行。一般包括原材料脱离定额差异、直接人工费用脱离定额差异和制造费用脱离定额差异。现分述如下。

1) 原材料脱离定额差异的计算

(1) 计算公式为:

$$原材料总差异=原材料实际成本-原材料定额成本$$
$$=实际消耗量×实际单价-定额消耗量×计划单价$$

由于实际消耗量和定额消耗量之间的差异为数量差异,实际单价和计划单价之间的差异为价格差异,所以,原材料总差异既包括原材料量差,又包括原材料价差。定额法中,原材料脱离定额差异仅仅包括数量差异,其价格差异单独核算,这是它与其他脱离定额差异的一个重要区别。

$$原材料脱离定额差异(量差)=(实际消耗量-定额消耗量)×原材料计划单价$$

其中:定额消耗量=实际产量×原材料消耗定额

(2) 计算方法有以下几种。

① 限额法。也称差异凭证法,其核心是生产部门向仓库领料时实行限额领料(或定额发料)制度,一般涉及两种凭证。符合定额的原材料根据限额领料单等定额凭证领发;由于增加产量,需要增加用料时,在追加限额手续后,也可以根据定额凭证领发。由于其他原因发生的超额用料或代用材料的用料,又未办理追加限额手续的则应填制专设的超额领料单、代用材料领料单等差异凭证,经过一定的审批手续后领发。若车间月末有余料,还应办理退料手续,退料单也是一种差异凭证,它与限额领料单中的原材料余额,都是原材料脱离定额的节约差异。注意:差异凭证中应包括差异的数量、金额以及产生差异的原因。

限额法下原材料脱离定额差异的计算公式如下。

原材料脱离定额差异=(实际消耗量-定额消耗量)×原材料计划单价

原材料实际消耗量=本期实际领用量+期初余料-期末余料

原材料定额消耗量=原材料消耗定额×实际产量(注:一定是本期实际投入产品数量)

原材料脱离定额差异是产品生产中实际用料脱离现行定额而形成的差异,而限额法不能完全控制用料。

 特别提示

限额法下,差异凭证所反映的差异往往只是领料差异,而不一定是用料差异。

【例 8-9】某企业车间限额领料单规定丙产品的产量为 1 000 件,每件产品的原材料消耗定额为 5 千克，即领料单限额为 5 000 千克；本月实际领料 4 800 千克，领料差异为少 200 千克，材料计划单价为 10 元/千克。现假定以下 3 种情况。

a. 本期投产丙产品数量与限额领料单规定的数量相同，也是 1 000 件，期初期末均无余料。则：

原材料实际消耗量=实际领用量=4 800(千克)

原材料定额消耗量=原材料消耗定额×实际产量=5×1 000=5 000(千克)

用料差异=4 800-5 000=-200(千克)

领料差异=-200(千克)

故：用料差异=领料差异

原材料脱离定额差异=(4 800-5 000)×10=-2 000(元)

b. 本期投产丙产品的数量为 1 000 件，车间有期初余额 100 千克，期末有余料 150 千克。则：

原材料实际消耗量=4 800+100-150=4 750(千克)

原材料定额消耗量=1 000×5=5 000(千克)

用料差异=4 750-5 000=-250(千克)

领料差异=-200(千克)

故：用料差异≠领料差异

原材料脱离定额差异=(4 750-5 000)×10=(-250)×10=-2 500(元)

c. 本期投产丙产品数量为 900 件，车间有期初余料 100 千克，期末有余料 150 千克。则：

原材料实际消耗量=4 800+100-150=4 750(千克)

原材料定额消耗量=900×5=4 500(千克)

用料差异=4 750-4 500=+250(千克)

领料差异=-200(千克)

故：用料差异≠领料差异

原材料脱离定额差异=(4 750-4 500)×10=250×10=2 500(元)

 特别提示

只有当产品投产数量等于规定的产品数量，且车间期初、期末均无余料或期初期末余料数量相等时，领料差异才是用料脱离定额的差异。

限额法的优点是能够做到超支有标准，节约有凭证，缺点是一般只能控制领料，不能控制用料。

② 切割法。这种方法适用于某些贵重材料或经常大量使用的且又需要通过切割后才能使用的材料，如板材、棒材等，一般采用专设的材料切割核算凭证"材料切割核算单"来核算原材料脱离定额差异。

材料切割核算单应按切割材料的批别开立，单中要填明切割材料的种类、数量、消耗定额和应切割成的毛坯数量；切割完毕后，要填写实际切割成的毛坯数量和材料实际消耗量；然后根据实际切割成的毛坯数量和消耗定额，即可求得材料定额消耗量，再将此与材料实际消耗量相比较，即可确定脱离定额差异。材料定额消耗量、脱离定额差异，以及发生差异的原因均应填入单中，并由主管人员签证。材料切割核算单见表 8-16。

表 8-16　材料切割核算单

材料编号或名称：2301　　　　　计量单位：千克　　　　计划单价：7.3 元/千克(其中废料 2 元/千克)
产品名称：丙　　　　　　　　零件名称：A1　　　　　图纸号：509
切割人姓名：张三　　　　　　　　　　　　　　　　机床编号：512
发交切割日期：2010 年 2 月 15 日　　　　　　　　完工日期：2010 年 2 月 19 日

发料数量		退回余料数量		材料实际消耗量		废料实际回收量	
286		6		280		8.5	
单件消耗定额	单件回收废料定额	应割成的毛坯数量		实际切割成的毛坯数量		材料定额消耗量	废料定额回收量
7	0.2	40		36		252	7.2
材料脱离定额差异		废料脱离定额差异			脱离定额差异原因	责任者	
数量	金额	数量	单价	金额	未按图纸切割，因此增加了边料，减少了毛坯	切割工人	
+28	+204.4	-1.3	2.00	-2.6			

注：回收废料超过定额的差异可冲减材料费用，故以负值表示；反之，低于定额的差异以正值表示。

表 8-16 中有关数据计算过程如下。

材料实际消耗量=实际发料量-退回余料数量=286-6=280(千克)

特别提示

该公式适用于车间无余料的情况，当车间有余料时，材料实际消耗量=实际领用量+期初余料－期末余料。

应切割成的毛坯数量=材料实际消耗量÷单件消耗定额=280÷7=40(件)

材料定额消耗量=实际切割成的毛坯数量×单件消耗定额=36×7=252(千克)

材料脱离定额差异=(实际消耗量-定额消耗量)×原材料计划单价
　　　　　　　　=(280－252)×7.3=204.4(元)

废料定额回收量=实际切割成的毛坯数量×单件回收废料定额
　　　　　　　　=36×0.2=7.2(千克)

废料脱离定额差异=(废料实际回收量-废料定额回收量)×废料计划单价
　　　　　　　　=(8.5-7.2)×2=2.6(元)

采用材料切割法核算单进行材料切割的核算，能及时反映材料的使用情况和发生差异的具体原因，有利于加强对材料消耗的控制和监督。

③ 盘存法。在连续或大量生产产品的企业中，不能按照分批核算原材料脱离定额差异的情况下，除仍使用限额领料单等定额凭证和超额领料单等差异凭证来控制材料实际消耗量外，还可采用盘存法核算差异。如领用油漆，不可能限额发料或采用切割法，则可采用盘存法。盘存法下，原材料脱离定额差异的具体计算公式如下。

原材料脱离定额差异=(实际消耗量-定额消耗量)×材料计划单价

原材料实际消耗量=实际领用量+期初余料-期末余料

原材料定额消耗量=原材料消耗定额×实际产量 (注：一定是本期实际投入产品数量，通过实地盘存或账面结存计算出)

实际产量=本期完工产品数量+期末在产品数量-期初在产品数量

特别提示

按上述公式计算实际产量，前提是原材料在开工时一次投入，期初和期末在产品不再耗用原材料，否则期初和期末在产品数量改为期初和期末在产品的约当产量。

【例8-10】丁产品期初在产品为50件，本月完工产量为650件，期末在产品为80件，原材料系开工时一次投入，原材料消耗定额为10千克，计划单价为6元/千克。本月原材料限额领料凭证登记已经实际领用数量为6 800千克，期初车间余料为400千克，期末余料为200千克。本月丁产品材料脱离定额差异的计算如下。

原材料实际消耗量=6 800+400-200=7 000(千克)

产品实际产量=650+80-50=680(件)

原材料定额消耗量=680×10=6 800(千克)

原材料脱离定额差异=(7 000-6 800)×6=1 200(元)

对于原材料的定额成本和脱离定额差异一般通过汇总表来进行计算。

【例8-11】现以表8-17中的资料为例，假设奔成工厂6月份第一车间投产甲产品300件，有关原材料定额成本和脱离定额差异的计算具体见表8-17。

表8-17　原材料定额成本和脱离定额差异汇总表

产品名称：甲　　　　　　　　　　　　201×年6月

材料名称	计划单价/元	材料消耗定额/千克	定额消耗量	材料定额成本	实际消耗量	脱离定额差异		原因
						数量	金额	
	①	②	③=实际产量×②	④=①×③	⑤	⑥=⑤-③	⑦=⑥×①	
A材料	8	20	6 000	48 000	5 500	-500	-4 000	略
B材料	6	10	3 000	18 000	3 500	+500	+3 000	略
C材料	5	15	4 500	22 500	4 600	+100	+500	略
合计				88 500			-500	

2) 直接人工脱离定额差异的计算

工资分为计件工资和计时工资。计件工资制下，生产工人工资属于直接计入费用，其脱离定额差异的计算与原材料脱离定额差异的计算相似。按计划单价支付的工资就是定额工资，用公式表示为：直接人工定额费用=实际产量×计件单价，一般反映在正常的产量记录中；工资的脱离定额差异是由于变更工作条件多支付的工资、支付加班加点津贴和停工工资、废品损失工资等情况形成的，通常反映在专设的"工资补付单"等差异凭证中。

在计时工资制下，如果企业只生产一种产品，生产工人工资属于直接计入费用，直接人工费用脱离定额差异的计算公式如下。

$$\text{本月某产品直接人工脱离定额差异} = \text{该产品实际工资} - \text{该产品实际产量} \times \text{该产品工资费用定额}$$

如果企业生产多种产品，生产工人工资属于间接计入费用，其脱离定额差异不能在平时按照产品直接计算，只有在月末实际工资总额确定以后，才可按以下公式计算。

某产品直接人工脱离定额差异=某产品实际工资-某产品定额工资

$$= \frac{某产品}{实际工时} \times \frac{实际小时}{工资率} - \frac{某产品}{定额工时} \times \frac{计划小时}{工资率}$$

其中：实际小时工资率 $= \dfrac{该车间所有产品实际工资总额}{该车间所有产品实际工时之和}$

某产品定额工时=某产品实际产量×该产品工时定额

计划小时工资率 $= \dfrac{该车间所有产品定额工资总额}{该车间所有产品定额工时之和}$

 特别提示

一般情况下，计算定额工时、定额工资、定额消耗量时，采用的是实际产量，但计算计划小时工资率以及计划小时制造费用率时，分子、分母中定额工资、定额工时用的是计划产量。

【例8-12】仍以奔成工厂为例，第一车间生产甲产品和其他产品，6月份实际投产甲产品300件，该车间计划产量的定额生产工人工资总额为48 000元，计划产量的定额生产工时为2 400小时；本月该车间实际生产工人工资费用为41 160元，实际总工时为1 680小时；本月甲产品定额工时为1 800小时，实际生产工时为1 500小时。甲产品定额生产工资费用和直接人工脱离定额差异的计算如下。

计划小时工资率 $= \dfrac{48\,000}{2\,400} = 20(元/小时)$

实际小时工资率 $= \dfrac{41\,160}{1\,680} = 24.5(元/小时)$

甲产品的定额工资=1 800×20=36 000(元)

甲产品的实际工资=1 500×24.5=36 750(元)

甲产品直接人工脱离定额差异=36 750-36 000=750(元)

无论采取哪一种工资形式都应根据上述计算按照成本计算对象汇总编制"定额工资及脱离定额差异汇总表"以反映各种产品的定额工资、实际工资、工资差异，以及产生差异的原因，并据以登记有关产品成本的计算单。

3) 制造费用脱离定额差异的计算

制造费用通常与计时工资一样，属间接计入费用，其脱离定额差异不能在平时按照产品直接计算，只能在月末按照以下公式计算。

$$\frac{本月某产品制造费用}{脱离定额差异} = \frac{某产品实际}{制造费用} - \frac{某产品定额}{制造费用}$$

$$= \frac{某产品}{实际工时} \times \frac{实际小时}{制造费用率} - \frac{某产品}{定额工时} \times \frac{计划小时}{制造费用率}$$

其中：实际小时制造费用率 $= \dfrac{该车间所有产品实际制造费用总额}{该车间所有产品实际工时之和}$

某产品定额工时=某产品实际产量×该产品工时定额

计划小时制造费用率 $= \dfrac{该车间所有产品计划制造费用总额}{\sum 该车间所有产品定额工时}$

【例8-13】仍以奔成工厂为例，第一车间生产甲产品和其他产品，6月份实际投产甲产品 300 件，该车间计划制造费用总额 36 000 元，计划产量的定额生产工时为 2 400 小时；本月该车间实际制造费用为 28 392 元，实际总工时为 1 680 小时；本月甲产品定额工时为 1 800 小时，实际生产工时为 1 500 小时。甲产品定额制造费用和制造费用脱离定额差异的计算如下。

$$计划小时制造费用率=\frac{36\,000}{2\,400}=15$$

$$实际小时制造费用率=\frac{28\,392}{1\,680}=16.9$$

甲产品定额制造费用=1 800×15=27 000(元)

甲产品实际制造费用=1 500×16.9=25 350(元)

甲产品制造费用脱离定额差异=25 350-27 000=-150(元)

4) 其他费用脱离定额差异的计算

对于废品损失及其发生的原因，采用废品通知单和废品损失计算表单独反映，其中不可修复废品的成本按定额成本计算。由于产品定额成本中一般不包括废品损失，所以发生的废品损失通常作为脱离定额差异处理。

上述计算的均为本月的脱离定额差异，月初和本月的脱离定额差异之和应该在完工产品和月末在产品之间进行分配，主要采用两种方法：一是定额比例法，在此方法下，完工产品和月末在产品均负担脱离定额差异；二是在产品按定额成本计价法，主要适用于各月在产品数量较稳定的产品，在此方法下，脱离定额差异全部由完工产品成本负担，月末在产品不负担差异。

3. 材料成本差异的计算

前面所计算的原材料脱离定额差异是由于消耗量原因造成的数量差异，而由于原材料单价带来的价格差异问题，则通过材料成本差异来核算。材料成本差异的公式如下。

$$本月某产品应分配\atop材料成本差异 = \left(\begin{matrix}本月该产品\\原材料定额成本\end{matrix} \pm \begin{matrix}本月原材料\\脱离定额差异\end{matrix}\right) \times \begin{matrix}材料成本\\差异分配率\end{matrix}$$

【例 8-14】仍以奔成工厂为例，甲产品 6 月份所耗原材料定额成本为 88 500 元，脱离定额差异为节约 500 元，原材料的成本差异率为节约 1%，该产品应分配材料成本差异如下。

本月产品应分配材料成本差异=(88 500-500)×(-1%)=-880(元)

定额法下，各种产品应分配的材料成本差异通常由各该产品的完工产品成本负担，月末在产品不负担。

 特别提示

原材料的价格差异(材料成本差异)和数量差异(原材料脱离定额差异)是分开核算的，直接人工脱离定额差异和制造费用脱离定额差异既包括价格差异，又包括数量差异。

4. 月初在产品定额变动差异的计算

(1) 定额变动差异的定义。定额变动差异是指由于修订消耗定额或生产耗费的计划价格而产生的新旧定额之间的差额。定额变动差异和脱离定额差异主要在 3 个方面存在区别，具体总结见表 8-18。

表 8-18　定额变动差异和脱离定额差异的区别

项　目	脱离定额差异	定额变动差异
产生原因	由于生产超支或节约造成	由于经济发展劳动生产率提高、技术进步而修订消耗定额，是定额本身变动的结果
定义	实际成本和定额成本之间的差异	月初在产品的新定额和旧定额之间的差异
存在条件	脱离定额差异在费用超支或节约时存在	定额变动差异存在须具备两个条件：一是月初有在产品，二是定额进行了修订

(2) 定额变动差异的计算方法。定额变动差异的计算主要包括两种方法。

① 直接计算法。此方法适用于产品零部件较少的情况，如果零部件过多，采用此方法按零部件和工序进行计算，工作量很大，但计算结果准确。具体计算公式如下。

$$\begin{matrix}本月某产品\\定额变动差异\end{matrix}=\begin{matrix}月初在产品\\数量\end{matrix}\times\left(\begin{matrix}按旧定额计算的\\单位定额成本\end{matrix}-\begin{matrix}按新定额计算的\\单位定额成本\end{matrix}\right)$$

【例 8-15】接【例 8-8】，假设奔成工厂 6 月初甲产品月初在产品 20 件，其中 A 材料旧的消耗定额为 22 千克，现调整为 20 千克，计划单价为 8 元/千克；B 材料和 C 材料消耗定额不变。

$$甲产品本月定额变动差异=20\times(22\times8-20\times8)=320(元)$$

② 系数折算法。当产品零部件过多，采用直接计算法工作量过大，为了简化计算工作，也可按照单位产品成本的折算系数进行计算，即将按新旧定额所计算出的单位产品成本进行比较，求出系数，然后根据系数进行计算，其计算公式如下.

$$系数=\frac{按新定额计算的单位产品成本}{按旧定额计算的单位产品成本}$$

本月某产品定额变动差异=按旧定额计算的月初在产品成本×(1-系数)

【例 8-16】某产品的部分零件从 8 月 1 日起修订材料消耗定额，单位产品的旧材料消耗定额为 40 元，新的材料消耗定额为 38 元，该产品月初在产品按旧定额计算的材料定额成本为 16 000 元。其月初在产品定额变动差异的计算如下。

$$定额变动系数=\frac{38}{40}=0.95$$

$$本月定额变动差异=16\,000\times(1-0.95)=800(元)$$

采用系数折算法的最大优点是简便，但由于系数是按单位成本计算，而不是按零部件计算的，因此主要适用于零部件成套生产或零部件成套性比较大的情况。

(3) 定额变动差异和定额成本调整。消耗定额和定额成本的修订一般在月初、季初或年初定期进行，这样，当月投产的新产品是按新定额计算定额成本的。在实行新定额的月初如果有在产品，其定额成本是按旧定额计算的。为了将按旧定额计算的月初在产品定额成本和按新定额计算的本月投入产品的定额成本保持一致，应将月初在产品的定额成本进行调整，按新定额计算，使其能与本月投产的新产品的定额成本相加。

定额变动差异是按成本项目分别计算的，计算出来的定额变动差异在调整月初在产品定额成本的同时，还应调整本月投入产品成本，但实际上完工产品和月末在产品的总成本不变，只是其内部表现形式的改变。如果消耗定额降低，月初在产品定额成本减少，所以应从月初在产品成本中扣除该项差异；另一方面，由于该项差异是月初在产品生产费用的实际支出，因此还应将该项差异计入本月产品成本。相反，若消耗定额提高，月初在产品定额成本增加，应将此差异项加入月初在产品定额成本之中，同时从本月产品中予以扣除，因为实际上并未发生这部分支出。总之，在存在月初在产品的情况下，消耗定额无论降低还是提高，计算出来的差异一方面调整月初在产品定额成本，一方面调整本月投入产品定额成本，调整月初在产品定额成本的差异叫定额成本调整，调整本月的为定额变动差异，这两方面金额相等，方向相反。用公式表示为：

$$定额变动差异(调整本月)=-定额成本调整(调整月初)$$

【例8-17】接【例8-15】，奔成工厂6月份投产300件，其余条件不变。

定额变动差异(调整本月)=320(元)(计算过程同【例8-15】)

定额成本调整(调整月初)=-320(元)

调整差异前月初在产品定额成本(按旧定额计算)=20×22×8=3 520(元)，本月投产定额成本(按新定额计算)=300×20×8=48 000(元)，两者之和为51 520(元)；调整差异后，月初在产品定额成本=月初在产品定额成本(按旧定额计算)+定额成本调整=3 520+(-320)=3 200(元)，本月投产定额成本=本月投产定额成本(按新定额计算)+定额变动差异=48 000+320=48 320(元)，两者之和仍为51 520(元)。

特别提示

消耗定额降低时，定额成本调整为负数；反之，消耗定额提高时，定额成本调整为正数。消耗定额降低时，定额变动差异为正数；反之，消耗定额提高时，定额变动差异为负数。

(4) 差异分配。定额变动差异一般采用定额比例法，在完工产品和月末在产品之间进行分配；如果定额变动差异数额较小，或月初在产品本月全部完工，定额变动差异可以全部由完工产品负担，月末在产品不负担。

5. 计算产品实际成本

在各项差异计算和分配完成的基础上，将当月完工产品的定额成本，加(减)各项成本差异，计算出完工产品的实际总成本。完工产品总成本除以完工产品的产量，就是完工产品的实际单位成本。实际总成本的计算公式表示如下。

$$产品实际成本=产品定额成本\pm脱离定额差异\pm材料成本差异\pm定额变动差异$$

特别提示

此公式既可计算完工产品实际成本，也可计算月末在产品成本。

6. 定额法举例

【例8-18】假设前述奔成工厂大批量生产甲产品，该产品各项消耗定额比较稳定、准确，采用定额法计算产品成本。原材料在开工时一次投入，定额变动差异和材料成本差异全部由完工产品负担，脱离定额差异按完工产品与在产品的定额成本比例分配，6月份甲产品生产有关资料见表8-19。

表8-19　产品6月份产量记录

项　目	月初在产品	本月投入	本月完工	月末在产品
件	20	300	290	30

其他有关资料见【例8-8】【例8-11】【例8-12】【例8-13】【例8-14】【例8-15】，月初在产品成本资料见表8-20。

表8-20　月初在产品成本资料

成本项目	月初在产品	
	定额成本/元	脱离定额差异/元
直接材料	3 920	−52.6
直接人工	1 200	180
制造费用	750	−72
合　计	5 870	55.4

定额法下，定额成本计算单的格式和内容见表8-21。

所列成本计算单中项目的具体登记公式和计算过程如下。

(1) 月初在产品成本的定额成本和脱离定额差异，即表8-21中第1栏和第2栏，本例根据表8-21中的资料进行登记。

(2) 月初在产品定额变动包括定额成本调整和定额变动差异，即表8-21中第3栏和第4栏，两者金额相等，方向相反。本例根据【例8-17】的结果登记。

(3) 本月生产费用包括定额成本、脱离定额差异、材料成本差异，即表8-21中第5栏、第6栏和第7栏，根据前列的原材料定额成本和脱离定额差异汇总表、原材料成本差异分配资料进行登记。本例根据【例8-11】、【例8-12】、【例8-13】、【例8-14】的计算结果来登记。

(4) 脱离定额差异分配率，即表8-21中第12栏。由于脱离定额差异要在完工产品和月末在产品之间按照定额成本比例进行分配，所以要计算脱离定额差异率，并据以计算完工产品和月末在产品应分配的差异额。计算公式如下。

$$\text{脱离定额差异分配率} = \frac{\text{月初在产品脱离定额差异} + \text{本月投入产品脱离定额差异}}{\text{月初在产品定额成本} + \text{定额成本调整} + \text{本月投入产品定额成本}}$$

$$= \frac{\text{月初在产品脱离定额差异} + \text{本月投入产品脱离定额差异}}{\text{完工产品定额成本} + \text{月末在产品定额成本}}$$

则：原材料脱离定额差异率 $= \dfrac{-552.6}{92\,100} = -0.6\%$

直接人工脱离定额差异率 $= \dfrac{930}{37\,200} = 2.5\%$

制造费用脱离定额差异率 $= \dfrac{-222}{27\,750} = -0.8\%$

(5) 本月产成品成本包括定额成本、脱离定额差异、材料成本差异、定额变动差异和实际成本，即表8-21中第13栏、第14栏、第15栏、第16栏和第17栏。

表8-21　产品成本计算单

产品名称：甲　　201×年6月　　　　　　　　　　　　　　　　　　　　　单位：元

成本项目	月初在产品成本		月初在产品定额变动		本月生产费用			合　计					本月产成品成本					月末在产品成本	
	定额成本	脱离定额差异	定额成本调整	定额变动差异	定额成本	脱离定额差异	材料成本差异	定额成本	脱离定额差异	材料成本差异	定额变动差异	差异率%	定额成本	脱离定额差异	材料成本差异	定额变动差异	实际成本	定额成本	脱离定额差异
	①	②	③	④	⑤	⑥	⑦	⑧=①+③+⑤	⑨=②+⑥	⑩=⑦	⑪=④	⑫=(⑨+⑩)/⑧	⑬	⑭=⑬×⑫	⑮=⑩	⑯=⑪	⑰=⑬+⑭+⑮+⑯	⑱=⑧-⑬	⑲=⑱×⑫
直接材料	3 920	-52.6	-320	320	88 500	-500	-880	92 100	-552.6	-880	320	-0.6	85 550	-513.3	-880	320	84 476.7	6 550	-39.3
直接人工	1 200	180			36 000	750		37 200	930			2.5	34 800	870			35 670	2 400	60
制造费用	750	-72			27 000	-150		27 750	-222			-0.8	21 750	-174			21 576	6 000	-48
合计	5 870	55.4	-320	320	151 500	50	-880	157 050	155.4	-880	320		142 100	182.7	-880	320	141 722.7	14 950	-27.3

13 栏的计算公式如下。

产成品定额成本=本月产成品数量×单位定额成本

则：产成品原材料定额成本=290×295=85 550(元)

产成品直接人工定额成本=290×120=34 800(元)

产成品制造费用定额成本=290×75=21 750(元)

14 栏的计算公式如下。

产成品分配的脱离定额差异=本月完工产品定额成本×脱离定额差异分配率

则：产成品分配的原材料差异=85 550×(-0.6%)=-513.3(元)

产成品分配的直接人工差异=34 800×2.5%=870(元)

产成品分配的制造费用差异=21 750×(-0.8%)=-174(元)

17 栏的计算公式如下。

$$\text{产成品实际成本} = \text{产成品定额成本} + \text{产成品分配的脱离定额差异} + \text{产成品分配的材料成本差异} + \text{产成品分配的定额变动差异}$$

则：原材料实际成本=85 550+(-513.3)+(-880)+320=84 476.7(元)

直接人工实际成本=34 800+870=35 670(元)

制造费用实际成本=21 750+(-174)=21 576(元)

(6) 月末在产品成本包括定额成本和脱离定额差异，即表 8-21 中第 18 栏和第 19 栏。18 栏的计算公式如下。

$$\text{月末在产品定额成本} = \text{月初在产品定额成本} + \text{定额成本调整} + \text{本月投入产品定额成本} - \text{产成品定额成本}$$

则：月末在产品原材料定额成本=3 920-320+88 500-85 550=6 550(元)

月末在产品直接人工定额成本=1 200+36 000-34 800=2 400(元)

月末在产品制造费用定额成本=750+27 000-21 750=6 000(元)

19 栏的计算公式如下。

$$\text{月末在产品应分配差异额} = \text{月末在产品定额成本} × \text{脱离定额差异分配率}$$

$$= \text{月初在产品脱离定额差异} + \text{本月投入产品脱离定额差异} - \text{完工产品分配差异额}$$

则：月末在产品分配的材料差异=6 550×(-0.6%)=-39.3(元)

月末在产品分配的直接人工差异=2 400×2.5%=60(元)

月末在产品分配的制造费用差异=6 000(-0.8%)=-48(元)

8.3.3 定额法的优缺点

1. 定额法的主要优点

(1) 有利于加强成本控制。由于采用定额法能够在生产耗费发生的当时反映和监督脱离定额的差异，及时、有效地促进生产耗费的节约，降低产品成本，所以采用这种方法有利于加强成本控制。

(2) 有利于进行成本的定期分析。由于采用定额法可以计算出定额成本以及脱离定额差异、定额变动差异等指标，有利于进行成本的定期分析，挖掘降低成本的潜力。

(3) 有利于提高成本定额和成本计划的制订水平。通过对脱离定额差异和定额变动差异的分析，可以对定额进行修改从而提高定额的管理和计划管理水平。

(4) 由于有现成的成本定额资料，因而能够较为合理、简便地解决完工产品和月末在产品之间分配费用的问题。

2. 定额法的主要缺点

(1) 采用定额法计算产品成本要比采用其他方法核算工作量大。因为采用定额法必须事先制定定额成本，单独核算脱离定额差异，在定额变动时还必须修订定额成本，计算定额变动差异。

(2) 定额资料若不准确，会影响成本计算的准确性。

8.4 实际工作中各种成本计算法的应用

到目前为止，已经学习了产品成本计算的 3 种基本方法和两种辅助方法，但在实际生产中，计算方法往往不是独立存在和使用的，因为在实际生产中，每个企业的生产工艺各不相同，可能会有几个车间，一个车间可能生产若干种产品，而各个车间或产品的生产类型和管理要求也不一定相同，因此，不同的产品采用的成本计算方法往往不同，甚至同一产品在不同的生产步骤中也可能运用不同的成本计算方法。

8.4.1 几种产品成本计算法同时应用

同一个工业企业中，一般存在基本生产车间和辅助生产车间，基本生产车间和辅助生产车间的生产类型往往不同，因而采取的成本计算方法也往往不同。例如纺织厂的纺纱和织布等基本生产车间，一般属于多步骤的大量生产，应该采用分步法计算半成品和产成品的成本，而厂内的供水、供电、机修等辅助生产车间，属于单步骤大量生产，则应采用品种法计算成本。基本生产车间和辅助生产车间的生产类型即使相同，由于管理要求不同，也可采用不同的成本计算方法。例如，发电厂的基本生产车间—发电车间和辅助生产车间—供水车间，都是单步骤大量生产，都可采用品种法计算产品成本。但由于供水不是企业的主要生产，如果企业的规模不大，可以不单独计算供水的成本。

在同一个企业或同一个车间的各种产品，生产类型也可能不同、所采用的成本计算方法也会有所不同。比如电器企业生产的各种电器，已经定型的可以大量大批生产，采用品种法计算产品成本，而正在试制期的只能小批量生产，宜采用分批法。

8.4.2 几种产品成本计算法结合应用

在多步骤生产的情况下，同一种产品的不同生产步骤，由于生产特点和管理要求不同，可采用不同的成本计算方法。例如，在小批单件生产的机械厂，最终产品是经过铸造、加工和装配等相互关联的阶段完成生产的。从最终产品来看，产品成本的计算应采用分批法，但从各个生产阶段来看，铸造车间应采用品种法计算不同铸件的生产成本；加工和装配车间可采用分批法计算各批的产品成本；而在铸造加工和装配车间之间，可采用逐步结转分步法结转各铸件成本。这样该机械厂就在分批法的基础上，同时采用了品种法和分步法。

如果同一种产品需要的零部件较多，而管理上的要求又不同，也可采用不同的成本计算方法。例如，一种产品由多个零部件组成，其中不对外销售的零部件一般不要求计算产品成本；对外销售的各个零部件在管理上则要求计算其成本，就应按这些对外销售的零部件的生产类型和管理要求，采用不同的成本计算方法单独核算其生产成本，以便对外销售时进行成本结转。

另外，同一种产品不同的成本项目，可以采用不同的成本计算方法。例如，钢铁厂的产品的原料成本占全部成本的比重较大，又是直接费用，应该直接计入产品成本，其他成本项目则可采用分类法分配计算。

此外，分类法和定额法是为了简化成本计算工作和加强定额管理而采用的两种辅助方法，它们与生产类型的特点没有直接联系，在各种类型的生产中都可以应用，但必须与基本的成本计算方法结合起来应用。例如，在食品厂中，生产的各种面包饼干，由于是大量大批单步骤生产，可采用品种法与分类法相结合的方法计算成本，即先用品种法计算饼干这类产品的成本，然后再用分类法分别计算其中各种饼干的成本。

在实际应用成本计算方法时，必须结合不同的生产特点和管理要求，并考虑到企业的规模和管理水平等具体条件，灵活地加以运用，为了保证企业成本资料的可比性，企业在采用成本计算方法时应遵循一致性原则。但当生产特点和管理要求发生改变时，也应相应地改变成本计算方法。

本 章 小 结

本章详细地介绍了成本计算的分类法和定额法两种成本计算辅助方法。通过本章的学习，要重点把握以下内容：①分类法的特点，分类法的含义、适用范围，系数分配法中系数的确定、分配计算的方法；联产品及副产品成本计算，分类法的优缺点。②定额法的特点含义、适用范围；脱离定额差异的计算，尤其是原材料的脱离定额差异计算的 3 种方法，即"限额法"、"切割法"和"盘存法"；材料成本差异的分配；定额变动差异的含义、计算及产品实际成本的计算。

 名人名言

"目标"不管是从一般的还是从特定的意义来看，它总是被认为是一个管理规划的终点。

——管理学家哈德罗·孔茨

经济学家涉及所有的成本——无论这些成本是否反映了货币的交易；而企业会计人员一般不涉及非货币交易。

——保罗·A·萨缪尔森

如果生产成本对供给没有影响，那么，它就不会影响竞争的价格。

——约翰·斯图亚特·穆勒

成本问题对整个经济建设、发展速度和人民生活的改善，有着关键的意义。

——于光远

中英文对照专业名词

成本核算(cost calculate)   定额法(norm costing)

成本控制(cost control)   定额成本(norm cost)

成本管理(cost management)   脱离定额差异(norm variance)

成本分析(cost analysis)   联产品分离点(split-up point of joint product)

分类法(grouping costing)   副产品成本(by-product cost)

练 习 题

一、单项选择题

1. 产品成本计算的分类法适用于(   )。
   A. 可以按照一定的标准分类的产品
   B. 品种、规格繁多的产品
   C. 品种、规格繁多,而且可以按照一定标准分类的产品
   D. 大量大批生产的产品

2. 在定额法下,当消耗定额提高时,月初在产品的定额成本调整数和定额变动差异(   )。
   A. 都是正数   B. 都是负数
   C. 前者是正数,后者是负数   D. 前者是负数,后者是正数

3. 在定额法下,当消耗定额降低时,月初在产品的定额成本调整数和定额变动差异(   )。
   A. 都是正数   B. 都是负数
   C. 前者是正数,后者是负数   D. 前者是负数,后者是正数

4. 原材料脱离定额差异是(   )。
   A. 价格差异   B. 数量差异   C. 原材料成本差异 D. 定额变动差异

5. 采用定额法时,产品实际所消耗材料应分配的材料成本差异的计算方法是(   )。
   A. 材料定额费用×材料成本差异率
   B. (材料定额费用±材料脱离定额差异)×材料成本差异率
   C. 材料实际消耗量×材料成本差异率
   D. 材料定额消耗量×材料计划单价×材料成本差异率

6. 下列各项中,既是一种成本计算方法,又是一种成本管理方法的是(   )
   A. 分类法   B. 分批法   C. 品种法   D. 定额法

7. 由修订消耗定额或生产耗费的计划价格而产生的新旧定额之间的差额称为(   )。
   A. 定额差异   B. 材料成本差异
   C. 定额变动差异   D. 脱离定额差异

8. 产品定额成本与计划成本的相同之处是(   )。
   A. 两者都是根据产品消耗定额和计划价格计算的
   B. 两者的原材料消耗定额都是全年的平均消耗定额
   C. 两者的工时消耗定额都是现行的消耗定额
   D. 两者在年度内都是不变的

9. 分类法的计算对象是(   )。
   A. 产品品种   B. 产品类别   C. 产品规格   D. 产品加工步骤

10. 副产品成本从联合成本中扣除的方法可以是(   )。
    A. 从"直接材料"成本项目中扣除   B. 从"直接人工"成本项目中扣除
    C. 从"制造费用"成本项目中扣除   D. 由企业自行决定

二、多项选择题

1. 下列方法中,可用于计算原材料脱离定额差异的方法有(   )。
   A. 系数法   B. 盘存法
   C. 限额法   D. 代数法   E. 切割核算法

2. 下列成本计算方法中,日常核算都是根据实际生产费用计算的是(   )。
   A. 品种法   B. 分批法

    C. 分步法   D. 分类法   E. 定额法

3. 可以或应该采用分类法计算成本的产品有(   )。

    A. 联产品   B. 部分等级产品

    C. 副产品   D. 零星产品   E. 品种、规格繁多，但可按规定标准进行分类的产品

4. 定额法下，计算产品实际成本时涉及的因素有(   )。

    A. 定额成本   B. 定额变动差异

    C. 脱离定额差异   D. 材料成本差异

    E. 产品成本差异

三、计算题

1. 目的：练习分类法，具体资料如下。

某企业生产的 A、B、C 共 3 种产品，所用原材料和工艺过程相似，合并为甲类产品，采用分类法计算成本。甲类产品的有关资料如下。

甲类产品 5 月份生产费用为：直接材料费 21 030 元，直接人工费 7 428 元，制造费用 8 240 元。月初在产品成本为：直接材料费 700 元，直接人工费 260 元，制造费用 580 元；月末在产品成本为：直接材料费 1 540 元，直接人工费 208 元，制造费用 320 元。

5 月份产量分别为：A 产品 4 000 件，B 产品 1 500 件，C 产品 2 400 件。各种产品成本的分配方法是：原材料费用按事先确定的耗料系数比例分配；其他费用按工时比例分配。耗料系数根据产品的材料消耗定额计算确定，材料消耗定额为：A 产品 12 千克，B 产品 18 千克，C 产品 2.4 千克，以甲产品为标准产品。工时定额为：A 产品 0.8 小时，B 产品 1.6 小时，C 产品 0.5 小时。

要求：

(1) 编制系数计算表，确定 3 种产品的用料系数。

(2) 编制类别成本计算单，计算类别完工产品成本。

(3) 编制产品成本计算表，计算 3 种产品完工产品成本。

2. 目的：练习定额法，具体资料如下。

甲产品采用定额法计算成本。本月份有关甲产品原材料费用资料如下。

(1) 月初在产品定额费用为 1 000 元，月初在产品脱离定额的差异为节约 50 元，月初在产品定额费用调整为降低 20 元。定额变动差异全部由完工产品负担。

(2) 本月定额费用为 24 000 元，本月脱离定额的差异为节约 500 元。

(3) 本月原材料成本差异为节约 2%，材料成本差异全部由完工产成品成本负担。

(4) 本月完工产品的定额费用为 22 000 元。

要求：

(1) 计算月末在产品的原材料定额费用。

(2) 计算完工产品和月末在产品的原材料实际费用。定额差异按定额成本比例在完工产品和月末在产品之间分配。

3. 目的：练习主副产品成本的计算，具体资料如下。

某企业在生产甲产品同时还生产了乙副产品，本月共发生费用 50 000 元，其中直接材料 25 000 元，直接人工 15 000 元，制造费用 10 000 元，甲产品 200 件，乙副产品产量为 100 千克，每千克售价 50 元，单位税金 5 元，单位利润 2 元。副产品成本从各成本项目中扣除。

要求：计算 A 产品和 B 副产品的成本。

4. 目的：练习主副产品成本的计算，具体资料如下。

甲产品领用原材料 196 000 元。甲产品工时为 30 000 小时，乙产品工时为 2 000 小时。该车间生产工人工资和福利费为 12 800 元，制造费用为 16 000 元。以上费用按工时比例在甲乙产品之间进行分配。甲产品生产过程中产生废料 8 000 千克，每千克定价 0.6 元，全部为乙产品耗用。甲产品产量 4 000 件，乙

产品产量 1 000 件。甲产品在产品按所耗原材料的定额费用计价。其月初在产品的定额材料费用为 15 000 元，月末在产品定额材料费用为 22 000 元。乙产品月末在产品很少，不计算月末在产品成本。

要求：

(1) 计算主副产品的实际成本。

(2) 假设乙产品加工处理时间短，费用不大，按计划成本计价。其计划单位成本为：材料 5 元，直接人工 1 元，制造费用 1.2 元，共 7.2 元，其他条件不变。

第9章 成本计算方法的行业扩展

通过本章的学习，理解其他行业成本核算的特点、内容，把握其他行业成本核算的程序与方法。重点掌握商品流通企业成本核算的方法。

教学要求

知识要点	能力要求	相关知识
商品流通企业成本计算	(1) 商品流通企业成本的内容 (2) 商品流通企业成本的计算方法	(1) 商品采购成本 (2) 商品存货成本 (3) 批发企业销售成本 (4) 零售企业销售成本
农业企业成本计算	(1) 农业企业成本计算的特点 (2) 农业企业成本计算的方法	(1) 成本计算对象 (2) 成本计算期 (3) 种植业成本计算 (4) 养殖业成本计算
施工企业成本计算	(1) 施工企业成本计算的特点 (2) 施工企业成本计算的方法	(1) 施工企业特点 (2) 施工企业成本计算对象 (3) 工程成本的核算

技术的需要顶十所大学。

——恩格斯

基本概念

　　商品采购成本　　商品存货成本　　商品销售成本　　农产品成本　　林业产品成本　　畜牧业生产成本　　养殖、捕捞业生产成本　　工程成本

导入案例

用贫求富，农不如工，工不如商

　　《史记·货殖列传》中有这样一句话："夫用贫求富，农不如工，工不如商，刺绣文不如倚市门，此言末业，贫者之资也。"虽然司马太公不知道什么叫资金运动，但他知道，钱的周转速度是不一样的。周转速度，通俗地讲，就叫回款速度。农业靠天吃饭，投入农业的资金最多一年回款两次——夏收和秋收。而工业不受天气的影响，一般只要加紧做出来，就可卖。一年能周转几次，就看工作效率了。而商业就更快了，如不信？可看一看马克思在《资本论》中对资本循环的分析。

　　当然，资金运动的不同在本质上还是各行业的经营过程有一定的区别，是由生产或经营商品的特点不同造成的，因此，各行业的成本核算也各有其自己的特点。

点评：本质决定形式。

　　各行业的生产经营特点和管理要求不同，成本核算也不同。成本核算要根据各行业的不同特点和要求，采用适当的方法进行核算。

9.1　商品流通企业成本计算

　　商品流通企业是指从事商品流通为主营业务的企业，其基本业务是商品的购进和销售。它们以货币为媒介进行商品交换，赚取商品进销差价和其他营运收入的过程。所以商品流通企业不进行生产活动，没有生产过程和生产环节，其主要业务活动是商品的购进与售出，以商品购进开始，以商品售出告终。其经营资金的运动形态表现为"货币资金——商品资金——(增值的)货币资金"。

9.1.1　商品流通企业成本的内容

　　商品流通企业的成本主要指在组织商品购、存、销等过程中发生的不直接计入商品成本的商品流通费用(即期间费用)和直接计入商品的成本。直接计入商品的成本主要包括商品采购成本、商品存货成本、商品销售成本。

1．商品采购成本

　　商品采购成本是因采购商品而发生的有关支出。从理论上讲，商品采购成本应按实际成本计算，但由于商品流通企业以"勤进快销"为经营方针，一般不留过多的库存，为了

简化会计核算手续，对采购商品发生的有关费用，如运输费、包装费、装卸费、途中保险费等，若金额不大，可以不记入商品采购成本，而以销售费用列支，同其他期间费用一并记入当期损益。所以，商品采购成本就是采购商品的进价成本。确定商品采购成本的方法，依企业采购商品的来源不同而有所区别。

(1) 国内采购商品进价成本的确定。国内购进的商品以进货原价为其采购成本。购进商品所发生的进货费用包括购进的用于出口的商品到达交货地车站、码头以前支付的各项费用和手续费，若发生金额不大，则作为销售费用列入当期损益。

(2) 国外进口商品进价成本的确定。其采购成本包括商品进价、进口税金及代理进口费用。

① 国外进价。即进口商品到达目的港口以前发生的各项支出。

② 进口环节的相关税金。主要指报关进口时按照现行税法的规定应交纳的进口关税。

③ 若企业委托其他单位代理进口的商品，进口商品的进价成本还包括支付给受托单位的相关费用，即实际支付给代理单位的进口合同价格之外的海外运费、保险费和佣金等。

以上为商品进价成本的基本构成项目，企业购进商品发生的购货折扣、购货转让、购货退回及购进商品经确认的索赔收入，应冲减商品进价；发生的能直接认定的进口佣金也应冲减商品进价，不易按商品认定的，可冲减销售费用。

2. 商品存货成本

商品存货成本一般以商品采购成本为基础进行核算，并根据存货计价方法确定其成本额。为了简化会计核算手续，商品流通企业进行商品经营所发生的进货费用、储存费用和销售费用都作为企业的经营费用计入当期损益，因而商品采购成本及商品存货成本不包括商品的储存费用。但在企业进销货有季节性时，会使商品存货成本失实，这种情况下，应将商品存货所负担的储存费用计入商品存货成本，以便正确地反映商品存货的价值。其方法是：将数额较大的进货费用(如进货运杂费)及存货费用(如储存保管费)，按商品存销比例分摊，商品存货所分摊的费用应作为商品存货成本的构成内容。

3. 商品销售成本

商品销售成本指已销商品的进价成本。通常按照已销商品的数量和单位进价成本计算确定。

9.1.2 商品流通企业成本的计算

1. 商品采购成本的核算

1) 批发企业商品采购成本的核算

批发企业每次商品购销往往成批量进行，金额较大，而且商品储存量也较大，所以其库存商品一般采用进价金额核算。

其具体程序为：企业购入商品时，根据增值税专用发票上列示的价款，借记"在途物资"账户；根据专用发票上注明的增值税额，借记"应交税费—应交增值税(进项税额)"账户；根据应付或实付的金额，贷记"应付账款"、"应付票据"、"银行存款"等账户。待商品验收入库时，按进价借记"库存商品"账户；贷记"在途物资"账户。该账户如有期末余额在借方，表示企业在途商品的采购成本。该账户应按供货单位、商品类别等设置明细账进行明细核算。

【例 9-1】某批发企业(一般纳税人)从本市某生产性企业购进甲商品 400 件，出厂单价为 100 元/件；增值税专用发票注明的货款为 40 000 元、增值税额为 6 800，开出转账支票支付货款和税金 46 800 元。另外，以现金支票支付本市某运输公司的运杂费 300 元。商品已经验收入库。

该批发企业购进商品的进价成本为 40 000 元，根据税法规定，增值税 6 800 元可以抵扣，支付的运杂费 300 元应计入"销售费用"账户。则应编制的会计分录如下。

借：库存商品——甲商品   40 000

  应交税费——应交增值税(进项税额)   6 800

  销售费用   300

  贷：银行存款   47 100

2) 零售企业商品采购成本的核算

零售企业商品品种和规格繁多，库存数量不大，销售数量零星，金额较小，购销活动频繁，购销关系不稳定，所以一般采用售价金额核算。

其具体程序为：企业购入商品时，根据增值税专用发票上列示的价款，借记"在途物资"账户；根据专用发票上注明的增值税额，借记"应交税费—应交增值税(进项税额)"账户；根据应付或实付的金额，贷记"应付账款"、"应付票据"、"银行存款"等账户。待商品验收入库时，由各营业柜组根据供货单位的发货单所列品种、规格、数量和单价进行验收，填制"收货单"。收货单中不仅应填列商品品种、规格、数量和进价，还应填列商品的售价以及进销差价，以便对商品的售价和进销差价分别核算。商品验收入库后，根据收货单，按商品的售价借记"库存商品"账户，按商品的进价贷记"在途物资"账户，按商品售价大于进价的差额贷记"商品进销差价"账户。

【例 9-2】某零售企业(一般纳税人)从本市某供货单位购进商品一批，专用发票上注明的货款为 5 000 元、增值税额为 850 元，另外运输发票注明的运杂费为 200 元，全部款项用转账支票支付。商品已经验收入库，该批商品的售价为 7 500 元。

购进该批商品，根据专用发票和运输发票以及支票存根编制的分录如下。

借：在途物资   5 000

  应交税费——应交增值税(进项税额)   850

  销售费用   200

  贷：银行存款   6 050

根据商品入库单和商品的进销差价 2 500 元(7 500-5 000)编制的分录如下。

借：库存商品   7 500

  贷：在途物资   5 000

    商品进销差价   2 500

特别提示

批发企业和零售企业的区别不是以企业规模的大小、经营场所大小区别的，也不是以营业额的多少、商品种类的多少区别的，而是以每次购销同种商品的数量多少为区别的。批发企业和零售企业都有大中小微企业之分，其标准见表 9-1。

表 9-1　统计上大中小型企业划分标准

行业名称	指标名称	单位	大 型	中 型	小 型	微 型
批发业企业	从业人员数	人	200 及以上	20～200 以下	5～20 以下	5 以下
	销售额	万元	40 000 及以上	5 000～40 000 以下	1 000～1 500 以下	1 000 以下
零售业企业	从业人员数	人	300 及以上	50～300 以下	10～50 以下	10 以下
	销售额	万元	20 000 及以上	500～20 000 以下	100～500 以下	100 以下

2. 商品销售成本的核算

1) 批发企业商品销售成本的核算

由于批发企业采用进价金额核算，所以其商品销售成本是指已销商品的进价成本。由于同一种商品购入的时间和地点不同，各批已销商品的进价也往往不同，因此必须根据商品经营情况和管理要求等，采用一定的方法正确计算商品销售成本。商品销售成本可供选择的计算方法主要有先进先出进价法、一次加权平均进价法、移动加权平均进价法、个别进价法和毛利率法等 5 种方法，但方法一经确定，为了保证会计信息可比，不能随意变更。其中先进先出进价法、加权平均进价法、移动加权平均进价法和个别进价法可以参照工业企业材料发出的核算，下面主要介绍毛利率法。

毛利率法就是根据本期商品销售收入乘以上季度实际毛利率(或本季度计划毛利率)，匡算出本期已销商品毛利额，再据以计算本期商品销售成本。

$$\text{上季度实际(或本季度计划)毛利率} = \frac{\text{上季度实际(或本季度计划)已销商品毛利额}}{\text{上季度实际(或本季度计划)商品销售收入}} \times 100\%$$

$$= \frac{\text{上季度实际(或本季度计划)商品销售收入} - \text{上季度实际(或本季度计划)已销商品进价成本}}{\text{上季度实际(或本季度计划)商品销售收入}} \times 100\%$$

本月已销商品毛利额=本月商品销售收入×上季度实际(或本季度计划)毛利率

本月商品销售成本=本月商品销售收入-本月已销商品毛利额

=本月商品销售收入×(1-上季度实际或本季度计划毛利率)

一般来说，商业企业同类商品毛利率大致相同，而各类商品的毛利率相差较大，为了简化计算工作，比较正确地计算商品销售成本，可先按商品类别计算出各类商品的销售成本，再汇总计算全部商品的销售成本。采用这种方法，还应按商品类别增设"库存商品"和"主营业务收入"账户，以便于计算各类商品的实际毛利率和销售成本。对于库存商品明细账平时只计数量，不计金额。

【例 9-3】河洛批发企业第一季度 A 商品销售收入为 3 000 000 元，其销售成本为 2 400 000 元；3 月份该商品销售收入为 500 000 元。A 商品 3 月份销售成本计算如下。

$$\text{A商品第一季度毛利率} = \frac{3\ 000\ 000 - 2\ 400\ 000}{3\ 000\ 000} = 20\%$$

3 月份 A 商品销售成本=500 000×(1-20%)=400 000(元)

将计算出的商品销售成本从"库存商品"账户转入"主营业务成本"账户，其会计分录如下：

借：主营业务成本　　　　　　　　　　　　　　　　　　　　　　　　400 000

　　贷：库存商品　　　　　　　　　　　　　　　　　　　　　　　　400 000

毛利率法下，由于本月毛利率是根据上季度实际毛利率或本季度计划毛利率匡算的，因而计算结果反映的并非是实际成本。为了提高每季度商品销售成本计算的正确性，每季度末应采用前述 5 种方法之中的一种，在库存商品明细账中计算出该季度已销商品的实际成本，用该季度商品实际销售成本减去前两个月已结转的匡算成本，得出该季度第三月应结转的销售成本，以调整前两个月的销售成本。经过调整计算之后，该类商品的库存商品价值和销售进价成本就与实际相符合了。

毛利率法下，商品销售成本是按商品类别综合计算的，不是按商品品种、规格分别计算的，因而简化了成本计算工作。但如果各月毛利率水平相差很大，或者计划毛利率不够准确，各月成本计算的正确性会受到影响。这种方法只适用于各季度商品实际毛利率差异不大，且经营品种较多、按月计算销售成本有困难的企业。

2) 零售企业商品销售成本的核算

由于零售企业一般采用售价金额核算法，在商品销售后按售价借记"主营业务成本"账户，贷记"库存商品"账户。为了简化核算工作，平时不随商品的销售随时计算和结转已销商品进销差价，购进商品的进销差价平时在"商品进销差价"账户中归集。由于"主营业务成本"账户平时反映不出已销商品的进价成本，因而平时账面上也就反映不出销售商品实现的毛利。为了正确反映商品销售成果以及期末结存商品的实际成本，每月月末需将全部商品进销差价在已销商品和结存商品之间进行分配，将已销商品应分配的进销差价月末一次转入"主营业务成本"账户的贷方，这样，"主营业务成本"账户按售价反映的借方发生额减去其贷方反映的应分配进销差价，就得出按进价反映的商品销售成本。已销商品应分配的进销差价即是销售商品实现的毛利。

已销商品应分配的进销差价计算如下。

(1) 计算商品进销差价率。商品进销差价率可以按照全部商品的存、销比例计算，也可以按照各柜组或各类商品的存、销比例计算，前者称综合平均差价率，后者称分类差价率。采用分类差价率比采用综合平均差价率缩小了计算范围，计算结果比较准确，运用较为普遍。

$$进销差价率 = \frac{月末分配前的"商品进销差价"账户余额}{月末"库存商品"账户余额 + 月末"受托代销商品"账户余额 + 本月"主营业务收入"账户贷方发生额} \times 100\%$$

上列公式中的"商品进销差价"、"库存商品"、"受托代销商品"、"主营业务收入"等账户金额均为含增值税的金额。在采用综合平均差价率计算法下，可从有关总账账户记录中取得，在采用分类差价率计算法下，可从有关明细账户记录中取得。

(2) 计算本月已销商品应分配的进销差价。

$$本月已销商品应分配的进销差价 = 本月"主营业务收入"账户贷方发生额 \times 商品进销差价率$$

【例 9-4】假定某零售企业 201×年 3 月 31 日"库存商品"、"主营业务收入"和"商品进销差价"账户的有关资料见表 9-2。

表 9-2　有关科目月末余额

201×年 3 月 31 日　　　　　　　　　　　　　　　　　　　　单位：元

柜组	"库存商品"月末余额	"主营业务收入"本月发生额	"商品进销差价"月末余额
A 组	250 000	1 000 000	275 000
B 组	500 000	750 000	225 000
合计	750 000	1 750 000	500 000

根据上述资料，计算各柜组差价率及各柜组已销商品应分摊的进销差价，见表 9-3。

表 9-3　商品进销差价计算表

柜组	月末分配前"商品进销差价"账户余额	月末"库存商品"账户余额	本月"主营业务收入"账户贷方发生额	进销差价率	已销商品进销差价	库存商品结存进销差价
	①	②	③	④=①÷(②+③)×100%	⑤=③×④	⑥=①-⑤
A 组	275 000	250 000	1 000 000	22%	220 000	55 000
B 组	225 000	500 000	750 000	18%	135 000	90 000
合计	500 000	750 000	1 750 000		355 000	145 000

根据表 9-3 的计算结果，编制会计分录如下。

借：商品进销差价——A 组　　　　　　　　　　　　　　　　　　　220 000

　　　　　　　　——B 组　　　　　　　　　　　　　　　　　　　135 000

　　贷：主营业务成本——A 组　　　　　　　　　　　　　　　　　　220 000

　　　　　　　　　　——B 组　　　　　　　　　　　　　　　　　　135 000

已销商品分配进销差价后，商品销售成本调整为按进价反映的商品销售成本 1 395 000 元(1 750 000-355 000 元)。

为正确核算商品销售成本与经营成果，在年终决算时应对商品进销价进行核实并调整。核实和调整商品进销差价的具体做法如下。

(1) 各柜组对全部商品进行盘点，根据每种商品的实存数量，分别乘以该种商品的进价和售价，计算出每种商品的进价金额和售价金额，并汇总计算出全部结存商品的进价金额和售价金额，再进一步计算出全部商品的进销差价。

结存商品进价金额=Σ(各种商品实存数量×各该商品进价)

结存商品售价金额=Σ(各种商品实存数量×各该商品售价)

结存商品进销差价=结存商品售价金额-结存商品进价金额

(2) 调整商品进销差价。将核实得出的结存商品进销差价与调整前"商品进销差价"账户余额做比较，如果前者大于后者，说明以前月份多转了商品进销差价，少算了销售成本，虚增了毛利，应予以调整，借记"主营业务成本"账户，贷记"商品进销差价"账户；如果前者小于后者，说明以前月份少转了商品进销差价，多计了商品销售成本，应借记"商品进销差价"账户，贷记"主营业务成本"账户。

9.2　农业企业成本计算

农业是国民经济的基础，是一个重要的综合性物质生产部门，包括种植业和养殖业两大类。正确、及时地核算种植、养殖业生产中所耗费的各项支出，计算农产品成本，对于正确地制定农产品价格政策，寻求降低成本，提高经济效益，促进农业生产的发展，具有重要意义。

9.2.1　农业企业成本计算概述

1.　成本计算对象

由于农业生产一般都采用多种经营的方式，企业生产的产品具有多样化的特点，如果分别单独计算每一种不同产品的成本，成本核算对象就会很多，成本计算也会非常烦琐。为简化成本核算工作，一般采用主要产品单独计算成本，次要产品则分业合并计算成本的方法。

在农产品生产中，通常是将大田作物中的小麦、玉米、大豆、水稻、棉花等主要产品单独作为成本计算对象，其他次要产品则分业合并计算成本；在蔬菜生产中，按照生产方式，如露天蔬菜、温室蔬菜、温床蔬菜等，确定成本计算对象。

在林产品生产中，一般是将橡胶、果、桑、茶等经济林木单独确定为成本对象，并按育苗、定植抚育、采割 3 个阶段核算成本。其他林木则合并核算成本。

在畜牧业生产成本核算中，原则上按群别作为对象，分群核算成本。但也可计算混群成本。

水产品养殖一般按品种作为成本计算对象，也可以计算混养成本。

2.　成本计算期

由于农业产品的生产周期较长，产品比较单一，收获期比较集中，年度中间发生的费用和用工不均衡，因此，农产品的成本计算期一般是一年计算一次成本。对于经常有产品产出的，如家禽、家畜、橡胶等生产，可以按月计算。

 知识链接

说起农业和会计的关系，会计期间(accounting period)假设的确定还和农业生产有关呢。在持续经营下，企业的经营没有停止的时间，那么要考核收益，计算盈亏，对比计划是否实现，只有人为地选择一段时间，计算这个期间的盈亏，看看企业目标的完成情况。如何确定这段时间呢？自然，人们就想到了"年"。马克思在《资本论》中说到："正如工作日是劳动力职能的自然计量单位一样，年是处在过程中的资本周转的自然计量单位。这个计量单位的自然基础是，在这个资本主义生产的祖国，最重要的农产品都是一年收获一次。"工业国都是从农业国发展而来的，农业是按"年"计算收成的，因此工业国也按"年"来考核收益。说起农业和工业这个话题，被美国《时代周刊》评为 20 世纪影响美国历史的 25 位人物之一的商业思想家史蒂芬·柯维(Stephen R. Covey)说过的一句话，"管理者的真实身份，更像是一个园丁，正因此我才将领导者视为农夫，他需要花很长一段时间才能迎来收获的季节，没有快速又简单的方法。我们在公司里所做的一切就犹如播种、浇水、除草、收割的整个培育过程，不可能在短期内见到效益"。

3. 成本项目与生产费用的归集和分配

农业生产成本计算设置的成本项目包括直接材料、直接人工、其他直接费用以及间接费用。其中，直接材料归集农业生产过程中实际消耗的原材料、农用材料、辅助材料、外购半成品、燃料、动力以及其他直接材料。直接人工归集农业企业直接从事生产经营人员的工资、奖金、津贴和补贴等薪酬。其他直接费用归集生产经营的其他费用，如机械作业费、灌溉费等。间接费用归集各农业生产经营单位为组织和管理生产所发生的生产单位管理人员的薪酬、农业机械的折旧费、修理费、租赁费、取暖费、水电费、差旅费、运输费、保险费、机物料消耗费用、低值易耗品摊销等间接费用。

农业企业应分别设置"农业生产成本"、"林业生产成本"、"畜牧业生产成本"、"渔业生产成本"、"副业生产成本"等账户进行成本核算并按成本项目分别反映。各账户借方分别登记产品生产中发生的各项生产费用，贷方登记生产完成的各产品的生产成本，期末借方余额反映尚未完成的在产品成本。农业企业发生的直接材料、直接人工费用，应在发生时直接计入"农业生产成本"、"林业生产成本"、"畜牧业生产成本"、"渔业生产成本"等各成本账户。发生的其他直接费用如农业生产的机械作业费、灌溉费等在发生时计入"机械作业费"、"辅助生产成本"等账户，期末再分配转入上述各成本账户的相应成本项目。发生的间接费用应在发生时记入"制造费用"账户，期末再按一定标准分别转入生产成本。在将各项费用进行核算分配后，各项费用就归集在了各业成本的计算账户中，经过计算可以算出产品成本。

9.2.2 农业企业成本的计算

1. 种植业成本核算

1) 农产品成本核算

(1) 大田作物成本。大田作物是指粮、棉、豆等农作物。

① 生长期不超过一年的大田作物的成本计算。农作物的成本计算主要是单位面积成本和单位产量成本的计算。单位面积成本是种植某种农作物平均每单位播种面积所支出的费用总额，公式为：

$$某作物单位面积成本 = \frac{该作物生产费用总额(元)}{该作物播种面积(亩)}$$

单位产量成本是种植某种农作物平均每单位产量所支出的费用总额，用公式表示如下。

$$某作物单位产量成本 = \frac{该作物生产费用总额 - 副产品成本}{该作物产品产量}$$

农作物在完成生产过程中，一般可以产出主产品和副产品。其中，主产品是生产主要目的的产品，如小麦、水稻；副产品是农作物在完成生产过程时随着主产品附带获得的产品，如麦秸、稻草。由于主产品和副产品是同一生产过程的结果，因此，必须将生产费用总额在主产品和副产品之间进行分配，分别确定其成本。

主副产品成本分配的方法主要有以下两种。

一种是估价法。将副产品成本按照固定价格或市场价格估计，从生产费用总额中扣除，计算主产品成本。

某农作物主产品成本=该农作物生产费用总额-副产品成本

另一种是计划成本比率法。按照主副产品计划成本比率分配全部生产费用。

$$某农作物主产品成本 = \frac{该农作物实际生产费用总额}{主副产品计划成本总额} \times 主产品计划成本$$

$$某农作物副产品成本 = \frac{该农作物实际生产费用总额}{主副产品计划成本总额} \times 副产品计划成本$$

② 生长期超过一年的大田作物的成本计算。多年生农作物包括一次性收获的多年生作物和多次收获的多年生作物，其成本计算也不一样。

一次性收获的多年生作物，应按累计的生产费用计算成本。其主要产品单位成本的计算公式如下：

$$一次性收获的多年生作物主产品单位成本 = \frac{往年费用 + \begin{array}{c}收获年份截止收获\\月份的累计费用\end{array} - 副产品价值}{本年主产品总产量}$$

多次收获的多年农作物，投产后按计划总产量的比例或提供产品的年限的比例将往年的费用分配计入投产后各年产出产品的成本。当年产出产品的成本包括往年费用本年摊销额和投产后本年发生的全部费用，用公式表示为：

$$多次收获的多年生作物主产品单位成本 = \frac{\begin{array}{c}往年费用\\本年摊销额\end{array} + \begin{array}{c}本年全部\\费用\end{array} - \begin{array}{c}副产品\\价值\end{array}}{本年产品总产量}$$

(2) 蔬菜生产成本。按蔬菜生产环境条件、技术过程不同可分为露天栽培和保护地栽培两类。

① 露天栽培蔬菜是指未加任何保护，在自然条件下露天土地上进行蔬菜栽培的方式。这种蔬菜生产方式尤其适宜在夏季大面积栽培时采用。在计算各蔬菜成本时，应按照蔬菜的品种归集生产费用，除以各自的产量就是每种蔬菜的单位成本。如果栽培面积不大或不以蔬菜为主的情况下，可将各种蔬菜合并设置一个明细账归集生产费用，然后在不同蔬菜间进行费用分配。分配标准可选择如计划成本比例法、系数法等。

② 保护地栽培蔬菜是指在温床或温室环境下栽培蔬菜。主要在冬春两季及秋季栽培蔬菜时采用。在成本计算时，凡是能分清费用受益对象且能够直接计入成本的各种直接费用，可直接计入该产品的成本；对各种蔬菜共同耗用的费用，如温室折旧费、供暖费等应采用床格日数(温床栽培下)及温室平方米数(温室栽培下)等标准比例分配这些间接费用。

$$某温室蔬菜应分配的间接费用 = \frac{某项间接费用 \times 该蔬菜占温室平方米日数}{全年实际使用的温室平方米日数}$$

$$温室平方米日数 = 占用温室平方米数 \times 蔬菜生长期$$

【例 9-5】某农业企业冬季在温室栽种西红柿和黄瓜两种蔬菜。共发生间接费用 9 000 元，温室总面积为 900 平方米，其中西红柿占用 600 平方米，黄瓜占用 300 平方米。西红柿生长期为 35 天；黄瓜为 40 天，计算如下。

$$西红柿应分配的间接费用 = \frac{9\,000 \times 600 \times 35}{600 \times 35 + 300 \times 40} = 5\,727.27(元)$$

$$黄瓜应分配的间接费用 = \frac{9\,000 \times 300 \times 40}{600 \times 35 + 300 \times 40} = 3\,727.73(元)$$

2) 林业产品成本核算

林产品一般是指经济林木的生产，包括橡胶、果、桑、茶等。林业生产成本是指在培育林业产品过程中发生的各项记入"林业生产成本"账户的支出。按照育苗、定植抚育、采割3个阶段分别核算成本。经济林木在抚育成材，可生产林产品后，应按实际成本转入固定资产。

(1) 苗圃产品的成本核算。苗圃育苗即培育树苗的阶段，这个过程发生的直接材料费用、直接工资费用、其他直接支出和制造费用归集起来，按照起苗部分所占面积或株数比例进行分配。

$$每亩苗圃的实际成本 = \frac{该类树苗起苗前的生产费用总额}{该类树苗起苗面积 + 未起苗面积}$$

$$起苗部分树苗的总成本 = 每亩苗圃的实际成本 \times 起苗面积 + 起苗费用$$

$$未起苗部分树苗的总成本 = 每亩苗圃的实际成本 \times 未起苗面积$$

或：

$$每株树苗的实际成本 = \frac{该类树苗起苗前的生产费用总额}{该类树苗起苗株数 + 未起苗株数}$$

$$起苗部分树苗的总成本 = 每株树苗的实际成本 \times 起苗株数 + 起苗费用$$

$$未起苗部分树苗的总成本 = 每株树苗的实际成本 \times 未起苗株数$$

【例9-6】某农业企业的苗圃培育杨树苗500亩，起苗前实际支出费用100 000元，本年起苗面积400亩，起苗费用10 000元。则有关计算如下：

$$每亩苗圃的实际成本 = \frac{100\,000}{500} = 200(元)$$

$$起苗部分树苗的总成本 = 200 \times 400 + 10\,000 = 90\,000$$

$$未起苗部分树苗的总成本 = 200 \times (500-400) = 20\,000(元)$$

发生育苗成本费用时，应借记林业生产成本——X树苗，贷记有关科目；树苗起初进行抚育时，借记林业生产成本——X树苗抚育，贷记林业生产成本——X树苗科目；若树苗起苗销售，则借记：营业成本，贷记林业生产成本——X树苗科目。单株树苗成本可以采用总费用除以总株数确定。

(2) 幼树培育阶段的成本核算。幼树培育是果林的定植阶段，指树苗起土、移植到成林投产为止的抚育管理阶段，在这个阶段发生的费用作为资本性支出。在"在建工程"账户归集，年末，作为未完工程结转下年。培育成龄后计算每株或每亩的营造成本。

$$每株或每亩幼树营造成本 = \frac{该类幼树全部培育费用}{该类幼树成龄株数或亩数}$$

定植阶段发生的成本费用如树苗费、人工费、病虫防治费等成本项目与育苗相同。将归集的费用按计划价格或抚育年限在成林与未成林林木间进行分配，将成林部分成本直接转入"固定资产"。

(3) 采割阶段的成本核算。采割阶段的成本是指经济林木在投产后因管理及采割林产品而发生的费用。如采摘费用、肥料费、林木抚育管理费等。林产品成本计算区间为：橡胶算至加工成干胶片；茶算至加工成商品茶；果算至装箱(筐)。没有加工设备的，橡胶算至鲜乳胶；茶算至鲜叶。该阶段的成本包括当年的抚育费及本年度产品产出前停采、停割期间的费用，产品产出后发生的停采、停割期间的费用作为在产品成本结转为下年度成本。

2. 养殖业成本核算

养殖业可分为畜牧业和水产品养殖、捕捞业两类，具体包括猪、牛、羊、家禽等及各种水产品的养殖、捕捞。

1) 畜牧业生产成本

(1) 成本计算对象。畜牧业产品成本核算可以实行分群核算，也可实行混群核算。实行分群核算要求按不同种类畜禽的不同畜龄，划分为若干群，分群归集生产费用，分群计算产品成本。混群核算要求按畜禽种类划分，并按畜禽种类归集生产费用，计算产品成本。

(2) 成本计算期。一般按年计算成本，但经常有产品产出的，也可按月计算成本。

(3) 成本项目。畜牧业产品成本计算设置的成本项目包括直接材料、直接人工、其他直接费用和制造费用。其中，直接材料指饲养中耗用的精饲料、粗饲料、动物饲料、矿物饲料等饲料费用，以及粉碎和蒸煮饲料、孵化增温等耗用的燃料和动力费用；直接人工指直接从事畜牧业生产人员的职工薪酬；其他直接费用指专用设备折旧费、产畜折旧费、畜禽医疗费等；制造费用指分配计入产品成本的费用，包括生产单位管理人员的职工薪酬、固定资产折旧费、修理费、办公费、取暖费、水电费等。

(4) 生产费用的归集。畜牧业生产费用指企业饲养和放牧各种畜禽发生的全部费用，包括产畜禽、幼畜禽和育肥畜禽的生产费用。

企业一般应设置"农业生产成本"科目，规模较大的企业也可单独设置"畜牧业生产成本"科目，按成本计算对象(分群核算按各种畜禽中的不同年龄组；混群核算按每种畜禽)设置明细账，并按成本项目设置专栏，归集应计入产品成本的材料费用、人工费用和制造费用。期末，将归集的生产费用总额在产出产品和在产品之间进行分配，计算产出产品的成本。这两个账户借方登记和归集各项饲养费用，贷方登记转出的主产品和副产品成本，期末借方余额为在产品成本。

2) 水产品养殖、捕捞业生产成本

水产品养殖、捕捞业生产主要是指对水生动植物的育苗、养殖及捕捞等业务。其成本计算也包括育苗、养殖和天然捕捞3个阶段。

水产品养殖和捕捞业通过设置"渔业生产成本"账户核算成本。该账户借方登记发生的生产费用；贷方登记转出的养殖、捕捞成本；借方余额反映在成品的成本。以下以养鱼为例进行介绍。

(1) 育苗阶段的产品是鱼苗，鱼苗作为该阶段的成本计算对象。育苗阶段发生的全部材料费、人工费、其他直接费和制造费用，构成鱼苗的总成本；鱼苗的单位成本等于育苗期的鱼苗总成本除以育成鱼数。

(2) 养殖阶段的产品是成鱼，该阶段的成本计算对象是成鱼。养殖阶段成本主要是鱼苗成本及养殖时期发生的各种费用。

① 如果属于专池放养一次打捞的，应将各期费用逐期结转，将捕捞前各年费用逐年结转，加上捕捞费用，即是一次捕捞成鱼的总成本。与产量相除可得单位成本。

② 如果属于逐年放养逐年捕捞的，其养殖费用需要在成鱼和在产品之间进行分配，分配的标准一般按照重量的比例确定。其中成鱼的产量可以在捕捞后称重求得，在产品的重量只能估计。

$$单位产量成本(千克)=\frac{期初在产品成本+本期投入鱼苗成本+本期养殖费用}{本期成鱼产量+预计在产品重量}$$

在天然湖泊、江河、海洋捕捞自然生长的渔产品，当期发生的全部捕捞费用应由本期的成鱼负担，如果成鱼的品种较多，需按销售价格比例或计划成本比例进行分配。

9.3 施工企业成本计算

施工企业是指从事建筑安装工程施工生产活动的企业。施工企业所从事的工程大多是不动产，既有房屋、构建物的建造工程，又有诸如管道施工、矿井开凿、石油钻井、水利工程等，与一般的制造业相比，其生产的对象及其成本核算都有其自身的特点。

9.3.1 施工企业成本核算概述

1. 施工企业的生产特点及其对成本核算的影响

与一般的工业企业相比，施工企业的生产主要具有以下一些特点。

(1) 产品的多样性和单件性。由于施工企业的施工应按照建设单位的要求，根据设计图纸组织，每一项工程一般都有特定的目的和专门用途，具有独特的形式、结构；施工企业在组织生产施工时，应根据工程的具体设计方案以及地形、地质条件、水文等自然条件和交通运输、当地风俗习惯等各种社会条件，来确定具体的施工方法，并在必要时根据需要对设计图纸及施工方法、施工组织等进行适当调整。即使同一类型的产品按照标准设计组织生产，也会由于生产地点、自然环境的不同而产生差异。因此，施工企业生产的产品具有很强的独特性，一般没有重样的。

工程的多样性决定了施工企业的成本不能按实物计量单位与上期同类工程成本对比，而只能将实际成本与预算成本进行对比。

(2) 受自然和气候条件影响大。由于施工企业的施工现场大都在露天场所，因此施工机械设备的使用寿命不仅受使用磨损的影响，而且还会受到自然力侵蚀的影响。同时，因四季施工条件不同，导致冬季、雨季施工量较少，机械使用情况不平均，尤其是在北方，冬季施工几乎难以进行。

在进行费用分配时，应将当月发生的费用采用合理的方法按照全年工程数量平均分配，而不宜将发生的费用全部记入当月工程成本。还如在确定施工机械设备的折旧期限时，不仅要考虑预计使用期限，还要考虑实际使用时间。

(3) 工程施工的周期较长。施工企业的产品生产规模比较大，结构比较复杂，生产过程从设计、开工到完工往往需要跨年度完成，因此，工程施工的周期较长。在确定成本计算期时，应考虑工程工期的这一特点。

2. 施工企业工程成本计算的特点

施工企业的工程成本即建筑安装工程成本，指施工企业在一定时期内为完成一定种类和数量的建筑和安装工程所发生的生产耗费的总和。施工企业的生产特点决定工程成本的计算方法，主要表现在以下几个方面。

1) 工程成本的计算对象

确定建筑安装工程成本核算对象，通常有以下几种情况。

(1) 以单位工程为成本核算对象。对具有独立设计文件及施工图预算的单位可作为成本核算对象。

(2) 以分部工程为成本核算对象。对于规模大、工期长的工程及因推行新结构、新材料、新工艺的工程，根据需要，可以按其工程部位作为成本核算对象。

(3) 以建筑群体作为成本核算对象。对于结构类型相同，施工时间相近，并在同一地点施工的建筑群体，为简化成本计算，可以合并为一个成本核算对象。

2) 成本计算期

施工企业为了及时比较、分析和考核施工成本的计划执行情况，一般按月将已完成预算定额规定的一定组成部分的工程，作为"完工工程"计算已完工程成本；对于已投料施工，月末尚未达到预算定额规定的一定组成部分的工程，则作为"未完施工"计算未完施工工程成本；如果当月该成本计算对象的工程竣工，则月末不仅要计算已完工程成本，而且要计算竣工工程的实际总成本。

3) 成本项目

施工企业工程成本的计算一般设置如下成本项目。

(1) 直接材料。指企业在工程施工过程中所耗用的构成工程实体或有助于工程形成的各种主要材料、辅助材料、结构件、零配件、半成品的费用及周转材料的摊销和租赁费用。

(2) 直接人工。指直接从事建筑安装工程施工的工人(不包括机械施工人员)的职工薪酬。

(3) 机械使用费。指工程施工过程中使用自有施工机械所发生的机械使用费(包括机械操作人员人工费、燃料、动力费、机械折旧费、修理费、替换工具及部件费、养路费、辅助设施费等)及租用外单位施工机械的租赁费及施工机械安装、拆卸和进出场费。

(4) 其他直接费用。指施工过程中发生的材料二次搬运费、临时设施摊销费、现场施工用水、电、气、风等费用、冬雨季施工增加费、夜间施工增加费、流动施工津贴、生产工具用具使用费、试验检验费、工程定位复测和场地清理费等。

(5) 间接费用。指企业各施工单位，如工程处、施工队、工区等为组织和管理施工生产活动发生的各项费用，包括临时设施摊销费、施工单位管理人员薪酬、折旧费、修理费、工具用具使用摊销费、财产保险费、检验试验费、取暖费、水电费、办公费、差旅交通费、劳动保护费等。

9.3.2 施工企业成本核算的账户设置

为了准确、及时地核算工程实际成本，施工企业工程成本的核算一般应设置以下成本会计科目。

(1) "工程施工"(或生产成本——工程施工)。该科目核算施工企业在建筑施工工程中发生的计入工程成本的各项支出。该科目借方核算施工过程中发生的直接材料、直接人工、机械使用费及其他直接费用等各项直接费用以及分配的间接费用。发生的直接费用可直接计入"工程施工"科目的借方；发生的间接费用应在发生时计入"工程施工—间接费用"科目归集，期末再按照一定标准分配，分别计入各有关工程的成本。该科目的贷方核算结转的已完工程、竣工工程成本。期末余额为期末未完工程的实际成本。

(2) "机械作业"(或生产成本——机械作业)。该科目核算施工企业及内部独立核算的施工单位、机械站、运输队在使用自有(非租入)施工机械和运输设备进行机械作业时(包括施工、运输作业等)所发生的各项费用。该科目借方登记发生的各项费用，主要包括人工费、燃料及动力费、折旧及修理费、其他直接费用、间接费用(指为组织、管理机械作业生产所发生的费用)等费用项目；贷方登记分配结转的费用。期末对归集的费用根据不同情况进行分配，对于本单位承包的工程发生的机械作业费，记入"工程施工—机械使用费"科目借方；对外提供机械作业应负担的费用，则结转计入"其他业务支出"科目。该科目期末应无余额。

(3) "辅助生产"或"生产成本——辅助生产"。该科目核算非独立核算的辅助生产部门为工程施工、机械作业、专项工程等提供的各种劳务(如设备修理、水电供应等)所发生的各项费用。该科目的借方为按照各劳务类别及费用项目分别归集的各种材料费、人工费、其他直接费用、间接费用(为组织和管理辅助生产发生的费用)等。该科目的贷方核算分配结转的费用。期末将归集的辅助生产费用根据不同的情况分别结转计入"工程施工"、"机械作业"、"管理费用"、"其他业务成本"等科目的借方，期末余额为未完工的辅助生产在产品的实际成本。

特别提示

建筑业企业的大中小微企业划分标准见表 9-4。

表 9-4　统计上大中小微型企业划分标准

行业名称	指标名称	大　型	中　型	小　型	微　型
建筑业企业	销售额/万元	80 000 及以上	6 000～80 000 以下	300～6 000 以下	300 以下
	资产总额/万元	80 000 及以上	5 000～80 000 以下	300～5 000 以下	300 以下

9.3.3 施工企业的成本计算

1. 直接材料费用的归集和分配

建筑安装工程耗用的材料品种较多，数量较大，领用的次数也较频繁，因此，核算工程材料费用时,应区别不同情况,采取不同的方法进行归集和分配。

(1) 领用时能点清数量、分清用料对象的材料。应在领料凭证上填明受益成本计算对象的名称,财会部门据以直接计入受益成本计算对象的"直接材料"项目。

(2) 领用时能点清数量,但属于集中配料或统一下料的材料。如油漆、玻璃、木材等,应在领料凭证上注明"集中配料"字样,月末由材料部门会同领料班组,根据配料情况,结合材料耗用定额编制"集中配料耗用计算单",据以分配计入各受益成本计算对象。

(3) 既不易点清数量,又难分清受益成本计算对象领用量的材料。如砂、石等大堆材料,可根据具体情况,先由材料员或施工生产班组保管,月末进行实地盘点,用月初结存量加上本月收入量再减去月末盘点结存量求出本月实际耗用总量,然后再根据各工程成本计算对象所完成的实物工程量及材料耗用定额,编制"大堆材料耗用计算单",据以分配计入有关成本计算对象"直接材料"项目。

【例9-7】 大堆材料(沙子)耗用的费用在各工程之间分配。有关资料如下。

(1) 上月盘存为300吨,本月收入为1 000吨,月末盘存为136吨。沙子每吨成本为70元。

(2) 各工程完成的混凝土工程量和每立方米混凝土沙子消耗定额及定额耗用量见表9-5。

表9-5 沙子定额耗用量计算表

工程项目	完成混凝土工程量/平方米	消耗定额/吨/平方米	总耗用量/吨
1101 工程	500	1.5	750
1102 工程	300	1.5	450
合　　计	800	1.5	1 200

① 计算本月沙子实际耗用量。

300+1 000-136=1 164(吨)

② 以定额耗用量为分配标准,计算各工程应负担的实际消耗量,计算见表9-6。

表9-6 大堆材料(沙子)耗用分配表

工程项目	定额消耗量/吨	分配率	实际消耗量/吨
1101 工程	750	0.97	727.50
1102 工程	450	0.97	436.50
合　　计	1 200	1 164÷1 200=0.97	1 164.00

③ 根据各项工程实际耗用量和材料单价计算各工程耗用材料成本。

1101工程耗用沙子成本=727.5×70=50 925(元)

1102工程耗用沙子成本=436.5×70=30 555(元)

根据上述计算,编制会计分录如下。

借:工程施工——1101工程(直接材料)   50 925

     ——1102工程(直接材料)   30 555

贷：库存材料　　　　　　　　　　　　　　　　　　　　　　　81 480

根据上述分录，即可据以登记"工程施工成本明细账"。

2. 直接人工费用的归集和分配

工程成本的"直接人工"项目包括直接从事建筑安装工程施工的工人以及在施工现场运料、配料等辅助工人的计时工资、计件工资、各种奖金、职工福利费等人工费用，应按其不同的用途进行分配。凡是直接从事施工的工人，其人工费用计入"工程施工"账户；凡是机械设备的操作员、驾驶员以及机械设备的管理人员的人工费用计入"机械作业"账户；对于施工单位的管理人员，其人工费用计入"间接费用"。月末，将"机械作业"和"间接费用"归集的人工费用分配计入"工程施工"账户。

【例9-8】某施工单位在201×年3月份建筑安装工人的薪酬总额为94 000元，建筑安装工人作业工时总和为100 000工时。

$$该施工单位平均工资率 = \frac{80\ 000 + 14\ 000}{100\ 000} = 0.94(元/工时)$$

根据求得的平均作业工时工资率和建筑安装工人"工时汇总表"中各项工程耗用的作业工时数，即可编制"直接人工分配表"，见表9-7，计算各项工程的人工费，据以记入各项工程成本的"直接人工"项目。

表9-7　人工费分配表

工程项目	工时数/小时	分配率	人工费/元
1101工程	60 000	0.94	56 400
1102工程	40 000	0.94	37 600
合　　计	100 000	0.94	94 000

根据表9-7，编制会计分录如下。

借：工程施工——1101工程(直接人工)　　　　　　　　　　56 400
　　　　　　——1102工程(直接人工)　　　　　　　　　　37 600
　　贷：应付职工薪酬——工资　　　　　　　　　　　　　　94 000

3. 机械使用费的归集和分配

施工过程中发生的机械设备的运输费、安装费、拆卸费以及辅助设施费用，如果当月实际发生的费用数额较大，可采用待摊或预提的方法，在现场施工期内平均摊销，计入"机械作业"账户；机械设备的折旧费，可采用使用年限法或工作量法计算，对于技术进步较快或工作环境对其使用寿命影响较大的施工机械和运输设备，可以选择使用加速折旧法计算折旧额，将计算的结果计入"机械作业"账户。月终，汇总"机械作业"账户发生额，根据机械管理部门报送的"机械使用月报"，计算每台或每类机械台班实际成本或完成单位产量的实际成本，然后按各受益工程分配计入各成本计算对象。

4. 辅助生产费用的归集和分配

施工企业一般都设置非独立核算的辅助生产部门，如木工车间、供电站、供水站、混凝土搅拌站、运输队等，为工程施工服务。这些部门所发生的各项费用，通过"辅助生产"(或生产成本——辅助生产成本)科目进行归集。月末根据归集的费用计算产品或劳务的总成本和单位成本，然后按各工程和部门的受益数量分配计入各项工程成本、机械作业成本及其他费用项目中。期末借方余额为在产品成本。

5. 其他直接费用的归集和分配

施工过程中发生的其他直接费用根据有关凭证直接计入"工程施工"账户；对于几个工程项目共同耗用的其他直接费用，由于某种原因不能直接确定各成本计算对象受益的数量时，可按一定的标准如定额耗用量比例等分配计入各单位工程的成本，计入"工程施工"账户。

【例 9-9】根据有关记录资料，月终分配其他直接费用，编制"其他直接费用分配表"，见表 9-8，并进行相应账务处理。

表 9-8 其他直接费用分配表

201×年 3 月 单位：元

工程项目	工料成本比例	其他直接费用			
		材料二次搬运费	生产工具、用具使用费	其他	合计
1101 工程	70%	5 600	2 800	1 400	9 800
1102 工程	30%	2 400	1 200	600	4 200
合　计	100%	8 000	4 000	2 000	14 000

根据表 9-8，编制会计分录如下。

借：工程施工——1101 工程(其他直接支出) 9 800
　　　　　　——1102 工程(其他直接支出) 4 200
　　贷：应付职工薪酬 8 000
　　　　银行存款 6 000

6. 间接费用的归集和分配

间接费用一般不能确定其具体为某项工程所负担，因而无法将它直接计入各成本计算对象。为了简化核算手续，可将它先记入"工程施工—间接费用"二级账户，月末按照适当的分配标准，如人工费比例或直接成本比例等，编制间接费用分配表，分别计入各项工程成本。

【例 9-10】某施工企业建造 1101、1102 工程，共发生间接费用 96 000 元，这两项工程的直接费用分别为 700 000 元、500 000 元，月末，编制"间接费用分配表"，见表 9-9。

表 9-9 间接费用分配表

201×年 3 月   单位：元

工程项目	分配标准(直接费)	分配率	分配金额
1101 工程	700 000	0.08	56 000
1102 工程	500 000	0.08	40 000
合 计	1 200 000	0.08	96 000

根据表 9-9，编制会计分录如下。

借：工程施工——1101 工程   56 000

　　　　——1102 工程   40 000

　　贷：工程施工——间接费用   96 000

间接费用在各项工程之间的分配，还可以计算计划分配率，按计划数进行。然后于月末调整为实际数。

7. 已完工程和未完工程成本的计算

作为成本计算对象的工程(一般为单位工程)全部完工后，称为竣工工程。尚未竣工，但已完成预算定额规定的一个组成部分的工程(一般为分部或分项工程)，称为已完工程或完工工程。尚未完工的工程称为未完工程或未完施工。

由于施工工程具有规模大、生产周期长的特点，因此，到了成本计算期，往往仍有一些分部或分项工程处在继续施工中，只能作为施工企业的"未完施工"。同时也可能有一些分项分部工程已完成预算定额所规定的全部工序，则应作为施工企业成本计算期的"已完工程"。所以，与工业企业计算完工产品与在产品成本相似，施工企业也要计算"已完工程"和"未完施工"成本。计算公式如下。

本期已完工程实际成本=期初未完施工成本+本期施工费用-期末未完施工成本

根据计算结果，结转本月已完工程的实际成本，即将已完工程的实际成本从"工程施工"账户的贷方转入"营业成本"账户的借方。

在归集了本期施工费用之后，计算已完工程实际成本的关键是确定未完施工成本。未完工程成本计算的方法有以下两种。

(1) 按预算成本比例计算确定。即未完施工工程成本按未完施工工程预算成本占工程预算总成本的比例计算。

$$\frac{未完施工}{工程成本} = \frac{月末未完施工工程预算成本}{本月已完工程预算成本 + 月末未完工程预算成本} \times \left(\frac{月初未完工程实际成本}{} + \frac{本月发生的施工费用}{} \right)$$

【例 9-11】甲单位工程由 A、B 两个分部工程组成，A 分部工程的预算成本为 300 000 元，B 分部工程的预算成本为 500 000 元。本月 A 分部工程尚未完工，B 分部工程已经完工。该单位工程月初未完施工工程实际成本为 100 000 元，本月发生的施工费用为 800 000 元。则 A 分部工程尚未完工的工程成本计算如下：

$$\frac{未完施工}{工程成本} = \frac{300\,000}{500\,000 + 300\,000} \times (100\,000 + 800\,000) = 562\,000 \ (元)$$

本月已完施工工程成本=100 000+800 000-562 000=338 000(元)

应编制如下会计分录。

借：营业成本　　　　　　　　　　　　　　　　　　　　　　338 000

　　贷：工程施工　　　　　　　　　　　　　　　　　　　　　　　　338 000

(2) 按预算成本和月末未完施工工程的施工进度计算确定。工程的预算成本一般以分部工程或分项工程为对象确定，月末对于未完施工工程可通过盘点估计其施工的进度，从而计算未完施工工程成本。用公式表示如下。

未完施工工程成本=未完施工工程预算成本×月末未完工程的施工进度

8. 竣工工程成本决算

单位工程完工后，施工企业应对完工的单位工程进行竣工决算，竣工工程成本决算是确定竣工单位工程的预算成本和实际成本，反映工程预算的执行情况，考核竣工工程成本节约或超支，分析工程成本的升降原因，并为同类工程积累成本资料的主要依据。因此，在工程竣工后，应及时编制竣工工程成本决算表，进行竣工工程成本决算，见表9-10。

表9-10　竣工工程成本决算表

201×年3月　　　　　　　　　　　　　　　　　　　　　　　　单位：元

项目	预算成本	实际成本	降低额	降低率/%
直接材料	800 000	810 000	-10 000	-1.25
直接人工	200 000	198 000	2 000	1
机械使用费	50 000	50 700	-700	-1.4
其他直接费用	20 000	19 700	300	1.5
间接费用	50 000	49 300	700	1.14
工程成本合计	1 120 000	1 127 700	-7 700	-0.69

表9-10中"预算成本"栏内各项目的数字根据施工图预算分析填入，也可以根据各月有关该工程"已完工程结算表"中的预算成本按成本项目分别加总填列。"实际成本"栏内各项目的数字根据"工程施工成本明细账"的记录填列。"降低额"栏用各成本项目的预算成本减去实际成本求得，"降低率"则用降低额除以预算成本计算得到。

本 章 小 结

本章主要介绍了商品流通企业、农业及施工企业等其他行业成本计算的特点、内容及方法。

商品流通企业是指以从事商品流通为主营业务的企业，其基本业务活动是商品购进和销售业务。商品流通企业的成本主要包括商品成本和其他业务成本。商品成本又分为商品采购成本、商品存货成本、商品加工成本和商品销售成本。

农业包括种植业和养殖业两大类。种植业又包括农业和林业，养殖业包括畜牧业和渔业。农业生产成本项目包括直接材料、直接人工、其他直接费用、制造费用、往年费用(指多年生作物如人参，投产前所发生的应计入本期产品成本的费用)；林业、畜牧业(包括渔业)成本项目包括：直接材料、直接人工、其他直接费用、制造费用。

施工企业是指从事建筑安装工程施工生产活动的企业。施工企业在一定时期内为建筑安装工程施工所发生的各种耗费的货币表现就是建筑安装生产费用；其各项生产费用以工程为对象进行归集和分配，从而形成建筑安装工程成本。

名人名言

农不出则乏其食，工不出则乏其事，商不出则三宝绝，虞不出则财匮少。

——司马迁

夫用贫求富，农不如工，工不如商，刺绣文不如倚市门，此言末业，贫者之资也。

——司马迁

一群人、需求和自由产生了商业。

——大卫·休谟

农业、采掘业和制造业是经济发展的砖块，而服务业则是把它们黏合起来的灰泥。

——谢尔普

商业是旧世界和新世界间的、东方世界和西方世界的纽带，也是那些流传下来的文明思想的转运工具。

——汤普逊

会计的发展是反应性的，也就是说会计主要是应一定时期的商业需要而发展的，并与经济的发展密切相关。

——迈克尔·查特菲尔德

中英文对照专业名词

商品流通企业(merchandising business)　　林业产品成本(forest production cost)

商品采购成本(merchandise procurement cost)　　畜牧业生产成本(livestock production cost)

商品销售成本(cost of merchandise sold)　　渔业生产成本(fishery production cost)

农业企业(agriculture undertaking)　　施工企业(construction enterprise)

农业产品成本(agriculture production cost)　　工程成本(project cost)

练 习 题

一、单项选择题

1. 商品流通企业国内购进的商品进价是指(　　)。
   - A. 进货原价及进货费用
   - B. 各项采购费用
   - C. 进货原价及进货手续费
   - D. 进货原价

2. 借记"商品进销差价"账户，贷记"主营业务成本"账户，这笔经济业务表示(　　)。
   - A. 结转入库商品进销差价
   - B. 结转已销商品进销差价
   - C. 注销进销差价
   - D. 注销库存商品

3. 数量进价金额核算法适用于(　　)。
   - A. 批发企业
   - B. 零售企业
   - C. 经营鲜活商品的零售企业
   - D. 经营日用工艺品的零售企业

4. 在下列支出中，直接计入商品流通企业当期损益的是(　　)。
   - A. 企业支付给租赁公司的仓库租赁费
   - B. 企业取得的商品销售收入
   - C. 企业支付的延期付款罚息

D．企业支付给生产厂家的商品采购款项

5．农业企业发生的间接成本应计入(   )账户。

A．农业生产成本　　　　　　　B．制造费用

C．基本生产成本　　　　　　　D．辅助生产成本

6．企业的畜禽产品采用混群核算时，其成本计算对象为(   )。

A．幼畜禽　　　B．产畜禽　　　C．畜禽种类　　　D．育肥畜禽

7．施工企业一般将(   )作为施工工程成本核算的对象。

A．单位工程　　　B．建设项目　　　C．工期　　　　D．建筑材料

二、多项选择题

1．商品流通进口企业的商品，应冲减商品进价的项目包括(   )。

A．购货商品的索赔收入　　　　B．能直接认定的进口佣金

C．购货折扣　　　　　　　　　D．购货转让　　　　　E．购货退回

2．商品销售成本包括(   )。

A．已销产品税金　　　　　　　B．已销产品负担的经营费用

C．已销商品进价成本　　　　　D．存货变现损失准备

E．商品销售费用

3．国外购进商品进价成本包括(   )。

A．进口税金　　　　　　　　　B．代理进口费用

C．商品到达目的港口后发生的费用

D．商品到达目的港口前发生的运费、保费

E．应负担的购进外汇价差

4．批发企业在采用数量进价金额核算法时，计算商品销售成本的方法有(   )。

A．进销差价率法　　　　　　　B．先进先出法

C．个别进价法　　　　　　　　D．实地盘存差价法

E．毛利率法

5．零售企业采用售价金额核算法时，确定已销商品进销差价的计算方法有(   )。

A．加权平均法　　　　　　　　B．综合平均差价率

C．毛利率法　　　　　　　　　D．分类差价率

E．实地盘存差价法

6．农业企业生产成本的构成包括(   )。

A．直接材料　　　　　　　　　B．直接人工

C．其他直接费用　　　　　　　D．制造费用　　　　　E．往年费用

7．施工企业成本核算需(   )。

A．以单位工程为成本计算对象　B．按月定期计算成本

C．按施工周期计算成本　　　　D．需在已完工程和未完工程之间分配工程成本

E．不需在已完工程和未完工程之间分配工程成本

三、判断题

1．批发企业的库存商品一般采用数量金额核算法核算。　　　　　　　　　(   )

2．采用先进先出法计算商品销售成本，在物价上涨时，就会少计销售毛利。　(   )

3．商品流通企业采购商品的费用应计入采购商品的成本，销售商品的费用应计入经营费用。(   )

4．农业企业为生产产品所发生的生产费用，都需要在完工产成品和在产品之间进行分配。(   )

5．由于施工企业受气候影响大，所以在进行费用分配时，应将当月发生的费用采用合理的方法按照全年工程数量平均分配。　　　　　　　　　　　　　　　　　　　（　　）

四、问答题

1．商品流通企业的成本主要包括哪些内容？

2．批发企业和零售企业的成本计算方法有何不同？

3．试述农业企业成本计算的特点。

4．试述施工企业成本计算的特点。

第 10 章 成本计算的方法扩展

教学目标

通过本章的学习，了解标准成本法和作业成本法产生的背景，了解标准成本法和作业成本法的基本内容，基本掌握标准成本法和作业成本法的基本核算方法。

教学要求

知识要点	能力要求	相关知识
标准成本法	(1) 标准成本差异 (2) 标准成本账务处理	(1) 标准成本的制定 (2) 标准成本差异分析 (3) 标准成本账务处理
作业成本法	(1) 作业 (2) 成本动因	(1) 作业 (2) 作业链 (3) 价值链 (4) 资源动因：作业消耗资源 (5) 作业动因：产品消耗作业

人类的会计思想、会计行为是社会生产发展到一定阶段的产物。社会生产发展水平是衡量人类会计思想、会计行为发生、发展状况的先决条件。

——郭道扬

基本概念

标准成本 变动费用 固定费用 差异分析 标准用量 标准价格 用量差异 价格差异 作业 作业链 作业成本 成本动因 资源动因 作业动因

导入案例

什么是成本

什么是成本？著名经济学家范纳和奈特两人一直在争论，生产财货和服务的成本到底是心理上的成本(就好像是使人厌烦的劳动)抑或只是不将这些资源用到别处所损失的利益(例如休闲的快乐)。对于成本的争论的实质是社会经济的多样性和复杂性同人们认识的有限性的矛盾，在社会经济的不断发展，人们认识的不断提高下，对成本的认识必将越来越深、越来越广。

点评：社会实践产生理论。

任何理论和方法的产生都不是偶然的，而是社会经济发展的需要和众多因素作用的结果。

成本核算方法在不断地发展完善，在方法上出现了标准成本法，在对象上，产生了作业成本法，以及质量成本、环境成本、人力资源成本等方法，因标准成本法和作业成本法在管理会计课程中还要详细讲解，而质量成本、环境成本、人力资源成本等属于成本前沿问题，在成本会计理论课程中要详细介绍，本书对此不做过多论述，仅对标准成本法和作业成本法做一简要介绍。

10.1 标准成本法

标准成本法是指以预先制定的标准成本为基础，用标准成本与实际成本进行比较，核算和分析成本差异的一种产品成本计算方法，也是加强成本控制、评价经济业绩的一种成本控制制度。它的核心是按标准成本记录和反映产品成本的形成过程和结果，并借以实现对成本的控制。

10.1.1 标准成本法概述

1. 标准成本产生的背景

标准成本是早期管理会计的主要支柱之一。美国工业在南北战争以后有很大的发展，许多工厂发展成为生产多种产品的大企业。但是由于企业管理落后，劳动生产率较低，许多工厂的产量大大低于额定生产能力。为了改进管理，一些工程技术人员和管理者进行了各种试验，他们努力把科学技术的最新成就应用于生产管理，大大提高了劳动生产率，并因此而形成了一套科学管理制度。

为了提高工人的劳动生产率，他们首先改革了工资制度和成本计算方法，以预先设定的科学标准为基础，发展奖励计件工资制度，采用标准人工成本的概念。在此之后，又把标准人工成本概念引申到标准材料成本和标准制造费用等。最初的标准成本是独立于会计系统之外的一种计算工作。1919 年美国全国成本会计师协会成立，对推广标准成本起到了很大的作用。1920—1930 年，美国会计学界经过长期争论，才把标准成本纳入了会计系统，从此出现了真正的标准成本会计制度。

 知识链接

1903 年 "科学管理之父" 泰罗(Frederick Winslow Taylor)出版了一本《工厂管理》的书，书中提出产品的标准操作程序及时间定额，成为标准成本(Standard Cost)制度产生的基础。

1904 年，美国效率工程师哈尔顿·爱默森(Harrington Emerson)首先在美国铁道公司应用标准成本法。在 1908 年和 1909 年发表在 Engineering Magazine 的一系列文章中，他倡导发展一套会计信息系统以求提高企业的效率。爱默森也是第一个强调标准成本信息可以使管理者区别可控差异和不可控差异。由于他不是会计师，因此没有提出标准成本的会计账务处理方法。

1911 年，美国会计师查特·哈里森(G. Charter Harrison)第一次设计出一套完整的标准成本制度。他在 1918 年发表一系列文章，其中曾介绍一套分析成本差异的公式，并对账户、分类账及成本分析单叙述得十分详细。从此标准成本会计就脱离实验阶段而进入实施阶段，以后逐渐完善和广泛使用。查特·哈里森被誉为 "标准成本会计之父"。

2. 标准成本的含义

标准成本是指按照成本项目事先制定的，在已经达到的生产技术水平和有效经营管理条件下应当达到的产品成本目标。标准成本一词准确地讲有两种含义：一种是指 "单位产品的标准成本"，它是根据产品的标准消耗量和标准单价计算出来的。

单位产品标准成本=单位产品标准消耗量×标准单价

它又被称为 "成本标准"；另一种含义是指 "实际产量的标准成本"，它是根据实际产品产量和成本标准计算出来的，即：

标准成本=实际产量×单位产品标准成本

3. 标准成本的分类

从理论上看，在制定标准成本过程中，可供选择的标准成本包括理想标准成本、正常标准成本和现实标准成本 3 种类型。

(1) 理想标准成本。它是指以现有技术设备处于最佳状态、经营管理没有任何差错为前提所确定的标准成本。由于这种标准成本是在假定没有材料浪费、设备不发生事故、产品无废品、工时全有效的基础上制定的，以至于在实际工作中很难达到，高不可攀，所以它不适合被选为现行标准成本，否则，将挫伤经营者的积极性。

(2) 正常标准成本。它是指企业在过去一段时期内实际成本平均值的基础上，剔除其中生产经营活动中的不正常因素，并考虑未来的变动趋势而制定的标准成本。这种标准成本实质上是企业在生产经营能力得到正常发挥条件下就可以实现的成本目标。由于它的水平偏低，也不宜作为企业未来成本控制的奋斗目标。

(3) 现实标准成本。又称期望可达到的标准成本，它是指根据企业近期最可能发生的生产要素耗用量、生产要素价格和生产经营能力利用程度而制定的，通过有效的经营管理活动应达到的标准成本。这种成本从企业实际出发，考虑到企业一时还不能完全避免的成本或损失，具有一定可操作性；同时又能对改进未来成本管理提出合理要求。是一种既先进又合理，最切实可行又接近实际的，经过努力可以实现的成本目标。因此，它是目前主要西方国家在制定标准成本时首选的标准成本。

特别提示

对于标准的制定，有一个摘葡萄的比喻，葡萄长得太高，怎么也摘不着，不仅会挫伤积极性，还会有摘不着葡萄就说葡萄酸的情况，甚至反对标准实行；葡萄长得低也不好，不用费劲就摘着了，不仅不会调动人的积极性，还会对取得的成果不珍惜；最好是有一定高度，但经过努力，激发潜能，采取一些措施就可以摘着葡萄，人才会想法去摘葡萄，并且对来之不易的成果也会更加珍惜。

10.1.2 标准成本法控制系统

标准成本法控制系统包括标准成本的制定、成本差异的计算和分析、成本差异的账务处理。其中标准成本的制定是采用标准成本法的前提和关键，据此可以达到成本事前控制的目的；成本差异计算和分析是标准成本法的重点，借此可以促成成本控制目标的实现，并据以进行经济业绩考评。

特别提示

一些会计史学家把以标准成本为起点产生的管理会计看作是继借贷记账法和注册会计师职业出现后会计发展史上的第三个里程碑。

1. 标准成本的制定

产品成本一般由直接材料、直接人工和制造费用 3 大部分构成，标准成本也应由这 3 大部分分别确定。

直接材料成本是指直接用于产品生产的材料成本，它包括标准用量和标准价格两方面。材料标准用量首先要根据产品的图纸等技术文件进行产品研究，列出所需的各种材料以及可能的代用材料，并要说明这些材料的种类、质量以及库存情况。其次，通过对过去用料经验的记录进行分析，采用其平均值，或最高与最低值的平均数，或最节省的数量，或通过实际测定，或技术分析等数据，科学地制定用量标准。

直接人工成本是指直接用于产品生产的人工成本。在制定产品直接人工成本标准时，首先要对产品生产过程加以研究，研究有哪些工艺，有哪些作业或操作、工序等。其次要对企业的工资支付形式、制度进行研究，以便结合实际情况来制定标准。

制造费用可以分为变动制造费用和固定制造费用两部分。这两部分制造费用都按标准用量和标准分配率的乘积计算，标准用量一般都采用工时表示。

上述标准成本的制定可以通过编制标准成本单来进行。在制定时，每一个项目的标准成本均应分为用量标准和价格标准。其中，用量标准包括单位产品消耗量、单位产品人工小时等，价格标准包括原材料单价、小时工资率、小时制造费用分配率等。具体如下。

(1) 直接材料标准成本=单位产品的用量标准×材料的标准单价

(2) 直接工资标准成本=单位产品的标准工时×小时标准工资率

(3) 变动制造费用标准成本=单位产品直接人工标准工时×每小时变动制造费用的标准分配率

其中：变动制造费用标准分配率=变动制造费用预算总数÷直接人工标准总工时

(4) 固定制造费用标准成本=单位产品直接人工标准工时×每小时固定制造费用的标准分配率

其中：固定制造费用标准分配率=固定制造费用预算总数÷直接人工标准总工时

2. 标准成本的差异分析

1) 变动成本差异分析

(1) 直接材料成本差异分析。直接材料实际成本与标准成本之间的差额是直接材料成本差异。该项差异形成的基本原因有两个：一个是材料用量脱离标准(量差)；另一个是材料价格脱离标准(价差)。计算公式如下。

$$材料数量差异=(实际数量-标准数量)×标准价格$$
$$材料价格差异=实际数量×(实际价格-标准价格)$$
$$直接材料成本差异=数量差异+价格差异$$

材料价格差异是在采购过程中形成的，采购部门未能按标准价格进货的原因主要有：供应厂家价格变动、未按经济采购批量进货、未能及时订货造成的紧急订货、采购时舍近求远使运费和途耗增加、不必要的快速运输方式、违反合同被罚款、承接紧急订货造成额外采购等。

材料数量差异是在材料耗用过程中形成的，形成的具体原因有：操作疏忽造成废品和废料增加、工人用料不精心、操作技术改进而节省材料、新工人上岗造成多用料、机器或工具不适用造成用料增加等。有时多用料并非生产部门的责任，如购入材料质量低劣、规格不符也会使用料超过标准；又如加工工艺变更、检验过严也会使数量差异加大。

 知识图说

材料差异可以用图10.1分析，在图中 Q 为材料用量，P 为材料价格，Q_0、P_0 为标准值，Q_1、P_1 为实际值。

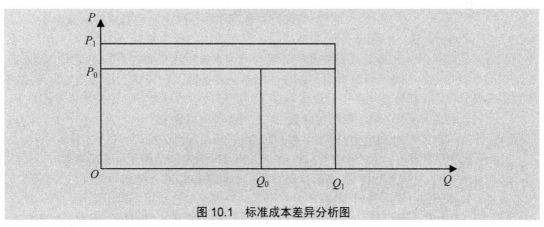

图10.1　标准成本差异分析图

用差额分析法分析如下。

材料量差：$(Q_1-Q_0)×P_0$

材料价差：$Q_1×(P_1-P_0)$

(2) 直接人工成本差异分析。直接人工成本差异是指直接人工实际成本与标准成本之间的差额。它也被区分为"量差"和"价差"两部分。量差是指实际工时脱离标准工时，其差额按标准工资率计算确定的金额，又称人工效率差异。价差是指实际工资率脱离标准工资率，其差额按实际工时计算确定的金额，又称为工资率差异。有关计算公式如下。

$$人工效率差异=(实际工时-标准工时)\times标准工资率$$
$$工资率差异=实际工时\times(实际工资率-标准工资率)$$
$$直接人工成本差异=人工效率差异+工资率差异$$

工资率差异形成的原因包括直接生产工人升级或降级使用、奖励制度未产生实效、工资率调整、加班或使用临时工、出勤率变化等。直接人工效率差异形成的原因包括工作环境不良、工人经验不足、劳动情绪不佳、新工人上岗太多、机器或工具选用不当、设备故障较多、作业计划安排不当、产量太少无法发挥批量节约优势等。

(3) 变动制造费用的差异分析。变动制造费用的差异是指实际变动制造费用与标准变动制造费用之间的差额。它也可以分解为"量差"和"价差"两部分。量差是指实际工时脱离标准工时，按标准的小时费用率计算确定的金额，称为变动费用效率差异。价差是指变动制造费用的实际小时分配率脱离标准，按实际工时计算的金额，称为耗费差异。有关计算公式如下。

$$变动费用效率差异=(实际工时-标准工时)\times变动费用标准分配率$$
$$变动费用耗费差异=实际工时\times(变动费用实际分配率-变动费用标准分配率)$$
$$变动费用成本差异=变动费用效率差异+变动费用耗费差异$$

变动制造费用效率差异形成原因与人工效率差异相同。变动制造费用的耗费差异是部门经理的责任，他们有责任将变动费用控制在弹性预算限额之内。

2) 固定制造费用成本差异分析

(1) 二因素分析法。二因素分析法是将固定制造费用差异分为耗费差异和能量差异的分析法。

$$固定制造费用耗费差异=固定制造费用实际数-固定制造费用预算数$$
$$固定制造费用能量差异=固定制造费用预算数-固定制造费用标准成本$$
$$=(生产能量-实际产量标准工时)\times固定制造费用标准分配率$$

(2) 三因素分析法。三因素分析法是将固定制造费用的成本差异分为耗费差异、效率差异和闲置能量差异 3 部分。耗费差异的计算与二因素分析法相同。不同的是将二因素分析法中的"能量差异"进一步分解为两部分：一部分是实际工时未达到标准能量而形成的闲置能量差异；另一部分是实际工时脱离标准工时而形成的效率差异。有关计算公式如下。

$$耗费差异=固定制造费用实际数-固定制造费用预算数$$
$$=固定制造费用实际数-固定制造费用标准分配率\times生产能量$$
$$闲置能量差异=固定制造费用预算数-实际工时\times固定制造费用标准分配率$$
$$=(生产能量-实际工时)\times固定制造费用标准分配率$$
$$效率差异=(实际工时-实际产量标准工时)\times固定制造费用标准分配率$$

【例 10-1】奔成工厂每月正常生产甲产品的产量为 1 000 件，甲产品的标准成本资料见表 10-1。

表 10-1 标准成本资料表

项目	标准成本	单位耗用标准
直接材料	0.1kg×150 元/kg	15

项目	标准成本	单位耗用标准
直接人工	5 工时×4 元/工时	20
变动制造费用	6 000 元÷1 000 件=5 工时×1.2 元/工时	6
固定制造费用	5 000 元/1 000 件	5

本月实际生产甲产品 800 件，实际资料见表 10-2

表 10-2　实际成本资料表

项　目	实际成本	单位耗用标准
直接材料	0.11kg×140 元/kg	15.4
直接人工	5.5 工时×3.9 元/工时	21.45
变动制造费用	4 000 元÷800 件=5.5 工时×(5÷5.5)元/工时	5
固定制造费用	5 000 元/800 件	6.25

要求：分析各项成本差异。

甲产品差异分析如下。

(1) 单件材料成本差异分析。

材料数量差异=(实际数量-标准数量)×标准价格=(0.11-0.1)×150=1.5(元)

材料价格差异=实际数量×(实际价格-标准价格)=(140-150)×0.11=-1.1(元)

直接材料成本差异=数量差异+价格差异=1.5-1.1=0.4(元)

(2) 单件人工成本差异分析。

人工效率差异=(实际工时-标准工时)×标准工资率=(5.5-5)×4=2(元)

工资率差异=实际工时×(实际工资率-标准工资率)=(3.9-4)×5.5=-0.55(元)

直接人工成本差异=人工效率差异+工资率差异=2-0.55=1.45(元)

(3) 单件变动制造费用差异分析。

变动费用效率差异=(实际工时-标准工时)×变动费用标准分配率

$\qquad$ =(5.5-5)×1.2=0.6(元)

变动费用耗费差异=实际工时×(变动费用实际分配率-变动费用标准分配率)

$\qquad$ =(5÷5.5-1.2)×5.5=-1.6(元)

变动费用成本差异=变动费用效率差异+变动费用耗费差异=0.6-1.6=-1(元)

(4) 固定制造费用差异分析。

固定制造费用实际数=实际产量×单位实际工时×实际分配率=5 000 元　　　①

固定制造费用预算数=预算产量×单位标准工时×标准分配率

$\qquad$ =5 000 元=1 000×5 工时×1 元/工时　　　②

固定制造费用实际工时标准数=实际产量×单位实际工时×标准分配率

$\qquad$ =800 件×5.5 工时×1 元/工时=4 400 元　　　③

固定制造费用标准成本=实际产量×单位标准工时×标准分配率

$\qquad$ =800 件×5 工时×1 元/工时=4 000 元　　　④

固定制造费用耗费差异=①-②=0

固定制造费用闲置能量差异=②-③=5 000-4 400=600(元)

固定制造费用效率差异=③-④=4 400-4 000=400(元)

固定制造费用能量差异=②-④=闲置能量差异+效率差异

=600+400=1 000(元)

固定制造费用成本差异=0+1 000=0+600+400=1 000(元)

甲产品总差异=800×(0.4+1.45-1)+1 000=1 680(元)

3. 标准成本的账务处理

为了同时提供标准成本、成本差异和实际成本 3 项成本资料。标准成本系统的账务处理具有以下特点。

(1)"原材料"、"基本生产成本"和"库存商品"账户登记标准成本。无论是借方和贷方均登记实际数量的标准成本,其余额亦反映这些资产的标准成本。

(2) 设置成本差异账户分别记录各种成本差异。在完全成本法下,按成本项目设置的成本差异账户主要包括"直接材料成本差异"账户、"直接人工成本差异"账户、"变动性制造费用成本差异"账户和"固定性制造费用成本差异"账户。每个账户下再按差异形成的原因分设明细账户,包括 "直接材料价格差异"、"直接材料耗用量差异"、"工资率差异"、"人工效率差异"、"变动性制造费用耗费差异"、"变动性制造费用效率差异"、"固定性制造费用预算差异"、"固定性制造费用能量差异"(或"固定性制造费用闲置能量差异"和"固定性制造费用效率差异")等。在需要登记"原材料"、"基本生产成本"和"库存商品"账户时,应将实际成本分离为标准成本和有关的成本差异,标准成本记入"原材料"、"基本生产成本"和"库存商品"账户,而有关的差异分别记入各成本差异账户。各差异账户借方登记超支差异,贷方登记节约差异。

(3) 各会计期末对成本差异进行处理。各成本差异账户的累计发生额,反映了本期成本控制的业绩。在月末(或年末)对成本差异的处理方法有以下两种。

① 结转本期损益法。按照这种方法,在会计期末将所有差异转入"本年利润"账户,或者先将差异转入"主营业务成本"账户,再随同已销产品的标准成本一起转至"本年利润"账户。采用这种方法的依据是确信标准成本是真正的正常成本,成本差异是不正常的低效率和浪费造成的,应当直接体现在本期损益之中,使利润能体现本期工作成绩的好坏。此外,这种方法的账务处理比较简便。但是,如果差异数额较大或者标准成本制定得不符合实际的正常水平,则不仅使存货成本严重脱离实际成本,而且会歪曲本期经营成果,因此,在成本差异数额不大时采用此种方法为宜。

② 调整销货成本与存货法。按照这种方法,在会计期末将成本差异按比例分配至已销产品成本和存货成本。采用这种方法的依据是税法和会计制度均要求以实际成本反映存货成本和销货成本。本期发生的成本差异应由存货和销货成本共同负担。当然,这种做法会增加一些计算分配的工作量。此外,有些费用计入存货成本不一定合理,例如闲置能量差异是一种损失,并不能在未来换取收益,作为资产计入存货成本明显不合理,不如作为期间费用处理。

选择成本差异的处理方法时要考虑许多因素,包括差异的类型(材料、人工,或制造费用)、差异的大小、差异的原因、差异的时间(如季节性变动引起的非常性差异)等。因此,可以对各种成本差异采用不同的处理方法,如材料价格差异多采用调整销货成本与存货法,闲置能量差异多采用结转本期损益法，其他差异则可因企业具体情况而定。值得强调的是，差异处理的方法要保持一致性，以便使成本数据保持可比性，并防止信息使用人发生误解。

 特别提示

标准成本法同定额法差异分析异同。对于定额法与标准成本法，有人认为两法有异曲同工之妙，其实，两法是同源、本质上也一致，为什么这么说呢？定额法是苏联的会计学家根据标准成本法的原理设计的一套成本核算方法，先看下面定额法的差异分析，如图 10.2 所示，再对照标准成本法的差异分析，可以对标准成本法的分析更深一步。

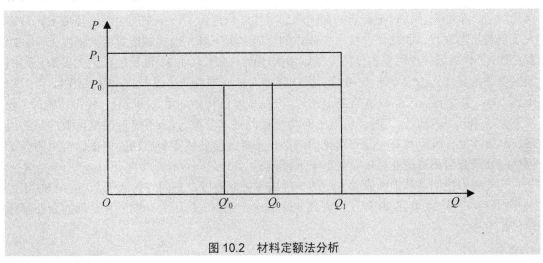

图 10.2　材料定额法分析

图 10.2 的分析如下。

定额变动差异$=(Q'_0-Q_0)\times P_0$

脱离定额差异$=(Q_1-Q_0)\times P_0$

材料成本差异$=Q_1\times(P_1-P_0)$

可以看出其同标准成本法是相同的只是称呼不同。而对于直接人工和制造费用的分析，定额法的图示如图 10.3 所示。

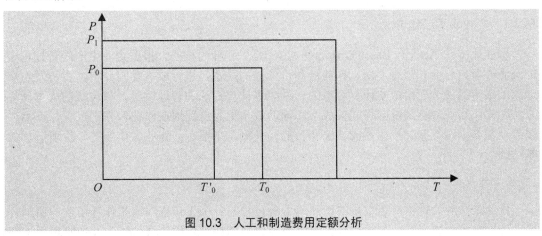

图 10.3　人工和制造费用定额分析

图 10.3 的分析如下。

定额变动差异$=(T'_0-T_0)\times P_0$

脱离定额差异=$(T_1-T_0) \times P_0 + T_1 \times (P_1-P_0) = T_1 \times P_1 - T_0 \times P_0$

标准成本法的人工和变动制造费用的差异分析同材料是一样的，也用量差和价差，两法对比，可以看出只是标准成本法分析得比定额法更加详细而已。

10.2 作业成本法

近二三十年来，在电子技术革命的基础上产生了高度自动化的先进制造企业，带来了管理观念和管理技术的巨大变革，适时制采购与制造系统，以及与其密切相关的零库存、单元制造、全面质量管理等崭新的管理观念与技术应运而生。在先进的制造环境下，许多人工已被机器取代，因此，直接人工成本的比例大大下降，固定制造费用大幅度上升。20世纪30年代的间接费用仅占直接人工成本的50%～60%，而21世纪的今天大多数公司的间接费用是直接人工成本的4～5倍；以往直接人工成本占产品成本的40%～50%，今天却不到10%，甚至仅占产品成本的3%～5%。产品成本结构如此重大的变化，使得传统的"数量基础成本计算"(如以工时、机器工时为基础的成本分摊方法)不能正确地反映产品的消耗，从而不能正确地核算企业自动化的效益，不能为企业决策和控制提供正确有用的会计信息；其最终后果是企业总体获利水平下降。

作业成本控制是基于作业成本法的一种成本控制制度，是西方国家于20世纪80年代末开始研究，从20世纪90年代以来在先进制造企业首先应用起来的一种全新的企业管理理论和方法。

特别提示

作业成本法起源于美国，首先由埃里克·科勒(Eric L. Kohler)提出。科勒发现水力发电生产过程中，直接成本比重很低、间接成本很高，从根本上冲击了传统的按照工时比例分配间接费用的成本核算方法。后来，斯拖布斯(G.T. Staubus)对ABC理论做了进一步研究。20世纪末，由于计算机为主导的生产自动化、智能化程度日益提高，直接人工费用普遍减少，间接成本相对增加，明显突破了制造成本法中"直接成本比例较大"的假定，导致了ABC研究的全面兴起，代表者是哈佛大学的卡普兰教授(Robert S. Kaplan)。

10.2.1 作业成本法概述

作业成本法(Activity Based Costing，ABC)是以作业为核心，根据企业生产经营过程中的资源耗费、作业和最终产出、作业链和价值链的关系，进行成本动因分析，将所发生和形成的成本耗费分配给成本计算对象的一种成本计算方法和管理制度。与传统的成本计算方法相比，作业成本法能够将间接成本和辅助成本更为合理地在作业、生产过程、产品、服务及顾客中进行分配。作业成本法涉及的相关概念主要有：作业、作业链、价值链、成本动因。

1. 作业

作业是企业为提供一定数量的产品或劳务过程的各个工作程序或工作环节，即所消耗的人力、技术、原材料、方法和环境等资源及资源消耗过程的集合体。作业通常可以按照以下分类标准进行分类。

(1) 按照受益对象分类，可分为产品作业和维持性作业。产品作业是指使某种产品受益的作业，如对每一种产品编制控制规划、材料清单等。此类产品可进一步划分为：使单位产品受益的作业，如机器的动力作业；使一批产品受益的作业，如对各批产品的机器准备作业、产品检验作业等；使某一生产经营过程受益的作业，如材料计划作业、材料采购作业等。这种作业的成本与产品产量及批数无关，但与产品品种相关。维持性作业是指使某个部门或机构受益的作业，如车间设施占用费用、车间厂房折旧、车间管理人员的薪酬、机器设备的日常维护保养等作业。这种作业的成本与产品品种和产品的数量无关，而与企业的存续相关。

(2) 按照组织方式分类，可分为单位作业和批别作业。单位作业是指与每一单位产品相关的作业，如机器设备的折旧与动力等，这种作业在生产过程中不断发生，具有重复性，其所引发的成本大多是变动性的，且与产品产量成正比例变动。批别作业是指与一批产品相关的作业，如为生产某批产品而进行的设备准备作业、对每批产品的检验作业、订单处理作业等，这种作业在生产过程中具有不重复性，其所引发的成本与批次相关但与批量无关，且与产品批次成正比例变动。

2. 作业链

不同企业的作业构成具有较大的差别。对于制造业企业来说，其作业一般包括进货作业、生产作业、营销作业、发货作业、服务作业，以及财务等管理作业、职员招聘等人力资源管理作业、产品开发和工艺流程改进等技术开发作业。

上述各种作业，围绕满足顾客需要，形成了一系列由此及彼、由内到外、前后有序、环环相扣的集合体，这一作业的集合体就被称为作业链。

3. 价值链

通过对作业链的分析，可以看出，企业本身就是一个由此及彼、由内到外的作业链，企业每完成一项作业就消耗了一定量的资源，而作业的产生又形成一定的价值，转移到下一个作业，依次转移，直至形成最终产品，提供给企业外部顾客。而最终产品作为企业内部作业链的最后一环，凝结了各个作业链所形成并最终提供给顾客的价值。因此，作业链的形成过程，也就是价值链的形成过程。

作业耗费与作业产出配比的结果就是企业的盈利，因此企业必须尽可能提高其作业产出，减少作业耗费。但并非所有的作业都能够产生价值。对价值链的分析的目的就在于从产品生产环节一直追查到产品设计环节，以发现和消除对价值链无贡献的作业。从这一角度出发，作业可分为增值作业和不增值作业。例如次品的修复作业、存货的仓储保管作业等都是不增值作业。若能发现和消除这些不增值作业或将其压缩到最低限度，就能更有效地利用资源。

4. 成本动因

成本动因也称成本驱动因素，它是引起成本发生变动的根本因素，也是影响成本结构的决定因素。它可以是一个事项、一项活动或作业。成本动因可以解释企业执行作业的原因及消耗资源的多少，因此成本动因的确定可以看作是作业成本计算的关键组成部分，并作为分配成本的重要标准。

随着企业产品品种增多，成本动因呈现出多元化趋势。在作业成本法中，成本动因有两种表现形式。

(1) 资源动因。作业消耗资源，资源消耗量与作业量之间的关系称为资源动因。资源动因作为一种分配基础，是将资源耗费分配到作业成本库的标准，反映了作业对有关资源的耗费情况。

(2) 作业动因。产品消耗作业，作业消耗量与最终产出之间的关系称为作业动因。作业动因作为一种分配基础，是将作业成本分配到产品或劳务的标准，是资源消耗与最终产品相沟通的媒介。

在设计作业成本系统时，需要在分析有关历史资料的基础上，结合作业主体的意见，慎重确认动因，防止会计信息失真。

10.2.2 作业成本法的计算程序及其应用

1. 作业成本法的计算程序

(1) 了解产品生产工艺流程。熟悉生产工艺流程至关重要，它是作业成本法的实施基础，通过对产品的设计、制造过程的了解可以收集到各生产环节中工人的性质、人数、工作地点等信息。它对正确进行作业划分、成本动因的选择有着重要的作用。

(2) 确认作业，确定作业中心。分析生产产品和提供劳务服务所发生的各项活动，将各项活动分解或集合为一个个计算成本和评价效果的基本单位——作业，将同质的活动确认为作业中心。建立作业中心时，首先确定一个核心作业，然后将上下游工序中一些次要任务或作业与之合并，归集为一个作业中心。例如，为检验产品质量要进行取样、检验测试、报告结果等一系列具体的作业，在这些作业中，检验测试是主要作业，可以将其作为作业中心，将其他作业并入检验这一作业中心。

作业中心不一定正好与企业的职能部门一致，有时候，一项作业是跨部门进行的；有时候，一个部门就完成若干项作业。因此在确认作业中心时可以通过编制作业流程图来完成。

(3) 选择成本动因，按作业中心建立作业库归集成本。在每一个作业中心中，都有一个或多个同质成本动因，应该从中选择一个最具有代表性的成本动因作为计算成本动因分配率的基础。由此可见，成本动因的选择对成本分配的准确性有非常重要的影响。

影响成本动因选择的因素主要包括以下几点：①成本动因的使用成本；②成本动因与间接费用的相关程度；③生产经营过程的复杂程度；④产品成本的期望精确程度；⑤成本动因选择所导致的经济后果。

在选择成本动因时，应注意两个问题：一是成本动因应简单、易懂、可数，易从收集的资料中分辨出来，并与部门的产出有直接的关联性；二是要挑选具有代表性的或重要性的成本动因，但又要避免过于简陋。

(4) 分配各个成本库的成本于最终产品或劳务。成本库是指可用同一成本动因来解释其成本变动的同质成本集合体。例如，一个生产车间所发生的动力费用、设备准备调整费用、检验费用等受不同的成本动因影响，应分别设置成本库进行归集。这样，通过不同的成本库归集不同质的制造费用，有利于发现和分析成本升降的原因，并有目的地进行成本控制。由于成本动因的不同，分配的标准也各自不同。对于资源动因来说，根据作业对资源的耗费，按作业项目记录和归集费用，如原材料、燃料、上交的管理费用和流动资金占用费用等；对于作业动因来说，则需要根据产品或劳务消耗特定作业的数量，将作业成本分配到各成本目标。具体包括以下内容。

① 电费根据不同的作业中心所消耗的比例进行分配。

② 职工薪酬根据各作业中心所包括班组将各作业中心的工资进行汇总，对于直接归属于某个作业中心的费用，应先进行汇总，按一定动因进行二次分配。

③ 取暖费、劳动保险、劳动保护、待业保险、住房公积金、公用事业费等按各作业中心的人数分配到各作业中心。

④ 固定资产折旧、修复费用、财务保险费按折旧额进行分配，应先将固定资产归集合并到各作业中心。

⑤ 工业用房使用费可按各作业中心的占用面积比例进行分配，其中，租赁的厂房按租金进行分配，自用厂房按折旧额进行分配。

⑥ 物料消耗、低值易耗品、运费、水费、厂内劳务费等与生产协调费用关系不大，可进行二次分配。

⑦ 差旅费、办公费、电话费、通信费、业务招待费、招投标费可直接计入生产协调作业。

计算公式如下。

$$某作业成本库成本动因分配率 = \frac{该作业成本库总费用}{该作业中心成本动因总量}$$

某产品应分配费用 = 该产品消耗的成本动因数量 × 该作业成本库成本动因分配率

需要注意的是，若在收集作业中心成本动因数量时无法收集实际动因数量，则可用计划作业量或标准作业量代替。

(5) 计算产品成本和单位产品成本。经过以上各步骤，计算出各作业中心分产品的作业成本，将各产品各作业中心作业成本和原材料、燃料和流动资金占用费用相加即可得到产品的总成本。将产品的总成本除以产品的产量，就可得到单位产品的成本。

上述作业成本计算程序如图 10.4 所示。

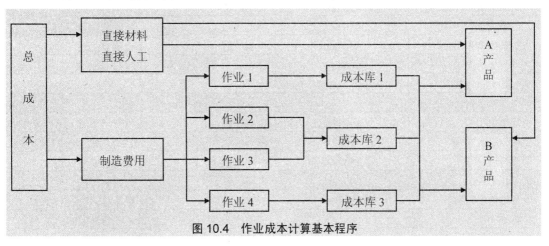

图 10.4　作业成本计算基本程序

2. 作业成本法的举例

作业成本法的应用主要有两个方面：一是按照作业成本法计算产品成本；二是利用作

业成本法提供的成本资料进行决策分析和成本控制。当然在计算产品成本时，仍需要结合产品的生产工艺过程和生产组织特点，以 3 种成本计算的基本方法为基础。

在运用作业成本法时，直接材料、直接人工作为直接成本，其核算方法与传统成本计算是一致的。其主要特点体现在对制造费用的分配上。下面以品种法为基础说明作业成本法的应用。

【例 10-2】奔成企业同时生产甲、乙、丙 3 种产品：甲产品每批大量生产 1 000 件，每年生产 10 批；乙产品每批生产 200 件，每年生产 100 批；丙产品是一种新的、工艺较复杂的产品，每批生产 100 件，每年生产 50 批。该公司对产品生产成本分 3 个成本项目进行核算：直接材料、直接人工、制造费用，其中直接材料、直接人工直接计入有关产品成本，制造费用分设成本库，按成本动因进行分配。作业成本库主要包括以下部分：材料准备、设备调整准备、设备维修、质量检验等。

(1) 产品直接成本构成见表 10-3。

表 10-3　直接成本构成表

单位：元

成本项目	甲产品	乙产品	丙产品	合计
直接材料	400 000	200 000	150 000	750 000
直接人工	100 000	100 000	50 000	250 000
合　计	500 000	300 000	200 000	1 000 000

(2) 产品制造费用构成见表 10-4。

表 10-4　制造费用构成及成本动因表

单位：元

制造费用项目	金额	成本动因	费用分配标准
间接人工：			
设备调整准备	300 000	生产批次	生产总批次
材料准备	450 000	移动次数	移动总次数
检验人员	280 000	检验次数	检验总次数
设备维修人员	350 000	机器工时	机器总工时
车间管理人员	500 000	——	直接总成本
小　计	1 880 000		
其他制造费用：			
机器动力	380 000	机器工时	机器总工时
供暖和照明	60 000	——	直接总成本
厂房折旧	150 000	——	直接总成本
机器设备折旧	600 000	机器工时	机器总工时
设备维修用材料	4 000	机器工时	机器总工时
材料处理设备折旧	16 000	移动次数	移动总次数
检验设备折旧	20 000	检验次数	检验总次数
小　计	1 230 000		
合　计	3 110 000		

(3) 费用产生的成本动因见表 10-4。有关成本动因资料如下。

① 甲、乙、丙产品的单位机器工时小时分别为：2 工时/件、4 工时/件、5 工时/件。

② 每批次需要一次标准的设备调整准备工作。

③ 每批的标准检验次数为：甲产品每批 50 次、乙产品每批 5 次、丙产品每批 4 次。

④ 甲、乙、丙产品每批材料移动次数分别为：40 次、25 次、50 次。

要求：根据资料，采用作业成本法计算分配甲、乙、丙产品的成本。无动因费用按直接总成本分配费用。

计算过程如下。

(1) 单位作业费用分配。

① 直接成本项目单位作业费用分配见表 10-5。

表 10-5　直接成本项目单位作业费用分配表

项　　目	年产量	直接材料		直接人工	
		总成本	单位成本	总成本	单位成本
甲产品	10 000	400 000	40	100 000	10
乙产品	20 000	200 000	10	100 000	5
丙产品	5 000	150 000	30	50 000	10

② 机器动力单位作业费用分配见表 10-6。

表 10-6　机器动力单位作业费用分配表

项　　目	单位机器工时费用/(工时/件)	年产量/件	总机器工时	分配率/(元/工时)	分配额/元
甲产品	2	10 000	20 000	3.04	60 800
乙产品	4	20 000	80 000	3.04	243 200
丙产品	5	5 000	25 000	3.04	76 000
合　计	——	——	125 000	3.04	380 000

③ 机器设备折旧费用单位作业分配见表 10-7。

表 10-7　机器设备折旧单位作业费用分配表

项　　目	单位机器工时费用/(工时/件)	年产量/件	总机器工时	分配率/(元/工时)	分配额/元
甲产品	2	10 000	20 000	4.8	96 000
乙产品	4	20 000	80 000	4.8	384 000
丙产品	5	5 000	25 000	4.8	120 000
合　计	——	——	125 000	4.8	600 000

④ 设备维修人员及材料费单位作业分配见表 10-8。

表 10-8　设备维修人员及材料单位作业费用分配表

项　　目	单位机器工时费用/(工时/件)	年产量/件	总机器工时	分配率/(元/工时)	分配额/元
甲产品	2	10 000	20 000	2.832	56 640
乙产品	4	20 000	80 000	2.832	226 560
丙产品	5	5 000	25 000	2.832	70 800
合　计	——	——	125 000	2.832	354 000

(2) 批别作业费用分配。

① 设备调整准备费用按调整准备次数分配，见表10-9。

表 10-9 设备调整准备费用分配表

项　目	批　数	分配率/(元/批)	分配额/元
甲产品	10	1 875	18 750
乙产品	100	1 875	187 500
丙产品	50	1 875	93 750
合　计	160	1 875	300 000

② 材料准备及材料处理设备折旧费用按每批材料移动次数分配，见表10-10。

表 10-10 材料准备及材料处理设备折旧费用分配表

项目	批数	材料移动次数/(次/批)	合计次数	分配率/(元/次)	分配额/元
甲产品	10	40	400	86.2963	34 518.52
乙产品	100	25	2 500	86.2963	215 740.74
丙产品	50	50	2 500	86.2963	215 740.74
合　计	——	——	5 400	86.2963	466 000

③ 质量检验费按标准检验次数分配，见表10-11。

表 10-11 质量检验人员及设备折旧费用分配表

项　目	批　数	检验次数/(次/批)	合计次数	分配率/(元/次)	分配额/元
甲产品	10	50	500	250	125 000
乙产品	100	5	500	250	125 000
丙产品	50	4	200	250	50 000
合　计			1 200	250	300 000

(3) 维持性作业费用分配。

① 厂房折旧费按产品的直接成本分配，见表10-12。

表 10-12 厂房折旧费用分配表

单位：元

项　目	直接成本总额	分配率	分配额
甲产品	500 000	0.15	75 000
乙产品	300 000	0.15	45 000
丙产品	200 000	0.15	30 000
合　计	1 000 000	0.15	150 000

② 车间管理人员人工按产品的直接成本分配，见表10-13。

③ 供暖和照明费用按产品直接成本分配，见表10-14所示。

表 10-13　车间管理人员人工费用分配表

单位：元

项　目	直接成本总额	分配率	分配额
甲产品	500 000	0.5	250 000
乙产品	300 000	0.5	150 000
丙产品	200 000	0.5	100 000
合　计	1 000 000	0.5	500 000

表 10-14　供暖和照明费用分配表

单位：元

项　目	直接成本总额	分配率	分配额
甲产品	500 000	0.06	30 000
乙产品	300 000	0.06	18 000
丙产品	200 000	0.06	12 000
合　计	1 000 000	0.06	60 000

（4）按作业成本法编制产品成本计算单，见表 10-15。

表 10-15　作业成本法产品成本计算单

单位：元

项　目	甲产品 单位成本	甲产品 总成本	乙产品 单位成本	乙产品 总成本	丙产品 单位成本	丙产品 总成本
单位作业：						
直接材料	40	400 000	10	200 000	30	150 000
直接人工	10	100 000	5	100 000	10	50 000
机器动力	6.08	60 800	12.16	243 200	15.2	76 000
机器设备折旧	9.6	96 000	19.2	384 000	24	120 000
设备维修费	5.66	56 640	11.33	226 560	14.16	70 800
批别作业：						
设备调整准备	1.88	18 750	9.39	187 500	18.75	93 750
材料准备	3.45	34 518.52	10.78	215 740.74	43.15	215 740.74
质量检验	12.5	125 000	6.25	125 000	10	50 000
维持性作业：						
厂房折旧	7.5	75 000	2.25	45 000	6	30 000
车间管理人员人工	25	250 000	7.5	150 000	20	100 000
供暖和照明	3	30 000	0.9	18 000	2.4	12 000
合　计	124.67	1 246 708.52	94.75	1 895 000.74	193.66	968 290.74

 知识链接

罗伯特·卡普兰在 1986 年出版的《失去关联性：管理会计的兴衰》(Relevance Lost: The Rise and Fall of Management Accounting)一书中指出全世界公司组织当时使用的管理会计体系中存在两大缺陷。首先，标准的成本体系在将间接成本和支持成本(管理费用)分摊到单个的产品、服务和客户时难以发挥作用。这样的错误分摊会在对单个产品和客户的利润水平进行衡量时造成严重偏差。其次，传统的业绩衡量体系仅仅关注财务方面的指标，而没有衡量那些驱动未来财务业绩的非财务指标。20 世纪 80 年代中期，企业界正在引进日本的管理新方法，如：全面质量管理、JIT 生产方式、雇员授权和弹性生产等。原有的财务体系对企业在采用这些管理新方法之后所带来的能力提高无法量化衡量。

作业成本法解决了前面所说的第一个问题，采用这一方法的公司已经可以把间接成本和管理费用精确分摊到使用这些资源的单个产品、服务和客户。作业成本法也可以将成本不按部门和责任中心计算，而是按照具体活动和流程计算。

平衡计分卡则解决了前面所说的第二个问题。虽然作业成本法可以记录活动和产品的成本，但不能测量它们所创造的价值。平衡计分卡提供了一个全面的衡量框架，一个能够将公司实力、为客户创造的价值和由此带来的未来财务业绩建立联系的框架。

所以，这两种途径——作业成本法和平衡计分卡实际上是两种非常不同但却互补的工具。前者关注的是生产和为客户提供产品与服务等作业活动的成本，后者关注的是公司组织如何通过活动创造价值。

3. 作业成本法的适用范围

运用作业成本法需要下列基本条件。

(1) 作业成本法需要科学、高效的成本计算和生产管理系统。作业成本法采用多元化的制造费用分配标准，由此带来的庞大计算工作量如果没有现代电子计算技术的支持，是很难真正付诸实施的。

(2) 作业成本法需要拥有强大的管理会计师队伍。作业成本法在运用时需要一批既掌握会计专业知识，又懂相应的管理知识及计算机应用技术的复合型会计人才，而且这是开展作业成本法的必要条件之一。

(3) 企业内部作业中心必须相对独立。作业成本法需要企业内部每一个作业中心彼此之间相对独立，并能主动地提供所需要的准确数据资料。这就要求企业改变传统的生产方式，即大规模少品种批量生产方式，以使企业内部各作业中心之间的依赖性尽可能地减弱，便于找出该作业中心的成本动因。

从上面分析的结果来看，运用作业成本法主要适用于具有下列特征的企业。

(1) 生产自动化程度较高的企业。

(2) 制造费用占成本比例较高，且构成较复杂的企业。

(3) 生产经营的作业环节较多的企业。

(4) 会计电算化程度较高的企业。

(5) 产品种类繁多的企业。

(6) 各次生产运营数量相差很大，且生产成本较高的企业。

(7) 随时间推移作业变化很大但会计系统相应变化较小的企业。

此外，作业成本法还适用于制造业以外的行业，如银行、商店、高校、医院等，这些行业也会发生与业务量非相关的较多间接费用，通过成本动因的分析，使这些费用与服务相联系，可更准确地提供所需的成本信息。

本 章 小 结

本章论述了标准成本法和作业成本法。标准成本是指按照成本项目事先制定的，在已经达到的生产技术水平和有效经营管理条件下应当达到的产品成本目标。标准成本控制系统包括标准成本的制定、成本差异的计算分析和成本的账务处理3个方面的内容。

作业成本法是基于作业成本管理要求而产生的一种成本计算方法，它是将间接成本和辅助成本更准确地分配到作业、生产过程、产品、服务及顾客中的一种成本计算方法。这种方法还涉及几个在传统会计制造成本法中从未出现过的概念：作业、作业链、价值链、成本动因。其基于"作业消耗资源，产品消耗作业"的前提进行动因分析、核算。

 名人名言

人们自己创造自己的历史，但是他们并不是随心所欲地创造，并不是在他们自己选定的条件下创造，而是在直接碰到的、既定的、从过去承继下来的条件下创造。

——马克思

历史从哪里开始，思想进程也应当从哪里开始，而思想进程的进一步发展不过是历史过程在抽象的理论上前后一贯的反映。

——恩格斯

人类总要不断地总结经验，有所发现，有所发明，有所创造，有所前进。

——毛泽东

把严密的事先计算引进会计体系中来，实行事先计算与事后分析的结合，可以看作是会计发展史上的一个重要里程碑，为会计服务于企业管理开创了一条新路。

——余绪缨

如果把我的厂房设备、材料全部烧毁，但只要保住我的全班人马，几年以后，我仍将是一个钢铁大王。

——安德鲁·卡内基

会计是一门有史、有论、有独特的方法与技术且包罗众多分支学科的知识体系。

——葛家澍

无法评估就无法管理。

——琼·玛格丽塔

中英文对照专业名词

标准成本(standard cost)

成本差异(cost variance)

成本差异分析(cost variance analysis)

材料成本差异(material cost variance)

材料价格差异(material price variance)

材料数量差异(material quantity variance)

作业成本法(activity-based costing)

成本动因(cost driver)

作业中心(activity centre)

作业管理(activity-based management)

单位作业(unit activity)

批别作业(batch activity)

练 习 题

一、简答题

1. 简述标准成本法的内容。

2．标准成本的分类有哪几种？

3．简述作业成本法计算成本的程序。

4．什么是成本动因？为什么说只有控制了成本动因，才是真正控制了成本？

5．试说明企业的作业是如何分类的。

二、判断题

1．在进行作业分析时，作业项目应与传统的职能部门保持一致。　　　　　　（　　）

2．采用作业成本法分配制造费用时，应与采用传统的成本计算方法分配制造费用的结果相等。（　　）

3．在作业成本法下，分配间接费用的基础，可以是财务指标，也可以是非财务指标，如订单张数、检验次数等。　　　　　　　　　　　　　　　　　　　　　　　　　　　　　　（　　）

4．成本动因只能是一项作业。　　　　　　　　　　　　　　　　　　　　（　　）

5．作业成本法只适用于制造业企业。　　　　　　　　　　　　　　　　　（　　）

三、单项选择题

1．材料价格差异等于（　　）。

A．实际数量×(实际价格-标准价格)

B．标准数量×(实际价格-标准价格)

C．(实际数量-标准数量)×标准价格　　　　D．(实际数量-标准数量)×实际价格

2．材料数量差异等于（　　）。

A．实际数量×(实际价格-标准价格)　　　　B．标准数量×(实际价格-标准价格)

C．(实际数量-标准数量)×标准价格　　　　D．(实际数量-标准数量)×实际价格

3．人工工资率差异等于（　　）。

A．实际工时×(实际工资率-标准工资率)　　B．标准工时×(实际工资率-标准工资率)

C．(实际工时-标准工时)×标准工资率　　　D．(实际工时-标准工时)×实际工资率

4．人工效率差异等于（　　）。

A．实际工时×(实际工资率-标准工资率)　　B．标准工时×(实际工资率-标准工资率)

C．(实际工时-标准工时)×标准工资率　　　D．(实际工时-标准工时)×实际工资率

5．变动费用耗费差异等于（　　）。

A．标准工时×(变动费用实际分配率-变动费用标准分配率)

B．实际工时×(变动费用实际分配率-变动费用标准分配率)

C．(实际工时-标准工时)×变动费用标准分配率

D．(实际工时-标准工时)×变动费用实际分配率

6．变动费用效率差异等于（　　）。

A．标准工时×(变动费用实际分配率-变动费用标准分配率)

B．实际工时×(变动费用实际分配率-变动费用标准分配率)

C．(实际工时-标准工时)×变动费用实际分配率

D．(实际工时-标准工时)×变动费用标准分配率

7．固定制造费用耗费差异等于（　　）。

A．固定制造费用实际数-固定制造费用预算数

B．固定制造费用预算数-固定制造费用标准成本

C. (实际工时-实际产量标准工时)×固定制造费用标准分配率

D. (实际工时-标准工时)×固定费用实际分配率

8. 固定制造费用能量差异等于( )。

    A. 固定制造费用实际数-固定制造费用预算数

    B. 固定制造费用预算数-固定制造费用标准成本

    C. (实际工时-实际产量标准工时)×固定制造费用标准分配率

    D. (实际工时-标准工时)×固定费用实际分配率

9. 效率差异等于( )。

    A. 固定制造费用实际数-固定制造费用预算数

    B. 固定制造费用预算数-固定制造费用标准成本

    C. (实际工时-实际产量标准工时)×固定制造费用标准分配率

    D. (实际工时-标准工时)×固定费用实际分配率

10. 在作业成本法下，分配作业成本的标准是( )。

    A. 生产工时   B. 生产工人工资

    C. 机器工时   D. 成本动因

四、多项选择题

1. 标准成本法的主要内容包括( )。

    A. 标准成本的制定   B. 成本差异的计算和分析

    C. 成本差异的账务处理   D. 成本习性划分

2. 闲置能量差异等于( )。

    A. 固定制造费用实际数-固定制造费用预算数

    B. 固定制造费用预算数-固定制造费用标准成本

    C. (生产能量-实际工时)×固定制造费用标准分配率

    D. 固定制造费用预算-实际工时×固定制造费用标准分配率

3. 作业成本法下，制造业企业常见的基本作业类型有( )。

    A. 生产作业 B. 营销作业 C. 服务作业 D. 进货作业

4. 一般来说，作业成本法适用于下列( )等企业。

    A. 会计电算化程度较高的企业   B. 作业类型较多的企业

    C. 生产自动化程度较低的企业   D. 制造费用占成本比重较高的企业

5. 以下各项属于成本动因的有( )。

    A. 产量   B. 采购次数   C. 搬运次数   D. 搬运距离

五、计算题

目的：练习采用作业成本法计算产品成本。

资料：某厂生产甲、乙两种产品，甲产品每批大量生产 500 件，每年生产 10 批；乙产品每批生产 100 件，每年生产 40 批。该公司对产品生产成本分 3 个成本项目进行核算：直接材料、直接人工、制造费用，其中直接材料、直接人工直接计入有关产品成本，制造费用分设成本库，按成本动因进行分配。作业成本库主要包括以下部分：材料准备、设备调整准备、设备维修、质量检验等。有关产量、成本资料见表 10-16、表 10-17。

表 10-16　直接成本构成表

单位：元

成本项目	甲产品	乙产品	合计
直接材料	80 000	120 000	200 000
直接人工	20 000	30 000	50 000
合　　计	100 000	150 000	250 000

表 10-17　制造费用构成表

单位：元

制造费用项目	金　额
间接人工：	
设备调整准备	10 000
材料准备	30 000
检验人员	25 000
设备维修人员	35 000
车间管理人员	50 000
小　　计	150 000
其他制造费用：	
机器动力	64 000
供暖和照明	8 000
厂房折旧	20 000
机器设备折旧	40 000
设备维修用材料	1 000
材料处理设备折旧	4 000
检验设备折旧	2 000
小　　计	139 000
合　　计	289 000

有关成本动因资料如下。

(1) 甲、乙产品的单位机器工时小时分别为：1 工时/件、0.5 工时/件。

(2) 每批次需要一次标准的设备调整准备工作。

(3) 每批的标准检验次数为：甲产品每批 20 次、乙产品每批 5 次。

(4) 甲、乙产品每批材料移动次数分别为：10 次、6 次。

要求：

(1) 采用作业成本法计算各产品总成本和单位成本。

(2) 比较作业成本法与传统制造成本法计算的各产品总成本和单位成本结果的差异，并分析原因。

六、综合练习题

差额代替法图示练习

如果某成本项目的标准成本和实际成本的情况分别如图 10.5、图 10.6 和图 10.7 所示，用差额代替法在图上分别标出 3 个图示中的量差和价差，并标出是有利差还是不利差。

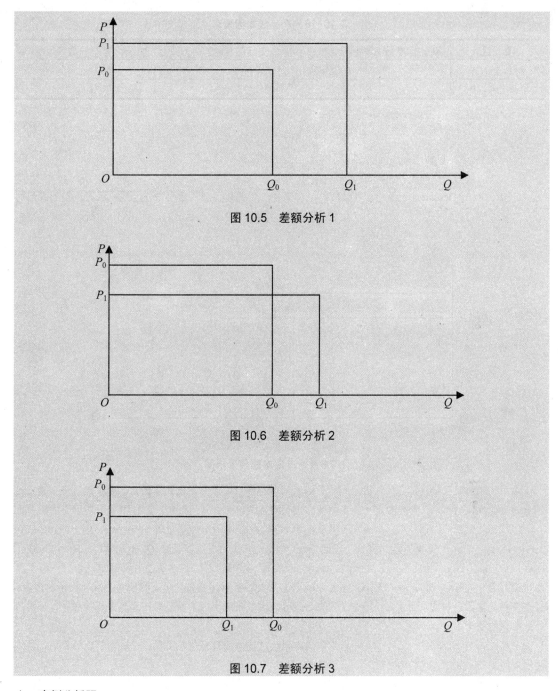

图 10.5 差额分析 1

图 10.6 差额分析 2

图 10.7 差额分析 3

七、案例分析题

标准成本差异分析

标准成本差异分析是标准成本系统的内容之一，分析时可用连环替代法也可用差额分析法。差额分析法是指直接用实际数与预算数或固定基期数之间的差额来计算各因素对指标变动的影响程度。它是连环替代法的简化形式。笔者以差额分析法举例，资料见表 10-18。

表 10-18　产品成本因素表

项 目	标准数	实际数	差异数
材料/kg(Q)	3	4	+1
价格元/kg(P)	30	48	+18

用差额分析法分析如下。

(1) 材料量差：$(Q_1 - Q_0) \times P_0 = (4-3)$元/kg$\times 30$ 元/件$=30$ 元

(2) 材料价差：$Q_1 \times (P_1 - P_0) = 4$ 元/kg$\times(48-30)$元/件$=72$ 元

因素共同影响发生的差异为：30 元+72 元=102 元

笛卡尔(René Descartes)说过："数学的结果如果能够用几何图形表示出来，他就能深深地印到人们的脑海里去。"当然，会计也是一样，笔者把上面的计算过程用图示表示出来，如图 10.8 所示，读者可再看看是否更加清楚。

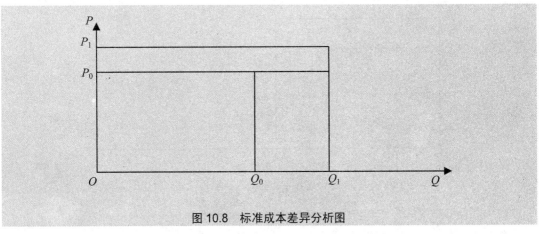

图 10.8　标准成本差异分析图

运用替代法时应注意，在数量因素和质量因素同时存在时，应先替代数量因素，后替代质量因素。这是量变质变规律的要求，量变和质变是事物变化的两种形式，两者是辩证统一的：①量变是质变的必要准备；②质变是量变的必然结果；③量变和质变相互渗透。在图中$(Q_1 - Q_0) \times (P_1 - P_0) = (4-3)$元/kg$\times(48-30)$元/件$=18$ 元，就是量变和质变相互渗透，归质变。如果先质变再量变，图中$(Q_1 - Q_0) \times (P_1 - P_0) = (4-3)$元/kg$\times(48-30)$元/件$=18$ 元就算在了量变中，因此，就要规定替代顺序，或者说会计必须遵从以"一般规律为研究对象"的哲学规律。而在只有数量因素或只有质量因素时，应先替代有利因素，后替代不利因素；在有多种数量因素和质量因素时，应先替代主导因素，后替代派生因素。不得任意变更替换程序，否则易导致错误的结论。

当然，成本分析的目的是为了运用，控制成本以标准成本为目标值，实现目标成本管理的目的，具体运用如图 10.9 所示。

在图 10.9 中，只要是差异在控制幅度内以标准为中心正常波动，可以不用去管它；当超过控制值时，就要加强控制，以使成本回到控制幅度内。如虽在控制幅度内波动，却不以标准值为中心，就要分析看看是否标准成本制定得不准了。

我国著名会计学家余绪缨教授认为，标准成本法"把严密的事先计算引进会计体系中来，实行事先计算与事后分析的结合，可以看作是会计发展史上的一个重要里程碑，为会计服务于企业管理开创了一条新路。"[①]

---

① 余绪缨. 管理会计[M]. 北京：中国财政经济出版社，1990.

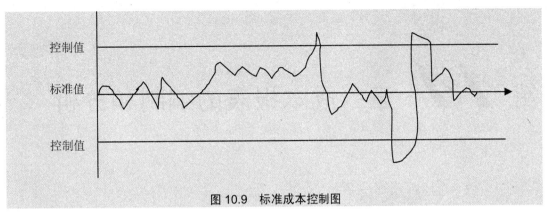

图 10.9　标准成本控制图

(资料来源: 杨尚军. 会计物语[M]. 成都: 西南交通大学出版社，2008.)

阅读上述材料，回答下列问题:

(1) 标准成本法系统有哪三个内容?

(2) 标准成本法的三个内容中，你认为哪一个内容最为重要，为什么?

(3) 标准成本法同定额法有何异同?

第 *11* 章　成本报表的编制和分析

教学目标

　　通过本章的学习，了解成本报表的概念和种类，了解成本报表的作用与编制要求，掌握产品生产成本表、主要产品单位成本表和各种费用报表的结构及编制方法；了解成本分析的意义，理解和运用分析的基本方法，掌握成本分析的方法及其应用。

教学要求

知识要点	能力要求	相关知识
成本报表的特点、作用、分类以及成本报表的编制要求	(1) 了解成本报表的意义 (2) 了解成本报表的作用、分类	(1) 成本报表的内容 (2) 成本报表的分类 (3) 成本报表的特点 (4) 成本报表编制的要求
成本报表的编制方法	(1) 了解常见的成本报表的格式 (2) 理解成本报表中各成本指标的含义 (3) 掌握成本报表的编制方法	(1) 全部产品生产成本报表 (2) 主要产品单位成本报表 (3) 各种费用报表
成本分析	(1) 掌握分析的基本方法 (2) 掌握成本报表的分析方法	(1) 比较分析法、比率分析法、因素分析法 (2) 全部产品生产成本报表的分析 (3) 主要产品单位成本报表的分析 (4) 费用报表的分析

> 帮助某人借助于数据了解某个企业。为了实现帮助管理当局和其他人士了解企业这一首要目标，会计必须对数据加以如实分类，正确地浓缩并充分地报告。
>
> ——A·C·利特尔顿

基本概念

成本报表　成本分析　因素分析法　比较分析法　比率分析法　趋势分析法　连环替代法　差额替代法　成本差异　成本计划　成本控制　成本项目　材料成本　人工成本　制造费用　管理费用　财务费用　销售费用

导入案例

成本越低越好吗

某公司为了降低成本，年初根据企业的年度经营目标，由财务部核算出公司年度必须完成的降低成本的指标，然后根据业务分工，把指标分别分解到营销、采购、技术、制造等主要部门，并且由各部门内部进行目标分解，制订实施计划和具体对策，同时细化到各月，指定责任者。每月月初把上个月的降低成本完成情况汇总后上报给财务部，财务部核准后通报给公司各部门，指出计划值和实际值的差距，督促未完成指标的部门拟订改善对策，尽快完成指标。同时公司的考核小组根据财务部提供的降低成本实施情况，对各部门进行考核，完成任务的奖励，反之则惩罚。

年末，公司考核时，却发现存在一些问题，首先为了满足降低成本的要求，采购部不得不一次又一次地向供应商提出降价的要求，而换来的代价则是产品零部件的入厂检验合格率越来越低，导致在生产过程中出现的质量问题增多。虽然从表面上看采购成本是降下来了，但制造成本并没有获得真正的降低。

技术部门作为降低成本的重要部门，肩负着降低成本的重要职责。为了完成公司制定的降低成本的目标，他们提供给客户的样品合格，而批量供货时却难以保证质量。结果产品的成本是降下来了，但是产品的质量也随之出现阶段性的下滑，许多用户使用产品一段时间后，出现了各种质量问题，这给公司带来的损失很大，除了花了很大的力气解决问题以外，也造成一些潜在客户的流失。

点评：过犹不及。

成本并不是降得越低越好，在降低成本时必须充分考虑质量成本的损失。过于注重绩效考核，并根据考核结果进行奖惩，从而迫使各部门只能注重眼前利益，把部门的工作重点转移到完成考核指标上来，会使公司的整体利益受到损失。

11.1　成本报表概述

11.1.1　成本报表的概念

成本报表是根据日常成本核算资料及其他有关资料编制的，用来反映企业一定时期产品成本和期间费用水平及其构成情况；反映企业一定时期内产品成本水平和费用支出情况，据以分析企业成本计划执行情况和结果的书面报告文件。

正确、及时地编制成本报表是成本会计的一项重要内容。成本是综合反映企业生产技术和经营管理工作水平的一项重要质量指标。成本指标的综合性特点，以及它与其他各项技术、经济指标的关系，决定了企业各车间、班组和各职能部门及生产经营全过程的成本管理。通过编制和分析成本报表，可以考核企业成本计划和费用预算的执行情况，为正确进行成本决策提供信息资料。编制和分析成本报表是企业成本会计工作的一个重要组成部分。

11.1.2 成本报表的特点

成本报表的编制是为内部经营管理服务的内部管理会计报表，与企业的财务会计报告中的资产负债表、利润表和现金流量表等对外会计报表相比较，成本报表具有如下特点。

(1) 成本报表是为满足企业内部经营管理的需要而编制的报表。在市场经济条件下，为了竞争的需要，企业的生产和经营情况，费用支出的发生情况，产品成本水平及其构成情况等，一般是保密的，因此，反映成本信息的成本报表是企业的内部报表，是企业的商业秘密，不对外报送和公开，它服务于企业内部经营管理。虽然成本报表无须对外报送，但是企业管理者了解、分析业已完成的经营过程，并据此展望未来的发展趋势，离不开成本报表。成本报表所提供的信息能否满足企业经营管理的需要，是衡量成本会计工作质量的主要标准之一，为企业提供完整的生产业务信息是成本报表的主要功能。

(2) 成本报表没有统一的格式，其报送存在个性差异。一个企业的成本信息总是与其特定的生产工艺和生产组织紧密相联的，不同企业对成本管理存在不同的要求，也必然反映到成本信息上来，因此，企业可以根据需要自行规定报表的种类、格式、编制时间、报送程序、报送范围，并可定期修改与调整。但是，在一般情况下未发生重大变化时，企业的成本报表应该保持稳定，便于企业在不同期间之间进行比较。

(3) 提供的信息具有综合性和全面性。成本报表是会计核算资料与其他技术经济资料密切结合的产物，成本指标是综合反映企业生产、技术、经营和管理工作水平的重要质量指标。企业产品产量的多少，产品质量的高低，原材料、燃料与动力的节约和浪费，工人劳动生产率的高低，职工平均工资的增减，机器设备等固定资产的利用程度，废品率的高低，以及企业生产经营管理工作的好坏等，都会或多或少、直接或间接地反映到费用成本上来，因此，成本报表提供的成本信息可以综合反映企业经营管理工作的质量。

11.1.3 成本报表的作用

1. 反映企业一定时期内产品成本水平及其构成情况

成本报表所提供的产品成本是一项综合性指标，它反映了企业产品产量的增减、产品质量的优劣、企业资源消耗的多少、劳动效率和技术水平的高低、资金周转的快慢以及管理水平的高低等各方面的信息。利用这些信息，企业能够及时发现企业在生产、技术、质量、管理等方面存在的问题，寻求降低产品成本的途径，并调整生产策略。

2. 提供一定时期内各责任部门的费用水平及其构成情况

成本费用发生于日常的零星支出中，执行者可以是各管理部门，也可以是企业的各个员工。成本报表所提供的各项费用，既可以考核和明确生产、技术、质量、管理等有关部门和人员执行成本计划的情况，了解成本结构的变化趋势，发现成本管理工作中存在的问题；又可以评价各部门、各岗位执行成本计划的成绩和责任，总结经验，实施合理的奖惩；

同时还可以结合其他相关资料，进行综合分析，为企业经营决策提供及时有效的依据。并在此基础上奖励先进，鞭策后进，增强职工岗位责任感，为全面完成企业成本降低任务而努力，并为以后编制成本计划提供依据。

3. 为分析成本差异和编制成本计划提供依据

将成本报表提供的成本资料与预先制定的成本计划进行对比，可以发现产品成本的超支或节约情况；再将超支或节约的差异分解为若干个因素，分析各因素产生的原因及其影响程度，特别是重点分析那些属于不正常的、不符合常规的关键性差异对产品成本升降的影响，这为查明成本升降的主要原因和责任，加强成本控制提供了依据。成本报表作为本期成本计划完成情况的系统总结，在本期产品成本实际水平的基础上，管理部门将考虑计划期内可能出现的有利因素和不利因素，重新制订计划期内的成本计划水平。同时，管理部门会根据成本报表资料对未来时期的成本进行预测，为企业制定正确的经营决策和加强成本控制与管理提供必要的依据。

4. 为确定产品定价方法提供参考

企业的最终目的是盈利，科学制定产品定价策略、合理进行产品定价，是企业实现盈利最大化经营目标的一个关键环节。在现实生活中，尽管有着众多的产品定价策略和产品定价方法可供企业选择，但产品成本则是企业产品定价的底线，成本加利润也是企业产品定价的一种基本方法。因此，成本报表提供的相关资料是确定产品定价策略和进行产品定价的基本参考资料之一。

11.1.4 成本报表编制的要求

为了使成本报表能够在企业生产经营和管理活动中发挥出应有的作用，在其编制中要注意以下问题。

1. 成本报表的设置和格式应具有针对性

成本报表作为内部报表，其设置要适应成本管理中某一方面的需要，突出成本管理中的重点问题，对成本形成影响大、费用发生集中的部门，要单独设置有关成本报表，以提供充分的成本信息，从而使成本报表的编制能取得理想效果。例如，全部产品成本报表是反映企业全部产品总成本和各种主要产品单位成本及总成本的报表，一般按产品种类反映。但企业也可根据成本管理的需要，按成本项目反映，或按成本与产品产量的依存关系(即成本性态)反映。而为了突出反映和考核主要生产部门(产品生产集中，且对产品成本影响大、费用集中发生于此的部门)，可以设置生产部门的产品成本报表。

此外，成本报表格式的设计，应能针对某一具体业务的特点及其存在的问题，重点突出，简明扼要，切忌表式复杂庞大，避免无用的繁琐计算。例如，责任成本报表是反映各责任单位报告期内责任成本实际发生情况及其与预算差异情况的，因此，报表中必须反映预算和实际的责任成本指标及其差异。一般地，无须根据产量及责任成本情况计算填列单位产品应负担的责任成本，因为这种计算填列虽然看似指标更为详细，但对考核责任单位的预算完成情况没有重要意义，同时使报表的重点不能突出，又增加了填列报表的工作量和成本。

2. 在计量和填报方法上，应保持一贯性

编制成本报表时，会计处理方法以及计算口径和填报方法应当前后各期保持一致，以保证成本报表所反映的成本信息具有可比性。否则，将给成本信息的产生带来不利影响。但是，当情况发生变化，计量和填报方法的变更成为合理的和必须进行时，也应该采用新的填列方法，同时应在报表附注中加以说明，对成本费用的升降情况、原因及影响等做出分析，以避免前后各期成本信息的波动给企业经营管理者造成误导。

3. 报表编制要做到数字真实、计算准确、内容完整、说明清楚、编报及时

在编制报表时，要根据实际的成本计算资料和有关的实际与计划资料编制报表，不能任意调整成本数字和以估计数字代替实际数字，更不允许弄虚作假，篡改报表数字。要将报告期内所有的经济业务全部记入账，不得将本期的经济业务留到下期入账，也不能将下期的经济业务提前到本期入账，并按有关规定做好对账、结账工作。在编制的报表中，主要报表种类要齐全，表内指标及表内补充资料要完整，并注意保持各成本报表计算口径一致。对定期报送的主要成本报表，还应分析说明产生成本、费用升降的原因、应采取的措施等文字资料。会计部门要与有关部门及车间加强协作，相互配合，特别是有关部门应为成本报表编制及时提供所需要的有关资料。要充分掌握大量有关成本核算的资料，不仅要做好日常的成本核算工作，还要注意整理收集有关的历史成本、历史成本计划、费用预算资料等。

 成本分析应用案例

日本太阳公司为提高开会效率，实行开会分析成本制度。每次开会时，总是把一个醒目的会议成本分配表贴在黑板上。成本的算法是：会议成本=每小时平均工资的3倍×2×开会人数会议时间(小时)。公式中平均工资之所以乘3，是因为劳动产值高于平均工资；乘2是因为参加会议要中断经常性工作，损失要以2倍来计算。因此，参加会议的人越多，成本越高。有了成本分析，大家开会态度就会慎重，会议效果也十分明显。

11.1.5 成本报表的分类

成本报表是服务于企业内部经营管理的企业内部报表，因此从报表的格式、编报项目到报送时间和报送对象，都是由企业根据自身生产经营过程的特点、企业经营管理的要求，特别是成本管理的具体要求所确定的。同时，在瞬息万变的市场中，企业还要适应其连续不断的变化而不断调整其成本策略。所以，不仅各企业之间成本报表的内容不尽相同，就是同一企业，不同时期也可能会要求编制不同的成本报表。

1. 成本报表按其反映经济内容的不同分类

成本报表按反映经济内容的不同分为反映成本情况和费用情况的报表。反映成本情况的报表是反映企业产品生产成本情况的报表，包括全部产品生产成本表、主要产品单位成本表、责任成本表、质量成本表等。这类报表侧重于揭示企业为生产一定种类和数量的产品所花费的成本是否达到了预定的目标，通过分析比较，找出差距，明确薄弱环节，进一步采取有效措施，为挖掘降低成本的内部潜力提供有效的资料。反映费用情况的报表是反映企业各种费用预算执行情况的报表，包括制造费用明细表、销售费用明细表、管理费用

明细表、财务费用明细表等。这类报表侧重于揭示在一定时期的费用支出总额及其构成，以了解费用支出的合理性以及支出变动的趋势，有利于管理部门正确制定费用预算，控制费用支出，考核费用支出指标的合理性，明确有关部门和人员的经济责任，防止随意扩大费用支出范围。

2. 成本报表按其编制的时间不同分类

成本报表按编制的时间分为定期成本报表和不定期成本报表。成本报表在编制的时间上具有很大的灵活性，可以定期编制报送，也可以不定期编制报送。定期成本报表一般按月、季、年编制。根据企业内部管理的要求，也可以按旬、周、日乃至工作班来编制。全部产品生产成本表、主要产品生产成本表、制造费用明细表、销售费用明细表、管理费用明细表、财务费用明细表等属于定期成本报表。不定期成本报表是为了将成本管理中急需解决的问题及时反馈给有关部门，随时编制的与该问题相关的成本报表。如在发生较为异常的成本差异时，需及时将信息反馈给有关部门而编制的有关成本费用表；在生产加工过程中因出现内部故障而造成较大损失时需及时将信息反馈给有关部门而编制的质量成本表等。

3. 成本报表按编制的范围不同分类

成本报表按编制的范围不同分为企业成本报表、车间成本报表、班组成本报表或个人成本报表等。在一般情况下，全部产品生产成本表、主要产品生产成本表、制造费用明细表、销售费用明细表、管理费用明细表、财务费用明细表等属于企业成本报表。而责任成本表、质量成本表等既可以是企业成本报表，也可以是车间成本报表、班组成本报表或个人成本报表。此外，各企业还可以根据其生产特点和管理要求，对上述成本报表进行必要的补充，也可以结合本企业经营决策的实际需要，编制其他必要的成本报表。

11.2 成本报表的编制

11.2.1 成本报表的编制方法

成本报表中的指标有的反映实际数，有的反映累计实际数，有的反映有关的计划或预算数，还有的反映其他相关资料及补充资料等，多种多样。具体的填列方法大致有以下几种。

(1) 表中成本、费用等指标的实际数，一般根据有关的产品成本或费用明细账的实际发生额填列。

(2) 表中的实际成本、费用等指标的累计数，一般根据本期报表的本期成本、费用实际数加上上期报表的实际成本、费用累计数计算填列，如果有关的明细账中记有期末实际成本、费用累计数，可以直接根据该数据填列。

(3) 表中的成本、费用等指标计划或预算数，一般根据有关的计划或预算数填列。

(4) 表中的其他资料和补充资料，应根据报表相应的编制规定填列。

11.2.2 企业常见成本报表的编制

1. 全部产品生产成本表

全部产品生产成本表是反映企业在年度内生产和销售的全部产品生产成本的报表。利用该表可以了解产品成本的构成，比较前后两期的成本变动情况，分析产品成本变动的原因，为挖掘降低产品成本的潜力提供参考资料。企业根据管理的需要可以编制按可比产品和不可比产品分类反映的全部商品产品成本表；也可以编制按成本项目反映的产品生产成本表，还可以编制按成本性态反映的产品生产成本表以及按主要产品和非主要产品反映的全部产品的生产成本报表等。下面举例说明从不同的角度编制产品生产报表的方法。

1) 按产品品种反映的全部产品生产成本报表

按产品品种反映的全部产品生产成本表是按产品种类汇总反映工业企业在报告期内生产的全部产品的单位成本和总成本的报表。该表可以分为实际产量、单位成本、本月总成本和本年累计总成本 4 部分。表中按照产品种类分别反映本月产量、本年累计产量，以及上年实际成本、本年计划成本、本月实际成本和本年累计实际成本。该表的格式见表 11-1。

表 11-1　全部产品生产成本表(按产品品种反映)

201×年 12 月　　　　　　　　　　　　　　　　　单位：元

产品名称	计量单位	实际产量		单位成本				本月总成本			本年累计总成本		
		本月	本年累计	上年实际平均	本年计划	本月实际	本年实际平均	按上年实际平均单位成本计算	按本年计划单位成本计算	本月实际	按上年实际平均单位成本计算	按本年计划单位成本计算	本年实际
可比产品								76 000	70 000	72 000	776 000	715 000	719 500
A	件	1 000	10 000	60	55	58	56	60 000	55 000	58 000	600 000	550 000	560 000
B	件	500	5500	32	30	28	29	16 000	15 000	14 000	176 000	165 000	159 500
不可比产品	件												
C		20	230	—	120	110	115	—	2 400	2 200	—	27 600	26 450
合　计								72 400	74 200		742 600	745 950

补充资料如下：

(1) 可比产品成本降低额为 56 500 元。

(2) 可比产品成本降低率为 7.281%。

(3) 按现行价格计算的商品产值为 1 268 000 元。

(4) 产值成本率为 58.83%(计划值为 58.56%)。

表 11-1 的编制方法：对于主要产品应按产品品种反映实际产量和单位成本，以及本月总成本和本年累计总成本；对于非主要产品，则可按照产品类别，汇总反映本月总成本和本年累计总成本；对于上一年没有正式生产过、没有上年成本资料的产品，即不可比产品，不反映上年成本资料；对于上一年度正式生产过、具有上年成本资料的产品，称为可比产品，还应反映上年成本资料。

在该表中，各种产品的本月实际产量应根据相应的产品成本明细账填列；本年累计实际产量应用本月实际产量加上上月本表的本年累计实际产量计算填列；上年实际平均单位成本应根据上年度本表所列全年累计实际平均单位成本填列；本年计划单位成本应根据本年度成本计划填列；本月实际单位成本应用表中本月实际总成本除以本月实际产量计算填列。如果在产品成本明细账或产成品成本汇总表中具有现成的本月产品实际的产量、总成本和单位成本，表中这些项目都可以根据产品成本明细账或产成品成本汇总表填列。表中本年累计实际平均单位成本应根据表中本年累计实际总成本除以本年累计实际产量计算填列；按上年实际平均单位成本计算的本月总成本和本年累计总成本，应根据本月实际产量和本年累计实际产量，乘以上年实际平均单位成本计算填列。按本年计划单位成本计算的本月总成本和本年累计总成本，应根据本月实际产量和本年累计实际产量，乘以本年计划单位成本计算填列。本月实际总成本应根据产品成本明细账或产成品成本汇总表填列。本年累计实际总成本应根据产品成本明细账或产成品成本汇总表本年各月产成品成本计算填列。如果有不合格品，应单列一行，并注明"不合格品"字样，不应与合格产品合并填列。对于可比产品，如果企业或上级机构规定有本年成本比上年成本的降低额或降低率的计划指标，还应根据该表资料计算成本的实际降低额或降低率，作为表的补充资料填列在表的下端。如果本年可比产品成本比上年不是降低，而是升高，上列成本的降低额和降低率应用负数填列。如果企业可比产品品种不多，其成本降低额和降低率也可以按产品品种分别计划和计算。按产品种类反映的产品生产成本表中的本月实际总成本的合计数和本年累计实际总成本的合计数，应与按成本项目反映的产品生产成本表本月实际的产品生产成本合计数和本年累计实际的产品生产成本合计数分别核对相符。

2) 按成本项目反映的全部产品成本表

该表可以分为生产费用和产品生产成本两部分。其中生产费用部分按照成本项目反映报告期内发生的各项生产费用及其合计数，产品生产成本部分是在生产费用合计基础上；加上在产品和自制半成品的期初余额，减去在产品和自制半成品的期末余额，算出的产品生产成本合计数。各项费用和成本还可以按上年实际数、本年计划数、本月实际数和本年累计实际数分栏反映。按成本项目反映的全部产品成本表的具体格式见表 11-2。

表 11-2　全部产品生产成本表(按成本项目反映)

201×年 12 月　　　　　　　　　　　　　　　　　　单位：元

成本项目	上年实际	本年计划	本月实际	本年累计实际
直接材料				
直接人工				
制造费用				
生产费用合计				
加：在产品、自制半成品期初余额				
减：在产品、自制半成品期末余额				
产品成本合计				

表内各项目的填写方法：上年实际数应根据上年度有关的成本明细账填列；本年计划数应根据成本计划有关资料填列；本月实际数填列按成本项目反映的各种生产费用数，应根据各种产品成本明细账所记本月生产费用合计数，按成本项目分别汇总填列；本年累计实际数应根据本月实际数，加上上月本表的本年累计实际数计算填列。期初、期末在产品和自制半成品余额，应根据各种产品成本分别汇总填列。以生产费用合计数加(减)在产品、自制半成品期初、期末余额，即可计算出产品成本合计数。

2. 主要产品单位成本表

主要产品是指企业经常生产，在企业全部产品中所占比重较大，能概括反映企业生产经营面貌的那些产品。主要产品单位成本表是反映企业在报告期内生产的各种主要产品单位成本水平和构成情况的报表。该表应按主要产品分别编制，是对全部产品生产成本表所列主要产品成本的补充说明。利用此表，可以按照成本项目分析和考核主要产品单位成本计划的完成情况；可以按照成本项目将本月实际和本年累计实际平均单位成本与上年实际平均单位成本进行对比，了解单位成本与上年相比的升降情况；与历史先进水平进行比较，了解与历史先进水平是否还有差距，借以分析单位成本变化、发展的趋势；可以分析和考核各种主要产品的主要技术经济指标的执行情况，进而查明主要产品单位成本升降的具体原因。

主要产品单位成本报表包括按成本项目反映的单位成本和单位成本的主要技术经济指标两部分。该表的单位成本部分分别反映历史先进、上年实际平均、本年计划、本月实际和本年累计实际平均单位成本；该表的技术经济指标部分主要反映原材料、生产工时等消耗情况。其具体格式见表 11-3。

表 11-3　主要产品单位成本表

201×年 12 月　　　　　　　　　　　　　　　　单位：元

产品名称	A 产品		本月实际产量		1 000
规格	略		本年累计实际产量		10 000
计量单位	件		销售单价		94
成本项目	历史先进水平	上年实际平均	本年计划	本月实际	本年实际平均
直接材料	30	32	31	32	33
直接人工	11	13	11	13	12
制造费用	14	15	13	11	13
产品生产成本	55	60	55	56	58
主要产品技术经济指标	耗用量	耗用量	耗用量	耗用量	耗用量
原材料(kg)	10	12	10	12	11
主要材料					
生产工时					
动力					

表 11-3 的填列方法如下。

(1) 销售单价。应根据产品定价单记录填列。

(2) 产量。本月及本年累计计划产量应根据生产计划填列；本月实际产量应根据产品成本明细账或完工产品成本汇总表填列；本年累计实际产量应根据上月本表的本年累计实际产量，加上本月实际产量计算填列。

(3) 单位成本。历史先进水平应根据历史上该种产品成本最低年度本表的实际平均单位成本填列；上年实际平均单位成本应根据上年度主要产品单位成本表累计实际平均单位成本填列；本年计划单位成本应根据本年度成本计划填列；本月实际单位成本应根据产品成本明细账或产成品成本汇总表填列；本年累计实际平均单位成本应根据该种产品成本明细账所记录的自年初至报告期末完工入库产品实际总成本除以累计实际产量计算填列。

(4) 主要技术经济指标。指该种产品主要原材料的耗用量和耗费的生产工时等，应根据业务技术核算资料填列。

3. 制造费用明细表

制造费用明细表是反映企业及其生产单位在一定会计期间内发生的制造费用总额及其构成情况的报表。它可以考核制造费用计划的执行结果；可以分析各项费用的构成情况和增减变动原因；可以为编制下期制造费用预算提供可靠的参考资料。为了加强费用管理，及时了解制造费用的发生情况，制造费用明细表一般按月编制。在某些季节性生产企业，制造费用明细表也可以按年编制。

制造费用明细表是按制造费用项目设置的，并分栏反映各项费用的本年计划数、上年同期实际数、本月实际数、本年累计实际数。制造费用明细表的内容与格式见表 11-4。

表 11-4 制造费用明细表

201×年 12 月 单位：元

项 目	本年计划数	上年同期实际数	本月实际数	本年累计实际数
职工薪酬				
低值易耗品摊销				
劳动保护费				
水费				
电费				
运输费				
折旧费				
办公费				
机物料消耗				
其他				
合 计				

制造费用明细表按制造费用项目分别反映该费用的上年计划数、本年同期实际数和本年累计实际数。其中："上年同期实际数"应根据上年该表的数字填列；"本年计划数"应根据本年度报审后的"制造费用计划(预算)"填列；"本年累计实际数"反映本年制造费用的累计发生数额，应根据"制造费用明细账"的记录资料计算填列。

通过编制"制造费用明细表"可以分析制造费用计划的执行情况，以及各个费用项目的增减变动情况，便于企业对增减变动幅度较大的项目进行深入分析，并采取相应措施，力求节约支出，降低产品成本。

4. 期间费用明细表

期间费用明细表是反映企业一定会计期间内各项期间费用的发生额及其构成情况的报表，包括销售费用明细表、管理费用明细表和财务费用明细表。

1) 销售费用明细表

销售费用明细表一般按其费用项目，分别反映该费用项目的上年实际数、本年计划数、本月实际数和本年累计实际数。利用该表，可以分析各费用项目的构成及其增减变动情况，

累计实际数"栏的数字填列；"本年计划数"根据本年管理费用预算资料填列；"本月实际数"根据管理费用明细账中各费用项目本月发生额填列；"本年累计实际数"根据管理费用明细账中各费用项目本年累计发生额填列，也可以将"本月实际数"加上上月本表中"本年累计实际数"后填列。

3) 财务费用明细表

财务费用明细表一般按其费用项目，分别反映该费用项目的上年实际数、本年计划数、本月实际数和本年累计实际数。利用该表，可以分析各费用项目的构成及其增减变动情况，考核财务费用计划的执行情况。"财务费用明细表"的构成情况见表 11-7。

表 11-7　财务费用明细表

201×年 12 月　　　　　　　　　　　　　　　　　　　单位：元

项　　目	本年计划数	上年同期实际数	本月实际数	本年累计实际数
利息支出(减利息收入)				
汇兑损失(减汇兑收益)				
金融机构手续费				
其他筹资费用				
合　　计				

在财务费用明细表中，"上年实际数"根据上年 12 月份编制的财务费用明细表"本年累计实际数"栏的数字填列；"本年计划数"根据本年财务费用预算资料填列；"本月实际数"根据财务费用明细账中各费用项目本月发生额填列；"本年累计实际数"根据财务费用明细账中各费用项目本年累计发生额填列，也可以将"本月实际数"加上上月本表中"本年累计实际数"后填列。

11.3　成本分析方法

成本分析是按照一定的原则，采取一定的方法，对一定时期内企业成本的计划、定额和有关资料与成本的实际发生情况进行综合分析评价，揭示成本各组成部分之间的关系以及成本各组成部分的变动和其他有关因素的变动对成本的影响，以寻找降低成本途径、促进企业成本不断降低的一种成本管理工作。成本分析是成本管理的重要组成部分。由于成本是反映企业生产经营管理活动水平的综合性指标，因此，对成本的组成进行剖析，分析成本的本质特性及其变化规律，对正确认识和评价企业生产经营管理水平，采取有效措施降低成本，具有十分重要的作用。

11.3.1　成本分析的程序

进行成本分析，一般应遵循下列程序。

(1) 明确分析目标。成本分析一定要有目标，它是分析的标准和评价的依据。首先必须全面了解情况，分析所依据的资料，如计划和核算资料、实际情况的调查研究资料、企业历史资料以及同类企业的先进水平资料等。同时，应明确分析的要求、范围，结合所掌握的情况，拟定分析内容和步骤，逐步实施。

(2) 研究比较，揭示差距。根据分析的目的，将有关指标的实际数与计划数或同类型企业的数据相比较。其中，实际数与计划数的比较是最重要的，可据以初步评价企业工作，指出进一步分析的重点和方向。

(3) 分析原因，挖掘潜力，提出措施，改进工作。查明影响计划完成的原因，才能提出改进措施。影响计划完成的原因是多方面的、相互联系的，要采用一定的方法，了解有关因素的影响，并找出主要因素。在分析了影响计划完成的因素之后，应初步明确哪些环节还有潜力可挖。要根据实际情况，提出挖掘潜力的措施并落实到有关岗位，使企业的生产经营工作不断得到改进。

11.3.2 成本分析的内容

成本分析是对成本会计所提供的信息进行分析，由于成本报表是成本信息的主要载体，因此，从总体来讲，成本分析的内容主要是对成本报表中提供的成本信息进行的分析。具体来说成本分析的内容又可以分为以下几种。

(1) 成本计划执行情况的定期分析。成本计划执行情况的定期分析即对全部产品成本、可比产品成本、主要产品单位成本等指标的计划执行情况进行分析和评价。

(2) 成本效益分析。成本效益分析即对每百元商品产值成本指标、百元销售收入成本费用、成本费用利润率等指标的分析。

(3) 成本技术经济分析。成本技术经济分析即主要技术经济指标对产品单位成本影响的分析。

(4) 产品单位成本的分析。产品单位成本的分析是为了确定产品设计结构、生产工艺过程、消耗定额等因素变动对成本的影响，计算分析各指标对单位成本的影响，以便全面、客观地评价企业成本完成情况。主要产品单位成本分析是先从总的方面分析主要产品的单位变动情况，然后再进一步按成本项目分析其成本升降变化状况的分析。

(5) 其他成本分析。包括期间费用分析、责任成本分析、质量成本分析等。

11.3.3 成本分析的目的

成本分析的目的指通过成本报表的分析，找出实际和计划差异的原因，挖掘降低成本的潜力，具体主要有如下几项。

(1) 为选择最优方案和正确编制成本计划提供依据。成本决策和成本计划离不开成本分析，成本决策分析包括分析和决策两部分内容，分析是决策的一个重要环节。通过成本分析，对各方案有关成本的各种因素及其变化趋势做出科学的估计，把技术的先进性、市场的可靠性和经济的合理性统一起来进行研究，为企业领导、决策人员做出决策提供客观依据，从中选择一个最佳方案。成本分析用于为编制成本计划提供依据。成本计划的编制既要分析上年成本计划执行的情况，查明成本变动原因，又要预测计划年度可能出现影响成本变动的各种因素，对已经发生和将要发生的问题采取措施，充分挖掘降低成本的潜力。所以，只有在成本分析基础上制定出的成本计划才是高质量的，才能保证企业经济活动按既定的成本目标进行。

(2) 揭示成本差异原因，实施成本控制。成本计划在执行过程中受到多方面因素的影响，有技术因素和经济因素、宏观因素和微观因素、人的因素和物的因素。这些因素对成本的不利影响如果得不到及时的减弱或消除，就会导致企业成本计划不能顺利完成，从而影响企业经营目标的实现。因此，企业必须对成本计划的实施进行有效的过程控制分析，随时确定计划的执行情况，及时掌握实际脱离计划的偏差，从而逐步认识和掌握成本变动的规律，同时，对差异形成原因和责任要进行全面的分析和评价，指出出现不合理的环节和相关责任人员，通知有关部门制定相应措施，促进成本计划实现。

(3) 合理评价成本计划本身及其完成情况，正确考核成本责任单位的工作业绩。成本分析应通过系统地、全面地分析成本计划完成或没有完成的原因，对成本计划本身及其执行情况进行合理评价，总结本期实施成本计划的经验教训，以便今后更好地完成计划任务，并为下期成本计划的编制提供重要依据。同时，通过分析，还要评价成本责任单位的成绩或不足，查明哪里先进，何处落后。分析先进的原因、落后的原因，这样可以正确考核成本责任单位的工作业绩，为落实奖惩制度提供可靠依据，从而调动各责任单位提高成本效益的积极性和主动性。

(4) 挖掘降低成本的潜力，不断提高企业经济效益。成本分析的根本任务是为了挖掘降低成本的潜力，促使企业以较少的劳动消耗生产出更多更好的产品，实现更快的增长。因而，成本分析的核心就是围绕着提高经济效益的目标不断挖掘降低成本的潜力，充分认识未被利用的劳动和物资资源，寻找利用不完善的部分和原因，发现进一步提高利用效率的可能性，以便从各方面揭露矛盾，找出差距，制定措施，使企业经济效益得到不断提高。

 特别提示

马克思说过："分析经济形势，既不能用显微镜，也不能用化学试剂。两者都必须用抽象力来代替。"因为，只有用抽象的方法对材料进行加工研究，对产品成本和各因素之间的客观关系采取去粗取精、去伪存真、由此及彼、由表及里等方法，从而揭示事物的本来面目，才能形成一个完整的结构。

11.3.4　成本分析的原则

企业在进行成本分析时，必须遵守一定的原则。成本分析的原则是组织成本分析工作的规范；是发挥成本分析职能作用，完成成本分析任务和使用分析方法的准绳。成本分析所遵循的原则主要有以下几点。

1. 事前预测分析、事中控制分析和事后核查分析相结合的原则

只有在成本发生之前就开展预测分析；在成本发生过程中，实行控制分析；在成本形成之后，搞好考核分析；把事前分析、事中分析和事后分析结合起来，建立起完整的分析体系，才能将成本分析贯穿于企业再生产的全过程，从而做到事前发现问题，事中及时揭示差异，事后正确评价业绩。这对于提前采取相应措施，把影响成本差异因素消灭在发生之前或萌芽状态之中，以及总结经验教训、指导下期成本工作，都具有明显的积极意义。

2. 定量分析和定性分析相结合的原则

在进行成本分析时，没有定性分析就弄不清事物的本质、趋势和与其他事物之间的联系；没有定量分析就弄不清影响因素的数量界限及事物发展的阶段性和特殊性。两者的关系是定性分析是基础，定量分析是深化，两者相辅相成，互为补充。所以，在成本分析中，要贯彻定性分析与定量分析相结合的原则，切忌以纯粹的数学计算代替经济分析，也不能

毫无根据地凭主观想象下结论。只有在定量分析的基础上进行科学的定性分析，才能得出正确的结论。

3. 经济分析与技术分析相结合的原则

成本的高低既受经济因素影响，又受技术因素影响，在一定程度上技术因素起决定性作用。所以，成本分析如果只停留在经济指标的分析上，而不深入技术领域，结合技术指标进行分析，就不能达到其目的。因此，必须要求分析人员通晓一些技术知识并注意发动技术人员参加成本分析，把经济分析与技术分析结合起来。所谓经济分析与技术分析相结合就是通过经济分析为技术分析提课题，增强技术分析的目的性。而技术分析又可反过来提高经济分析的深度，并从经济效果角度对所采取的技术措施加以评价，从而通过改进技术来提高经济效果，这两方面分析的结合能防止片面性，并能结合技术等因素查明成本指标变动的原因，以全面改进工作，提高效率。

4. 全面分析与重点分析相结合的原则

分析成本报表，既要有总的评价，又要有深入细致的具体分析。进行成本报表分析，应从全部产品生产成本计划和各项费用计划完成情况的总评价开始，然后按照影响成本计划完成情况的因素逐步深入、具体地分析。从总评价开始，可以防止"只见树木不见森林"的片面分析，并可从复杂的多种影响因素中找出需要进一步分析的具体问题。但是，分析不能停留在对成本总体指标计划完成情况的总评价上。为了弄清成本升降的具体原因，挖掘降低成本的潜力，找出降低成本的途径，还必须在总评价的基础上，根据总括分析中发现的问题，对重点产品的单位成本及其成本项目或重点费用项目进行深入具体的分析。

11.3.5 成本分析的方法

成本分析方法是计算各项成本数据的重要手段，也称为技术方法。企业进行成本分析，应根据企业本身的成本费用特点、成本分析的要求和掌握的资料情况确定采用的成本分析方法。企业在采用某些方法进行成本分析时，既要注意定量分析，又要注意定性分析，通过事物现象的分析来揭示问题的本质。企业进行成本分析时采用的方法主要有以下几种。

1. 比较分析法

比较分析法是指通过对不同时间或不同情况下相互关联的指标的对比来确定数量差异的一种方法。主要是通过指标对比，从数量上确定指标间的差异，进而分析差异产生的原因，揭示客观上存在的差距，从而为进一步分析指出方向，以便采取措施，降低成本。在成本分析的实际工作中，比较分析法主要有以下几种指标间的对比形式。

(1) 实际指标与计划或定额指标对比。通过对比，可以说明计划(定额)的完成情况，揭示完成计划(定额)和未完成计划(定额)指标的差异。但是在对比时，计划或定额指标必须保证合理、可行才有实际意义。

(2) 本期实际指标与前期(上期、上年同期或历史上最高水平)实际指标对比。通过对比，可以发现企业成本指标的变动情况和变动趋势，以便采取措施改进企业生产经营工作。

(3) 本企业实际指标与国内外同行业先进指标对比。通过对比，可以了解企业成本水平在国内外同行业中所处的地位，在更大范围内揭示差异，有利于学习先进经验，促进企业改善经营管理，与先进企业逐步缩短距离。

采用比较分析法，要注意对比指标的同质性，即对比指标采用的计价标准、时间单位、计算方法、指标口径等是可比的。在比较同类企业成本指标时，还必须考虑到客观条件、技术经济条件等问题。如果相比的指标之间有不可比因素，应先将可比的口径进行调整，然后再进行对比。此外，比较分析法只能用于绝对指标的对比，在很多情况下需要进行相对数的比较分析，这就需要将比较分析法和其他分析方法结合起来使用。

2. 比率分析法

比率分析法是指通过计算和对比经济指标的比率进行数量分析的一种方法。它是利用两个经济指标的相关性，通过计算比率来考察和评价企业经营活动效益的一种技术方法。所谓比率就是一个指标与另一个指标的比率。比率数字计算简便，并且由于它把两项指标的绝对数变成了相对数，从而使一些条件不同、不可比的指标成为可比的相对数，拓宽了比较的基础和比较分析法的应用范围。比率分析法是经济分析中广泛采用的一种方法，这种方法实际上也是一种比较分析法，是相对数指标的实际数同基数的对比分析。由于分析的内容和要求不同，比率分析法也有不同的表现形式，常用的比率分析形式如下。

(1) 相关指标比率分析法。相关指标比率分析法就是计算两个性质不同但又相关的指标的比率(即相对数)进行数量分析的一种方法。在实际工作中，由于在不同企业之间或同一企业的不同时期，生产规模不同等原因，某些指标如产值、销售收入或利润等相比的绝对数缺乏可比性，此时，将两个性质不同但又相关的指标对比求出比率，然后再以实际数与计划(或前期实际)数进行对比分析，便可以从经济活动的客观联系中，更深入地认识企业的生产经营状况。例如，利润总额与营业成本总额的比率，反映了企业一定时期内所得(利润总额)与所费(营业成本总额)之间的比例关系。这一比率是反映成本效益的重要指标，称为营业成本利润率。营业成本利润率越高，说明企业的经济效益越好。再如，生产成本总额与产值的比率称为产值成本率，产值成本率反映了企业一定时期内生产耗费与生产成果的关系，该指标越低说明企业每元钱所带来产值的能力越强。

(2) 构成比率分析法。构成比率也叫做结构比率，是指某项经济指标的各个组成部分占总体的比重。构成比率分析法是通过计算部分与全部的比率，并通过比较构成比率，了解某项经济指标的构成情况，考察总体组成部分的变动情况的一种数量分析方法，也称为比重分析法。例如，在单位产品成本或产品总成本中，各个成本项目所占的比重；在期间费用总额中，销售费用、管理费用和财务费用各自所占的比重，在某一期间费用总额中，各个具体费用项目所占的比重等，都是构成比率。

通过计算产品成本中各个成本项目的比重、费用总额中各个费用项目的比重，可以了解产品成本、费用总额的构成是否合理。将不同时期的成本构成比率相比较，可以观察产品成本构成的变动，掌握经济活动情况，了解企业改进生产技术和经营管理对产品成本的影响。此外，将实际指标与计划或定额指标相比较，可以发现实际与计划或定额之间的差异。

(3) 动态比率分析法。动态比率分析法是通过将连续若干期相同指标的数值进行对比，来揭示各期指标之间的增减变动的情况，据以预测发展趋势的一种分析方法，也称为趋势分析法。其中分析时所采用的指标既可以是绝对指标，也可以是相对指标。对比时，可以以某个时期为基数，其他时期分别与该时期的基数进行对比，这种比率称为定基比率；也可以分别以前一时期为基数，将后一时期与前一时期的基数进行对比，这种比率称为环比比率。

通过计算动态比率，可以分析反映客观事物的发展方向、增减速度及其发展趋势。例如，将不同期的产值成本率、销售成本率、成本利润率或构成产品成本的各个费用项目的比重等，同某一期进行比较，就可以发现这些指标的增减速度和变动趋势，并从中发现企业在生产经营管理方面的成绩或不足，有助于企业管理者做出合理的经营决策。

【例11-1】奔成企业连续4年的销售费用分别为100万元、95万元、93万元、101万元。以第一年度为基期，计算其各年产品销售费用的定基比率和环比比率如下。

定基比率：

第一年定为100%

第二年：销售费用增长率=95÷100×100%=95%

第三年：销售费用增长率=93÷100×100%=93%

第四年：销售费用增长率=101÷100×100%=101%

环比比率：

第一年定为100%

第二年：销售费用增长率=95÷100×100%=95%

第三年：销售费用增长率=93÷95×100%=97.89%

第四年：销售费用增长率=101÷93×100%=108.60%

比较各年度的定基比率和环比比率可以看出，该企业销售费用的总体趋势是下降的，但第四年有所上升，应进一步分析其原因。如果上升的原因是企业合理的支出(为了扩大影响或增加产品销售量，在第四年度增加广告与展览费用，就属于合理的费用)，企业就不用过多地加以关注；如果造成销售费用上升的原因是不合理的(如在没有扩大规模的前提下，销售部门的日常支出增加就不属于合理的费用)，则应加以控制，以求降低企业的费用支出。

3. 因素分析法

因素分析法是指将某一综合经济指标分解成若干相互联系的原始因素，采用一定的计算方法，确定各因素变动对该项经济指标的影响方向和影响程度的方法。某些成本指标是综合性价值指标，它受到许多因素的影响，只有把成本指标分解为若干个构成因素，才能明确成本指标完成情况的原因和责任，因此必须运用因素分析法进行成本分析。运用因素分析法时，首先要确定综合指标由哪几个因素构成，并建立各因素与该指标之间的函数关系，然后根据分析目的，选用适当的方法进行分析，测定各因素变动对指标的影响程度。因素分析法按照计算程序和方法的不同可分为以下两种。

 知识链接

"鱼骨理论"即任何大小事务的成本，对其构成要素不断进行分解，把所有影响成本的因素全找出来，做到像鱼骨那样具体，分解详细。

(1) 连环替代法。这是在影响综合指标的各因素中，顺序地把其中一个因素当做可变的，而暂时把其他因素看做不变的，进行替代，从而测定出各个因素对综合指标影响程度的一种分析方法。其基本程序如下。

第一步，确定综合经济指标及其影响因素的实际数与基数(计划数或前期实际数)。

第二步，以综合指标实际数和基数的差额作为分析对象，并确定各因素影响指标的排列顺序。

第三步，以基数为计算基础，按照各因素的排列顺序，逐次以各因素的实际数替代其基数，且每次替换后实际数就被保留下来，直到所有因素的基数都被实际数所替代为止，每次替换后都计算出新的结果。

第四步，用每次替换所计算的结果减去替换前的结果，其差额就是替换因素变动对综合指标变动的影响结果。

第五步，计算各因素变动影响结果的代数和。这个代数和就是分析对象，即综合指标的实际数与基数的差额。这个代数和应等于该指标的实际指标值与标准指标值的差异总数，否则，说明计算过程中有错误。

假定 M 为一个综合指标，可以分解成 A、B、C 共 3 项构成因素，其中，A 为最主要因素即第一因素，B 为次主要因素即第二因素，C 为次要因素即第三因素。如果用 M_0 代表基期数，用 M_3 代表对比期指标数；分别用 M_1 和 M_2 和代表第一次和第二次替换后的指标；用 P 代表差异，则连环替代法的计算原理如下。

基期指标：　　　　　　　　　$M_0 = A_0 \times B_0 \times C_0$

第一次替代后：　　　　　　　$M_1 = A_1 \times B_0 \times C_0$

第一因素 A 对 M 的影响：　$P_1 = M_1 - M_0$

第二次替代后：　　　　　　　$M_2 = A_1 \times B_1 \times C_0$

第二因素 B 对 M 的影响：　$P_2 = M_2 - M_1$

第三次替代后：　　　　　　　$M_3 = A_1 \times B_1 \times C_1$

第三因素 C 对 M 的影响：　$P_3 = M_3 - M_2$

可以验证一下，总的差异 $P = P_1 + P_2 + P_3$

$$= M_1 - M_0 + M_2 - M_1 + M_3 - M_2$$

$$= M_3 - M_0$$

下面以对影响产品原材料成本总额变动的 3 个因素进行分析为例，说明这一分析方法的计算程序。

【例 11-2】奔成企业材料费用的有关资料见表 11-8。

表 11-8　资料表

项　目	综合指标	构成因素		
	材料费用/元	产品产量/件	单位产品消耗量/(千克/件)	材料单价/(千克/元)
计划数	15 000	100	5	30
实际数	11 000	110	4	25
差异数	-4 000	+10	-1	-5

从表 11-8 中可以看出，影响材料费用总额变动的因素有 3 个：产品产量、单位产品的材料用量和材料单价。它们之间的关系可以用下列公式表示。

材料费用总额=产品产量×单位产品的材料用量×材料单价

利用这个公式逐项替代和测定各因素的影响，就可以较为清楚地看到材料费用总额以及实际数低于计划数的 4 000 元是怎样形成的。计算过程如下。

计划指标： $M_0 = 100 \times 5 \times 30 = 15\,000$ (元)

第一次替代后： $M_1 = 110 \times 5 \times 30 = 16\,500$ (元)

第一因素 A 对 M 的影响： $P_1 = 16\,500 - 15\,000 = 1\,500$ (元)

第二次替代后： $M_2 = 110 \times 4 \times 30 = 13\,200$ (元)

第二因素 B 对 M 的影响： $P_2 = 13\,200 - 16\,500 = -3\,300$ (元)

第三次替代后： $M_3 = 110 \times 4 \times 25 = 11\,000$ (元)

第三因素 C 对 M 的影响： $P_3 = 11\,000 - 13\,200 = -2\,200$ (元)

总差异 $P = P_1 + P_2 + P_3$

$$= 1\,500 - 3\,300 - 2\,200$$

$$= -4\,000 \text{(元)}$$

从以上的分析可以看出，产品单耗对材料的影响是使材料总成本节约 3 300 元。由于材料单价的降低使得材料总成本降低 2 200 元。而由于产品产量的升高使得材料总成本上升 1 500 元。总体来说该企业的材料成本超额完成了计划目标，但是，还应该具体分析。材料单耗一般是生产部门所作出的贡献，应对生产部门进行奖励，但是材料单耗的降低必须是在保证质量的前提下所产生的，不能只求完成计划的单耗目标而偷工减料。产品产量的增加所引起的材料超计划领用应结合产品的销售状况进行分析，如果销售很好，材料的超计划领用可以允许，若是一味追求产品产量，却造成产品的积压就是浪费损失。此外，材料单价的降低也需要进一步查明原因，看看材料单价的降低是材料采购部门努力的结果，还是其他的原因，存不存在以次充好的现象。只有查明以上各个因素变动的具体原因，才能采取有效的措施，达到降低成本、节约费用的目的。

从上述计算程序中可以看出，这一分析方法具有以下特点。

① 计算程序的连环性。这种连环性体现在两个方面：一方面，该方法除第一次替换外，每个因素的替换都是在前一个因素替换的基础上进行的；另一方面，在计算各因素的影响额时，都是用每次替换后的所得结果与其相邻近的前一次计算结果相比较，两者的差额就是所替换那个因素变动对综合经济指标变动的影响程度。

② 因素替换的顺序性。采用连环替代法，改变因素的排列顺序，计算结果会有所不同。为了便于比较和分析，应当确定因素的排列顺序。在实际工作中，一般将反映数量的因素排列在前，反映质量的因素排列在后；反映实物量和劳动量的因素排列在前，反映价值量的因素排列在后。例如，影响产品原材料消耗总额的因素有产品产量、单位产品材料消耗量和材料单价 3 个因素，一般按产品产量、单位产品材料消耗量、材料单价的顺序排列。

③ 运用这一方法在测定某一因素变动的影响时，是以假定其他因素不变为条件的。因此，计算结果只能说明在某种假定条件下计算的结果。这种科学的抽象分析方法是在确定事物内部各种因素影响程度时必不可少的。

(2) 差额计算法。差额计算法是连环替代法的简化形式，它是根据各因素本期实际数值与计划(基期)数值的差额，直接计算各因素变动对经济指标影响程度的方法。运用这一方法时，先要确定各因素实际数与计划(基期)数之间的差异，然后按照各因素的排列顺序，依次求出各因素变动的影响程度。它的应用原理与连环替代法一样，只是计算程序不同。仍使用例 11-2 的数字资料，以差额计算法测定各因素影响程度的计算过程如下。

分析对象： $11\,000 - 15\,000 = -4\,000$ (元)

产品产量变动对材料费用的影响：(+10)×5×30=1 500(元)

材料单耗变动对材料费用的影响：110×(-1)×30=-3 300(元)

材料单价变动对材料费用的影响：110×4×(-5)=-2 200(元)

总差异：　　　　　　　　　1 500-3 300-2 200=-4 000(元)

从计算分析结果可以看出，差额分析法与前述连环替代法的计算结果相同。但由于计算更简便，所以，差额计算法应用比较广泛，特别是在影响因素较少的时候更为适用。

以上介绍了成本分析的比较分析法、比率分析法和因素分析法。这些分析方法从其本质上来说都是比较分析法。比率分析法是通过将分子指标与分母指标进行比较来考察经济业务的相对效益；因素分析法是通过各项因素替换结果的比较来揭示实际数与基数之间产生差异的因素和各因素的影响程度；趋势分析法是通过将连续若干指标进行比较，来预测企业经济发展的趋势。成本分析除了可以采用以上方法外，还有许多具有专门用途的方法，如直接法、余额法、成本性态分析法等，所有这些方法共同构成了成本分析的方法体系。

 特别提示

比较分析法是同种指标的相减，求差值；比率分析法是两个指标的相除，求比率；因素分析法是两个指标的相乘，求影响额。

比率分析法中两种指标的相除为相关指标比率分析法，同种指标内部相除为结构比率分析法，同种指标相除为趋势分析法。

11.4　成本报表分析

11.4.1　全部产品成本报表分析

全部产品成本报表分析，主要是全部产品成本计划的完成情况分析和可比产品成本降低目标的完成情况分析，分析一般在月份、季度或年度的终了，根据"全部产品成本表"，结合其他有关的成本资料，采用指标对比法进行。首先将全部产品的实际总成本与按实际产量调整计算的计划总成本相比较，确定本期产品实际总成本比计划总成本的节约或超支额，然后分别计算可比产品成本和不可比产品成本的节约或超支额，最后，根据以上计算结果，进行节约或超支额情况的因素分析等。

1. 全部产品总成本计划完成情况分析

全部产品总成本完成情况分析就是对本期产品实际总成本比计划总成本的节约或超支额的分析，是一种总括性的分析。在实际工作中，根据需要可按产品种类、成本项目、成本性态等进行分析。下面主要以产品类别为例进行有关分析。

按产品种类编制的全部产品成本表上列明了本年累计实际数、本年计划数和上年实际数，都是整个年度的生产费用和产品成本。可以就产品生产成本合计数、生产费用合计数及其各项生产费用进行对比，分析全部产品成本计划完成的总括情况，揭示差异，以便进行进一步分析。

【例 11-3】假定奔成企业 201×年 12 月份的全部产品生产成本表(按产品品种反映)见表 11-1。

在表 11-1 中，因为可比产品是企业过去正式生产过，有完整的成本资料可以进行比较的产品；而不可比产品是企业本年度初次生产的新产品，或虽非初次生产，但以前仅属试制而未正式投产的产品，因此缺乏可比的成本资料。根据上述产品成本表资料编制全部产品成本计划完成情况分析表，见表 11-9。

表 11-9　全部产品成本计划完成情况分析表

201×年 12 月　　　　　　　　　　　　　　　　单位：元

产品名称	计划总成本	实际总成本	实际比计划降低额	实际比计划降低率
1. 可比产品	715 000	719 500	+4 500	+0.629%
其中：A 产品	550 000	560 000	+10 000	+1.818%
B 产品	165 000	159 500	−5 500	−3.33%
2. 不可比产品：C	27 600	26 450	−1 150	−4.167%
合　　计	742 600	745 950	+3 350	+0.451%

表中数字的计算如下。

本年实际比计划升降额＝实际总成本−计划总成本

＝745 950−742 600＝3 350(元)

本年累计全部产品成本计划完成率

$$=\frac{\sum(各种产品实际单位成本 \times 实际产量)}{\sum(各种产品计划单位成本 \times 实际产量)} \times 100\%$$

$$=\frac{745\ 950}{742\ 600} \times 100\% = 1.0451\%$$

成本升降率＝1.0451%−100%＝0.451%

计算表明，本月全部产品实际总成本高于计划成本 3 350 元，升高了 0.451%。其中，可比产品累计实际总成本超过计划 4 500 元，主要是 A 产品成本超支，超支额为 10 000 元，而 B 产品成本是降低的，降低额为 5 500 元。不可比产品 C 实际成本比计划降低 1 150 元。显然，导致本年度全部产品实际成本没有完成计划任务的主要原因是 A 产品成本超支，应进一步查明 A 产品成本超支的具体原因。

为了把企业产品的生产耗费和生产成果联系起来，综合评价企业生产经营的经济效益，在全部产品成本计划完成情况的总评价中，还应包括产值成本率指标的分析。从上述产品成本表补充资料中得知，本年累计实际产值成本率为 58.83 元/百元，比计划超出 0.27 元，说明该企业生产耗费的经济效益有所下降。

为了进一步分析全部商品产品成本计划完成情况，还可以按产品项目进行分析。将全部产品总成本按成本项目汇总，将实际总成本与计划总成本进行对比，确定每个成本项目的降低额、降低率。总之，进行全部商品产品总成本完成情况分析，要根据企业产品生产的特点、成本管理的现状和要求、成本分析的目的进行。

2. 分析可比产品成本降低计划的完成情况

可比产品成本降低情况分析就是将可比产品实际成本与按实际产量和上年实际单位成本计算的上年实际总成本相比较，确定可比产品的实际降低额和降低率，并同计划降低指标相比，评价企业可比产品成本降低任务完成情况，确定各因素的影响程度。

要分析可比产品成本降低计划完成情况，就必须知道可比产品的有关计划指标以及计划完成情况的资料。前者可以从相关管理部门所制定的计划任务中获悉，后者可以从全部产品生产成本表(按产品品种反映)中获得。假设，企业的成本计划中规定的可比产品产量见表 11-1，可以编制可比产品成本降低计划表，见表 11-10。

表 11-10 可比产品成本降低计划表

201×年 12 月 　　　　　　　　　　　　　　　　　　　　　单位：元

可比产品	全年计划产量/件	单位成本		总成本		计划降低指标	
		上年实际平均	本年计划	按上年实际平均单位成本计算	按本年计划单位成本计算	降低额	降低率/%
A	12 000	60	55	720 000	660 000	60 000	8.33
B	5 000	32	30	160 000	150 000	10 000	6.25
合　计				880 000	810 000	70 000	7.95

其中：

可比产品成本计划降低额=880 000-81 000=70 000(元)

可比产品成本计划降低率 $=\dfrac{70\,000}{880\,000}\times100\%=7.95\%$

根据表 11-1 可以编制可比产品成本降低计划完成情况分析表，见表 11-11。

表 11-11 可比产品成本降低计划完成情况分析表

单位：元

可比产品	总成本		计划完成情况	
	按上年实际平均单位成本计算	本期实际	降低额	降低率/%
A 产品	600 000	560 000	40 000	6.67
B 产品	176 000	159 500	16 500	9.38
合　计	776 000	719 500	56 500	7.28

分析实际脱离计划的差异，对比表 11-10 和表 11-11：计划降低额为 70 000，计划降低率为 7.95%；实际降低额为 56 500，实际降低率为 7.28%。

实际脱离计划差异如下。

成本降低额=56 500-70 000=-13 500(元)

成本降低率=7.28%-7.95%=-0.67%

从以上对比中可以看出，可比产品成本降低计划没有完成，实际比计划少降低 13 500元，实际降低率比计划降低率少 0.67%。

值得注意的是，成本降低额和成本降低率被同时用来作为可比产品的成本降低任务是必要的。因为一般来说，成本降低率愈大，成本降低额也愈大，但成本降低率只表示产品成本水平的升降变化情况，不受产量多少影响，而成本降低额则还受产量多少的影响。在实际工作中，当规定了这两个指标的任务后，往往会出现以下情况：①各种产品及全部产品的两个指标任务都得以完成；②没有完成某种产品的成本降低率计划，但完成了该产品成本降低额计划；③完成了某产品的成本降低率计划，但没有完成该产品成本降低额计划；④各种产品的成本降低率计划都得以完成，但总的成本降低率计划没有完成；⑤企业没有一种产品的成本计划降低额完成，但却完成了总的降低率计划等。因此，分析可比产品成本降低情况必须从降低额和降低率两个方面进行，并进一步分析各因素的影响程度。影响可比产品成本降低计划完成情况的因素概括起来有以下 3 个。

(1) 产品产量。成本降低计划是根据计划产量制定的，实际降低额和降低率都是根据实际产量计算的。因此，产量的增减必然会影响可比产品成本降低计划的完成情况。但是，产量变动影响有其特点：假定其他条件不变，即产品品种构成和产品单位成本不变，单纯产量变动，只会影响成本降低额，而不会影响成本降低率。

【例 11-4】假定在表 11-10 中可比产品的实际产量都比计划提高 10%，则 A 产品产量为 12 000×110%=13 200，B 产品为 5 000×110%=5 500，而产品的品种构成和单位成本都不变，其成本降低额和成本降低率的情况见表 11-12。

表 11-12　可比产品计划完成情况表

单位：元

可比产品	全年实际产量/件	单位成本		总成本		计划完成情况	
		上年实际平均	本年计划	按上年实际平均单位成本计算	按本年计划单位成本计算	降低额	降低率/%
A 产品	13 200	60	55	792 000	726 000	66 000	8.33
B 产品	5 500	32	30	176 000	165 000	11 000	6.25
合　计	—			968 000	891 000	77 000	7.95

由表 11-12 的计算可以看出，当 A 产量从计划的 12 000 件增加为 13 200 件，而单位成本和产品的品种构成都不变时，成本降低额也由原来的 60 000 元上升到 66 000 元，即成本降低额也增加了 10%，同产量的变化比率相同，但是计划降低率仍然是 8.33%不变。同样分析 B 产品以及可比产品总成本也可以得出相同的结论，即单纯的产量变动只影响成本降低额而不影响成本降低率。

(2) 产品品种构成。产品的品种构成是指各种产品产量在全部产品产量中的比重，由于实物量不能进行简单的相加，一般以上年实际平均单位成本或本年计划成本为基础计算求得。产品品种构成发生变动时，会影响可比产品成本降低额和降低率升高或降低。在分析中之所以要单独计量产品品种构成变动影响，目的在于揭示企业取得降低产品真实成果的具体途径，从而对企业工作做出正确的评价。某产品的品种构成计算公式如下。

$$\frac{某产品实际产量×该产品上年实际单位成本或本年计划单位成本}{\sum(可比产品本年实际产量×可比产品上年实际单位成本或本年计划单位成本)}×100\%$$

(3) 产品单位成本。可比产品成本计划降低额是本年度计划成本比上年度(或以前年度)实际成本的降低数，而实际降低额则是本年度实际成本比上年度(或以前年度)实际成本的降低数。因此，当本年度可比产品实际单位成本比计划单位成本降低或升高时，必然会引起成本降低额和降低率的变动。产品单位成本的降低意味着生产中活劳动和物化劳动消耗的节约。因此，分析时应特别注意这一因素的变动影响。

分析以上各个因素对成本计划完成情况的影响可以采用因素分析法中的连环替代法，也可以用差额分析法。用连环替代法时，一般以计划产量、计划品种构成、计划单位成本下的成本降低额为基数，然后将其依次替代为实际数。计算公式如下。

产品产量变动对成本降低额的影响如下。

$$\left[\left(\begin{array}{c}\text{本期实}\\\text{际产量}\end{array}\times\begin{array}{c}\text{上年实际平}\\\text{均单位成本}\end{array}\right)\times\text{计划成本降低率}\right]-\text{计划成本降低额}$$

$$=\sum\left[\left(\begin{array}{c}\text{本期实}\\\text{际产量}\end{array}-\begin{array}{c}\text{本期计}\\\text{划产量}\end{array}\right)\times\text{上年实际平均单位成本}\right]\times\text{计划成本降低率}$$

产品产量变动对成本降低率的影响为 0，即在其他因素不变时，单纯产量变动不影响成本降低率。

产品品种结构变动对成本降低额的影响如下。

$$\left[\sum\left(\begin{array}{c}\text{本期实}\\\text{际产量}\end{array}\times\begin{array}{c}\text{上年实际平}\\\text{均单位成本}\end{array}\right)-\sum\left(\begin{array}{c}\text{本期实}\\\text{际产量}\end{array}\times\begin{array}{c}\text{本年计划}\\\text{单位成本}\end{array}\right)\right]$$

$$-\left[\sum\left(\begin{array}{c}\text{本期实}\\\text{际产量}\end{array}\times\begin{array}{c}\text{上年实际平}\\\text{均单位成本}\end{array}\right)\times\text{计划成本降低率}\right]$$

产品品种结构变动对成本降低率的影响如下。

$$\frac{\text{产品品种结构变动对成本降低额的影响}}{\sum\left(\text{本期实际产量}\times\text{上年实际平均单位成本}\right)}\times100\%$$

产品单位成本变动对成本降低额的影响为：

$$\sum\left(\begin{array}{c}\text{本期实}\\\text{际产量}\end{array}\times\begin{array}{c}\text{本年计划}\\\text{单位成本}\end{array}\right)-\sum\left(\begin{array}{c}\text{本期实}\\\text{际产量}\end{array}\times\begin{array}{c}\text{本期实际平}\\\text{均单位成本}\end{array}\right)$$

$$=\sum\left[\text{本期实际产量}\times\left(\begin{array}{c}\text{本年计划}\\\text{单位成本}\end{array}-\begin{array}{c}\text{本期实际平}\\\text{均单位成本}\end{array}\right)\right]$$

产品单位成本变动对成本降低率的影响如下。

$$\frac{\text{产品单位成本变动对成本降低额的影响}}{\sum\left(\text{本期实际产量}\times\text{上年实际平均单位成本}\right)}\times100\%$$

【例 11-5】根据【例 11-3】的资料，分别分析产品产量、产品品种结构以及单位成本对产品成本计划降低额及计划降低率的影响。

(1) 产品产量变动对成本降低额的影响如下。

77 600×7.95%-70 000=-8 308(元)

即单纯产量变动使得成本计划降低额尚有 8 308 元的任务没有完成。

产品产量变动对成本降低率的影响为 0。

在分析产品产量变动对成本计划完成情况的影响时，也可以采用简化的方法。由之前的分析可知，在其他因素不变的情况下，单纯的产量变动只影响产品成本计划降低额而不影响计划降低率，因此，产量变动对产品成本降低率的影响为 0，即如果只是单纯的产量变动，实际成本降低率等于计划成本降低率。

根据公式：　实际降低率$=\dfrac{\text{实际降低额}}{\text{按上年实际平均单位成本计算的总成本}}\times100\%$

得：　实际降低额=按上年实际平均单位成本计算的总成本×计划降低率

=776 000×7.95%=61 692(元)

则产量变动对计划降低额的影响为-8 308 元(61 692-70 000)。

(2) 产品品种结构变动对成本降低额的影响为：

$$(776\ 000-715\ 000)-77\ 600×7.95\%=-692(元)$$

产品品种结构变动对成本降低额的影响为：

$$\frac{-692}{776\ 000}×100\% = -0.089\%$$

(3) 产品单位成本变动对成本降低额的影响为：

$$715\ 000-719\ 000=-4\ 500(元)$$

产品单位成本变动对成本降低率的影响为：

$$\frac{-4\ 500}{776\ 000}×100\% = -0.58\%$$

(4) 各因素对成本降低额的综合影响为：

$$-8\ 308+(-692)+(-4\ 500)=-13\ 500(元)$$

各因素对成本降低率的综合影响为：

$$0+(-0.09\%)+(-0.58\%)=-0.67\%$$

各因素对成本计划完成情况的综合影响与之前的分析完全吻合。

 理论应用

要谋求成本的有效降低，必须分析在影响成本的各种因素中最本质的东西，也就是说要做到单元成本的分析，只有这样彻底地将有关问题一一列举出来进行改善，才能建立一个正确的标准成本。以人工费用为例，应该再细分为原料采购过程的人工费用、制造过程的人工费用、产品生产的人工费用及销售上的人工费用等。如果只以简单的直接人工费用为单位成本，那么分析工作势必无法再深入，得出来的结论往往与实际有一定距离，也就无法取得正确的成本分析结果。这是"鱼骨理论"的具体运用。

11.4.2 主要产品单位成本表的分析

主要产品单位成本分析就是对成本变动较大的主要产品单位成本进行的分析，包括主要产品单位成本比计划、比上期的升降情况；按成本项目分析成本变动情况，查明造成单位成本升降的原因；各项消耗定额的执行情况；产品结构、工艺、操作方法的改变及有关技术经济指标变动对产品单位成本的影响等。

进行单位产品成本分析，有利于针对成本升降的具体原因采取措施，从而降低产品成本。单位产品成本分析主要依据主要产品单位成本表、成本计划和各项消耗定额资料，以及反映各项技术经济指标的业务技术资料。分析时一般是先检查主要产品单位成本实际比计划、比上年实际、比历史最高水平的升降情况，然后按成本项目分析单位产品成本变动的具体原因，因此，单位产品成本分析主要包括两个方面：主要产品单位成本变动情况的分析和主要成本项目的分析。主要产品单位成本变动情况的分析是对主要产品单位成本所做的一般分析。分析时依据主要产品单位成本表及有关技术经济指标，查明单位实际成本与基准的差异，确定单位成本是升高还是降低了及升降幅度，然后按成本项目进行对比分析，分别确定各成本项目的消耗定额差异和价格差异。必要时还要进一步分析产品产量变动、产品质量水平变动等对单位产品成本的影响。

【例 11-6】以【例 11-3】中所涉及的企业主要产品 A 单位成本的相关资料为例，见

表 11-3，对该企业 12 月份 A 产品单位成本进行分析。

根据表 11-3 提供的资料，可以编制 A 产品 12 月份的成本分析表，见表 11-13。

表 11-13 A 产品成本分析表

201×年 12 月   单位：元

成本项目	历史最高水平	上年实际平均	本年计划	本年累计实际平均	本月实际	本月差异			
						比历史最高水平	比上年实际平均	比计划	比本年实际平均
直接材料	30	32	31	33	32	+2	0	+1	-1
直接人工	11	13	11	12	13	+2	0	+2	+1
制造费用	14	15	13	13	11	-3	-4	-2	-2
合　计	55	60	55	58	56	+1	-4	+1	-2

1. 主要产品单位成本变动情况分析

根据表 11-13 中计算的 A 产品单位成本各项差异可知，A 产品本月实际单位成本比上年实际单位成本下降了 4 元，但是与历史最高水平还相差 1 元的距离，而且与本年计划水平相比，也有 1 元没有完成计划任务。但是当月的单位成本较全年平均水平还是下降了，说明当月对 A 产品单位成本的控制还是有效的。分析单位成本的具体构成项目可以看出，A 产品中制造费用控制得最好，应当总结推广有益的经验，并奖励降低成本的相关工作人员。而造成单位成本计划目标没有完成的主要原因是直接材料和直接人工的超支。为了查明具体的原因，还要进一步结合企业的生产技术、生产组织的状况、经营管理水平和采取的技术组织措施效果等因素，对各个成本项目(特别是直接材料和直接人工项目)做进一步的具体分析。

2. 主要成本项目分析

一定时期内单位产品成本的高低是与企业该时期的生产技术、生产组织的状况和经营管理水平、采取的技术组织措施效果相联系的。紧密地结合技术经济方面的资料，查明成本升降的具体原因，是进行产品单位成本各个项目分析的特点。在一定生产技术条件下，某种类型的产品单位成本项目的构成，应保持在一定的相对水平上。通过进行成本项目的结构分析，可以大体了解单位成本水平变动的原因。例如在上述的 A 产品中，12 月的直接材料成本项目超支，可能是原材料单耗或单价上升的结果；直接人工项目超支，可能是工资水平上升或劳动生产率下降的结果等。因此，在进行具体成本项目分析前，首先要进行成本项目结构的一般分析，以确定成本项目分析的重点再进行详细分析。

1) 费用的分析

直接材料费用的变动主要受单位产品原材料消耗数量和原材料价格两个因素的变动影响。其变动的影响可用差额计算法进行计算。

原材料消耗数量变动的影响=(实际单位耗用量-计划单位耗用量)×原材料计划单价

原材料价格变动的影响=(原材料实际单价-计划单价)×原材料单位实际耗用量

【例 11-7】接【例 11-6】，根据该公司其他资料，A 产品所用的原材料的计划单价为 3.1 元/千克，实际单价为 2.91 元/千克。结合表 11-3 中材料消耗量的资料分析 A 产品 12 月份的直接材料项目。

材料消耗量变动的影响：(11-10)×3.1=3.1(元)

材料单价变动的影响：(2.91-3.1)×11=-2.1(元)

两个因素的变动共使 A 产品 12 月份原材料费用实际比计划增加了 1 元，即(3.1-2.1)元。经过分析可知：直接材料超支主要是由于材料单位消耗量增加引起的，这是企业自身的因素，应从产品零部件结构、原材料加工方法、原材料利用率、材料质量、配料比例等技术指标入手分析单耗增加的原因，这是下一步分析的重点。

在上述两个因素的变动中，影响材料单价变动的因素有材料买价的变动、材料运费的变动、运输途中的合理损耗的变化、材料整理加工及检验的变化等。这些因素多属外界因素，需结合市场供求和材料价格变动情况进行具体分析。

影响单位产品原材料消耗数量变动的原因很多，归纳起来主要有以下几个。

(1) 产品或产品零、部件结构的变化。在保证产品质量的前提下，改进产品设计，使产品结构合理，体积缩小，重量减轻，就能减少原材料消耗，降低原材料费用。

(2) 原材料加工方法的改变。改进工艺和加工方法或采取合理的套裁下料措施，减少毛坯的切削余量和工艺损耗，就能提高原材料利用率，节约原材料消耗，降低产品成本。

(3) 材料质量的变化。实际耗用的原材料质量如高于计划规定，可能会提高产品质量，或者节约材料消耗，但材料费用会升高；反之，如果质量低于计划要求，价格虽低，但会增大材料消耗量，会增加生产操作时间，或者降低产品质量。

(4) 原材料代用或配料比例的变化。在保证产品质量的前提下，采用廉价的代用材料，选用经济合理的技术配方，就会节约原材料消耗或降低原材料费用。

(5) 原材料综合利用。有些工业企业在利用原材料生产主产品的同时，还生产副产品，开展原材料的综合利用，这样就可以将同样多的原材料费用分配到更多品种和数量的产品上，从而降低主产品的原材料费用。

(6) 生产中产生废料数量和废料回收利用情况的变化。

此外，生产工人的劳动态度、技术操作水平、机械设备性能以及材料节约奖励制度的实施等，都会影响原材料消耗数量的增减。

 知识链接

硬成本和软成本。我们每时每刻都生活在一个成本的世界里，有许多成本是从事经济活动必须支出的，即硬成本；有些是从事经济活动可以支出，可以不支出，可以多支出，可以少支出的，即软成本。这里的硬成本包含着固定成本、一般成本、平均成本等方面的含义，而软成本则是变动成本、边际成本等。对于一个企业来讲，硬成本大家是一样的，无所谓竞争，从成本的角度来看，企业与企业之间竞争的关键在于软成本，也就是那些有弹性的部分。

2) 直接人工费用的分析

单位成本中的直接人工费用应按不同的工资制度和不同的工资费用计入成本的方法来进行分析。企业实行的工资制度如果是计件工资制度，这些工资费用的变动主要是由于计件单价变动引起的，应该查明该种产品计件单价变动的原因。如果是计时工资制度，单位成本中的直接工资费用是根据单位产品所耗工时数和每小时的工资费用分配计入的，可以比照直接材料费用采用差额计算分析法进行分析(单位产品所耗工时数相当于单位产品的材料消耗数量，每小时的工资费用相当于材料单价)，计算产品所耗工时数变动(量差)和小时工资率变动(价差)对直接人工费用变动的影响。

单位产品所耗工时变动的影响=(实际工时单耗-计划工时单耗)×计划小时工资率

小时工资率变动的影响=(实际小时工资率-计划小时工资率)×实际工时单耗

【例 11-8】假定 A 产品单位工时消耗和小时工资率的计划数和实际数见表 11-14。

表 11-14　A 产品直接人工费用分析表

项　　目	工时单耗/小时	小时工资率/(元/小时)	单位直接人工费用/元
本年计划	2	5.5	11
本月实际	2.6	5	13
直接人工费用差异	+0.6	-0.5	+2

根据计算公式及表 11-14 中有关单位产品工资费用的资料，分析工时单耗及小时工资率的影响程度如下。

单位产品所耗工时变动的影响：(2.6-2)×5.5=3.3(元)

小时工资率变动的影响：　　　(5-5.5)×2.6=-1.3(元)

两个因素的综合影响：　　　　3.3+(-1.3)=2(元)

以上分析计算表明：该种产品直接人工费用实际比计划超支 2 元，完全是实际单位工时消耗大于计划工时单位消耗的结果，而小时工资率费用则是节约的，它抵消了一部分由于工时消耗超支所产生的直接人工费用的超支额。应结合机器设备性能、材料质量、生产工艺及产品设计的改变、工人劳动技术熟练程度、工作态度等主客观原因进行分析，并进一步查明单位产品工时消耗超支和每小时工资费用节约的原因。采取一定措施抑制不利影响，进一步提高劳动生产率。

单位产品所耗工时一般和生产工人劳动生产率相关。工人操作的熟练程度越高，劳动生产率就越高，单位产品所耗工时就越低。企业不能一味地追求产品工时单耗的降低，应该查明节约工时以后是否影响了产品的质量。通过降低产品质量来节约工时，是不被允许的。每小时工资费用是以生产工资总额除以生产工时总额计算求出的。工资总额控制得好，生产工资总额减少，会使每小时工资费用节约；否则会使每小时工资费用超支。在工时总额固定的情况下，非生产工时控制得好，减少非生产工时，增加生产，会使每小时工资费用节约，否则会使每小时工资费用超支。因此，要查明每小时工资费用变动的具体原因，还应对生产工时的利用情况进行调查研究。

3) 制造费用的分析

制造费用一般是间接计入费用，产品成本中的制造费用一般是根据生产工时等分配标准分配计入的。因此，产品单位成本中制造费用的分析，通常与计时工资制度下直接人工费用的分析相类似，先要分析单位产品所耗工时变动和每小时制造费用变动两个因素对制造费用变动的影响，然后查明这两个因素变动的具体原因。

【例 11-9】假定 A 产品单位工时消耗和小时制造费用率的计划数和实际数见表 11-15。

表 11-15　A 产品制造费用分析表

项　　目	工时单耗/小时	小时制造费用率/(元/小时)	单位制造费用/元
本年计划	2	6.5	13
本月实际	2.6	4.23	11
制造费用差异	+0.6	-2.27	-2

根据计算公式及表 11-15 中有关单位产品制造费用的资料，分析工时单耗及小时制造费用率的影响程度如下。

单位产品所耗工时变动的影响：(2.6-2)×6.5=3.9(元)

小时制造费用率变动的影响：(4.23-6.5)×2.6=-5.9(元)

两个因素的综合影响：3.9+(-5.9)=+2(元)

由以上计算结果表明，由于实际单位生产工时比计划单位生产工时延长，使 A 产品的制造费用增加 3.9 元；由于本月实际小时制造费用率比计划小时工资率降低，使单位产品的制造费用减少 5.9 元；两者共同作用的结果使 A 产品实际单位制造费用比计划降低 2 元。为了进一步了解制造费用变动的具体原因，提出改进措施，降低单位产品成本，应按制造费用的详细项目逐项分析。

11.4.3 各种费用的分析

本节中提到的各种费用是指企业在生产经营过程中，各个车间、部门为进行产品生产、组织和管理生产经营活动所发生的制造费用、销售费用、管理费用和财务费用。前者属于产品成本的组成部分，后 3 种属于期间费用。制造费用、销售费用、管理费用和财务费用都是由许多具有不同经济性质和不同经济用途的费用组成的。这些费用支出的节约或浪费，往往与公司(总厂)行政管理部门和生产车间工作的质量和有关责任制度、节约制度的贯彻执行情况密切相关。因此，向各有关部门、车间编报上述报表，分析这些费用的支出情况，不仅是促进节约各项费用支出，杜绝一切铺张浪费，不断降低成本和增加盈利的重要途径；同时也是推动企业改进生产经营管理工作，提高工作效率的重要措施。

对上述各种费用进行分析，首先应根据表中资料以本月费用实际支出与计划相比较，确定差异，然后分析差异产生的原因，对于脱离计划的差异，应按各组成项目分别进行，而不能只检查各种费用总额计划的完成情况，不能用其中一些费用项目的节约来抵补其他费用项目的超支。同时，要注意不同费用项目支出的特点，不能简单地把任何超过计划的费用支出都看做是不合理的；同样，对某些费用项目支出的减少也要做具体分析：有的可能是企业工作成绩，有的则可能是企业工作中的问题。不能孤立地看费用是超支了还是节约了，而应结合其他有关情况，结合各项技术组织措施效果来分析，结合各项费用支出的经济效益进行评价。

在按费用组成项目进行分析时，由于费用项目多，因此每次分析只能抓住重点，对其中费用支出占总支出比重较大的，或与计划相比发生较大偏差的项目进行分析。特别应注意那些非生产性的损失项目，如材料、在产品和产成品等存货的盘亏和毁损。因为这些费用的发生与企业管理不善直接相关。分析时，除将本年实际与本年计划相比，检查计划完成情况外，为了从动态上观察、比较各项费用的变动情况和变动趋势，还应将本月实际与上年同期实际进行对比，以了解企业工作的改进情况，并将这一分析与推行经济责任制结合，与检查各项管理制度的执行情况结合，以推动企业改进经营管理，提高工作效率，降低各项费用支出。

为了深入地研究制造费用、销售费用、管理费用和财务费用变动的原因，评价费用支出的合理性，寻求降低各种费用支出的途径和方法，也可按费用的用途及影响费用变动的因素，将上述费用包括的各种费用项目按以下类别归类进行研究。

(1) 生产性费用。如制造费用中的折旧费、修理费、机物料消耗等，这些费用的变动与企业生产规模、生产组织、设备利用程度等有直接联系。这些费用的特点既不同于与产量增减成正比例变动的变动费用，又不同于固定费用，即在业务量一定的范围下，相对固定，超过这个范围就可能上升。分析时应根据这些费用的特点，联系有关因素的变动，评价其变动的合理性。不能简单地将一切超支都看成是不合理的、不利的，也不能简单地将一切节约都看成是合理的、有利的。例如，修理费和劳动保护费的节约，可能使机器带病运转，影响机器寿命，可能缺少必要的劳动保护措施，影响安全生产，只有在保证机器设备的维修质量和正常运转，保证安全生产的条件下节约修理费和劳动保护费才是合理的、有利的。又如，机物料消耗的超支也可能是由于追加了生产计划增加了开工班次，相应增加了机物料消耗的结果。这样的超支也是合理的，不是成本管理的责任。

(2) 管理性费用。如行政管理部门人员的工资、办公费、业务招待费等。管理性费用的多少主要取决于企业行政管理系统的设置和运行情况以及各项开支标准的执行情况。分析时，除按明细项目与限额指标相比分析其变动的原因外，还应从紧缩开支、提高工作效率的要求出发，检查企业对有关精简机构、减少层次、合并职能、压缩人员等措施的执行情况。

(3) 发展性费用。如职工教育经费、设计制图费、试验检验费、研究开发费等。这些费用与企业的发展相关，实际上是对企业未来的投资。但是这些费用应当建立在规划合理、经济、可行的基础上，而不是盲目地进行研究开发或职工培训，应将费用的支出与取得的效果联系起来进行分析评价。

(4) 防护性费用。如劳动保护费、保险费等，这类费用的变动直接与劳动条件的改善、安全生产等相关。同样，对这类费用的分析就不能认为支出越少越好，而应结合劳动保护工作的开展情况，分析费用支出的效果。

(5) 非生产性费用。主要指材料、在产品、产成品的盘亏和毁损。分析这类费用发生的原因，必须从检查企业生产工作质量、各项管理制度是否健全以及库存材料、在产品和产成品的保管情况入手，并把分析与推广和加强经济责任制结合起来。

总之，通过上述分析，应促使企业不断总结经验，改进企业的生产经营管理，有效控制各种费用支出，最终提高企业的经济效益。

本 章 小 结

本章在阐述成本报表的特点、作用、分类以及成本报表的编制要求的基础上，重点介绍了各种成本报表的内容结构、编制和分析方法。成本报表的编制和分析是成本会计的重要内容，是发挥成本会计作用的重要手段。企业成本报表的编制要满足各级管理部门对成本会计信息的需求，充分发挥成本会计服务内部管理的职能作用。对于成本报表的分析，首先应从对成本计划完成情况的总评开始；然后根据发现的问题，再逐步深入，进行具体的分析，并将分析的结果相互联系起来，从宏观上分析发现问题，以保证正确评价企业成本工作；最后企业应将分析结果与成本的奖惩考核联系起来，挖掘各种降低成本的潜力。

名人名言

经营管理，成本分析，要追根究底，分析到最后一点。

——台塑集团董事长王永庆

不放过任何细节。

——日本经营之神松下幸之助

如果你不能评价，你就无法管理。

——彼得·F·德鲁克

成本赋予了报表的初始实际值。

——佩顿

在成本分析中，作为一个方向，要特别强调对产品成本进行技术经济分析，从产品的设计、工艺等环节挖掘节约劳动耗费、降低成本的潜力。技术进步是无止境的，从技术进步上挖掘降低成本的潜力也是无止境的。

——杨纪琬

中英文对照专业名词

成本报表(cost statement)　　　　　　比率分析法(ratio analysis method)

成本分析(cost analysis)　　　　　　　趋势分析法(trend analysis method)

因素分析法(factor analysis method)　　连环替代法(serial substitution method)

比较分析法(comparison analysis method)　差额替代法(difference analysis method)

练 习 题

一、填空题

1. 对比分析法是通过将( )与( )进行对比来揭示实际数与基数之间的差异，借以了解经济活动的成绩和问题的一种方法。

2. 上一年度没有正式生产过、没有上年成本资料的产品，称为( )；上一年度正式生产过，具有上年成本资料的产品，称为( )。

3. 产品单位成本降低，使成本降低额和降低率( )；反之，则( )。

4. 影响可比产品成本降低额变动的因素有3个，即产品产量变动、产品( )变动和产品( )变动。

5. 产品生产成本表一般分为两种，一种按( )反映；另一种按( )反映。

二、单项选择题

1. 在可比产品成本降低计划执行情况分析中，( )因素的变化会引起成本降低率的变化。
   A. 产品单位成本　　　　　　　B. 产品的质量
   C. 产品的产量　　　　　　　　D. 产品的价格

2. 在成本报表的比率分析法中，属于越大越好的正指标是( )。
   A. 产值成本率　　　　　　　　B. 销售收入成本率
   C. 成本利润率　　　　　　　　D. 直接材料费用比率

3. 工业企业的成本报表，总的来说，反映的是工业企业的( )。
   A. 生产费用　　　　　　　　　B. 经营管理费用

C. 生产经营管理费用　　　　D. 生产经营管理费用和非生产经营管理费用

4. 成本报表是( )。

　　A. 对外报送的会计报表　　　　B. 企业内部使用的会计报表

　　C. 国家统一规定格式的会计报表　D. 既是对外报表，又是内部报表

5. 在产品品种比重和产品单位成本不变的情况下，单纯的产量增加会使( )。

　　A. 成本降低额增加　　　　B. 成本降低额减少

　　C. 成本降低率增大　　　　D. 成本降低率减小

三、多项选择题

1. 工业企业成本报表分析的方法有( )。

　　A. 对比分析法　　　　B. 比率分析法

　　C. 差额计算分析法　　　　D. 连环替换分析法

　　E. 趋势分析法

2. 在连环替换分析法的运用中，各项因素排列顺序的基本原则有( )。

　　A. 先实物量因素后价值量因素　B. 先质量因素后数量因素

　　C. 先主要因素后次要因素　　　D. 先价值量因素后实物量因素

　　E. 先数量因素后质量因素

3. 成本报表一般包括( )。

　　A. 全部产品生产成本表　　　B. 主要产品单位成本表

　　C. 制造费用明细表　　　　D. 产品销售费用明细表

　　E. 管理费用明细表

4. 在成本报表的对比分析法中，对比的基本数一般有( )。

　　A. 计划数或定额数　　　　B. 前期实际数或以往年度同期实际数

　　C. 企业的历史先进水平　　　D. 国内外同行业的先进水平

　　E. 国家规定的成本指标

5. 在成本报表的比率分析法中，属于构成指标比率的是( )。

　　A. 销售收入成本率　　　　B. 产值成本率

　　C. 直接材料费用比率　　　D. 成本利润率

　　E. 制造费用比率

四、计算题

1. 奔成公司 201×年生产甲、乙和丙 3 种产品。2010 年甲、乙和丙产品计划产量分别为 900 件、1 000 件和 1 200 件，计划单位成本分别为 100 元、90 元和 80 元，实际产量分别为 1 000 件、1 200 件和 1 500 件，累计实际总成本分别为 95 000 元、105 600 元和 123 000 元。假定将甲产品的实际成本与计划成本进行比较。

要求：

(1) 计算 201×年甲产品计划成本降低额和降低率。

(2) 计算 201×年乙产品计划成本降低额和降低率。

(3) 计算 201×年丙产品计划成本降低额和降低率。

(4) 计算 201×年全部产品计划成本降低额和降低率。

2. 甲公司生产的 A 产品 201×年计划成本和 12 月份实际发生的材料消耗量及材料单位见表 11-16。

表 11-16　资料表

项　目	材料消耗数量/千克	材料价格/(元/千克)
本年计划	100	15
本年实际	105	14

要求：计算直接材料成本差异，并分别计算材料消耗数量变动对成本的影响和材料价格变动的影响。

五、案例分析题

简化的可比产品成本分析学习法

1. 常见的可比产品成本错误分析

在成本分析中，按产品品种分析是一个重要的内容，能够找出产量、品种结构和单位成本因素对企业产品成本影响额的大小，为制定降低成本的措施提供依据。按产品品种分析是将全部产品划分为可比产品和不可比产品，分别确定可比产品、不可比产品和全部产品的降低额和降低率。由于不可比产品只分析成本计划完成情况，较简单，这里不再赘述，本文只分析可比产品成本的情况。举例如下，某企业资料见表 11-17。

表 11-17　全部产品成本(按产品品种)计划及完成表

编制单位：某企业　　　　　　　　　　　201×年 12 月　　　　　　　　　　　单位：元

项　目		可比产品		全部产品成本
		A 产品	B 产品	
产量/件	计划	1 550	2 500	
	实际	1 500	2 700	
单位成本	上年	47	33	
	计划	46	32	
	实际	45	36	
计划产量的总成本	上年	72 850	82 500	155 350
	计划	71 300	80 000	151 300
计划降低指标	降低额	1 550	2 500	4 050
	降低率/%	2.13	3.03	2.61
本年产量的总成本	上年	70 500	89 100	159 600
	计划	69 000	86 400	155 400
	实际	67 500	97 200	164 700

从表 11-17 中可以看出，全部产品实际总成本比计划总成本要超支，主要原因在于可比产品中的 B 产品超支幅度较大，因此虽然可比产品 A 产品有较小幅度的节约，但总体情况仍是超支。应进一步分析各产品成本计划完成的原因和超支的原因。由于这里面指标多，在进行成本分析时，经常会按常理以一般的连环代替分析法进行对比分析，出现分析错误。分析过程和结果见表 11-18。

表 11-18　连环代替分析表

项　　目	因　　素	金　　额	影响额
初始值	计划产量×计划品种×计划单位成本	151 300	
第一次代替	实际产量×计划品种×计划单位成本	155 434.44	-4 134.44
第二次代替	实际产量×实际品种×计划单位成本	155 400	34.44
第三次代替	实际产量×实际品种×实际单位成本	164 700	-9 300
合　　计			-13 400

注：155 434.44=159 600×(1-2.61%)

用实际成本减计划成本 164 700-151 300=13 400，超支 13 400 元，不是也对吗？不对。这是一种常见的分析错误，其原因是分析的内容不对，变动了分析目标。先看看下面两个指标的计算公式。

计划成本降低额=Σ(计划产量×上年实际单位成本)-Σ(计划产量×本年计划单位成本)

　　　　　　　=计划产量×计划品种×上年单位成本-计划产量×计划品种×计划单位成本

实际成本降低额=Σ(实际产量×上年实际单位成本)-Σ(实际产量×本年实际单位成本)

　　　　　　　=实际产量×实际品种×上年单位成本-实际产量×实际品种×实际单位成本

两个指标的计算基础不同，因此可比产品成本分析的内容——实际脱离计划的差异不是：实际成本-计划成本，即实际产量×实际品种×实际单位成本-计划产量×计划品种×计划单位成本，而应为：实际降低额-计划降低额，即(实际产量×实际品种×上年单位成本-实际产量×实际品种×实际单位成本)-(计划产量×计划品种×上年单位成本-计划产量×计划品种×计划单位成本)，也即可比产品成本分析的考核目标是计划成本降低额(率)。在本例中实际降低额和计划降低额分别为-5 100 元和 4 050 元，脱离差异为-9 150 元，这同 13 400 元的差额 4 250 元，是 Σ[(实际产量-计划产量)×上年实际单位成本]之差，也是一个综合因素，而其乘上计划下降低率，为产量变动对成本的影响额，即 4 250×2.61% ≈ 115.56(元)。

2. 一般教材上可比产品成本分析的教法

可比产品成本降低任务完成情况分析，就是将可比产品的实际成本与按实际产量和上年实际单位成本计算的上年实际总成本相比较，确定可比产品实际成本的降低额和降低率，同计划成本降低额和降低率相比，评定企业完成可比产品成本降低的情况；同时，还应进一步确定影响可比产品成本的各项因素及其影响程度，为挖掘潜力、降低成本指明方向。在现在的《成本会计学》教材中，一般都是利用公式进行分析的。

1) 评定可比产品成本降低任务完成情况

可比产品成本降低任务完成情况的评定过程可根据下列公式完成。根据表 11-17 的资料，计算结果如下。

计划成本降低额=Σ(计划产量×上年实际单位成本)-Σ(计划产量×本年计划单位成本)

　　　　　　　=(1 550×47+2 500×33)-(1 550×46+2 500×32)

　　　　　　　=4 050(元)

$$计划成本降低率=\frac{计划成本降低额}{\Sigma(计划产量×上年实际单位成本)}×100\%$$

$$计划成本降低率=\frac{4\ 050}{1550×47+2\ 500×32}×100\%=2.61\%$$

实际成本降低额=Σ(实际产量×上年实际单位成本)-Σ(实际产量×本年实际单位成本)

　　　　　　　=(1 500×47+2 700×33)-(1 500×45+2 700×36)

　　　　　　　=-5 100(元)

$$实际成本降低率 = \frac{实际成本降低额}{\sum(实际产量 \times 上年实际单位成本)} \times 100\%$$

$$实际成本降低率 = \frac{-5\,100}{(1\,500 \times 47 + 2\,700 \times 33)} \times 100\% = -3.2\%$$

实际脱离计划差异如下。

降低额 = -5 100 - 4 050 = -9 150(元)

降低率 = -3.2% - 2.61% = -5.81%

根据上述计算结果填制分析表，见表 11-19。

表 11-19 全部产品成本(按产品品种)分析表

编制单位：某企业 　　　　　　　　　　201×年 12 月 　　　　　　　　　　单位：元

项 目		可比产品		全部产品成本
		A 产品	B 产品	
本年产量的总成本	上年	70 500	89 100	159 600
	计划	69 000	86 400	155 400
	实际	67 500	97 200	164 700
本年比上年降低指标	降低额	3 000	-8 100	-5 100
	降低率/%	4.26	-9.09	-3.20
计划降低指标	降低额	1 550	2 500	4 050
	降低率/%	2.13	3.03	2.61
本年比计划降低指标	降低额	1 450	-10 600	-9 150
	降低率/%	2.13	-12.12	-5.81

2) 分析影响可比产品成本降低任务完成的原因和程度

从表 11-19 中可以看出，从绝对数看，可比产品实际成本降低额比计划成本降低增加了 9 150 元；从相对数看，实际成本降低率比计划成本降低率增加了 5.81%，说明可比产品的成本降低任务没有完成。

进一步分析影响可比产品成本降低任务完成的原因以及影响程度。影响降低额的因素有产量、品种结构和单位成本，影响降低率的因素有品种结构和单位成本。

(1) 产量因素的分析。产品的单位成本和品种结构不变时，产品产量的变动会引起成本降低额发生同比例变动，因此，产量的变动不会影响成本降低率的变动。根据表 11-17 资料，产量变动对成本降低额的影响的计算如下。

产量变动对成本降低额的影响 = Σ[(实际产量 - 计划产量) × 上年实际单位成本] × 计划成本降低率

　　　　= [(1 500 - 1550) × 47 + (2 700 - 2500) × 33)]2.61%

　　　　≈ 115.56(元)

(2) 品种结构因素的分析。根据表 11-17 的资料，品种结构变动的影响结果的计算如下。

产品品种结构变动对成本降低额的影响 = Σ[实际产量 × (上年实际单位成 - 本年计划单位成本)]

　　　　- Σ(实际产量 × 上年实际单位成本) × 计划成本降低率

　　　　= [1 500 × (47 - 46) + 2 700(33 - 32)] - (1 500 × 47 + 2 700 × 33)

　　　　× 2.61%

　　　　= 34.44(元)

$$产品品种结构变动对成本降低率的影响 = \frac{产品品种结构变动对成本降低额的影响数}{\sum(实际产量 \times 上年实际单位成本)} \times 100\%$$

$$产品品种结构变动对成本降低率的影响 = \frac{34.44}{1\,500 \times 47 + 2\,700 \times 33} \times 100\% = 0.02\%$$

(3) 单位成本因素的分析。根据表 11-17 的资料，单位成本变动的影响结果的计算如下。

单位成本变动对成本降低额的影响=Σ[实际产量×(本年计划单位成本-本年实际单位成本)]

=1 500×(46-45)+2 700×(32-36)=-9 300(元)

$$单位成本变动对成本降低率的影响=\frac{单位成本变动对成本降低额的影响数}{\Sigma(实际产量×上年实际单位成本)}×100\%$$

$$单位成本变动对成本降低率的影响=\frac{-9300}{1\,500×47+2\,700×33}×100\%=-5.83\%$$

通过上述分析可以看出，由于 A 产品实际产量比计划产量减少 50 件，B 产品实际产量比计划产量增加 200 件，使成本降低额减少 115.56 元；由于品种结构变动，使成本降低额和降低率分别减少 34.44 元和 0.02%；由于单位成本变动，使成本降低额和降低率减少 9 300 元和 5.83%。这说明，企业在本年度的成本降低任务完成过程中，不利因素比较多，所制定的各项决策贯彻乏力，并应深入研究各影响因素变动的原因，再次制定策略进行有效的成本控制。

这种分析方法，由于因素多，公式繁，分析起来复杂，虽然只是连环替代分析法和差额计算分析法的运用，但学习起来较困难，掌握运用更不易。下面介绍一个简单的教学方法，以利于学习掌握。

3. 简化的可比产品成本分析教学法

在熟练掌握连环替代分析法和差额分析法，了解可比产品成本分析的目标是计划成本降低额(率)，分析的内容为实际成本降低额(率)脱离计划成本降低额(率)的差异，可分两步进行分析，第一步为正常的连环替代计算，第二步为差额计算分析。利用表 11-17、表 11-18 的资料，具体分析见表 11-20。

表 11-20　成本因素影响分析表

连环代替			差额分析							降低率 %
项目	因素	金额	序号	项目	因素	金额	序号	指标	降低额	%
计划值	计划产量×计划品种×计划单位成本	151 300	1	计划对比标准	计划产量×计划品种×上年实际单位成本	155 350	Ⅰ=1-2	计划降低	4 050	2.61
			2	计划值	计划产量×计划品种×计划单位成本	151 300				
第一次代替	实际产量×计划品种×计划单位成本	155 434.44	0	实际对比标准	实际产量×实际品种×上年实际单位成本	159 600	Ⅱ=0-3	产量变动降低额	4 165.56	
			3	第一次代替	实际产量×计划品种×计划单位成本	155 434.44	Ⅱ-Ⅰ	产量变动影响	115.56	0
第二次代替	实际产量×实际品种×计划单位成本	155 400	0	实际对比标准	实际产量×实际品种×上年实际单位成本	159 600	Ⅲ=0-4	品种结构变动额	4 200	
			4	第二次代替	实际产量×实际品种×计划单位成本	155 400	Ⅲ-Ⅱ	品种结构变动影响	34.44	0.02

续表

连环代替				差额分析					降低率
项目	因素	金额	序号	项目	因素	金额	序号	指标	降低额	%
第三次代替	实际产量×实际品种×实际单位成本	164 700	0	实际对比标准	实际产量×实际品种×上年实际单位成本	159 600	IV=0-5	单位成本变动降低额	-5 100	
			5	第三次代替	实际产量×实际品种×实际单位成本	164 700	IV-III	单位成本变动影响	-9 300	-5.83
合计									-9 150	-5.81

(资料来源: 杨尚军. 可比产品成本分析的简明教法[J]. 会计之友, 2009(6).)

阅读上述材料, 回答下列问题:

(1) 请补填表 11-20 中的三个空。

(2) 表 11-20, 假设品种结构不变时, 对比该表的变化。

趋势分析——你的朋友

一般的人在分析时常说这样一句话: "如果这一趋势继续下去的话, 就会是……" 这样的分析方法称为趋势分析法, 就是根据历史资料分析未来结果的一种最简单、最常用的分析方法。因此, 在华尔街, 人们都说 "趋势分析是你的朋友"。

趋势分析法严格的定义是将两个或两个以上连续期的财务指标或比重进行对比, 以便计算出它们增减变动的方向、数额以及变动幅度的一种方法。它可以从企业的财务状况和经营成果的发展变化中寻求其变动的原因、性质, 从而预测企业未来的发展趋势。

趋势分析法有两种。一是绝对数趋势分析法, 指通过编制连续数期的会计报表, 将有关数字并行排列, 比较相同指标的金额变动幅度, 以此说明企业财务状况和经营成果的发展变化, 如编制的比较利润表、比较资产负债表等。二是相对数趋势分析法, 指分析相对数的指标, 如偿债能力、投资报酬率、资产负债率等。可采用以下两种趋势分析方法。

(1) 环比动态比率。可分为环比发展速度和环比增长速度两类指标, 环比发展速度即分析期指标÷上期指标, 可以揭示指标的变动速度; 环比增长速度即(分析期指标-上期指标)÷上期指标×100%, 也可表示为环比发展速度-1, 可以揭示指标的增长率。

(2) 定基动态比率。可分为定基发展速度和定基增长速度两类指标, 定基发展速度即分析期指标÷固定基期指标; 定基增长速度即(分析期指标-固定基期指标)÷固定基期指标×100%, 也可表示为定基发展速度-1。定基动态比率可以将分析期与基期进行直接对比, 以寻找挖掘潜力的途径和方法, 从而不断提高有关指标的先进性。

运用趋势分析法要注意的是, 用于对比的不同时期指标的计算口径上下力求一致; 不同时期的一些重大经济活动对有关指标所造成的影响因素在分析后应加以剔除, 以利于做出正确判断。另外, 在报告好的情况或为了使人高兴时, 用定比指标最好, 见表 11-21 所示; 而报告坏的情况时, 用环比指标最好, 可以减少别人的痛苦, 见表 11-22。

如果相反, 在报告好的情况时, 用环比指标, 就会使人高兴不起来; 而报告坏的情况时, 用定比指标, 就会使人更难受。如果不相信, 可把表 11-21 和表 11-22 用相反的方法再做一次, 看看有什么效果。

表 11-21　工资增长表

年	2002 年	2004 年	2006 年	2008 年	2010 年
工资/元	1 000	1 200	1 300	1 500	2 000
定比发展速度/%	100	120	130	150	200
定比增长速度/%	0	20	30	50	100

表 11-22　考勤表

星期	一	二	三	四	五
迟到/人	10	12	13	15	20
环比发展速度/%	——	120	108	115	133
环比增长速度/%	0	20	8	15	33

当然，趋势不总是对的，事物的发展总有其拐点。经济学家萨缪尔森(Paul Anthony Samuelson)说："前景总是不确定的，经济学还远不是一门精确的科学。然而，有这样一些学者，这些学者对经济历史的趋势有着深入的研究，并能够发挥其高超的经济学艺术，他们可以根据这些以往的趋势，对经济的未来或多或少地做出预测。"[①]而凯恩斯·布尔丁(Kenneth E. Boulding)说得更直接："除了信息以外，没有任何东西能连续保持10%的年增长率。"[②]

(资料来源：杨尚军. 会计物语[M]. 成都：西南交通大学出版社，2008)

阅读上述材料，回答下列问题：

(1) 算一算，这月的生活费比上月、比去年同期的增长率。

(2) 请举出几个经济生活中，常用的趋势分析指标。

[①] 高小勇，汪丁丁. 专访诺贝尔经济学奖得主——大师论衡中国经济与经济学[M]. 北京：朝华出版社，2005：50-5.

[②] 高小勇，汪丁丁. 专访诺贝尔经济学奖得主——大师论衡中国经济与经济学[M]. 北京：朝华出版社，2005：51.

参 考 文 献

[1] 林万祥. 成本会计研究[M]. 北京：机械工业出版社，2008.

[2] 于富生，黎来芳. 成本会计学[M]. 5 版. 北京：中国人民大学出版社，2009.

[3] 文硕. 西方会计史(上)[M]. 北京：中国商业出版社，1987.

[4] 中国注册会计师协会. 财务成本管理[M]. 北京：经济科学出版社，2010.

[5] 胡玉明. 高级成本管理会计[M]. 厦门：厦门大学出版社，2002.

[6] [美]米切尔·马赫. 成本会计[M]. 5 版. 姚海鑫，等译. 北京：机械工业出版社，1999.

[7] [英]杰·白蒂(J.Batty). 高级成本会计学[M]. 陈炳权，译. 北京：轻工业出版社，1983.

[8] 陈汉文. 成本管理[M]. 北京：高等教育出版社，2008.

[9] 欧阳青，万寿义. 成本会计[M]. 大连：东北财经大学出版社，2002.

[10] 余绪缨. 管理会计[M]. 北京：中国财政经济出版社，1990.

[11] 全国会计专业技术资格考试领导小组办公室. 成本会计[M]. 北京：中国物价出版社，1995.

[12] 杨洛新，胥兴军. 成本会计学[M]. 武汉：武汉理工大学出版社，2000.

[13] 李洛嘉. 成本会计[M]. 6 版. 北京：中国财政经济出版社，2010.

[14] 王仲兵. 成本会计学[M]. 大连：东北财经大学出版社，2010.

[15] 徐政旦，石人瑾，林宝璟，管一民. 成本会计[M]. 上海：上海三联书店，1994.

[16] 万寿义，任月君. 成本会计[M]. 大连：东北财经大学出版社，2008.

[17] 王宝娟. 成本会计学[M]. 北京：中国商业出版社，1997.

[18] 王振华，王生交，安宝荣. 成本会计学[M]. 成都：西南财经大学出版社，2001.

[19] 杨尚军. 基础会计学[M]. 北京：机械工业出版社，2007.

[20] 杨尚军. 会计物语[M]. 成都：西南交通大学出版社，2008.

[21] 曹义皋. 中美制造费用计划分配处理差异的启示[J]. 徐州建筑职业技术学院学报，2004(3).

[22] 孔德兰. 关于制造费用分配改革的探讨[J]. 广东商学院学报，2004(6).

[23] 王洪洲，王道兵. 炼化企业辅助生产成本核算探讨[J]. 当代化工，2005(4).

[24] 晋晓琴. 比较法在《成本会计学》教学中的应用[J]. 华北水利水电学院学报：社科版，2011(1).

[25] Raef`Lawson. 中国的成本计算方法和成本管理实践研究[J]. 国际商务财会，2008(8).

[26] 张宇扬. 借鉴西方会计思想改进企业废品损失核算[J]. 财会月刊，2009(11).

[27] 张百堂，李广路，代方正. 企业废品损失的原因分析及其控制对策[J]. 现代制造技术与装备，2008(1).

[28] 中国成本研究会. 成本管理文集[M]. 1980.

北京大学出版社本科财经管理类实用规划教材（已出版）

财务会计类

序号	书　名	标准书号	主编	定价	序号	书　名	标准书号	主编	定价
1	基础会计（第2版）	7-301-17478-4	李秀莲	38.00	19	税法与税务会计实用教程	7-81117-598-1	张巧良	38.00
2	基础会计学	7-301-19403-4	窦亚芹	33.00	20	初级财务管理	7-301-20019-3	胡淑姣	42.00
3	会计学	7-81117-533-2	马丽莹	44.00	21	财务管理学	7-5038-4897-1	盛均全	34.00
4	会计学原理（第2版）	7-301-18515-5	刘爱香	30.00	22	财务管理学实用教程（第2版）	7-301-21060-4	骆永菊	42.00
5	会计学原理习题与实验（第2版）	7-301-19449-2	王保忠	30.00	23	基础会计学学习指导与习题集	7-301-16309-2	裴　玉	28.00
6	会计学原理与实务（第2版）	7-301-18653-4	周慧滨	33.00	24	财务管理理论与实务	7-301-20042-1	成　兵	40.00
7	会计学原理与实务模拟实验教程	7-5038-5013-4	周慧滨	20.00	25	财务管理学原理与实务	7-81117-544-8	严复海	40.00
8	会计实务	7-81117-677-3	王远利	40.00	26	财务管理理论与实务（第2版）	7-301-20407-8	张思强	42.00
9	高级财务会计	7-81117-545-5	程明娥	46.00	27	公司理财原理与实务	7-81117-800-5	廖东声	36.00
10	高级财务会计	7-5655-0061-9	王奇杰	44.00	28	审计学	7-81117-828-9	王翠琳	46.00
11	成本会计学	7-301-19400-3	杨尚军	38.00	29	审计理论与实务	7-81117-955-2	宋传联	36.00
12	成本会计学	7-5655-0482-2	张红漫	30.00	30	会计综合实训模拟教程	7-301-20730-7	章洁倩	33.00
13	成本会计学	7-301-20473-3	刘建中	38.00	31	财务分析学	7-301-20275-3	张献英	30.00
14	管理会计	7-81117-943-9	齐殿伟	27.00	32	银行会计	7-301-21155-7	宗国恩	40.00
15	管理会计	7-301-21057-4	彤芳珍	36.00	33	税收筹划	7-301-21238-7	都新英	38.00
16	会计规范专题	7-81117-887-6	谢万健	35.00	34	基础会计学	7-301-16308-5	晋晓琴	39.00
17	企业财务会计模拟实习教程	7-5655-0404-4	董晓平	25.00	35	公司财务管理	7-301-21423-7	胡振兴	48.00
18	税法与税务会计	7-81117-497-7	吕孝侠	45.00	36	税法与税务会计实用教程（第2版）	7-301-21422-0	张巧良 张　华	45.00

工商管理、市场营销、人力资源管理、服务营销类

序号	书　名	标准书号	主编	定价	序号	书　名	标准书号	主编	定价
1	管理学基础	7-5038-4872-8	于干千	35.00	19	市场营销学	7-81117-676-6	戴秀英	32.00
2	管理学基础学习指南与习题集	7-5038-4891-9	王　珍	26.00	20	市场营销学（第2版）	7-301-19855-1	陈　阳	45.00
3	管理学	7-81117-494-6	曾　旗	44.00	21	市场营销学新论	7-5038-4879-7	郑玉香	40.00
4	管理学原理	7-5655-0078-7	尹少华	42.00	22	国际市场营销学	7-5038-5021-9	范应仁	38.00
5	管理学原理与实务（第2版）	7-301-18536-0	陈嘉莉	42.00	23	市场营销理论与实务（第2版）	7-301-20628-7	那　薇	40.00
6	管理学实用教程	7-5655-0063-3	邵喜武	37.00	24	现代市场营销学	7-81117-599-8	邓德胜	40.00
7	管理学实用教程	7-301-21059-8	高爱霞	42.00	25	消费者行为学	7-81117-824-1	甘瑁琴	35.00
8	通用管理知识概论	7-5038-4997-8	王丽平	36.00	26	商务谈判（第2版）	7-301-20048-3	郭秀君	49.00
9	现代企业管理理论与应用	7-5038-5024-0	邸彦彪	40.00	27	商务谈判实用教程	7-81117-597-4	陈建明	24.00
10	管理运筹学（第2版）	7-301-19351-8	关文忠	39.00	28	消费者行为学	7-5655-0057-2	肖　立	37.00
11	统计学原理	7-301-21061-1	韩　宇	38.00	29	客户关系管理实务	7-301-09956-8	周贺来	44.00
12	统计学原理	7-5038-4888-9	刘晓利	28.00	30	公共关系学	7-5038-5022-6	于朝晖	40.00
13	统计学	7-5038-4898-8	曲　岩	42.00	31	公共关系理论与实务	7-5038-4889-6	王　玫	32.00
14	应用统计学（第2版）	7-301-19295-5	王淑芬	48.00	32	公共关系学实用教程	7-81117-660-5	周　华	35.00
15	管理定量分析方法	7-301-13552-5	赵光华	28.00	33	公共关系理论与实务	7-5655-0155-5	李泓欣	45.00
16	新编市场营销学	7-81117-972-9	刘丽霞	30.00	34	跨国公司管理	7-5038-4999-2	冯雷鸣	28.00
17	市场营销学	7-5655-0064-0	王槐林	33.00	35	质量管理	7-5655-0069-5	陈国华	36.00
18	市场营销学实用教程	7-5655-0081-7	李晨耘	40.00	36	跨文化管理	7-301-20027-8	晏　雄	35.00

序号	书名	标准书号	主编	定价	序号	书名	标准书号	主编	定价
37	企业战略管理	7-5655-0370-2	代海涛	36.00	52	人力资源管理实用教程（第2版）	7-301-20281-4	吴宝华	45.00
38	企业文化理论与实务	7-81117-663-6	王水嫩	30.00	53	人力资源管理：理论、实务与艺术	7-5655-0193-7	李长江	48.00
39	企业战略管理	7-81117-801-2	陈英梅	34.00	54	员工招聘	7-301-20089-6	王挺	30.00
40	企业战略管理实用教程	7-81117-853-1	刘松先	35.00	55	服务营销理论与实务	7-81117-826-5	杨丽华	39.00
41	产品与品牌管理	7-81117-492-2	胡梅	35.00	56	服务企业经营管理学	7-5038-4890-2	于干千	36.00
42	东方哲学与企业文化	7-5655-0433-4	刘峰涛	34.00	57	服务营销	7-301-15834-0	周明	40.00
43	运营管理	7-5038-4878-0	冯根尧	35.00	58	会展服务管理	7-301-16661-1	许传宏	36.00
44	生产运作管理（第2版）	7-301-18934-4	李全喜	48.00	59	现代服务业管理原理、方法与案例	7-301-17817-1	马勇	49.00
45	运作管理	7-5655-0472-3	周建亨	25.00	60	服务性企业战略管理	7-301-20043-8	黄其新	28.00
46	组织行为学	7-5038-5014-1	安世民	33.00	61	服务型政府管理概论	7-301-20099-5	于干千	32.00
47	组织行为学行为教程	7-301-20466-5	冀鸿	32.00	62	新编现代企业管理	7-301-21121-2	姚丽娜	48.00
48	流程型组织的构建研究	7-81117-519-6	岳澎	35.00	63	创业学	7-301-15915-6	刘沁玲	38.00
49	人力资源管理（第2版）	7-301-19098-2	颜爱民	60.00	64	管理学	7-301-17452-4	王慧娟	42.00
50	人力资源管理经济分析	7-301-16084-8	颜爱民	38.00	65	公共关系学实用教程	7-301-17472-2	任焕琴	42.00
51	人力资源管理原理与实务	7-81117-496-0	邹华	32.00	66	现场管理	7-301-21528-9	陈国华	38.00

经济、国贸、金融类

序号	书名	标准书号	主编	定价	序号	书名	标准书号	主编	定价
1	政治经济学原理与实务	7-81117-498-4	沈爱华	28.00	21	国际商务	7-5655-0093-0	安占然	30.00
2	宏观经济学原理与实务（第2版）	7-301-18787-6	崔东红	57.00	22	金融市场学	7-81117-595-0	黄解宇	24.00
3	宏观经济学	7-5038-4882-7	蹇令香	32.00	23	金融工程学理论与实务	7-81117-546-2	谭春枝	35.00
4	微观经济学原理与实务	7-81117-818-0	崔东红	48.00	24	财政学	7-5038-4965-7	盖锐	34.00
5	微观经济学	7-81117-568-4	梁瑞华	35.00	25	保险学原理与实务	7-5038-4871-1	曹时军	37.00
6	西方经济学实用教程	7-5038-4886-5	陈孝胜	40.00	26	东南亚南亚商务环境概论	7-81117-956-9	韩越	38.00
7	西方经济学实用教程	7-5655-0302-3	杨仁发	49.00	27	证券投资学	7-301-19967-1	陈汉平	45.00
8	西方经济学	7-81117-851-7	于丽敏	40.00	28	金融学理论与实务	7-5655-0405-1	战玉峰	42.00
9	现代经济学基础	7-81117-549-3	张士军	25.00	29	货币银行学	7-301-15062-7	杜小伟	38.00
10	国际经济学	7-81117-594-3	吴红梅	39.00	30	国际结算（第2版）	7-301-17420-3	张晓芬	35.00
11	发展经济学	7-81117-674-2	赵邦宏	48.00	31	国际贸易规则与进出口业务操作实务（第2版）	7-301-19384-6	李平	54.00
12	管理经济学	7-81117-536-3	姜保雨	34.00	32	金融风险管理	7-301-20090-2	朱淑珍	38.00
13	计量经济学	7-5038-3915-3	刘艳春	28.00	33	国际贸易实务	7-301-20919-6	张肃	28.00
14	外贸函电	7-5038-4884-1	王妍	20.00	34	国际贸易理论、政策与案例分析	7-301-20978-3	冯跃	42.00
15	国际贸易理论与实务（第2版）	7-301-18798-2	缪东玲	54.00	35	国际结算	7-301-21092-5	张慧	42.00
16	国际贸易（第2版）	7-301-19404-1	朱廷珺	45.00	36	金融工程学	7-301-18273-4	李淑锦	30.00
17	国际贸易实务（第2版）	7-301-20486-3	夏合群	45.00	37	证券投资学	7-301-21236-3	王毅	45.00
18	国际贸易结算及其单证实务	7-5655-0268-2	卓乃坚	35.00	38	金融工程学理论与实务（第2版）	7-301-21280-6	谭春枝	42.00
19	国际金融	7-5038-4893-3	韩博印	30.00	39	跨国公司经营与管理	7-301-21333-9	冯雷鸣	35.00
20	国际金融实用教程	7-81117-593-6	周影	32.00	40	货币银行学	7-301-21345-2	李冰	42.00

法律类

序号	书名	标准书号	主编	定价	序号	书名	标准书号	主编	定价
1	经济法原理与实务	7-5038-4876-6	杨士富	32.00	5	劳动法学	7-81117-495-3	李瑞	32.00
2	经济法实用教程	7-81117-547-9	陈亚平	44.00	6	金融法学理论与实务	7-81117-958-3	战玉锋	34.00
3	国际商法理论与实务	7-81117-852-4	杨士富	38.00	7	国际商法	7-301-20071-1	丁孟春	37.00
4	商法总论	7-5038-4887-2	任先行	40.00	8	商法学	7-301-21478-7	周龙杰	43.00

请登录 www.pup6.cn 免费下载本系列教材的电子书（PDF 版）、电子课件和相关教学资源。

欢迎免费索取样书，并欢迎到北京大学出版社来出版您的大作，可在 www.pup6.cn 在线申请样书和进行选题登记，也可下载相关表格填写后发到我们的信箱，我们将及时与您取得联系并做好全方位的服务。

联系方式：010-62750667，wangxc02@163.com，dreamliu3742@163.com，lihu80@163.com，欢迎来电来信。